Patrick Weil

La France et ses étrangers

L'aventure d'une politique de l'immigration de 1938 à nos jours

Préface de Marceau Long

Gallimard

Patrick Weil est né en 1956. Chef de cabinet du secrétaire d'État aux immigrés en 1981-1982, diplômé de l'ESSEC, docteur en Science politique, il est professeur à l'Institut d'études politiques de Paris et directeur de recherche au C.N.R.S. (Centre Pierre-Léon, Lyon). Auteur de nombreux articles de référence, Patrick Weil est reconnu comme l'un des meilleurs connaisseurs et analystes de la « question immigrée » en France et dans les grands pays industrialisés. *La France et ses étrangers* a obtenu le prix de recherche de l'Assemblée Nationale en 1992 et a fait l'objet d'une adaptation documentaire pour la télévision (De père en fils : la France et ses étrangers, un film de Jean-Claude Giudicelli, Patrick Weil et Alain Wieder, CAPA et France 2, 1994).

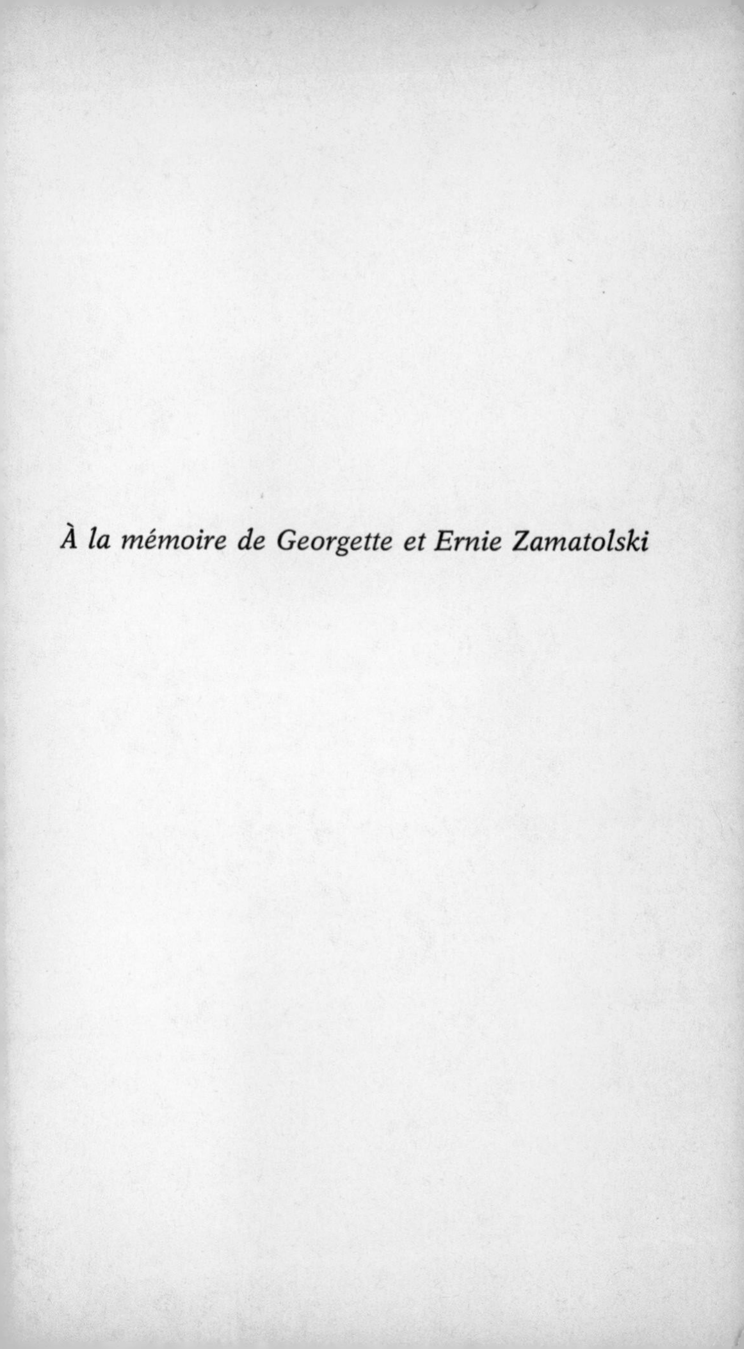

À la mémoire de Georgette et Ernie Zamatolski

PRÉFACE

L'ouvrage considérable que Patrick Weil consacre à la recherche de la politique française de l'immigration du milieu du XIX*e siècle jusqu'à nos jours fera date, j'en suis sûr, parmi les travaux portant sur l'immigration dans notre pays, l'attitude des pouvoirs publics, de la société française, et les politiques publiques en la matière.*

Issu d'une thèse soutenue avec succès en 1988 à l'Institut d'études politiques de Paris, sous la direction du professeur Jean Leca, et au jury de laquelle j'avais accepté avec plaisir de participer, ce livre est ambitieux. D'abord, parce qu'il couvre une longue période, même si, l'année 1974 étant à juste titre retenue par l'auteur comme une date charnière, ce qui s'est passé depuis couvre des chapitres plus longs que ce qui s'est produit auparavant. Ensuite, parce que les différents aspects d'une politique de l'immigration sont ici passés en revue : la volonté d'accueil, la recherche du contrôle des flux, la répression des séjours irrégu-

liers, la défense de l'ordre public, la protection sociale accordée aux immigrés, la politique des naturalisations et, plus largement, des acquisitions de la nationalité française, la politique de l'éducation, du logement, bien d'autres encore. Le livre est ambitieux, enfin, parce que, résolument inscrit dans une logique de science politique, il n'en aspire pas moins à faire appel à des disciplines variées, allant de l'histoire au droit, de la sociologie à l'économie, de la science administrative à la démographie.

Patrick Weil a-t-il su réaliser toutes ces ambitions ? On peut répondre affirmativement. Il n'était certes pas facile de tenir la gageure de maîtriser un ensemble aussi vaste, de ne pas se laisser noyer sous le flot de documents, d'informations, d'entretiens que l'auteur a patiemment rassemblés ou recueillis. Aussi bien ce livre imposant donne-t-il parfois l'impression d'une richesse foisonnante, que le lecteur non spécialiste peut parfois avoir quelque peine à dominer. De même le plan retenu, d'abord chronologique, ensuite thématique, mais seulement pour la période récente, peut-il dérouter : mais n'est-il pas le reflet des fluctuations de cette politique suivant les époques, soit pour des raisons idéologiques propres à notre pays et à l'alternance des décideurs, soit pour des raisons externes à la France et liées à l'évolution internationale ?

Pourtant, Patrick Weil a gagné son pari avec brio. Il arrive à dégager de ce très gros travail des lignes de force perceptibles, telles que les change-

ments d'immigration et leurs effets sur l'opinion française et les hommes politiques, ou encore telles que la transformation naissante de l'immigration en enjeu politique et en débat de société.

Une autre réussite mérite d'être soulignée. Dans un domaine aussi complexe, Patrick Weil n'a pas reculé devant la difficulté conceptuelle : il a su se confronter aux problèmes de choix entre insertion et intégration, ou entre nationalité et citoyenneté. Pour présider le Haut Conseil à l'intégration, après avoir présidé la Commission de réforme du Code de la nationalité, je sais bien tout ce qui s'attache à ces concepts, les sens différents qu'on leur donne, la charge affective, symbolique et passionnelle qu'ils emportent. Je peux donc mesurer la difficulté de les définir avec précision, et témoigner de la qualité des réflexions de Patrick Weil.

Le Haut Conseil à l'intégration a d'ailleurs, à l'occasion de son premier rapport annuel, remis au Premier ministre le 18 février 1991, et depuis, dans les rapports remis chaque année, lui aussi tenté un effort de clarification des concepts et d'énoncé des principes. Il a rappelé dans ce document le brassage séculaire par lequel, depuis deux siècles au moins, la nation française s'est constituée : il a montré que l'intégration des nouveaux immigrants n'a jamais été facile, mais qu'elle s'est toujours réalisée, enrichissant notre pays par des apports variés ; le Haut Conseil a défini l'intégration non comme une voie moyenne entre assimilation et simple insertion, mais comme un processus spécifique ; il a préconisé que la France maintienne une logique de l'égalité des personnes qui s'inscrit dans son histoire, dans ses principes, dans son génie propre et va plus loin, nous semble-t-il, dans l'épanouissement des droits de la personne que la reconnaissance des droits de communautés minoritaires, dont nous ne sous-estimons pas la valeur et la nécessité en bien d'autres régions de l'Europe. On le voit, le Haut Conseil n'a pas été moins ambitieux avec son premier rapport que Patrick Weil dans son livre...

Ouvrage à la fois ambitieux et stimulant, ce livre va beaucoup apporter à ses lecteurs, avertis ou non. Il ne manquera pas d'inspirer la réflexion des responsables des politiques publiques et de tous ceux – disons-nous bien que le succès de ces politiques, vital pour notre société, dépend des réactions, des attitudes et des gestes quotidiens de chacun – qui s'efforcent avec patience et continuité de définir et faire vivre, pour notre vieux pays en transformation permanente, et dans la phase de construction européenne, dans ses objectifs et ses moyens, une politique d'intégration des exclus, et notamment des immigrés. Bref, comme je le disais au début de cette préface, le livre de Patrick Weil fera date. Qu'il en soit remercié.

Marceau Long
Vice-Président du Conseil d'État
Président du Haut Conseil à l'intégration

LISTE DES SIGLES

A.D.E.F.	Association pour le Développement des Foyers du bâtiment et des métaux
A.D.R.I.	Agence pour le Développement des Relations Interculturelles
A.F.P.A.	Association pour la Formation Professionnelle des Adultes
A.F.T.A.M.	Association de Formation des Travailleurs Africains et Malgaches
A.N.P.E.	Agence Nationale Pour l'Emploi
A.P.L.	Aide Personnalisée au Logement
A.T.L.	Aide Transitoire au Logement
A.S.S.E.D.I.C.	Association pour l'Emploi dans l'Industrie et le Commerce
C.A.P.E.S.	Certificat d'Aptitude aux Professions de l'Enseignement Secondaire
C.D.S.	Centre des Démocrates Sociaux
C.E.E.	Communauté Économique Européenne
C.F.D.T.	Confédération Française Démocratique du Travail
C.F.T.	Confédération Française des Travailleurs
C.F.T.C.	Confédération Française des Travailleurs Chrétiens
C.G.I.L.	Confederazione Generale Italiana del Lavoro

C.G.T.	Confédération Générale du Travail
C.I.L.	Comités Interprofessionnels du Logement
C.I.M.A.D.E.	Comité Inter-Mouvement Auprès Des Évacués
Cl.I.	Classes d'Initiation
C.N.D.S.Q.	Commission Nationale de Développement Social des Quartiers
C.N.F.	Code de la Nationalité française
C.N.I.L.	Commission Nationale Informatique et Libertés
C.N.L.I.	Commission Nationale pour le Logement des Immigrés
C.N.P.F.	Confédération Nationale du Patronat Français
D.C.A.A.C.	Direction des Conventions Administratives et des Affaires Consulaires (Ministère des Affaires étrangères)
D.D.A.S.S.	Direction Départementale de l'Action Sanitaire et Sociale
D.D.T.	Direction Départementale du Travail
D.D.T.E.	Direction Départementale du Travail et de l'Emploi
D.G.I.	Direction Générale des Impôts
D.P.M.	Direction de la Population et des Migrations
D.S.T.	Direction de la Surveillance du Territoire
F.A.S.	Fonds d'Action Sociale pour les Travailleurs immigrés et leurs familles
F.A.S.T.I.	Fédération des Associations de Soutien aux Travailleurs Immigrés
F.E.N.	Fédération de l'Éducation Nationale
F.L.N.	Front de Libération National (Algérien)
F.O.	Force Ouvrière (Confédération générale du travail)
G.T.E.	Groupement de Travailleurs Étrangers
H.C.R.	Haut Commissariat des Nations unies pour les Réfugiés

I.G.A.	Inspection Générale de l'Administration
I.G.A.S.	Inspection Générale des Affaires Sociales
I.N.E.D.	Institut National d'Études Démographiques
I.N.S.E.E.	Institut National de la Statistique et des Études Économiques
M.R.A.P.	Mouvement contre le Racisme, l'Antisémitisme et pour la Paix
O.C.D.E.	Organisation de Coopération et de développement Économique
O.F.P.R.A.	Office Français pour la Protection des Réfugiés et des Apatrides
O.I.R.	Organisation Internationale pour les Réfugiés
O.I.T.	Organisation Internationale du Travail
O.M.I.	Office des Migrations Internationales (anciennement O.N.I.)
O.N.I.	Office National d'Immigration
O.P.H.L.M.	Office Public des H.L.M.
P.A.E.	Projet d'Action Éducative
P.A.F.	Police de l'Air et des Frontières
P.C.F.	Parti Communiste Français
P.S.	Parti Socialiste
P.S.U.	Parti Socialiste Unifié
R.F.A.	République Fédérale Allemande
R.P.R.	Rassemblement pour la République
S.D.N.	Société des Nations
S.E.I.	Secrétariat d'État aux Immigrés
S.F.I.O.	Section Française de l'Internationale Ouvrière
S.G.E.N.	Syndicat Général de l'Éducation Nationale
S.G.I.	Société Générale d'Immigration
SO.NA.CO.TRA.	Société Nationale de Construction de Logements pour les Travailleurs (anciennement SO.NA.CO.TR.AL.)

SO.NA.CO.TR.AL.	Société Nationale de Construction de Logements pour les Travailleurs Algériens
S.T.O.	Service du Travail Obligatoire
S.S.A.E.	Service Social d'Aide aux Immigrés
U.D.C.F.D.T.	Union Départementale C.F.D.T.
U.G.T.A.	Union Générale des Travailleurs Algériens
U.M.T.	Union Marocaine du Travail
U.N.E.D.I.C.	Union Nationale pour l'Emploi dans l'Industrie et le Commerce
U.N.R.W.A.	United Nations Relief and Works Agency for Palestinian Refugees in the Near East
Z.E.P.	Zone d'Éducation Prioritaire

INTRODUCTION

Grave péril pour la nation ou, au contraire, chance pour la France ? L'immigration agite l'Hexagone depuis plus d'une décennie, du haut en bas de sa hiérarchie sociale, de la gauche à la droite de son échiquier politique. Chacun a son avis, qu'il croit fondé bien sûr, sur une matière dont on répète – à tort – qu'elle ne relève pas de la science mais de l'opinion. Comment départager alors les positions contraires, souvent violemment défendues ?

Une seule certitude réunit les adversaires : la France a une immigration, mais pas de politique pour la gérer. Des textes épars, des pratiques gouvernementales de circonstance, des administrations incompétentes. Rien qui puisse ressembler à une stratégie cohérente et continue.

Les uns s'en plaignent : Ah ! si l'on avait cette fameuse politique tirée au cordeau, comme les Allemands ou les Américains, nous n'en serions pas là, à laisser entrer n'importe qui, n'importe quand, n'importe comment ! Les autres, au contraire, s'en félicitent : la France n'a pas besoin de politique d'immigration ; les institutions de la République, l'école, l'armée, la Sécurité sociale... suffisent largement à absorber les arrivants et à les transformer en Français.

Pourtant, au risque de décevoir à la fois les contempteurs de l'anarchie française et les défenseurs du miracle républicain, il faut reconnaître que, même si elle n'est pas toujours apparente, la France a bel et bien une politique de l'immigration, produite par son Histoire, et qui la singularise parmi ses principaux partenaires occidentaux. Elle a une politique, ce qui signifie qu'elle s'est dotée de règles précises s'agissant de l'entrée, du séjour, éventuellement du retour des immigrés ; que ces règles n'ont pas été définies au hasard, mais au croisement des nécessités économiques et sociales, et des principes fondamentaux de la République.

Non seulement la France a une politique de l'immigration, mais, aussi surprenant que cela puisse paraître, cette politique est consensuelle. Elle ne date pas de ces derniers jours. Elle n'a pas été découverte par une classe politique qui, sous les coups de boutoir de l'extrême droite, aurait décidé subitement qu'elle ne pouvait accueillir toute la misère du monde et aurait mis en place les instruments que la France attendait depuis tant d'années.

Cette politique s'est progressivement constituée à partir de la fin des années 30 autour de choix décisifs, qui seront finalement arrêtés à la Libération : Faut-il distinguer en droit les réfugiés politiques des immigrés économiques ? Faut-il sélectionner les immigrés sur des critères ethniques, ou au contraire refuser, au nom du principe d'égalité, toute discrimination nationale à l'entrée ? Faut-il maintenir les immigrés dans une précarité juridique qui confère nécessairement à leur présence un caractère provisoire, ou au contraire les stabiliser pour les intégrer, et les intégrer pour les stabiliser ?

Ces débats, qu'on voit s'incarner aujourd'hui sous des formes parfois virulentes, ont été tranchés, en vertu d'une éthique républicaine, par le gouvernement issu de la Résistance. Mais des principes aux réalités, il y a les erreurs et les approximations d'une pratique qui se cherchera pendant quarante ans. Les uns, à partir du milieu des années 70, voudront organiser des retours forcés massifs ; les autres, à compter du début des années 80, libéraliser au contraire les conditions de l'immigration, avant qu'ensemble, ils ne reviennent à une règle du jeu commune, jamais avouée mais plus guère remise en cause par eux. Toutes les recettes miracles qu'on nous présente aujourd'hui comme inédites ont été appliquées et abandonnées faute d'être adaptées.

Ce sont ces années que ce livre évoque, qui composent une histoire et accouchent d'une politique.

En les ignorant, on s'interdit de comprendre ce qui est et demeurera encore pour de nombreuses années l'un des enjeux principaux de nos débats de société.

Pour aller au-delà de l'apparent chaos des politiques d'immigration, et en radiographier la colonne vertébrale, il faut d'abord en retracer l'histoire mouvementée et en éclairer les périodes charnières : c'est l'objet de la première partie du livre. L'Histoire permet de suivre la généalogie des principes. Mais il faut aussi examiner leur application concrète et les obstacles qu'ils rencontrent. On mesure alors l'extrême fragilité d'une règle du jeu tardivement définie et toujours contestée : c'est l'objet de la seconde partie.

L'existence d'une « politique » signifie que des orientations officielles ou pragmatiques organisent l'action publique [1]. Elles doivent être autonomes par rapport au combat politique proprement dit, aux cycles électoraux, aux changements de majorité et donc de gouvernement, ou encore aux mouvements de l'opinion [2].

L'autonomie d'une politique publique se traduit généralement par la constitution, au cœur de l'État, d'un secteur [3] avec ses propres caractéristiques, ses spécialistes et son autonomie relative : par exemple, du secteur de l'agriculture, de la justice, de la défense ou des affaires sociales.

Ces conditions sont-elles satisfaites pour l'immigration ?

Tout d'abord, l'immigration a cela de particulier qu'elle focalise facilement le débat politique dont elle devient un enjeu [4], qu'elle symbolise le danger pour l'ordre, l'unité, voire l'existence de la communauté nationale française ; ou, au contraire, qu'elle représente les valeurs fondatrices de la communauté politique tout en lui donnant son universalité : les « droits de l'homme », la « liberté », l' « égalité » ou la « fraternité ». Voilà qui parasite la définition claire et simple d'une politique.

Ensuite, les décideurs [5] qui ont en charge la politique d'immigration sont, de façon très inhabituelle, nombreux et dispersés. Sur les autres problèmes engageant la responsabilité de l'État, interviennent d'habitude un ministère spécialisé, parfois une ou deux autres administrations, toujours enfin le ministère du Budget. Pour l'immigration, il n'existe pas, en permanence, de ministère spécialisé. Mais si l'on dresse une liste non exhaustive des problèmes traités – contrôle des flux d'arrivée, réglementation et conditions du séjour et du travail, accueil, droits civils, politiques et sociaux, problèmes scolaires, protection sociale, logement, formation professionnelle, culture, religion, relations intercommunautaires, flux financiers, retour, acquisition ou attribution de la nationalité, on s'aperçoit qu'il n'existe pas d'administration * qui n'ait peu ou prou affaire avec les problèmes de l'immigration. De plus, l'immigré reste un ressortissant de son État d'origine qui dispose à son égard d'un droit d'intervention [6]. Il est donc difficile d'identifier un secteur autonome d'action publique.

Enfin, les destinataires d'une politique de l'immigration se comptent par millions et présentent une très grande diversité de statut.

Sont concernés en premier lieu les étrangers que l'État français définit comme immigrés – or, chaque État invente sa propre définition [7] – et qui demeurent sur son sol. Mais au-delà de ces trois ou quatre millions de résidents étrangers, sont également intéressés tous ceux qui, vivant à l'étranger, peuvent être attirés par un séjour durable en France. Ces personnes – dont on peut raisonnablement penser qu'elles sont plusieurs millions – sont soumises aux règles relatives à l'entrée sur le territoire, au séjour ou au travail que l'État institue à leur intention, hier pour favoriser leur entrée, aujourd'hui au contraire pour la limiter. Ils vivent certes à l'extérieur des frontières françaises, mais les décisions que l'État français

* Cf. la liste des administrations concernées, annexe II.

prend dans le domaine de l'immigration les concernent.

Nous sommes donc partis à la recherche des principes de la politique française de l'immigration et de son autonomie sectorielle qui, en apparence, n'existent pas. Les principes, nous les avons recherchés dans l'action de l'État au niveau gouvernemental, c'est-à-dire au point d'interaction [8] de la politique internationale, du combat politique, des valeurs de la communauté politique et de logiques sectorielles... L'action n'est pas une donnée facile à reconstituer et il nous a fallu pour cela, par-delà les discours et les textes officiels, du désordre ou de l'ordre apparents, accéder à des archives privées et publiques inédites, procéder à des entretiens avec quelque cent vingt acteurs de cette politique *.

La construction des principes apparaît comme une véritable aventure à acteurs et péripéties multiples. Elle met en scène à des moments clefs le général de Gaulle, Valéry Giscard d'Estaing ou François Mitterrand ; mais aussi des acteurs moins connus : Georges Mauco, Alexandre Parodi, André Postel-Vinay, Lionel Stoléru ; des institutions : le Conseil d'État par exemple ; des États : l'Algérie, entre autres ; des syndicats, des associations de défense des étrangers...

L'autonomie, nous l'avons recherchée sur le

* Cf. la note méthodologique, annexe I.

terrain en examinant les pratiques concrètes, leur relation avec les grands principes dégagés et l'influence des grands secteurs de l'État dont elles semblent tellement dépendre.

Nous tirons de ces investigations une première conclusion : l'année 1938 constitue le premier tournant, le moment où, au sommet de l'État, une politique tente de se définir et de se coordonner. Auparavant, il n'y avait guère en France qu'une action désordonnée qui peut se résumer en quelques lignes pour mieux comprendre ce qui sera mis en place par la suite.

Depuis le XIIIe siècle, la France est un pays d'immigration. La faible croissance d'une population qui jusqu'à la fin du XVIIIe siècle augmente peu – elle est environ de vingt à vingt-cinq millions d'habitants [9] –, le manque de main-d'œuvre compétente dans des activités industrielles et commerciales nouvelles contribuent à une immigration régulière, d'ampleur parfois limitée – quelques dizaines de milliers de personnes – dans des métiers où ils font défaut ; une immigration de spécialistes, d'origine portugaise, néerlandaise, grecque ou arménienne [10]. La juridiction applicable aux étrangers contient alors essentiellement des discriminations en ce qui concerne les droits civils – le droit d'aubaine en est le symbole [11]. Les évolutions qui se produisent tout au long de cette période résultent principalement des modifications subies par les règles de la nationalité. Après la Révolution et jusqu'à la fin du XIXe siècle, l'étranger rencontre peu de désavantages matériels : certes, une loi de 1850 lui interdit d'ouvrir une école, un décret de 1852 de diriger un journal. Mais l'égalité en matière de droits civils semble compenser largement ces inconvénients. En fait, jusqu'à la fin du XIXe siècle, en dehors des droits politiques – droits d'élire et d'être élu – qui sont d'ailleurs accordés aux Français, à partir de la Révolution française, de façon intermittente seulement, et de l'accès à certains emplois publics, les étrangers ne se voient appliquer comme règle spécifique que celle de l'expulsion caractéristique encore de leur condition [12].

En fait, jusqu'au milieu du XIXe siècle, on ne saurait parler de problème de l'immigration [13]. Ce n'est que dans la seconde moitié du siècle qu'il apparaît. Il découle d'une contradiction qui va s'accentuant : entre un phénomène migratoire qui devient massif mais nécessaire – pour l'intérêt de l'économie, et plus exactement des grandes entreprises, la puissance de la nation face à l'Allemagne et peut-être aussi son équilibre sociopolitique –, et un processus de construction sociale de la nation « France » qui, pour transcender particularismes locaux et différences de classes, insuffle à l'école langue et patrie communes, crée la carte d'identité, assure progressivement et très timidement de nouveaux droits sociaux réservés aux nationaux, et produit la distinction du national et de l'immigré [14]. Progressivement, l'intervention de l'État dans le domaine de l'immigration devient donc légitime.

On assiste en effet, de la fin du XIXe siècle jusqu'à la fin des années 30, à un déficit démographique qui a des conséquences sur le marché de la main-d'œuvre et sur les besoins de recrutement de l'armée. Pour pallier la pénurie de main-d'œuvre, on fait venir de plus en plus de travailleurs étrangers. À la fin du XIXe siècle, la Belgique, le Luxembourg, les Pays-Bas, la Grande-Bretagne, la Suisse et l'Allemagne fournissent une immigration de voisinage, employée principalement dans les industries de transformation [15]. Une autre vague migratoire survient dans les années qui précèdent la Grande Guerre. Puis, à partir de juin 1919, le phénomène migratoire prend une telle ampleur – les chiffres officiels font apparaître, entre 1920 et 1930 un excédent de 1 150 000 entrées de travailleurs étrangers, sur les sorties – que la France, en 1930, est le pays qui compte le plus fort taux d'étrangers : 515 pour 100 000 habitants contre 492 aux États-Unis [16].

Depuis le début du siècle, l'arrivée de ces immigrés s'organise sous l'égide de conventions internationales signées par la France avec l'Italie en 1904 et 1906, la Belgique en 1906, puis avec la Pologne et encore l'Italie en 1919, enfin avec la Tchécoslovaquie en 1920. Ces conventions institutionnalisent une relation entre l'État d'accueil, les États d'origine et les entreprises françaises, qui correspond à une forte convergence d'intérêts.

Convergence d'abord entre la France et son patronat quant au partage des rôles. Ainsi l'État gère-t-il les relations diplomatiques et l'élaboration des contrats types, mais c'est un organisme privé spécialisé, la Société générale d'immigration (S.G.I.), qui prend en charge l'organisation matérielle du recrutement, par exemple en Pologne ou en Italie ; la sélection médicale et professionnelle ; le transport et la répartition des travailleurs en fonction de la demande des entreprises [17]. La convergence porte également sur le choix des pays de recrutement : on privilégie une main-d'œuvre européenne contre la main-d'œuvre coloniale que l'État avait enrôlée pendant la guerre, pour des travaux militaires, agricoles ou industriels en remplacement des métropolitains appelés au front, mais qui n'avait pas donné « satisfaction [18] ».

Convergence encore entre la France et les États d'origine qui ont besoin de l'immigration. Les seconds ont cependant des exigences : ils cherchent à contrôler cette immigration, à lui imposer le maintien d'une relation d'allégeance, tout en bénéficiant de ses transferts financiers. C'est pour ce dernier motif qu'ils revendiquent et inscrivent dans les conventions internationales une stricte égalité des salaires entre Français et étrangers ; ils satisfont en même temps les organisations syndicales de travailleurs français qui exigent cette égalité pour éviter la concurrence déloyale d'une main-d'œuvre étrangère sous-payée.

D'ailleurs, parmi les premiers droits sociaux accordés par l'État providence, ceux qui touchent aux ressources financières du travailleur ou au coût de son travail pour l'entreprise restent accordés sans discrimination : ainsi la loi de 1898 sur les accidents du travail – l'indemnisation est cependant limitée aux familles des immigrés résidant en France –, et la législation limitant la durée du travail des enfants et des femmes, établie et modifiée en 1841, 1892 et 1900, s'appliquent au travailleur étranger [19].

En revanche, les lois qui concernent la représentation des salariés dans l'entreprise et leur protection sociale hors travail font une différence entre Français et immigrés. Les étrangers ne disposent pas du droit d'être élus dirigeants syndicaux ou représentants des salariés, en vertu des lois de 1884 sur les syndicats, de 1890 sur les délégués à la sécurité minière, de 1892 sur les procédures de conciliation et d'arbitrage, et de 1907 sur les conseils de prud'hommes. En outre, leur droit à l'assistance subit des restrictions [20].

À cela s'ajoute la volonté de maîtriser les

déplacements des immigrés au service des intérêts des entreprises françaises, qui sont parfois contradictoires : selon les types d'emploi et les secteurs d'activité, elles recherchent une main-d'œuvre d'appoint souple et apte à changer souvent d'employeur ou, au contraire, une main-d'œuvre stable, rompue aux tâches les plus pénibles et les plus mal rémunérées. L'État voudra alors suivre les déplacements des immigrés : en janvier 1887, les étrangers nouvellement installés doivent être recensés ; en 1888, les étrangers résidant en France ont été invités à se déclarer à la mairie de leur domicile. En 1893, le recensement spécifique de tous les travailleurs étrangers est imposé ; ils doivent s'inscrire sur un registre d'immatriculation à la mairie. Plus tard, l'État voudra interdire ces déplacements : la loi du 11 août 1926 interdira l'emploi des étrangers en dehors des professions pour lesquelles ils avaient obtenu une autorisation, de même que l'embauche du salarié par un autre employeur avant l'expiration de son contrat de travail [21].

Ainsi, les techniques d'organisation et de contrôle de l'immigration s'affinent. Mais elles ne fonctionnent pas. L'immigration nord-africaine, indésirée, se développe. Légalement d'abord comme au début des années 20 : les musulmans d'Algérie n'ont plus besoin depuis 1919 de permis de voyage pour se rendre en métropole, tandis que se produit la première vague d'immigration marocaine vraiment significative, environ dix mille travailleurs. Illégalement ensuite : interdite en 1924, à l'occasion d'une poussée du chômage en métropole, elle ne s'en poursuit pourtant pas moins [22].

Ensuite, la S.G.I. ne peut quant à elle assurer véritablement le monopole des entrées de travailleurs : parallèlement à la voie légale, de nombreux travailleurs étrangers arrivent en France par leurs propres moyens et sont embauchés directement par des employeurs satisfaits de ne pas avoir à payer une redevance d'introduction. L'administration avalise cet état de fait en « régularisant », c'est-à-dire en accordant des titres de séjour et de travail. Entre 1924 et 1930, la S.G.I. introduit 406 950 étrangers, soit 35 % seulement de la totalité des titres délivrés. En 1928, il y a 21 620 régularisations, 43 928 en 1929 et plus de 60 000 en 1930.

Enfin, l'immigration continue encore durant la crise économique des années 1930, alors que le chômage augmente et que le Parlement, poussé par l'opinion publique, décide des mesures restrictives. La loi du 10 août 1932 permet au gouvernement de prendre, à la demande des organisations syndicales et patronales, des décrets pour fixer la proportion maximale de travailleurs étrangers – des quotas – dans les entreprises privées, industrielles ou commerciales. Plus tard, à l'instigation des organisations professionnelles, des mesures protectionnistes spécifiques sont prises pour les professions libérales. En avril 1933, la loi Armbruster limite l'exercice de la médecine aux seuls Français, ou aux ressortissants des pays placés sous le protectorat de la France, à condition que leur doctorat de médecine ait été acquis en France. Les avocats se protègent autrement : redoutant l'arrivée de juristes réfugiés allemands, ils font voter dès le mois de juin 1934 une loi interdisant aux Français naturalisés l'exercice de professions publiques instituées par l'État, ou l'inscription au barreau [23].

Mais les entreprises, elles, animées par d'autres intérêts, poussent le gouvernement à agir avec modération, voire dans une autre direction. L'agriculture n'est pas concernée par la loi de 1932 ; quant à l'industrie, jusqu'en 1934, l'administration applique mollement la réglementation sur les quotas. Les décrets sont peu nombreux : soixante-douze en deux ans, tous signés à l'initiative des syndicats. Ce n'est qu'en novembre 1934 que le gouvernement Flandin accélère le rythme de publication des décrets : on en compte cinq cent cinquante-trois, signés en quelques semaines [24]. La même année, décision est prise de ne plus accorder de carte de travail à de nouveaux migrants, ce qui équivaut à arrêter l'immigration officielle des travailleurs salariés. La pression soutenue des organisations professionnelles d'artisans ou de commerçants aboutit plus lentement. Le décret du 8 août 1935 aligne les artisans sur le régime de la loi de 1932 [25]. Pourtant, jusqu'au décret du 2 mai 1938, qui accélère la délivrance de la carte d'artisan, aucune mesure concrète ne met en œuvre le décret précédent. Il faudra ensuite attendre les décrets du 12 novembre 1938 et du 2 février 1939 pour voir les commerçants étrangers contraints, eux aussi, de posséder une carte professionnelle spécifique. Et puis, il ne faut pas oublier une immigration dont les particularités s'accentuent, celle des réfugiés politiques. La gauche se montre toujours soucieuse de l'accueil spécifique des réfugiés – pour Édouard Herriot, le droit d'asile constitue « un des éléments essentiels de la doctrine républicaine [26] » – mais les majorités conservatrices ne remettront jamais en cause, elles non plus, le principe même de cet accueil. Après la Première Guerre mondiale se succèdent les vagues de réfugiés de différentes origines, et ces mouvements de populations témoignent des événements politiques qui bouleversent l'Europe. Ce sont d'abord des Russes, chassés au cours des différentes étapes de la révolution bolchevique, puis des Arméniens, des Géorgiens, et des juifs de l'Europe de l'Est. À partir de 1924, les antifascistes italiens se réfugient à Paris, faisant apparaître dans l'immigration italienne une différenciation originale au sein de la même communauté nationale, entre immigration économique et immigration politique [27]. Enfin, des Hongrois, des Roumains, des Yougoslaves et des Allemands, des Suisses et des Autrichiens élisent bientôt la France terre d'asile.

Sur le terrain, l'Administration, plus sensible à la xénophobie ambiante, semble suivre une logique autonome de celle des pouvoirs publics nationaux et faire du zèle répressif : le décret du 6 février 1935 permet le non-renouvellement des cartes d'identité des étrangers n'ayant pas un séjour de plus de *dix ans* dès lors qu'ils exercent leur activité dans un secteur économique où sévit le chômage [28]. S'il est bien prévu de différencier, parmi les 1 260 000 salariés étrangers présents alors en France, les étrangers entrés régulièrement des autres, dans la pratique il est souvent procédé au retour forcé d'étrangers licenciés. L'année 1935 se caractérise par un nombre de départs contrôlés très important. L'organisation de rapatriements gratuits touche 20 500 étrangers au cours de l'année 1935. Les ressortissants polonais sont les plus concernés par ces retours, souvent forcés, qui se déroulent selon Janine Ponty [29] dans l'« indifférence totale ». Certes, le premier gouvernement du Front populaire met un terme aux refoulements et aux expulsions arbitraires ; et si la politique de retour des chômeurs n'est pas supprimée, l'assentiment formel des intéressés est rendu obligatoire. Mais l'Administration semble souvent n'en avoir cure : elle refoule ou expulse sans distinction demandeurs d'asile et chômeurs, ou refuse le renouvellement de titres à des étrangers pourvus d'un emploi.

Pourtant, dans les principes, le droit d'asile est maintenu et souvent renforcé, malgré l'exacerbation des passions que suscite l'arrivée de réfugiés politiques.

Enfin, malgré la xénophobie et l'arrêt des flux, l'entrée dans la nationalité française de l'immigration étrangère est de plus en plus facilitée, au fil des réformes adoptées par le Parlement. En 1889, la nationalité française est imposée à l'enfant né en France de parent lui-même né en France. La loi adoptée en 1927 favorise les naturalisations, et, de 1926 à 1930, 315 066 étrangers acquièrent la nationalité française contre 95 215 pour les cinq années précédentes [30].

Les actions des pouvoirs publics apparaissent de plus en plus incohérentes, inefficaces, voire illégitimes. Alors, devant les contradictions administratives et politiques, émerge chez quelques experts, ou grâce à la fondation du Centre de liaison des comités pour le statut des immigrés en décembre 1935, l'idée de construire une politique d'immigration rationnelle et coordonnée [31].

En fait, trois sortes de questions se posent :

Premièrement, que faire par rapport aux flux des entrées : les recherche-t-on ? Ou veut-on au contraire les stopper, et selon quelles méthodes ? Deuxièmement, quels droits, quelles ressources accorde-t-on aux immigrés autorisés à séjourner en France, ceux-là même que, tout au long de ces chapitres, nous dénommerons étrangers-résidents ou immigrés-résidents ? Enfin quelle politique de retour doit-on pratiquer ?

À ces interrogations répondent plusieurs logiques qui sont déjà apparues, implicitement ou explicitement, dans les débats et dans l'action proprement dite :

– une logique de valeurs, de principes politiques, qui distingue asile politique et immigration de travail ou de peuplement et garantit le droit de rester à l'étranger résident ;

– une logique de démographie politique, qui part du principe que la France a besoin de population pour rester ou redevenir une grande puissance ; on cherche donc à faire venir des familles jeunes, en âge de procréer : leurs enfants, à défaut de naître en France, pourront dans tous les cas être élevés dans la société française. Subsidiairement, certains démographes ont le souci de différencier parmi les différentes origines « ethniques[32] », culturelles ou nationales, les plus « assimilables » ;

– une logique économique enfin, qui recherche au service des entreprises plutôt des jeunes mâles, célibataires et bien portants ; accessoirement, elle peut chercher à adapter leur admission en France aux besoins contradictoires des différents secteurs économiques.

Ces trois logiques ont au moins un point commun : elles acceptent ou favorisent l'accueil d'étrangers en France. Et ceux qui les défendent ont aussi un point d'accord : ils conviennent qu'il faut une stratégie qui puisse coordonner l'action tant en matière de flux que de droits sociaux.

Elles vont néanmoins s'affronter pendant sept ans, de 1938 à 1945 – lorsqu'est posé au sommet de l'État le problème de la construction d'une politique coordonnée. Ce n'est en effet qu'après la Seconde Guerre mondiale que l'on choisira nettement une option. Puis la règle républicaine traversera tranquillement les Trente Glorieuses, avant de connaître, de 1974 à 1984, de fortes secousses.

I

L'ÉDIFICATION DES PRINCIPES

I

L'ACCOUCHEMENT DOULOUREUX DU MODÈLE RÉPUBLICAIN

(1938-1974)

LE CONFLIT DES VALEURS

(1938-1944)

Dans les années 20, les immigrés ne sont pas des privilégiés. Soumis à un contrôle social contraignant, ils ne reçoivent souvent qu'un modeste salaire.

Dans les années 30, s'est ajoutée la crainte de devoir repartir de force, en cas de chômage ou de non-renouvellement de titre.

L'opinion publique se mobilise autour de la présence des réfugiés politiques – leur arrivée est combattue à droite et à l'extrême droite – alors que les menaces d'expulsion pour activité politique sont dénoncées par la Ligue des droits de l'homme.

L'EXPÉRIENCE PHILIPPE SERRE

L'année 1937 est marquée par une quinzaine d'attentats politiques où sont mis en cause des étrangers, tandis que les comités pour le statut des immigrés poursuivent leur combat [1].

C'est dans ce contexte que, au début de 1938, Philippe Serre, député de Meurthe-et-Moselle, sous-secrétaire d'État au Travail dans le troisième gouvernement Chautemps (25 juin 1937-18 janvier 1938), est nommé sous-secrétaire d'État, chargé des services de l'immigration et des étrangers auprès de la présidence du Conseil. Il reste à ce poste dans le quatrième gouvernement du même Chautemps (18 janvier-13 mars 1938). Il redevient sous-secrétaire d'État au Travail dans le deuxième gouvernement Blum (13 mars-10 avril 1938).

Dans le cabinet qu'il a constitué, apparaît Georges Mauco. Auteur d'une thèse pionnière, publiée en 1932, sur *Les Étrangers en France, leur rôle dans l'activité économique,* il est le premier « expert » des problèmes de l'immigration. Quelques mois avant d'accéder à des fonctions gouvernementales, dans une conférence donnée en 1937 dans le cadre de la Société des Nations (S.D.N.), il avait proposé une orientation pour la politique de l'immigration [2].

Sa démarche est celle d'un démographe

nationaliste. Dans une perspective purement économique ou utilitariste, il peut paraître logique de faire venir de la main-d'œuvre étrangère en cas de besoin des entreprises et de la faire repartir en période de crise économique. Pour le démographe français, cette logique est absurde : il considère que l'immigration de familles jeunes est nécessaire pour fournir à long terme à la France l'apport de population dont elle a besoin. Mais il constate que certains immigrés ont du mal à « s'assimiler », que leur présence heurte l'opinion publique française et il en donne les causes. Il cite, en premier lieu, l'action des pays d'émigration qui découragent l'immigration familiale, et qui développe, pour mieux l'encadrer, missions religieuses ou écoles privées. De plus, ces mêmes États d'origine, qui souhaitent maintenir leur influence, s'allient aux patrons qui veulent « soustraire (les étrangers) du contact des salariés français et les rendre moins accessibles aux revendications sociales : ils poussent leurs ressortissants qui en ont la tendance naturelle à se grouper en terre d'exil et à se reconstituer un cadre et une vie collective ». Tout cela fait obstacle au rôle joué dans le processus d'assimilation par des institutions comme l'école et l'Église, ou par le système d'accès à la nationalité ; Mauco insiste également sur le rôle que pourrait jouer le patronat en favorisant l'égalité des salaires, la formation professionnelle et surtout l'accès au logement.

Sont jointes à ces constatations générales, applicables à tout étranger, des considérations sur la hiérarchie des ethnies : Mauco pense que l'immigré, selon les analogies que sa langue natale présente ou non avec la langue française, se trouve plus ou moins isolé, plus ou moins lié à l'influence de la vie et de la culture du pays d'accueil. Surtout, il lui paraît que « parmi la diversité des races étrangères en France, il est des éléments [...] (asiatiques, africains, levantins même) dont l'assimilation n'est pas possible et, au surplus, très souvent physiquement et moralement indésirable. L'échec de nombreux mariages mixtes en est une vérification. Ces immigrés portent en eux, dans leurs coutumes, dans leur tournure d'esprit, des goûts, des passions et le poids d'habitudes séculaires qui contredisent l'orientation profonde de notre civilisation ».

Cette hiérarchie des ethnies est également établie par les chefs d'entreprise : l'auteur le constate à l'aide d'un « mini-sondage » effectué dans une entreprise d'automobiles, qui emploie 17 000 travailleurs, dont 5 075 étrangers, auprès d'une dizaine de chefs de service. Ceux-ci appelés à noter de 1 à 10 l'aspect physique, la régularité au travail, la production, la discipline, ou la compréhension de la langue française notent, par exemple, les Arabes au plus bas de l'échelle avec 2,9, puis les Grecs – 5,2 – les Arméniens, les Polonais, les Espagnols 6,3, 6,4 et 6,5, enfin les Italiens, les Suisses et les Belges qui viennent en tête avec 7,3, 8,5 et 9 *. Constatations démographiques et économiques se rejoignent donc pour favoriser une sélection ethnique des immigrés. Comme Mauco constate que l'accueil des étrangers est plus difficile dans les classes moyennes et supérieures et que c'est précisément dans les professions libérales, le commerce et les emplois qualifiés que se pressent en surnombre les Français alors qu'il y a pénurie dans les activités manuelles, il prône une politique de sélectivité non seulement ethnique, mais aussi professionnelle et sanitaire, et une intervention d'État.

L'analyse de Mauco, qui se veut scientifique alors qu'elle ne fait que paraphraser et synthétiser des opinions recueillies, est fondée théoriquement, si l'on se réfère aux travaux de Pierre-André Taguieff, sur un double préjugé racial [3] : d'une part, il considère une partie des étrangers comme inassimilable ; d'autre part, s'il pense possible l'assimilation des ethnies les plus proches, c'est qu'il croit en la supériorité attractive de l'ethnie française [4]. Mais le discours de Mauco est dans les débats de l'époque un mixte syncrétique encore difficilement classable : l' « inassimilabilité » est préjugée par une droite nationaliste et xénophobe qui perçoit le mélange de l'immigré dans la société française comme producteur de désordre [5]... ; l'assimila-

* *Cf.* annexe III.

tion par la culture et l'éducation est à l'époque la réponse progressiste à ce discours [6]. Dans la conclusion de son texte de 1937, Mauco est optimiste : il croit à la réussite de l'assimilation de la majeure partie de la population étrangère alors en France.

C'est en partie dans les directions qu'il prône que Philippe Serre, le nouveau sous-secrétaire d'État, va agir. D'abord pour satisfaire les besoins de l'économie, il maintient l'objectif de l'immigration. Mais il cherche à séparer « le bon grain de l'ivraie [7] » et l'immigration utile de celle qui lui semble néfaste. La première donne à la France les travailleurs agricoles ou industriels qui lui font défaut dans certaines régions ou dans un certain nombre de professions. La seconde se dirige vers les métiers encombrés (artisanat, commerce, professions libérales).

Afin d'organiser et de surveiller l'immigration « utile », Serre élabore un premier projet de texte qui se propose de confier à une structure contrôlée par l'État les missions de recrutement et d'introduction exercées jusqu'alors par la S.G.I. Pour éviter la concurrence de l'immigration « néfaste » dans les professions encombrées, un deuxième projet vise à faciliter l'implantation des ressortissants juifs étrangers dans les campagnes. C'est en effet de cette communauté que provient, au dire de Georges Mauco, la concurrence conflictuelle dans les professions commerciales ou libérales, qui provoque de vives réactions des professionnels concernés et de nombreux Juifs français [8].

Un troisième projet vise à constituer un statut juridique de l'étranger. Il établit une distinction fondamentale entre immigrés temporaires et résidents selon qu' « ils déclarent venir en France pour une durée limitée sans intention de s'y fixer (étudiants, touristes et travailleurs saisonniers), ou qu'ils ont vocation à l'assimilation. Dans le premier cas, les formalités d'accès au séjour et au marché du travail sont simplifiées. Dans le second cas, des contrôles sévères, tenant compte des critères professionnels, moraux, sanitaires, seraient institués ». L'immigré, économiquement utile et démographiquement sélectionné, pourra alors bénéficier de droits économiques et administratifs qui « s'étendront avec la durée de son séjour régulier jusqu'au jour où la naturalisation consacrera son assimilation ».

Un dernier projet prévoit la mise en place de trois structures de coordination interministérielle : l'une, pour concevoir et coordonner l'activité des différents ministères ; l'autre, chargée exclusivement des réfugiés politiques qui bénéficient d'une protection particulière ; la dernière, qui aurait la responsabilité des contrôles aux frontières. Enfin, on confierait à une commission le soin d'examiner les recours éventuels contre les décisions de refus de naturalisation et d'unifier la jurisprudence en la matière.

Ces projets sont alors combattus par les ministères des Affaires étrangères, de l'Intérieur ou du Travail, et la chute rapide du second gouvernement Blum empêche qu'ils voient le jour.

Philippe Serre s'est donc heurté à la concurrence interministérielle. Il aura également souffert des inconvénients du système politique de la IIIe République : instabilité ministérielle, prédominance du législatif sur le pouvoir exécutif, fragilité de ce dernier.

LE DÉSORDRE AVANT LA DÉFAITE

Avec l'arrivée du nouveau gouvernement, le désordre reprend. Au cours des années 1938-1939, l'action publique s'organise différemment selon les catégories d'étrangers de façon plus complexe qu'on ne veut bien l'écrire. La xénophobie atteint un très haut degré, mais les autorités publiques ne portent pas atteinte, du moins formellement, à l'obligation républicaine du droit d'asile pourtant fortement contesté. Au contraire, le décret-loi du 2 mai 1938 assure pour la première fois une protection particulière au réfugié. L'interdiction d'entrée sur le territoire, décidée depuis 1924 à l'égard des nouveaux travailleurs migrants, n'est pas censée le concerner[9] ; pourtant l'application des textes par les services administratifs rend souvent sa situation extrêmement précaire.

Le principal test de l'écart entre théorie et pratique est cependant l'accueil des réfugiés espagnols. Après la prise de Barcelone, en janvier 1939, et malgré l'annonce de la fermeture des frontières aux réfugiés républicains de la guerre civile finissante, plusieurs centaines de milliers d'entre eux affluent et sont bientôt autorisés à entrer sur le territoire ; les voilà hébergés dans des camps, dans des conditions inhumaines, d'ailleurs dénoncées par de très nombreux observateurs [10]. Dans les deux années qui suivent la fin des hostilités, une grande partie des réfugiés rentre en Espagne. Les autorités françaises et britanniques obtiennent du général Franco l'assurance que les réfugiés qui retournent dans leur pays seront amnistiés, sauf ceux qui encourent des peines judiciaires [11]. Les autorités françaises ont un moment la tentation de procéder à des rapatriements forcés [12] ; il semble même que, en avril 1939, les préfets reçoivent des instructions en ce sens. Mais les protestations de la gauche et d'une large part de l'opinion publique, la résistance des républicains espagnols eux-mêmes et le manque de coopération des autorités franquistes font échouer ce projet. Puis le rythme des retours s'accélère et cent cinquante mille à deux cents mille réfugiés espagnols (soit 40 à 50 p. 100 de ceux qui sont entrés sur le territoire national) s'en retournent en 1939 et 1940. Les autres – parmi lesquels les plus militants, qui craignent pour leur vie – s'installent dans les camps, dans des conditions toujours déplorables, mais qui s'amélioreront progressivement. Il n'en reste pas moins qu'à un moment décisif – et cela n'excuse ni les conditions d'accueil ni les tentatives de retours forcés – le principe du droit d'asile a trouvé une réalisation pratique ; la conformité entre les valeurs de la République et l'action menée a finalement pu résister aux soubresauts de la vie politique et à la montée de la xénophobie. Dans un contexte particulièrement difficile la France, comme l'écrit Ralph Schor, « accomplit son devoir d'humanité », même si ce fut « souvent à contre-cœur [13] ».

Jusqu'à la guerre, les autres étrangers de France vont se voir à nouveau soumis aux retournements de la conjoncture économique et politique. Pourtant les régimes du droit au séjour et de l'accès au travail de l'étranger régulier semblent se libéraliser. En mai 1938, à la demande des entreprises, le système de quotas mis en place en 1932 est assoupli ; un simple arrêté pour tel secteur ou l'accord de l'inspecteur du travail lorsqu'il s'agit d'une entreprise suffit désormais à l'obtention d'une dérogation ; l'embauche des salariés agricoles est également facilitée [14]. Le constat de la difficulté à mettre en œuvre une politique de retours forcés, peut-être également le souci de stabiliser l'immigration la plus durablement installée, conduisent les pouvoirs publics à annoncer la délivrance de cartes d'identité, valables de plus en plus longtemps, selon la durée du séjour en France ; mais cette réforme n'est pas appliquée.

En contrepartie, le contrôle politique et policier du séjour de l'étranger installé est de plus en plus sévère : à chaque changement de domicile ou de résidence, le voilà tenu d'en avertir les autorités. Le ministère de l'Intérieur peut l'astreindre à résider dans tel ou tel lieu, voire l'expulser sans motif autre que le désir des autorités [sic] (décret du 2 mai 1938). La répression ne fait pas de différence entre les irréguliers et certains étrangers établis depuis de longues années, lorsque, par exemple, les pièces nécessaires pour prouver leur identité leur sont retirées par les États d'origine. Par décret du 12 novembre 1938, le mariage de l'étranger est soumis à autorisation administrative ; il ne peut désormais contracter mariage en France que s'il est titulaire d'un permis de séjour de plus de un an. En ce qui concerne la nationalité, d'autres mesures reviennent sur la législation libérale adoptée en 1927. La nationalité française peut être dorénavant retirée aux naturalisés qui se montreraient indignes de la citoyenneté française ; aux limitations de droits qui touchaient déjà le naturalisé – non-éligibilité ou impossibilité d'accès à certaines fonctions publiques durant cinq années – est ajoutée l'interdiction de voter pendant le même délai [15]. Enfin l'étranger indésirable peut-être interné dans des « centres spéciaux » où il fera l'objet d'une « surveillance permanente ».

Le climat dans l'administration change dès le déclenchement des hostilités. La main-d'œuvre nationale se révèle vite insuffisante par rapport aux besoins, malgré l'augmentation de la durée du travail [16]. Pour servir l'armée et travailler dans les usines les étrangers deviennent alors désirables [17].

Les mesures de contingentement prises en 1932 sont suspendues [18]. Le gouvernement veille au maintien sur le territoire national des étrangers encore présents, maintien facilité par le fait que la vie reste normale pendant les premiers mois de la guerre.

Ensuite, un décret-loi du 12 avril 1939, pris après l'arrivée des réfugiés espagnols et en partie à leur intention, décide : « Les étrangers bénéficiaires du droit d'asile seront désormais soumis aux obligations imposées aux Français par les lois sur le recrutement et sur l'organisation de la nation en temps de guerre [19]. » Au début des hostilités, les réfugiés espagnols vont donc servir dans les compagnies de travailleurs ou dans l'armée française.

Les miliciens espagnols internés, évalués au total à 80 000, sont envoyés dans l'industrie

(20 000), mis à la disposition des autorités militaires (20 000) ou encore affectés à l'agriculture (39 000) ; ils signent parfois avec les agriculteurs des contrats de travail qui leur assurent de fait une liberté de circulation sur le territoire national.

D'autres réfugiés espagnols sont accueillis dans l'armée française. Selon Jean-Louis Crémieux-Brilhac, l'on décourage d'abord de l'engagement militaire Polonais et Italiens. On souhaite que les Polonais restent dans leurs mines de charbon ou d'acier pour y assurer la production, et l'on ne veut pas d'ennui avec Mussolini [20]. Finalement, plus de 100 000 étrangers de toutes nationalités sont incorporés dans l'armée française ou constituent à ses côtés des corps de combattants étrangers. Pour les faire participer aux efforts de guerre, le gouvernement a aussi choisi d'accélérer le processus de naturalisation : 73 000 étrangers, particulièrement des Italiens, sont ainsi naturalisés, ou réintégrés dans la nationalité française, en 1939, et 43 000 autres au cours du seul premier semestre de l'année 1940.

Le gouvernement part enfin à la recherche de nouvelles sources de main-d'œuvre. L'occupation de la Pologne et les difficultés de communication avec les pays d'Europe centrale contribuent certes à freiner les retours éventuels, mais ils empêchent en premier lieu les pouvoirs publics de recourir à leur marché traditionnel.

Le gouvernement négocie et signe alors avec le Portugal et la Grèce des traités, dont l'application est interrompue par le déclenchement des opérations militaires de juin 1940 [21]. Dorénavant, comme pendant la Première Guerre mondiale, on fait appel à la main-d'œuvre coloniale : un contingent de 20 000 Indochinois est affecté en totalité aux usines de la Défense nationale [22] ; le recrutement de 100 000 travailleurs nord-africains est programmé ; mais l'armistice interrompt le mouvement après l'arrivée de 20 000 d'entre eux.

VICHY : LA VICTOIRE DU PRINCIPE ETHNIQUE

La défaite et l'occupation allemande vont favoriser une rupture avec la façon traditionnelle de traiter les étrangers et de définir les catégories juridiques.

Les historiens se sont souvent attachés à analyser la politique menée à l'égard des Juifs étrangers, ou redevenus tels, à l'occasion de la remise en cause de leur nationalité française, fait unique dans le siècle [23]. On a beaucoup étudié aussi l'engagement des étrangers dans les combats ou la Résistance. En revanche, rares sont les travaux consacrés à la gestion « courante » de l'immigration.

Après la défaite et l'armistice, les frontières jusque-là établies entre Français, réfugiés politiques et travailleurs étrangers, se déplacent. Ainsi, les réfugiés politiques d'avant-guerre perdent leur protection particulière et deviennent, à cause de leurs idées, de leur religion ou de leur nationalité, des persécutés potentiels et trop souvent réels. Certains travailleurs étrangers vont au contraire bénéficier d'une protection particulière, supérieure même à celle des Français ; ce sera le cas des Allemands, bien sûr, mais surtout des Italiens, encore très nombreux sur le territoire national. L'occupation nazie et la collaboration de l'État français vont trancher à leur façon le débat qui occupait les spécialistes d'avant-guerre : la hiérarchie des ethnies l'emporte sur la hiérarchie des valeurs et dissout les catégories de l'État de droit.

Cette inversion des principes se conjugue avec la continuité dans la gestion des problèmes de la main-d'œuvre étrangère : si ce n'est l'interférence des intérêts économiques allemands, tantôt convergents, tantôt divergents par rapport aux préoccupations des pouvoirs publics français, les problèmes de chômage ou de recrutement de la main-d'œuvre étrangère semblent gérés comme si la guerre n'avait pas lieu. Selon que les immigrés se trouvent en zone libre ou en zone occupée, selon que l'occupation est le fait des Allemands ou des Italiens, leur situation sera alors différente.

Zone occupée

Dès le début de l'Occupation, les Allemands manifestent le souci de se procurer de la main-d'œuvre étrangère pour satisfaire leurs besoins en France et fournir, en Allemagne, des forces nécessaires à leur économie, peut-être aussi des soldats pour la Wehrmacht. Ce souci se traduit dès août 1940 [24] ; les Allemands font recenser par l'Administration française les chômeurs étrangers, particulièrement nombreux après l'armistice. L'objectif est d'envoyer en Allemagne des Slovaques, des Polonais, des Ukrainiens ou des Yougoslaves, afin de les y faire travailler, notamment dans les secteurs du bâtiment et de la métallurgie. Dès août 1940, les réfugiés russes blancs sont également recensés. Ils le seront à nouveau en avril 1941, sans grands résultats car, selon les rapports des administrations françaises, ces Russes blancs ne sont pas au chômage, soit parce qu'ils ne sont plus en âge de travailler, soit parce qu'ils ont un emploi stable.

Dès l'été 1940, les autorités allemandes se préoccupent également du statut des travailleurs étrangers qu'ils emploient à leur service en France. L'occupant a en effet besoin de main-d'œuvre sur place. Il veut donc pouvoir embaucher aisément du personnel étranger, par exemple italien. C'est pourquoi il exige, en mai 1941, et obtient en juillet 1941, que les

Français accordent aux étrangers employés par les Allemands une carte d'identité de travailleur qui seule leur permettrait d'exercer un autre emploi une fois leur contrat expiré [25].

Pour lutter contre le fort chômage du début de l'Occupation, l'Administration française, outre les mesures prises pour écarter du marché du travail les ouvriers d'origine rurale ou les femmes – tel sera précisément l'objectif de la loi du 11 octobre 1940 –, rétablit en août 1940 la loi de 1932 sur les quotas de travailleurs étrangers dans les entreprises, loi suspendue en janvier 1939. On espère ainsi que le licenciement de travailleurs étrangers, recrutés pendant la mobilisation des Français, permettra un rétablissement de la situation de l'emploi. Les occupants réagissent alors en venant en aide aux ressortissants des États alliés de l'Allemagne : dès août 1940, ils cherchent à favoriser l'embauche d'Italiens, d'Allemands et d'ex-Autrichiens par les employeurs français – dans le Doubs, par exemple, les Allemands imposent l'embauche prioritaire des Italiens. Plus tard, ils exigent que le *seuil maximal* d'emploi des étrangers fixé par la loi de 1932 devienne un *seuil minimal*. Ayant noté que la restauration des quotas avait abouti, dans la plupart des cas, à l'embauche exclusive de salariés français, les autorités allemandes obtiennent que les entreprises françaises recrutent la même proportion d'étrangers que celle qui était employée avant la guerre – selon elles, de 5 à 8 p. 100 –, en particulier des Italiens, des Russes, des Slovaques et des Hongrois.

Plus tard, lorsque la situation de l'emploi sera rétablie en zone occupée [26], les autorités françaises se préoccuperont des besoins des producteurs français en main-d'œuvre saisonnière ou permanente, comme en période normale. Ainsi se pose en 1941 le problème des saisonniers, nécessaires à la récolte de betteraves ; les autorités allemandes en France, « collaborant » avec l'Administration française, exigent de leurs collègues occupants en Belgique que soit fourni le contingent de saisonniers [27] nécessaire aux producteurs français. Le responsable français de la gestion des saisonniers au ministère du Travail se félicite dans cette affaire de la coopération de son correspondant allemand, qui s'est comporté comme un « Français » face aux autorités d'occupation en Belgique.

Zone libre

En zone libre, le chômage diminue très rapidement. Selon Jacques Desmarest, dès la fin de 1940, le nombre de chômeurs ne dépasse pas 30 000 et, en juillet 1941, il tombe à moins de 15 000. Mais que deviennent les étrangers ? Là encore, il convient de distinguer le traitement appliqué aux ressortissants allemands, autrichiens ou italiens. En janvier 1942, sous l'impulsion des Allemands, le renouvellement des titres de commerçants italiens et allemands est accéléré. À la fin de 1942, le ministère de l'Intérieur de Vichy favorise l'acquisition des biens des Juifs italiens par des Italiens « aryanisés ». Mais il faut noter la réticence de Vichy à accorder aux Italiens un statut privilégié : tout au long de la guerre, l'État français cherche à préserver un semblant de souveraineté. Il considère que l'Italie revendique indûment un statut de vainqueur et cherche à freiner ses revendications. La convention d'armistice conclue avec l'Italie en février 1941 prévoit par exemple le rapatriement des Italiens internés dans des camps en raison de leur fidélité au régime fasciste : Vichy laisse la majeure partie d'entre eux s'installer librement en zone sud [28]. Les Italiens obtiennent néanmoins le contrôle – mais il restera très théorique – de la circulation aux frontières franco-suisses et franco-italiennes et un droit d'information sur les éventuelles expulsions des Italiens résidant en zone libre.

Les autres étrangers sont soumis à un régime spécialement restrictif. En premier lieu, la loi du 27 septembre 1940 stipule que les étrangers de sexe masculin, âgés de dix-huit à cinquante-cinq ans, en surnombre dans l'économie nationale, peuvent être rassemblés dans des groupements au sein desquels ils sont censés ne recevoir aucun salaire [29]. Ces « groupements de travailleurs » (G.T.E.) sont gérés à partir d'octobre 1940 par le commissariat à la lutte contre le chômage. Y sont principalement affectés des réfugiés politiques, espagnols ou juifs étrangers, des soldats démobilisés des armées belge, polonaise, tchécoslovaque. De réfugiés, ils deviennent travailleurs.

Ces G.T.E. font l'objet d'une surveillance particulière de la part du régime de Vichy qui craint de les voir abriter de nombreux communistes. Malgré les contrôles et la répression, leur situation n'est cependant pas toujours aussi désastreuse qu'on pourrait le supposer. Une partie d'entre eux, jugée dangereuse, est envoyée en Afrique du Nord. Mais surtout, l'équipe du commissariat au chômage, souvent engagée dans la Résistance, s'efforce d'améliorer leurs conditions de vie, en prélevant le maximum d'étrangers dans les camps existants pour les transformer en travailleurs « diffus » ; ils sont dispersés individuellement, affectés à des emplois dans l'industrie ou dans l'agriculture, et peuvent ainsi mener une existence presque normale. Au cours de l'année 1941, deux tiers d'entre eux ont été dispersés. Très vite, une indemnité individuelle leur a été accordée et, en juin 1941, Henri Maux, le commissaire adjoint au chômage qui est le véritable patron du service [30], obtient pour eux le salaire de droit commun. En 1942, l'assimilation complète aux droits sociaux des nationaux est réalisée. En outre, sous la direction de Gilbert Lesage est créé le service social pour les étrangers qui joue, dans chaque département, un rôle important d'assistance aux familles et favorise par exemple leur regroupement.

C'est une partie de ces immigrés, les non dispersés, qui va bientôt travailler au service des autorités d'Occupation lorsque ces dernières éprouvent, à partir de 1942, des besoins croissants de main-d'œuvre.

Les Allemands ont en premier lieu songé à faire revenir de la main-d'œuvre coloniale, dont une partie a été ballottée depuis l'ouverture des hostilités selon les besoins français ou allemands. Juste après l'armistice, on a décidé le rapatriement des 20 000 travailleurs indochinois, réquisitionnés au début du conflit, mais seuls 5 000 d'entre eux le sont effectivement ; les 15 000 restés sur le territoire de l'Hexagone sont donc employés, à partir de l'année 1941, comme travailleurs, pour la plupart dans l'agriculture. Sur les 20 000 recrutés nord-africains dans les premiers mois de la guerre, 10 000 à 15 000 ont été renvoyés. Dès le milieu de l'année 1941, après l'attaque de l'U.R.S.S., des négociations s'engagent entre Allemands et Français afin d'obtenir le recrutement de nouveaux contingents de main-d'œuvre non métropolitaine, destinés aux entreprises des mines, du bâtiment et des travaux publics. Elles échouent au Maroc, mais aboutissent en Algérie. Seuls 7 500 travailleurs, sur les 13 000 prévus par l'accord, sont acheminés vers la France avant que le trafic ne soit interrompu par le débarquement allié de novembre 1942.

Conséquence de ces difficultés, les Allemands cherchent dès 1941 à recruter des étrangers au sein des compagnies de travailleurs. Il s'agit en particulier de les affecter aux travaux de l'ingénieur allemand Todt, qui édifie les fortifications de la côte atlantique. Onze mille travailleurs étrangers, qui n'ont pu être dispersés, avec quelques volontaires, sont utilisés à cet effet en 1941. En 1942, la pression allemande devient plus forte, et trente-sept mille travailleurs étrangers supplémentaires se voient affectés à l'entreprise Todt.

Une telle politique nécessite évidemment une collaboration au sommet entre Vichy et les Allemands. Elle entraîne de ce fait la démission du commissaire au chômage, responsable pour la zone nord [31]. M. Maux, commissaire adjoint chargé de la zone libre démissionne à son tour à la fin de 1942, lors de l'entrée des Allemands en zone sud. Le commissariat au chômage est supprimé ensuite car il se révèle en théorie inutile à la suite de la création du service du travail obligatoire, le 16 février 1943.

Les besoins allemands en main-d'œuvre ne cessent d'augmenter, et la collaboration est encore renforcée en 1943, quand les occupants demandent aux autorités françaises la copie de tous les fichiers d'étrangers résidant en France, fournissant même la grande quantité de papier permettant la reproduction des fiches. Par circulaire du 12 juillet 1943, Vichy met ces fichiers à la disposition de l'occupant. Dès mars 1943 d'ailleurs, certaines préfectures devancent l'appel et donnent aux Allemands les fiches en question ; mais d'autres freinent au maximum la communication des documents demandés.

Dans ce contexte, quelques jours après la destitution du Duce, une note, adressée le 8 août 1943 par Hubert Lagardelle, ministre du Travail, au chef du gouvernement de Vichy, mérite d'être citée et commentée [32]. Sollicité par les autorités transalpines pour que les Italiens de France ne puissent, à l'instar des Français ou des autres étrangers, être réquisitionnés pour l'Allemagne, il se déclare hostile non seulement à l'application de la mesure aux Italiens, mais également aux autres nationalités. Après avoir indiqué que l'idée de soumettre les étrangers à cette législation était contraire aux conventions internationales passées avant guerre avec les États d'origine, il précise :

> « Il importe, à mon sens, d'attacher le plus grand prix aux considérations d'avenir. [...] Je crois devoir rappeler qu'au rang des questions importantes actuellement à l'étude pour l'après-guerre se place celle de

la main-d'œuvre. Des études sont actuellement poursuivies par les différents départements ministériels intéressés afin de déterminer, dans toute la mesure du possible, l'importance des besoins en travailleurs étrangers qui ne manqueront pas de se révéler dès le lendemain de la guerre et de fixer les règles d'une politique d'immigration conforme aux intérêts moraux et matériels du pays. [...] Il importe, semble-t-il, de créer, dès maintenant, un climat favorable aux négociations qui auront lieu avec les différents États susceptibles de nous fournir de la main-d'œuvre. Toute mesure de contrainte prise envers les étrangers risque d'avoir des répercussions fâcheuses, à cet égard. J'estime donc que seuls devraient être soumis comme les Français à la réquisition prévue par la loi du 15 juillet 1943 les étrangers sans nationalité et les étrangers bénéficiaires du droit d'asile ainsi qu'il avait été admis au cours des années 1939-1940 (article 2 du décret du 12 avril 1939). »

Lagardelle semble soucieux de ménager l'après-guerre, mais il ne sera pas suivi : les Italiens seront officiellement soumis à l'obligation du S.T.O. en novembre 1943 quelques semaines après la capitulation de Badoglio, le 8 septembre. Le 9 février 1944, une circulaire du ministère du Travail enjoint les préfets de mettre à la disposition des autorités allemandes le plus grand nombre possible d'étrangers.

Le texte de Lagardelle est néanmoins particulièrement révélateur d'une logique, à l'œuvre depuis 1940. Il cherche, dans la mesure du possible, à manifester la souveraineté de la France de Vichy sans déplaire aux Allemands. Mais on pourrait chercher longtemps la fidélité aux valeurs républicaines : la seule catégorie d'étrangers qu'il accepte d'envoyer en Allemagne, ce sont les réfugiés politiques.

Les réfugiés politiques

La rupture avec la tradition républicaine d'asile, opérée dès juillet 1940, a déja été légitimée intellectuellement de façon éclatante par Georges Mauco, dans un article publié en mars 1942 dans *L'Ethnie française*, journal dirigé par Georges Montandon. Ce dernier n'est pas n'importe qui : professeur titulaire de la chaire d'ethnologie de l'École d'anthropologie depuis 1933, il est, dans la tradition de Vacher de Lapouge, l'un des animateurs de l'école raciste française. Ami de l'anthropologue allemand Hans Günther, directeur de l'Institut d'études des questions juives et ethnoraciales, il s'est spécialisé dans la reconnaissance des types juifs et est « l'expert » qui opère avec l'aval des nazis dans le camp de Drancy ; il sera exécuté par la Résistance en 1944 [33].

Mauco reprend dans cet article une partie

du témoignage qu'il livre le 3 septembre 1941 à la demande de la Cour suprême de justice siégeant à Riom [34]. Pour lui, les réfugiés politiques sont les immigrés les plus indésirables pour deux raisons essentielles : parce que cette immigration n'est pas libre mais imposée ; et parce qu'elle est la plus éloignée, ethniquement et surtout sur le plan du caractère, de la nation française, elle se situe au plus bas de la hiérarchie des ethnies qu'il instituait dans ses travaux d'avant-guerre en fonction de la capacité d'assimilation.

La première raison est cause de bien des maux : « La France a souffert dans les années 30 d'un afflux de réfugiés politiques, spécialement depuis 1932. [...] L'immigration, imposée par une étrange anomalie, était laissée sans contrôle. En 1936, un comité composé des délégués de la Ligue des droits de l'homme, des associations israélites, des comités de réfugiés étrangers et des partis socialiste et communiste, fut institué au ministère de l'Intérieur, pour accorder le droit d'asile à tous les apatrides et à tous les réfugiés, sans préoccupations sanitaire, ethnique ou économique. » Georges Mauco jette aussi un coup d'œil rétrospectif sur son expérience gouvernementale : « La notion de qualité en matière d'immigration était déjà apparue comme une nécessité aux autorités françaises, mais les tendances politiques égalitaires des gouvernements leur interdirent d'agir en conséquence et d'assurer la protection ethnique du pays. » Le pays a reçu des « éléments humains de plus en plus différents du type français et par là de moins en moins assimilables. Les derniers apports (éléments coloniaux : Africains et Asiatiques, Juifs de toutes nationalités, Balkaniques et Levantins, Russes, Assyriens) apparaissent même non désirables tant du point de vue humain que du point de vue économique ». De surcroît, par immigration imposée, il faut aussi entendre imposée au réfugié venu en France, plus ou moins contraint, et souvent parce qu'il ne disposait pas de la possibilité d'aller ailleurs, tous les autres pays du monde s'étant fermés à lui. « Ces immigrés restaient d'autant plus attachés à leurs coutumes et à leurs pays qu'ils en avaient été arrachés par la force. »

La seconde raison censée rendre indésirable l'immigration de réfugiés tient au fait que ces derniers sont les plus éloignés de l'ethnie française. De ce point de vue, trois groupes sont mis en avant : dans l'ordre, les Russes, les Arméniens et les Juifs. Au sein de la catégorie des « réfugiés politiques » Mauco paraît oublier les réfugiés espagnols. L'auteur règle le problème par un tour de passe-passe qui manifeste les motivations politiques de cette hiérarchie ethnique : « Les réfugiés espagnols peuvent aujourd'hui être considérés comme relevant de l'immigration libre [*sic*]. Ils appartiennent à un pays proche de la France par la civilisation et la langue [*sic*, si l'on se réfère à son classement de 1937, les Espagnols arrivaient derrière les Russes]. Ils s'assimilent aisément, surtout les Catalans et les Basques, sans altérer l'unité humaine de la France. Un grand nombre sont retournés en Espagne. D'autres ont été accueillis en Amérique. Enfin, économiquement, ceux qui sont restés en France ont été rapidement intégrés par les autorités dans les activités productives et dans les régions agricoles sous-peuplées. [...] Contrairement aux autres réfugiés, ils n'ont pas eu la liberté de se disperser dans le pays ou de s'y installer sans contrôle. » Bref, pour Mauco, ils sont les seuls réfugiés acceptables. Alors que les Russes, les Arméniens et les Juifs (ennemis – mais est-ce le hasard ? – des nazis) n'ont en commun que des handicaps : « Les différences de langue, de mœurs, de climat étaient un gros obstacle à l'adaptation. » Mais « les réfugiés russes étaient des hommes libres, parfois des chefs, qui n'avaient subi qu'un traumatisme : celui de la révolution. Si les Russes sont loin du peuple français à bien des égards, ils ont en général un niveau culturel qui permet des contacts. Avec les Arméniens, ce contact même est difficile ». Il y a « une différence ethnique plus marquée, entraînant une sensibilité et un comportement plus différenciés ». Georges Mauco reconnaît qu'Arméniens et Juifs ont vécu des persécutions, mais c'est pour en déduire scientifiquement, grâce à la psychanalyse [35], que l' « altération du caractère » qui en résulte les rend inassimilables (les Juifs plus encore que les Arméniens) :

« Les Arméniens vivent depuis des générations dans une situation infériorisée et chroniquement terrorisés. Par là s'est façonnée, sauf exceptions individuelles, une âme adaptée à la contrainte, où le caractère le cède à l'obséquiosité sournoise [...] Une semblable altération du caractère se retrouve chez le Juif. Elle est grave, car elle est le produit non seulement de l'éducation et du milieu sur l'individu, mais en partie de l'hérédité. La psychologie moderne – et spécialement la psychanalyse – a montré que ces traits, transmis avec l'influence des parents dès les premières années de l'enfant, modifiaient l'inconscient même du sujet et ne pouvaient être résorbés qu'après plusieurs générations soumises à des conditions satisfaisantes et échappant complètement à l'influence du milieu héréditaire [*sic*].

« Toutes les particularités défavorables de l'immigration imposée apparaissent pour les réfugiés juifs. Santé physique et psychique, moralité et caractère sont également diminués. [...] Là encore, on a des âmes façonnées par les longues humiliations d'un état servile, où la haine refoulée se masque sous l'obséquiosité. [...]

« La névrose juive, avec son surmenage d'activité nerveuse, son hérédité alourdie par les événements actuels, apparaissait chez tous les réfugiés. Fait plus grave, elle se réveillait par contact, chez les Juifs francisés, et leur faisait perdre en partie les qualités qu'ils avaient pu acquérir. [...]

« Au moins ces réfugiés apportent-ils une valeur intellectuelle à défaut d'une valeur morale et physique ? Il ne le semble pas, malgré les apparences. Sans doute nombre de réfugiés juifs d'Europe centrale ont-ils un niveau intellectuel, une culture supérieure à celle de bien des étrangers et même de certains Français. [...] Mais à l'examen, il y a là subtilité et ingéniosité de l'esprit, habileté et assimilation rapide, utilisation du savoir et de l'expérience acquis par d'autres. En fait, leur originalité et leur invention sont faibles. L'esprit chez eux est un moyen de défense, une arme pour lutter contre la force des maîtres. C'est du savoir-faire tel qu'il peut se développer chez l'esclave intelligent, mais sans l'armature du caractère, ni la puissance de la création. Il est vraisemblable que les longues persécutions du passé ont dû développer ce souple mimétisme, permettant une rapide adaptation et cette ingéniosité à tirer profit d'autrui – du non-Juif détesté. C'est ainsi que nombre d'étudiants juifs obtenaient aisément des places d'assistants dans les laboratoires, hôpitaux, instituts, facultés, en flattant les maîtres qui se trouvaient heureux d'avoir des collaborateurs aussi attachés. Les jeunes Français supplantés qualifiaient du mot cru et viril de " lécheur " ceux qui manifestaient ces attitudes serviles. »

Mauco conclut son analyse des Juifs sur une envolée :

« Aussi particulièrement doués par leur habileté et leur souple ingéniosité, les Juifs étrangers parvenaient-ils aisément dans une France libérale, où la puissance de l'argent et de l'intellectualisme l'emportait sur le caractère et la force virile ! La même aptitude à la compilation du savoir ou de l'argent leur permettait d'affluer dans les sphères dirigeantes de la nation. Alors que la multitude des rudes ouvriers étrangers entraient dans la collectivité française par la base, y prenant ainsi les réflexes des hommes et des travaux qui font la nation, les Juifs, au contraire, sans transition, se portaient vers les centres nerveux du pays et agissaient directement sur les activités de direction. Certains parvenaient même à des fonctions d'autorité sans avoir aucune des qualités du chef ni la connaissance des hommes. Ils dévirilisaient ainsi l'autorité dont ils étaient investis et la dégradaient dans l'esprit des Français. »

Alexandre Parodi est le symbole de l'attitude inverse. En juin 1940, directeur général du Travail et de la Main-d'Œuvre au ministère du Travail, il a tenté pour sa part de rester fidèle à la tradition républicaine. En septembre 1940, il résiste en vain à l'intrusion des autorités allemandes dans les problèmes de main-d'œuvre étrangère *. Il refuse par exemple de communiquer et de faire traduire les circulaires d'ordre intérieur, craignant que cette demande, « contraire à la convention d'armistice », ne cache « la volonté des Allemands », qui sous le prétexte d' « être informés des chômeurs étrangers, cherchent à procéder à des départs forcés vers l'Allemagne, notamment de ressortissants étrangers réfugiés politiques ». Il tente de s'opposer à la livraison de réfugiés espagnols aux services de Franco, à l'envoi de chômeurs étrangers vers l'Allemagne ou refuse le régime de faveur accordé dans le Nord aux Italiens. Il est démis de ses fonctions en octobre 1940 et devient l'un des chefs de la Résistance.

Ponctuellement, en effet, dès juin 1940, les autorités allemandes procèdent à des retours forcés, notamment de réfugiés espagnols, vers le sol natal. C'est le cas, dans les Deux-Sèvres, d'où 724 espagnols sont dirigés, sur les ordres

* *Cf.* annexe IV.

de la Feldkommandantur, vers Hendaye. Le traitement de la grande masse des réfugiés espagnols fait l'objet d'un marchandage triangulaire Vichy-Madrid-Berlin [36]. Mais Vichy n'autorise pas la livraison de l'ensemble des réfugiés espagnols. L'État français cherche plutôt à favoriser ses propres intérêts et ceux des Allemands en internant en masse les réfugiés les moins « politisés » dans les compagnies de travailleurs ; c'est en partie ce qui explique que 100 000 d'entre eux sont empêchés de rejoindre le Mexique qui, en application de l'accord franco-mexicain du 23 août 1940, s'est déclaré prêt à les accueillir. Ils sont rejoints dans ces compagnies par des Juifs étrangers et des Français d'origine étrangère « dénaturalisés » pour servir, le cas échéant, les besoins de l'économie française. Ils peuvent aussi, quand le besoin s'en fait sentir, servir de main-d'œuvre dans les camps de concentration et pour le travail forcé dans les usines allemandes ou dans les chantiers Todt.

D'autres ouvrages ont traité de façon plus exhaustive du sort réservé aux Juifs. Rappelons pour mémoire que le délit d'injure et de diffamation raciale, décret-loi institué par Marchandeau le 21 avril 1939, est abrogé le 27 août 1940 [37]. Le 3 octobre 1940, Vichy adopte un premier statut des Juifs, applicable à la zone libre, qui donne une définition du Juif plus large que celle établie par les Allemands dans l'ordonnance du 27 septembre 1940 applicable à la zone occupée. Vichy invoque l'existence d'une « race juive ». Une loi du 4 octobre 1940 permet l'internement dans des camps, par décision du préfet, des étrangers de « race juive ».

Ceux qui se trouvent dans les compagnies de travailleurs dépendant du commissariat au chômage sont souvent sauvés, grâce à des actions héroïques des dirigeants du commissariat. Gilbert Lesage, responsable du service social pour les étrangers, sauve dans la nuit du 20 août 1942, avec l'aide de l'abbé Glasberg, 84 enfants du camp de criblage de Vénissieux où l'on a raflé des Juifs étrangers, et les répartit au cours de la nuit dans des familles lyonnaises [38].

La politique suivie entre 1940 et 1945 aura bel et bien marqué une profonde rupture : une logique de hiérarchie ethnique s'est imposée, touchant même l'immigration politique qui bénéficiait jusqu'en 1940 du principe du droit d'asile. La tradition républicaine, battue en brèche dans ses présupposés éthiques et politiques, ne sera rétablie et renforcée qu'à la Libération. Une règle du jeu de la politique de l'immigration est alors mise en place. L'occasion pour Georges Mauco et Alexandre Parodi, d'un nouveau face-à-face.

L'ÉMERGENCE D'UNE RÈGLE DU JEU (1945)

Dès avant la fin de la guerre, alors que la libération du territoire est encore en cours, le ministre de l'Intérieur du gouvernement provisoire, le socialiste Adrien Tixier, prend les premières mesures concernant les étrangers. Quelques erreurs d'appréciation ont été portées à sa connaissance : un résistant des Forces françaises de l'intérieur, par exemple, a été interné parce qu'il était espagnol [39]. En réponse, une circulaire du 21 décembre 1944 définit la politique du gouvernement à l'égard des ressortissants des nations ennemies. Le ministre impose, contre l'avis de son administration, plus restrictive, un traitement relativement libéral. Il estime qu'eu égard « aux persécutions subies par un très grand nombre d'entre eux, pour des raisons politiques ou raciales, et compte tenu également de leur attitude à l'égard de la France et de la Résistance, une mesure [d'internement] constituerait, dans bien des cas, une brimade injuste et inutile ». Seuls, donc, seront internés les ressortissants ennemis réellement susceptibles en raison de leur attitude passée ou à venir de compromettre la sécurité publique. Les autres, à l'exception de ceux qui se sont engagés dans la Résistance, sont assignés à résidence et doivent faire l'objet d'un contrôle hebdomadaire.

Dans la conjoncture de la victoire, la protection du demandeur d'asile et du réfugié politique reprend vite ses droits au rang des enjeux et des débats. Dès février 1945, au ministère de l'Intérieur la création d'un organisme spécialisé chargé de vérifier et de certifier la qualité de réfugié est discutée [40]. Il propose, en outre, d'attribuer au réfugié un « statut bienveillant », en quelque sorte « un droit de cité en France », qui faciliterait son assimilation. Ce n'est que plus tard, de 1946 à 1951, que l'Organisation internationale pour les réfugiés (O.I.R.), dont la France est membre, organise l'aide aux réfugiés des régimes communistes, qu'est constitué au sein des Nations unies un Haut-Commissariat aux réfugiés (H.C.R.) et qu'enfin une convention internationale sur le statut des réfugiés, la convention de Genève du 28 juillet 1951, est élaborée et signée par les États membres des Nations unies. Entre-temps, au cours de l'année 1945, Georges Mauco a cherché, pour freiner l'entrée des réfugiés, à rendre la situation juridique de celle-ci plus précaire que celle des autres étrangers. C'est au contraire un statut plus protecteur que garantit la Convention de Genève. Elle sera complétée par le protocole de New York du 31 janvier 1967 qui élargit au-delà du continent européen la protection du réfugié politique. Par la loi du 25 juillet 1952, la France, signataire de cette convention, crée, dans la lignée des propositions de 1945, l'Office français de protection des réfugiés et apatrides (O.F.P.R.A.) qui assure aux réfugiés une protection spécifique ; l'État confie une partie de ses compétences à cette institution, bientôt chargée d'attribuer le statut de réfugié. En cas de contestation, un recours pourra être porté devant une commission, présidée par un conseiller d'État et composée d'un membre du Conseil d'État, d'un représentant du H.C.R et d'un fonctionnaire français, qui se détermine en toute indépendance. La garantie du droit d'asile pour les demandes individuelles est donc renforcée.

LE GRAND DÉBAT DE LA LIBÉRATION

Après la fin des hostilités, la venue des nouveaux travailleurs étrangers est perçue comme un objectif de première importance : la guerre a entraîné une diminution de la population française et, le 1er janvier 1945, l'on dénombre un million quatre cent vingt mille étrangers sur le territoire national au lieu des trois millions d'avant-guerre. Les départs d'étrangers ont affecté la partie jeune de la population.

De plus, le général de Gaulle, sensible à l'« impératif migratoire », en fait une de ses priorités. Dans un discours-programme prononcé devant l'Assemblée consultative le

3 mars 1945, il indique que le « manque d'hommes » et la faiblesse de la natalité française sont la « cause profonde de nos malheurs » et « l'obstacle principal qui s'oppose à notre redressement ». Il précise ensuite : « Afin d'appeler à la vie les douze millions de beaux bébés qu'il faut à la France en dix ans, de réduire nos taux absurdes de mortalité et de morbidité infantile et juvénile, d'introduire au cours des prochaines années, avec méthode et intelligence, de bons éléments d'immigration dans la collectivité française, un grand plan est tracé [...] pour qu'à tout prix soit obtenu le résultat vital et sacré [41]. » Puisque Charles de Gaulle dispose à la Libération de pouvoirs importants, la conjoncture semble favorable au choix d'une orientation cohérente. La préparation du cadre juridique de la nouvelle politique est confiée par le général de Gaulle aux soins d'un Haut Comité de la population et de la famille, récemment créé auprès du gouvernement provisoire et dont le secrétaire général n'est autre que Georges Mauco. Il restera à ce poste jusqu'en 1970 [42].

Si un débat oppose économistes et démographes [43], en fin de compte, le choix définitif du gouvernement se fera entre un projet proche du modèle américain d'avant-guerre de sélection ethnique par quotas, défendu notamment par G. Mauco, et la création d'un modèle spécifiquement national, fidèle aux valeurs républicaines d'égalité, défendu notamment par les ministres responsables du dossier, Alexandre Parodi et Adrien Tixier.

Démographes et économistes débattent donc en public. La réflexion des démographes, groupés au sein de l'I.N.E.D. autour d'Alfred Sauvy et de Pierre Vincent, se fonde sur différentes projections pour établir un « idéal démographique ». L'évaluation des besoins de population étrangère diffère sensiblement, selon que l'on s'attache aux « capacités d'absorption de main-d'œuvre » en situation idéale de plein emploi, ou à la capacité d'absorption démographique du territoire français : avec la première méthode, on aboutit au chiffre de 1 450 000 adultes ; avec la seconde, qu'on prenne pour modèle la Grande-Bretagne ou les Pays-Bas, on aboutit au chiffre de 5 490 000 personnes, dont 4 350 000 adultes, ou 14 390 000 personnes, dont 9 760 000 adultes.

De leur côté, les économistes, regroupés au commissariat au Plan autour de Jean Monnet, ont pour objectif, non un optimum de population, mais l'augmentation de la production. Leurs calculs aboutissent à un chiffre d'immigration souhaitable de 1 500 000, étalée sur cinq ans, qui coïncide avec la première évaluation démographique.

Outre ce premier point d'accord, démographes et économistes se retrouvent également sur la durée de l'installation. Traditionnellement, les économistes souhaitent une bonne adaptation de la main-d'œuvre étrangère aux variations du marché du travail. Pour plus de souplesse, ils la préfèrent temporaire et composée de célibataires. Mais, dans le contexte de l'immédiat « après-guerre », ils optent à l'instar des démographes pour une installation durable. Les économistes, cependant, ne traitent pas des caractéristiques ethniques ou des modes de recrutement de ces étrangers. Alfred Sauvy et Robert Debré prônent une sélection ethnique. Georges Mauco, lui, y tient particulièrement.

Il a élaboré et fait approuver par le Haut Comité de la population un projet de directive générale, destiné aux ministres des Affaires étrangères, de l'Intérieur, du Travail, de l'Agriculture, de la Reconstruction et de la Santé publique, augmenté d'une Instruction complémentaire pour le ministère de la Justice et son service des naturalisations [44]. Ce projet prévoit que la politique de l'immigration doit subordonner l'entrée des individus aux intérêts généraux de la nation sur les plans ethnique, sanitaire, démographique et géographique.

La sélection devra tenir compte de critères d'abord ethniques : « Il conviendra de limiter les entrées des Méditerranéens et des Orientaux dont l'afflux a profondément modifié la structure humaine de la France depuis un demi-siècle. » Un ordre de « désirabilité » nationale ou ethnique est donc déterminé, en fonction duquel sera fixée une proportion idéale de chaque recrutement selon son origine.

Les premiers dans l'ordre de « désirabilité » sont les « Nordiques » qui comprennent Belges, Luxembourgeois, Néerlandais, Suisses, Danois, Scandinaves, Finlandais, Irlandais, Anglais, Allemands et Canadiens. La proportion de Nordiques souhaitée au sein de l'immigration totale est de 50 p. 100. C'est surtout la main-d'œuvre allemande « encadrée » qui semble être recherchée.

Les deuxièmes d'après cette échelle de valeurs sont les « Méditerranéens », dès lors qu'ils viennent du nord de chacun des États concernés : Espagnols des Asturies, de Léon, d'Aragon, de Galice, Basques, Navarrais, Catalans ; Italiens de Lombardie, Piémont, Vénétie, Ligurie, Émilie, Toscane ; Portugais de Beira ; la proportion souhaitée pourrait s'élever à 30 p. 100. Les troisièmes, les « slaves » : Polonais, Tchécoslovaques, Yougoslaves, pourraient représenter 20 p. 100 des introductions. Enfin, bons derniers : « Tous les étrangers d'autres origines [dont] l'introduction en France devra être strictement limitée aux seuls cas individuels présentant un intérêt exceptionnel. »

Pour des raisons démographiques, l'arrivée de familles et d'éléments jeunes est souhaitée et, en conséquence, les hommes et les femmes sans enfants, ayant plus de quarante-cinq et cinquante ans, sont considérés comme indésirables.

Outre un contrôle sanitaire des arrivants, ce

premier texte prévoit l'organisation d'une sélection par professions. Est recherché celui qui travaille dans l'agriculture, les mines ou le bâtiment. Le texte préconise aussi la protection des professions libérales ou du commerce. Afin d'éviter l'installation des étrangers dans les grandes villes, il est prévu un contrôle départemental des autorisations de séjour et de travail. Les mêmes critères sélectifs sont repris dans l'instruction complémentaire du ministère de la Justice, pour suggérer un traitement différentiel des dossiers de naturalisation en instance, dont le nombre est alors particulièrement élevé.

Le Haut Comité se réunit à deux reprises, les 30 avril et 18 mai 1945 sous la présidence du général de Gaulle [45]. Après avoir approuvé le « projet d'instruction aux services » de Mauco, il discute des grandes orientations de la politique d'immigration. À l'issue des débats, le Haut Comité confie à Georges Mauco le soin de rédiger un projet de statut pour les étrangers s'apparentant, en ce qui concerne leur sélection, aux critères retenus aux États-Unis, et dans la ligne même de ses idées. Mais il charge aussi, comme s'il avait des vues divergentes, Alfred Sauvy, secrétaire général à la Famille et à la Population, d'élaborer son propre projet, à charge pour le Haut Comité de fusionner les deux textes.

Chacun met d'abord au point son propre travail. Le texte de Georges Mauco complète sa directive. Pour appliquer le projet d'instruction, il faut un fort contrôle de l'État : contrôle sanitaire, physique et mental de l'étranger souhaitant travailler ; contrôle de l'entrée et du séjour, le séjour illégal étant puni d'une forte amende ; contrôle du logement, la location ou le prêt à un étranger devant faire l'objet d'une déclaration aux autorités de police ; contrôle des conditions de travail, puisqu'il serait interdit de débaucher un travailleur avant l'expiration du contrat pour lequel il aurait été introduit ; enfin, obligation serait faite de noter sur un registre spécial les nouveaux employés dans les vingt-quatre heures suivant leur embauche. Les réfugiés et les « expulsés non expulsables » seraient placés dans des camps prévus à cet effet. La validité des titres de séjour serait d'abord d'un an pour le nouvel arrivant, et serait progressivement portée à trois puis à dix ans, au fur et à mesure que son séjour en France se prolongerait. Cette stabilisation déboucherait ensuite sur une naturalisation.

Mais ce traitement progressif ne s'appliquerait peu à peu qu'à des étrangers très strictement sélectionnés, les « assimilables ».

Le Haut Comité adopte toutes les dispositions proposées par Mauco pour assurer le contrôle des étrangers. En revanche, il s'inspire plutôt du projet d'Alfred Sauvy pour le régime des titres de séjour.

Alfred Sauvy suggère de favoriser l'installation durable de certains étrangers et de leur famille, sélectionnés selon leur origine, en garantissant leur droit de résidence et de travail. Il propose, par ailleurs, la création d'un Office national d'immigration (O.N.I.), chargé tout à la fois de suivre l'immigrant depuis son recrutement jusqu'à son assimilation ou son rapatriement, et d'instruire les demandes de naturalisation qui ne pourraient être accordées qu'après dix ans de séjour en France. Il propose en outre que son ministère puisse déterminer le nombre d'immigrants à admettre sur le territoire par nationalité et par catégorie professionnelle. Il propose la création d'un statut de résident privilégié, d'« étranger franc ». La validité du séjour serait permanente, mais l'exercice d'une profession limité [46].

Le Haut Comité retient toutes ces propositions. La carte d'étranger franc ou de pérégrin, délivrable à discrétion après trois ans de séjour serait d'une validité permanente, ouvrant le bénéfice de l'ensemble de la législation sociale française. L'expulsion resterait toujours possible ; cependant, lorsque l'étranger serait résident et n'aurait pas subi de condamnation, elle serait soumise à une condition d'audition devant une commission.

Ce projet du Haut Comité est transmis aux principaux ministres responsables de la politique d'immigration. Il subit alors des modifications importantes, sous l'impulsion apparemment décisive de deux d'entre eux, le ministre du Travail, le gaulliste Alexandre Parodi, et celui de l'Intérieur, le socialiste Adrien Tixier.

LA VICTOIRE DES VALEURS RÉPUBLICAINES

Des modifications de pure forme revêtent d'abord une dimension symbolique. L'ordre des parties du texte est inversé, pour tenir compte de l'effet de présentation. Le texte s'ouvrirait par la définition des différentes catégories d'étrangers autorisés à séjourner en France, au lieu de commencer par la législation sur le contrôle de l'entrée, du séjour ou de l'expulsion.

Des modifications de fond, apportées par les deux ministres, marquent le souci de respecter les valeurs fondamentales affichées par le nouveau pouvoir à la Libération ; elles tiennent compte également de considérations d'ordre pratique.

Ainsi le ministre du Travail insiste-t-il sur les contradictions juridiques du projet initial [47]. L'étranger résident privilégié bénéficierait d'un séjour permanent, mais ses droits en matière de travail seraient restreints, les professions autorisées restant déterminées de façon discrétionnaire par le ministère du Travail. M. Parodi souligne la régression que constituerait ce texte par rapport à un décret du 14 mai 1938, certes peu appliqué, mais dont l'existence pouvait être facilement portée à la connaissance du public. Le ministre du Travail fait également part de son opposition politique très ferme à la création de camps de travail, parce que ces derniers « reflètent quelque chose ». Il souhaite globalement la diminution du contrôle de l'État sur le séjour de l'étranger.

Alexandre Parodi est soutenu par le ministre de l'Intérieur, qui propose également d'apporter au texte initial des modifications importantes[48]. À son initiative, la nouvelle ordonnance – appliquée sur ce point jusqu'en juillet 1984 – distingue carte de travail et carte de séjour. Plus tard, les organisations de défense des étrangers combattront cette distinction, arguant du fait qu'elle donne au ministère de l'Intérieur un pouvoir souvent restrictif. C'est en fait pour la raison inverse qu'Adrien Tixier, ministre de l'Intérieur, la fait adopter. Il souhaite certes préserver l'autonomie d'appréciation de ses services et estime que le titre unique, qui existait avant guerre, présente de nombreux inconvénients pratiques et en premier lieu celui de provoquer des retards dans la délivrance des titres de séjour des travailleurs, « en raison de la nécessité d'attendre le visa favorable de la Main-d'Œuvre ». Mais il considère surtout que les critères d'action des ministères de l'Intérieur et du Travail ne sont pas les mêmes : le premier ne doit utiliser pour délivrer ou refuser un titre que « les seuls critères de l'ordre public », et non ceux de la « situation de l'emploi », trop restrictifs et souvent employés en période de chômage par le ministère du Travail. « On voit ainsi fréquemment des étrangers qui séjournent en France depuis de longues années et qui appartiennent incontestablement à la catégorie des résidents telle qu'elle est définie dans le présent texte, munis de titres de séjour de durée précaire, parfois inférieure à un an, pour le seul motif que le chômage sévit dans leur profession et que le service de Main-d'Œuvre ne leur délivre, en conséquence, que des visas de très courte durée. » C'est donc avec le souci de garantir le séjour des étrangers résidents que le ministère de l'Intérieur prône, et obtient, la séparation des titres.

Afin de pouvoir « se consacrer exclusivement aux tâches de surveillance et de police qui lui incombent », il combat le contrôle trop tatillon des étrangers, par exemple l'éventuelle obligation de la déclaration de domicile, réclamée par Mauco. « L'obligation de déclarer le changement de domicile a été supprimée pour les Français. Il ne paraît pas souhaitable de la maintenir pour les étrangers. Cette règle, en effet, présente du point de vue de la police plus d'inconvénients que d'avantages, en ce sens qu'elle est une source de difficultés constantes qui énervent la répression. Elle donne, en outre, à l'étranger le sentiment qu'il est perpétuellement pourchassé. » Pour Adrien Tixier, l'obligation faite aux étrangers de renouveler périodiquement leur titre de séjour supplée, dans une large mesure, à celle de la déclaration du changement de domicile. Sur ce point également, la position du ministre sera suivie par le gouvernement.

En fait, celui-ci, implicitement, tranche un débat fondamental. Ce que l'on n'appelle pas encore l' « intégration » de l'étranger est organisé par un mélange équilibré d'égalité de droits et de contraintes spécifiques, plus que par une sélection ethnique qui implique un contrôle policier et vétilleux.

LES ORDONNANCES DE 1945

Les deux ordonnances prises par le gouvernement provisoire de la République française à la fin de l'année 1945 déterminent à la fois les conditions d'accès à la nationalité et les conditions de l'entrée et du séjour des étrangers en France. Les questions de nationalité font l'objet, sur proposition du garde des Sceaux et du ministre de l'Intérieur, d'une codification spéciale au sein d'un Code de la nationalité. Le projet d'ordonnance sur l'entrée et le séjour des étrangers est examiné par le Conseil d'État. C'est au cours de ce dernier toilettage qu'est supprimée la référence au pouvoir des ministres de sélectionner la main-d'œuvre étrangère en fonction de l'origine nationale. Cette disposition avait été maintenue jusque dans la dernière version adoptée par le gouvernement.

Si, plus tard, l'indépendance des colonies africaines de la France, surtout de l'Algérie, puis le développement des Communautés européennes provoqueront l'élaboration de conventions internationales particulières, ces ordonnances n'en constituent pas moins, aujourd'hui encore, le cadre de la politique française de l'immigration.

Pour la première fois, cette politique dispose d'une structure juridique cohérente et d'une logique de changement social qui embrassent l'ensemble des problèmes de l'immigration. On peut d'ailleurs déduire de ce texte la définition de l'immigré tel que l'État français l'institue juridiquement. Est alors et est encore considéré comme immigré, conformément à l'article 6 de l'ordonnance du 2 novembre 1945, l'étranger qui s'installe sur le territoire national au-delà d'une durée de trois mois, de façon continue et pour une période indéterminée. Se trouvent donc exclus de la catégorie immigrée les étrangers séjournant moins de trois mois de façon continue, par exemple les touristes, plus de trois mois de façon discontinue, par exemple les travailleurs frontaliers, ou pour une durée déterminée comme les diplomates ou les étudiants.

Au total, cette politique d'immigration prend le contre-pied complet de l'orientation vichyssoise : protection spéciale pour le demandeur d'asile, et – contrairement aux options premières du général de Gaulle – absence de hiérarchie ethnique ou culturelle en ce qui concerne l'immigration démo-économique. La règle générale et impersonnelle de la progressivité des titres de séjour de un, puis de trois, enfin de dix ans s'applique à tout étranger quelle que soit l'origine nationale.

En 1974, lorsque l'immigration sera stoppée, la France comptera trois millions cinq cent mille étrangers dont sept cent mille Algériens et autant de Portugais. Ces chiffres pourraient laisser penser que le principe égalitaire a déterminé une répartition équitable entre nationalités concurrentes. Ce n'est pas tout à fait ce qui s'est produit.

L'ÉPREUVE DE LA DÉCOLONISATION

En réalité, les partisans d'une action volontariste de l'État – ils sont nombreux au sein de l'Administration – vont s'efforcer d'encourager la venue d'étrangers de pays voisins de la France. Car si l'ordonnance empêche bien l'*État de droit* de refuser la délivrance de cartes de séjour et de travail en fonction de l'origine du demandeur, elle n'en permet pas moins à l'*État acteur* d'installer des bureaux de l'Office national d'immigration dans certains pays et donc de favoriser la venue de travailleurs de certaines nationalités plutôt que d'autres. Le monopole attribué à l'O.N.I. pour l'introduction de la main-d'œuvre étrangère doit favoriser cet objectif. Mais, sous le double effet d'une concurrence dans l'offre internationale d'émigration et des conséquences imprévues de la gestion du problème algérien, sa réalisation va être mise à mal.

L'ÉCHEC DE LA PLANIFICATION DES ENTRÉES

Dès avril 1945, les responsables gouvernementaux échouent à faire venir des Polonais de l'armée d'Anders, puis une immigration des Pays-Bas alors ravagés par de fortes inondations. Ensuite, le transfert en France d'une partie des prisonniers, ou même le recrutement de ressortissants allemands, qui figurent en tête de liste dans l'ordre de « désirabilité » de Mauco, se heurtent à l'hostilité de l'opinion publique.

Puis l'O.N.I. se met en place. Mais l'introduction de travailleurs est obérée par les conflits de compétence et d'objectifs entre les différents ministères. Au plan interministériel on a décidé de faire venir des immigrés, mais seul le ministère du Travail délivre les cartes de travail – il en existe quatre types – en fonction de la situation conjoncturelle de l'emploi qui n'est pas très bonne : pratiquement donc la délivrance de cartes, et par conséquent l'immigration, est freinée.

On incite à des immigrations de familles : contre le versement d'une redevance forfaitaire, l'O.N.I. prend à sa charge l'essentiel des frais de voyage. Surgit alors un problème : il y a pénurie de logements, et l'on fait justement appel à la main-d'œuvre étrangère pour les reconstruire. On pourrait alors se rabattre sur les célibataires, mais le ministère des Finances, peu sensible aux impératifs de la politique d'immigration, décrète des restrictions sur les sorties de devises. Ces atermoiements contribuent à diminuer l'attraction de l'offre française.

Certains Polonais repartent ; les Italiens du Nord se sentent davantage attirés par la Suisse et par certains pays de l'Est, dont l'offre est de meilleure qualité. Aussi, l'immigration, moins massive que souhaitée, va d'abord provenir principalement d'Italie du Sud – 67 p. 100 de l'immigration de nationalité étrangère est, de 1945 à 1949, italienne –, et donc d'une région mal cotée si l'on se réfère au projet d'instruction de 1945 [49].

Très vite, cependant, la voilà concurrencée par une immigration que redoutait Mauco, l'immigration algérienne. En avril 1945, les responsables de la politique d'immigration avaient repoussé une offre de transfert de 100 000 travailleurs musulmans faite par le gouverneur d'Algérie. Georges Mauco avait souligné « les résultats déplorables de l'expérience du passé », et l'unanimité de l'opinion sur la gravité des risques encourus : « risques sanitaire, social et moral » que cette arrivée était censée représenter. Pour sa part, Alfred Sauvy, moins obsédé que son collègue par la sélection ethnique, avait fait remarquer qu'une migration d'Algérie en France pourrait être un jour considérée comme une migration intérieure, à laquelle il serait difficile de s'opposer [50]. Remarque prémonitoire : le 20 septembre 1947, l'attribution de la citoyenneté aux musulmans d'Algérie légalise leur liberté de circulation en métropole, déjà effective depuis 1946.

À partir de cette date, l'affaire coloniale domine la politique d'immigration qui se réorganise autour du problème algérien. Juridiquement, l'immigré est toujours italien, espagnol, polonais ou portugais. Politiquement puis socialement, il devient l'Algérien.

C'est donc en fonction des migrations venues d'Algérie que la politique française d'immigration se réoriente.

Entre 1949 et 1955, la lourdeur et l'inefficacité du système d'introduction freinent l'arrivée des travailleurs des autres nationalités au bénéfice des Algériens qui circulent librement. Les flux d'entrée des travailleurs d'autres nationalités – 160 000 individus – diminuent aussi du fait de la baisse de l'activité économique. L'immigration algérienne, elle, ne se réduit pas : le solde des entrées sur les sorties comptabilise à lui seul 180 000 travailleurs permanents pour cette période. Encore faut-il tenir compte du fait que beaucoup de travailleurs algériens viennent travailler quelques mois et repartent [51].

En 1956, année de reprise de la croissance, les autorités françaises prennent enfin acte de cette situation et officialisent la procédure de régularisation qui permet aux entreprises d'embaucher sur place des travailleurs arrivés par leurs propres moyens. On favorise l'arrivée spontanée d'autres nationalités en leur donnant le même droit qu'aux Algériens. On pense ainsi freiner la migration algérienne au bénéfice d'autres nationalités jugées d'autant plus désirables que la guerre d'Algérie est entrée dans une phase plus active. Et il est vrai que, sous l'effet de cette mesure, l'immigration extranationale de travailleurs permanents est, entre 1956 et 1962, de 430 000 alors que, dans le même temps, l'augmentation de la main-d'œuvre algérienne installée en métropole n'a pas dépassé 120 000 individus pour atteindre, en 1962, 330 000 au total.

L'indépendance de l'Algérie, en 1962, accentue les contradictions de la politique d'immigration. Les accords d'Évian prévoient en effet, à la suite de garanties demandées avec insistance par les négociateurs français, la libre circulation entre la France et l'Algérie pour les ressortissants des deux pays. Celle-ci doit permettre aux Européens et aux Algériens ayant soutenu l'action de la France de quitter en cas d'urgence l'Algérie vers la France métropolitaine. Très vite, cette facilité bénéficie surtout aux Algériens indépendants, confrontés dans leur pays, dès la fin de 1962, à une situation économique difficile.

D'autant que l'offre d'immigration en direction des ressortissants d'Europe du Sud ne se révèle pas suffisamment compétitive : l'immigration italienne, déclinante, se dirige vers la Suisse, plus attractive. L'immigration espagnole représente bien en 1961 plus de la moitié des entrées d'étrangers en France, mais elle reste limitée, car l'Allemagne est son premier marché [52].

En revanche, nombreux sont les Algériens qui, à partir de 1962, traversent la Méditerranée pour venir en France. Dès lors, les responsables français de la politique d'immigration, du Quai d'Orsay, du ministère de l'Intérieur ou de Matignon n'auront de cesse de remettre en cause les accords d'Évian, ou, du moins, puisque les accords eux-mêmes ne peuvent être dénoncés pour des raisons de politique intérieure et internationale, de chercher à limiter la liberté de circulation et d'installation des Algériens et de favoriser une immigration en provenance d'autres pays.

L'afflux de ressortissants algériens au cours du dernier trimestre de l'année 1962 [53] paraît tel – à la fin octobre, par exemple, le solde des arrivées sur les départs s'élève à 70 000 par semaine – que les autorités françaises mettent en place un contrôle sanitaire à la frontière pour, disent-elles, éviter l'entrée de handicapés ou de malades. Mais devant les protestations de la presse et de l'Algérie elle-même, des négociations s'ouvrent à la fin de l'année. Les Français souhaitent un contrôle non seulement quantitatif, mais aussi sanitaire et professionnel des migrations ; ils proposent donc le contingentement de la main-d'œuvre algérienne, qui devrait être sélectionnée par une mission de l'Office national d'immigration installée en Algérie. Les Algériens ne proposent qu'un contrôle quantitatif, l'établissement d'une « cote d'alerte », chiffre fixé à l'avance par les deux pays, au-delà duquel l'entrée de travailleurs algériens serait stoppée.

Les accords Nekkache-Grandval du 10 avril 1964 prévoient finalement qu'un contingent sera fixé unilatéralement chaque trimestre par la France et sélectionné par l'Office national de la main-d'œuvre algérienne, au sein duquel les médecins français exerceront une fonction de contrôle médical.

Mais ces accords sont dénoncés à la fin de 1965, à l'arrivée à la tête de l'État algérien du colonel Houari Boumediene. Les contestations algériennes portent pêle-mêle sur plusieurs points : l'attitude des autorités de police française au moment du contrôle aux frontières, le fait que la France n'ait accepté que des contingents très faibles, le jeu des autorités et des entreprises françaises qui régularisent et embauchent de préférence Espagnols et surtout Portugais afin de faire diminuer le contingent trimestriel d'Algériens.

Les Algériens demandent que soit fixé un important contingent de travailleurs et que soient supprimés le contrôle aux frontières et les refoulements injustifiés. En contrepartie, les Algériens s'engagent à contrôler la sortie de leurs touristes. Du côté français, la principale revendication porte sur la mise en place d'un système de contrôle du séjour des 500 000 Algériens déjà installés en France, le principe d'un contingent annuel de travailleurs algériens étant maintenu.

Mais les autorités algériennes font durer la négociation. De ce fait, au cours de l'année 1967, seuls les accords d'Évian s'appliquent et ils permettent l'installation de 124 000 ressortissants algériens. Puis 10 000 entre le 1er janvier et le 10 mai 1968 ; afin de faire pression sur les négociateurs de la partie adverse, les Français fixent alors à 8 000, le 15 mai 1968, en pleine crise intérieure, le nombre d'Algériens autorisés à venir s'installer pour le reste de l'année. Un accord est enfin conclu en octobre 1968 et annexé aux accords d'Évian ; au bénéfice relatif des deux États et au détriment des travailleurs algériens qui y perdent leur droit à la libre circulation et y « gagnent » un contrôle de leur séjour en France [54].

Au bénéfice de l'Algérie, l'accord rétablit la libre circulation des touristes. Mais, l'Algérie gagne avant toute chose le contrôle des sorties de sa main-d'œuvre : quand bien même le contingent annuel de travailleurs est arrêté en commun – l'accord le fixe à 35 000 par an pour une durée de deux ans –, il est sélectionné par le seul Office national de la main-d'œuvre algérienne et non plus par les Français. Les Algériens autorisés à venir en France pourront y rester pendant neuf mois afin d'y chercher du travail.

En contrepartie, la France obtient le contrôle du séjour des Algériens sur son territoire. Un titre de résident, valable cinq ans pour les ressortissants arrivés en France depuis moins de trois ans, dix ans pour ceux qui sont arrivés en France depuis longtemps, fixe le statut du résident algérien qui, comparé au droit commun, apparaît plus favorable. D'autant qu'il est géré non par le ministère du Travail, mais par un ministère symboliquement plus important, celui de l'Intérieur, qui reste de ce fait l'interlocuteur exclusif et privilégié des autorités algériennes.

Après la signature des accords, la pression des autorités françaises pour freiner l'immigration algérienne ne se relâche pourtant pas. Au reste, les pouvoirs publics et les entrepreneurs s'accordent sur ce point. En 1971, le contingent est renégocié non sans difficulté : les services chargés de la politique d'immigration veulent remettre en cause l'accord de 1968 et intégrer les ressortissants algériens dans le droit commun. Ce n'est qu'en dernière instance, contre l'avis persistant de certains ministères, et sur décision personnelle de Georges Pompidou, auprès de qui Houari Boumediene est intervenu personnellement, qu'un nouvel accord est conclu portant pendant deux ans sur un contingent de 25 000 migrants par an.

Pour freiner l'immigration algérienne, la France, parallèlement, favorise l'immigration d'autres nationalités, en priorité non maghrébines.

Des accords de main-d'œuvre sont signés avec la Yougoslavie (le 25 janvier 1965) et la Turquie (le 18 avril 1965), mais les pouvoirs publics ouvrent d'abord la porte de la régularisation aux Portugais. La situation du marché du travail lusitanien est mauvaise ; de nombreux jeunes Portugais refusent en outre d'effectuer leur service national dans l'armée portugaise engagée dans des conflits coloniaux et fuient leur pays. Ils arrivent souvent à la frontière française sans passeport. Des consignes sont adressées aux services des douanes et de la police de l'air et des frontières afin de leur laisser libre passage, pendant que le gouvernement portugais reçoit l'assurance verbale du contrôle strict de nos frontières [55]. Quelques centaines de milliers de futurs travailleurs vont ainsi franchir une frontière qui restera ouverte aux seuls Portugais jusqu'en 1974, alors même que les premières mesures restrictives auront déjà touché les travailleurs d'autres nationalités.

La France joue aussi des concurrences intramaghrébines. Elle favorise, pour minorer l'immigration algérienne, les flux en provenance du Maroc et de Tunisie, avec lesquels des accords de main-d'œuvre sont signés dès 1963. L'application de l'accord avec le Maroc ne va pas sans difficulté. Au départ, les autorités marocaines refusent de voir partir leur main-d'œuvre qualifiée et freinent les délivrances de passeport. L'arme du passeport continuera d'être utilisée, même si, plus tard, les entreprises françaises iront « se servir » directement dans les villages plutôt que dans les banlieues des grandes villes que les autorités marocaines voudraient alléger de leur chômage [56].

L'APRÈS 1968 : UN NOUVEL ENJEU SOCIAL

Depuis 1945, se développe donc une immigration de plus en plus nombreuse, en majeure partie inorganisée, de faible niveau de qualification, affectée dans les usines aux tâches les moins qualifiées. Malgré l'ordonnance de 1945, cette immigration perçoit surtout que son séjour n'est pas garanti. Ainsi délivre-t-on des cartes temporaires à tous les nouveaux migrants alors que le législateur les avait réservées au travailleur temporaire [57]. La « politique des guichets » maintient donc l'étranger dans une relative insécurité. En outre, l'immigration se caractérise déjà par un fort accompagnement familial. Or ces familles ne trouvent pas à se loger. Depuis la guerre, le patronat n'assure plus, à quelques exceptions près, le logement de ses salariés étrangers. Quant à l'action publique pour le logement des immigrés, elle est presque inexistante. Les pouvoirs publics n'ont mis en chantier – construits et gérés par l'intermédiaire de la Sonacotra, société spécialisée dans le logement des travailleurs musulmans d'Algérie – que des foyers pour salariés célibataires algériens : l'objectif était que ces Algériens ne procèdent pas à des regroupements familiaux. Mais ces interventions restent marginales au regard des besoins qui sont immenses. Dans un premier temps, les immigrés s'installent principalement dans l'ancien parc immobilier des centres-villes, le plus souvent dans des logements insalubres dont certains peuvent être acquis à bon marché et « squattérisés ». Puis les opérations de rénovation des centres-villes rejettent les occupants de ces habitations vers des zones périphériques, souvent d'anciennes zones agricoles non encore urbanisées, où ils se regroupent souvent par nationalités : le bidonville de Nanterre est peuplé de travailleurs maghrébins, ceux de Saint-Denis et de Champigny de Portugais [58]. Ils deviennent alors des mini-villes à la périphérie des grandes agglomérations, points de rencontre, d'accueil et de logement des nouveaux immigrants. Le même phénomène se développe à Marseille, Bordeaux ou Nice.

Depuis longtemps, les spécialistes attirent l'attention sur le caractère prioritaire de l'action sociale en faveur des immigrés, mais leur tocsin n'est pas entendu. On signale des cas de détresse, on dénonce le scandale de cet accueil réservé à des hommes qui contribuent à la richesse du pays, on recherche des mesures d'amélioration ponctuelle. Mais, la mobilisation des acteurs sociaux reste faible, malgré les reportages qui paraissent dans la presse [59].

Certes, en 1964, les premiers instruments d'une politique de résorption des bidonvilles sont mis en place : l'État se dote de quelques moyens juridiques et financiers propres à reloger ces travailleurs et éventuellement leurs familles dans des foyers pour célibataires ou des cités de transit pour les familles ; mais l'application tarde. De même, la délégation à l'action sociale, dépendant des services du Premier ministre, dispose-t-elle du Fonds d'action sociale pour les travailleurs migrants (F.A.S.), institué à l'origine, conformément aux engagements du plan de Constantine adopté en 1959, pour tenter d'améliorer la protection sociale des musulmans venus travailler en France et qui poursuit son action en direction de tous les travailleurs immigrés selon ses principes d'origine. Il cherche à créer des capacités de logement, mais si, à l'époque, trouver des terrains pour la construction de foyers n'est pas difficile, les moyens de financement demeurent très insuffisants pour répondre à la demande.

La présence des immigrés reste considérée comme une nécessité à la fois économique et sociale : « L'immigration est un moyen de créer une certaine détente sur le marché du travail et de résister à la pression sociale », déclare Georges Pompidou en 1963. Sans doute la logique implicitement ethnico-culturelle des pouvoirs publics freine-t-elle toute action visant à améliorer les conditions de logement de l'immigration maghrébine, qu'on ne souhaite pas voir s'installer durablement.

Plus tard, en 1967, Pompidou s'oppose à la création d'une taxe pour le logement des immigrés en arguant du caractère « nomade » de cette population [60].

Les intérêts économiques de l'État d'accueil et des entreprises françaises convergent évidemment pour maintenir un courant migratoire, pour se dispenser d'organiser une amélioration, probablement fort coûteuse, des conditions de vie des immigrés installés. Cela correspond aussi à l'intérêt de l'État de départ : les flux d'immigration réduisent la tension sur son marché de l'emploi et augmentent ses ressources en devises. De ce point de vue, le faible coût social d' « entretien » se révèle un élément déterminant des calculs convergents de l'État d'accueil, de l'État d'origine et des entreprises. En témoigne une conversation entre Houari Boumediene et l'ambassadeur de France à Alger, quelques mois après l'arrêt de l'émigration algérienne, en janvier 1974. Le président algérien fait part à son hôte de son attachement à voir des mesures prises rapidement pour la dignité et la sécurité des ressortissants de son pays. Et il ajoute [61] :

> « Je ne pense pas à ces mesures qui sont souvent évoquées qui concernent l'amélioration de la formation professionnelle ou de leurs conditions de logement. Il est de bonne guerre de demander tout cela. Mais,

> après tout, si les Algériens vivent en France dans des bidonvilles, beaucoup vivent en Algérie dans des conditions de vie pire encore. D'ailleurs quand on quitte son pays pour gagner sa vie, cela sert à faire le plus d'économies possibles et du même coup on accepte de vivre pauvrement ou même misérablement. Mon souci, je le répète, est celui de la dignité et de la sécurité des personnes. »

Cet arrangement implicite, au détriment des conditions de vie concrètes de l'immigré, est légitimé dans le discours commun que les trois grandes catégories d'acteurs tiennent sur le caractère provisoire du séjour de ce même immigré.

L'après-mai fait un peu évoluer la situation. D'abord parce que, à compter de cette date, grâce aux organisations d'extrême gauche d'abord, aux syndicats ensuite, les conditions de vie et de travail de la main-d'œuvre étrangère deviennent un enjeu politique [62].

En outre, dans les années qui suivent, des mouvements revendicatifs où les immigrés jouent un rôle important vont se développer. L'analyse des grèves qui se sont produites au cours de cette période [63] met en lumière la diversité des problèmes qui sont à l'origine des conflits, et celle des formes d'action. Les résultats de ces luttes sont variables. De fait, le degré de mobilisation n'est pas le même chez tous les immigrés : beaucoup d'entre eux craignent l'expulsion ; d'autres, parce qu'ils ont accédé à des classifications plus élevées, se désolidarisent des mouvements. L'attitude des non-grévistes français joue alors un rôle déterminant. Certains sont hostiles (Dynamic, Aciérie de Furan) ou indifférents (Renault-Flins) ; d'autres, surmontant le racisme ambiant, se montrent solidaires (Blindex, atelier de presses chez Renault-Flins). Dans tous ces conflits, l'attitude de la direction, en général très dure, est marquée par le refus de négocier, le recours aux forces de l'ordre, l'utilisation du racisme (Renault-Flins). Les grèves ont mis fin aux situations les plus scandaleuses (logement, non-respect des règlements, ...), mais n'ont pas remis en question, par exemple, la hiérarchie des ouvriers spécialisés (O.S.) et ouvriers professionnels (O.P.). Ces conflits ne retiennent guère l'attention du grand public, à l'exception de la grande grève des éboueurs de Paris au cours de l'hiver 1972-1973 [64].

La prise de conscience par une partie de la société de la situation sociale réservée aux travailleurs immigrés s'était déjà développée à la suite de l'incendie d'un taudis, à Aubervilliers, dans la nuit du 1er janvier 1970, où cinq travailleurs maliens ont trouvé la mort. Ce drame fait découvrir à une société en pleine expansion une réalité sociale insoupçonnée, contradictoire avec l'image qu'elle a d'elle-même. Le

C.N.P.F. est interpellé par *Rouge, L'Express, Combat* [65] qui dénonce « Ponce Pilate se lavant les mains ». Le siège de l'organisation patronale est occupé dans la matinée du 10 janvier 1970 par deux cents à trois cents étudiants, écrivains et artistes.

Cet incendie apparaît comme un révélateur si puissant que le gouvernement décide de prendre en compte l'ensemble des problèmes de la politique d'immigration. Le G.I.P. (Groupe d'intervention public pour la résorption de l'habitat insalubre) est mis en place dans l'année ; il est doté de nouveaux moyens juridiques et financiers, destinés à faire disparaître la plupart des bidonvilles en trois ou quatre ans. Cette action tombe à point nommé : les bidonvilles se trouvent sur des terrains devenus constructibles, sur lesquels les promoteurs immobiliers souhaitent investir. Une loi est également votée, permettant de lutter contre « les marchands de sommeil ».

Jusqu'en 1972, le conseiller social du Premier ministre, Jacques Delors [66], travaille à la mise en place d'un plan d'action complet, mis au point au cours de nombreuses réunions qui se tiennent à l'hôtel Matignon. Mais aucune des mesures adoptées ne concerne le problème le plus urgent, celui du logement. Sur ce chapitre, tous les projets de réforme ont rencontré l'opposition du C.N.P.F. et du ministère du Logement. Seuls aboutissent, dans le domaine des droits, la loi du 27 juin 1972, qui autorise l'élection et l'éligibilité des étrangers en tant que membres des comités d'entreprise et délégués du personnel ; la loi du 1er juillet 1972 fait du racisme un délit et le rend ainsi judiciairement condamnable ; la loi du 6 juillet 1973 accentue la répression des trafics de main-d'œuvre. Enfin, une circulaire du 30 mai 1973 organise un réseau national pour l'accueil, l'information et l'orientation des travailleurs étrangers et des membres de leur famille.

De fait, la position du patronat évolue peu sur les questions de l'immigration, qu'il s'agisse des problèmes sociaux ou du développement d'un contrôle des flux, deux dossiers que le gouvernement veut promouvoir de concert. Certes, il s'inquiète du coût social de plus en plus élevé de l'immigration ; de même évoque-t-il l'existence d'un seuil de tolérance dans les usines : « Dès que dans un département d'usine la main-d'œuvre étrangère dépasse 50 p. 100, on ne rencontre plus de main-d'œuvre métropolitaine et dès que la main-d'œuvre de couleur atteint ce même pourcentage, c'est la main-d'œuvre blanche qui disparaît [67]. »

Mais le C.N.P.F. s'oppose à toute décision concrète. Aux problèmes sociaux s'ajoute pourtant dorénavant le changement de conjoncture économique : la croissance diminue. Le gouvernement souhaite mieux contrôler les flux migratoires. Pour le patronat, les régularisations conservent encore davantage d'attrait qu'un éventuel recours à l'O.N.I., car elles permettent de répondre à des besoins urgents et de choisir personnellement les travailleurs.

Devant cet état de fait, les pouvoirs publics interdisent, au début de 1972, par deux circulaires dites Marcellin-Fontanet [68], toute régularisation, sauf exception, et établissent le système de la compensation : l'employeur désireux de faire venir en France un salarié étranger devra déposer une demande auprès d'un bureau de l'Agence nationale pour l'emploi. Il devra également s'assurer du logement de son nouvel employé et enfin organiser et payer son voyage. Ces mesures suscitent des réactions très vives du côté du C.N.P.F., mais aussi des associations qui assurent la défense des travailleurs étrangers, par exemple le Groupe d'information et de soutien aux travailleurs immigrés (G.I.S.T.I.), créé en 1970, pour apporter une aide juridique aux travailleurs immigrés. Le patronat les rejette parce qu'elles augmentent ses coûts (logement) et les délais d'introduction de la main-d'œuvre. Pour leur part, les syndicats soupçonnent les autorités publiques de vouloir, à travers le contrôle du logement, instaurer un contrôle social de la main-d'œuvre étrangère.

Dans la pratique, les circulaires sont appliquées sans grande rigueur. Les demandes de main-d'œuvre étrangère sont acceptées presque sans contrôle et les attestations de logement rarement vérifiées. Les habitudes des travailleurs étrangers n'ont pas eu le temps de se modifier et beaucoup d'entre eux continuent de venir en France de la même façon que ceux qui les avaient précédés, n'acceptant pas de subir les conséquences d'une nouvelle règle, perçue comme injuste.

Des manifestations de soutien politique et syndical, voire religieux, prennent de l'ampleur quand, au début de l'année 1973, les circulaires doivent entrer en vigueur. Elles mobilisent la C.F.D.T. et, à un niveau moindre, la C.G.T. Des travailleurs irréguliers font la grève de la faim à l'église Saint-Hippolyte de Paris [69]. Du coup, le ministère de l'Intérieur, dont la tradition est de ne se montrer attentif qu'aux critères d'ordre public, intervient pour que la réglementation nouvelle soit assouplie à l'égard des travailleurs. Entre le 13 juin et le 31 octobre 1973, on procède à une régularisation de cinquante mille immigrés [70]. Le contrôle des flux se révèle bel et bien aussi difficile à mettre en place que l'action sociale.

Depuis 1968, la question immigrée est donc devenue une question publique et politique. Mais ni la prise de conscience de la société ni l'action des pouvoirs publics ou la mobilisation des syndicats et des travailleurs eux-mêmes, après 1968, n'ont pu fondamentalement mettre en cause la convergence des intérêts de l'État d'accueil, des entreprises et de l'État d'origine : l'existence de flux d'immigrés mal traités socialement. Ce n'est qu'en 1973 que le risque de récession économique et de montée du chômage en France, la hausse des revenus du pétrole pour l'Algérie vont modifier la donne et provoquer le réexamen complet de la politique de l'immigration.

Quel bilan tirer de trente ans d'application de l'ordonnance de 1945 ? L'État devait garantir une durée de séjour de plus en plus longue à l'étranger régulier, quelle que soit son origine nationale. Toujours est-il que la majorité des étrangers réguliers paraissent en situation précaire : titre de séjour de courte durée et ressources sociales – logement, formation, emploi, droits – faibles. Alors que des bouleversements économiques s'annoncent, l'avenir en France des travailleurs immigrés et celui de l'ordonnance de 1945 ne paraissent guère prometteurs.

II

LE TEST DE LA CRISE

(mai-juillet 1974)

LA SURPRISE ALGÉRIENNE

Le 19 septembre 1973, l'Algérie décide l'arrêt de toute émigration vers la France. Le motif officiellement invoqué est celui de la montée du racisme dans le pays d'accueil.

Il est vrai que les trois mois de l'été 1973 ont vu se multiplier les incidents. Le 21 juin, de vifs affrontements se sont produits à l'occasion d'une réunion publique organisée à la salle de la Mutualité à Paris, par le mouvement d'extrême droite Ordre nouveau pour inciter les Français à refuser l'immigration sauvage. La Ligue communiste qui a participé aux bagarres et Ordre nouveau sont alors dissous par décision du Conseil des ministres [1]. Le nombre des agressions contre les travailleurs immigrés se multiplie : le 23 juin, plusieurs attentats sont commis contre des cafés de Paris et de sa banlieue, fréquentés par des Nord-Africains ; à Vitry, le 3 juillet, trois inconnus provoquent la mort d'un maçon portugais.

Le 4 août 1973, le ministre de l'Intérieur déclare qu'il continuera d'expulser tous les étrangers qui troublent l'ordre public. Une procédure d'expulsion est en outre engagée par le préfet des Bouches-du-Rhône contre le pasteur Berthier Perregaux, responsable de la Cimade à Marseille ; cette expulsion, effective le 4 septembre, provoque émoi et protestations de l'ensemble des organisations de gauche et des Églises.

L'amicale des Algériens en Europe comptabilise la mort de onze ressortissants entre le 29 août et le 19 septembre. Il est difficile de dire si toutes sont à mettre sur le compte d'un antagonisme racial ou ethnico-culturel [2], mais elles témoignent à chaque fois de la tension existante. Celle-ci se voit aggravée par l'assassinat le 25 août, à Marseille, d'un conducteur d'autobus qui provoque la création, dans les locaux du Front national, d'un Comité de défense des Marseillais.

Les autorités algériennes multiplient les démarches auprès du gouvernement français et mettent en cause la mauvaise volonté de certains services de l'Administration qui ne respectent pas la dignité des travailleurs algériens [3]. Dans une interview au journal *Le Monde,* le 5 septembre 1973, le président Boumediene déclare : « Je le dis franchement : si le gouvernement français ne veut pas de nos travailleurs, qu'il le dise. Nous les reprendrons. Cela nous posera sans doute quelques problèmes, mais nous avons surmonté des situations beaucoup plus difficiles. Si, en revanche, la France a besoin de nos travailleurs, son gouvernement a alors le devoir de les protéger. »

On pourrait donc penser que l'arrêt de l'émigration est la conséquence de cette montée des tensions, mais la décision algérienne a d'autres explications.

Au moment même où elle intervient, la conférence des pays non alignés se réunit justement à Alger. Et, le journal du F.L.N. *El Moudjahid*, dans un titre de cinq colonnes à la une, encadré de rouge, relie ostensiblement l'arrêt de l'immigration à cet événement : « Racisme : suspension immédiate de l'émigration en France, décident le Conseil de la Révolution et le Conseil des ministres. Non alignés : examen des perspectives d'action durant les trois prochaines années. » L'Algérie aura donc voulu donner à son geste une résonance politique internationale maximale et signifier publiquement, au moment de prendre la présidence de la Conférence, qu'elle avait dorénavant les moyens d'imposer des contraintes à l'ancienne puissance coloniale, de l'obliger à un traitement plus respectueux de ses ressortissants et de lui faire entendre avant tout que, dans une situation économique désormais favorable, elle n'avait plus besoin de l'émigration.

Il convient d'ajouter un autre motif plausible à la décision algérienne. Les incidents qui s'étaient produits en France avaient permis à un mouvement d'opposition au gouvernement algérien, le Mouvement des travailleurs arabes, de jouer un rôle important : il avait par exemple appelé à une grève des travailleurs nord-africains le 4 septembre, dans les Bouches-du-Rhône et dans le Var. Il risquait d'entrer dangereusement en concurrence avec l'association officielle, l'amicale des Algériens en Europe. En décidant l'arrêt de l'émigration, le gouvernement algérien se replaçait du même coup à l'avant-garde dans la défense de ses ressortissants.

Cette décision est prise au sérieux par les acteurs politiques et syndicaux français. Dans les milieux patronaux, la crainte apparaît, après la guerre du Kippour d'octobre 1973 et l'embargo décidé par les pays exportateurs sur les produits pétroliers, de ce que l'exemple de l'Algérie fasse tache d'huile et que les pays d'émigration n'arrêtent à leur tour le départ de leurs travailleurs, ou ne se servent des besoins en la matière des pays industrialisés comme moyen de marchandage. Le magazine *L'Expansion* va jusqu'à imaginer la création de l'Organisation des pays exportateurs de main-d'œuvre

(O.P.E.M.) dans un scénario qui semble refléter l'état d'esprit prévalant alors au sein du patronat français : « L'ébranlement causé chez les dirigeants de l'Europe riche par l'embargo sur le pétrole a été assez fort, en tout cas, pour les faire réfléchir à un problème qu'ils avaient touché sans jamais le prendre à bras-le-corps. Ils sentent, qu'après avoir dû renoncer à la livraison, sûre et très bon marché de 450 millions de tonnes d'énergie liquide par an, la deuxième colonne de la prospérité européenne depuis vingt ans, à savoir l'afflux annuel garanti – et à très bon compte, lui aussi – de 500 000 à 1 million de paires de bras étrangers est lézardée [4]. » Soudain le C.N.P.F. se répand en compliments sur les qualités de la main-d'œuvre algérienne. Le 19 septembre, M. Yvon Chotard déclare au nom de son organisation : « Dans les entreprises françaises, il n'y a aucune discrimination d'aucune sorte. Il n'y a jamais eu d'incident dans les entreprises. [...] En ce qui concerne l'économie française, nous avons eu l'occasion de dire bien souvent, car c'est une réalité, que l'économie française, aujourd'hui, a besoin des travailleurs étrangers. Et parmi ces travailleurs étrangers, effectivement, les Algériens représentent une partie importante. Il est évident que, si une telle mesure [l'arrêt de l'émigration] est maintenue, cela poserait un problème pour l'économie française. »

De ce souci des besoins micro-économiques

des entreprises découle une analyse de la crise économique naissante : celle-ci n'est que conjoncturelle. Voilà pourquoi la France ne décide pas encore la suspension de l'immigration, alors que la république fédérale d'Allemagne prend cette mesure dès le 23 novembre 1973.

Dans le même temps, quatre « grands serviteurs de l'État », Stanislas Mangin, Alexandre Parodi, André Postel-Vinay et Pierre Racine, membres du Conseil d'État ou de l'inspection des Finances, qui exercent chacun des responsabilités dans le domaine de l'immigration en dirigeant des associations d'accueil des immigrés, de formation, de logement ou d'alphabétisation, entreprennent une démarche auprès du Premier ministre, Pierre Messmer. Ils lui remettent un mémorandum sur l'ensemble des problèmes sociaux de l'immigration en France et préconisent le développement rapide et intensif des droits et des ressources des travailleurs immigrés.

Le gouvernement est confronté à des exigences contradictoires : tout d'abord celles des étrangers installés, depuis longtemps connues et qui demeurent en majeure partie insatisfaites ; celles de l'Algérie par ailleurs, qui a suspendu l'émigration ; enfin, celles des chefs d'entreprise qui souhaitent que celle-ci se poursuive. Le Premier ministre décide alors de créer une instance de coordination de l'action gouvernementale dans le domaine de l'immigration ; il propose à André Postel-Vinay, inspecteur des Finances qui a toujours marqué un grand intérêt pour les problèmes du tiers monde – il a notamment présidé pendant plusieurs années aux destinées de la Caisse centrale de Coopération économique – la fonction de directeur général de la Population et des Migrations.

André Postel-Vinay accepte la proposition. Il est nommé en janvier 1974 à un poste créé à son intention. Il reçoit de plus du Premier ministre une lettre publique et solennelle qui fixe sa mission et engage les administrations concernées par la politique de l'immigration à l'aider dans sa tâche. Il aura peu de temps, avant le décès de Georges Pompidou et l'élection présidentielle d'avril 1974, pour mettre au point actions et décisions ; juste assez cependant pour remarquer les faibles moyens mis à sa disposition, l'absence de véritables outils statistiques et, pour conclure, que l'administration de la politique de l'immigration reste à construire [5].

Au cours de la campagne qui précède les élections, les deux principaux candidats, Valéry Giscard d'Estaing et François Mitterrand, évoquent les problèmes de l'immigration. Pour sa part, signe que le thème n'est pas encore perçu comme un enjeu payant dans une campagne électorale, Jean-Marie Le Pen, président et candidat du Front national, n'y fait aucune allusion dans les quatre pages et les dix points que comporte la plate-forme qu'il adresse aux citoyens français.

UN MÉDIATEUR PROPHÉTIQUE

On ne sera pas surpris de voir, après l'élection de Valéry Giscard d'Estaing à la présidence de la République, André Postel-Vinay confirmé comme coordinateur des politiques publiques de l'immigration et nommé secrétaire d'État. En effet, lorsque, en décembre 1973, ce dernier se voit proposer le poste de directeur général de la Population et des Migrations, il est alors président de la commission des opérations de Bourse. Accepter la proposition qui lui est faite implique qu'il obtienne de son ministre de tutelle, le ministre des Finances, à l'époque Valéry Giscard d'Estaing, l'autorisation de quitter son poste. Le ministre lui accorde donc un entretien ; une discussion s'engage, au cours de laquelle A. Postel-Vinay présente une vision pessimiste des problèmes de l'immigration [6].

Le ministre des Finances ne se contente pas d'accepter la nouvelle nomination de son interlocuteur. Il se déclare intéressé, mieux, sensibilisé, grâce à la discussion qui vient d'avoir lieu, aux problèmes évoqués ; et il s'engage à soutenir l'action du futur directeur général lorsque son ministère sera sollicité – par exemple, pour débloquer des crédits – dans les arbitrages interministériels.

La promotion de M. Postel-Vinay en juin 1974 au rang de ministre et la renaissance, par décision du président de la République, d'un secrétariat d'État à l'Immigration, trente-six ans après la première expérience de 1938, est probablement le signe que Valéry Giscard d'Estaing perçoit dès ce moment l'importance croissante du problème de l'immigration et souhaite que cette question soit traitée en priorité par le nouveau gouvernement [7].

De fait, les contradictions sur le problème de l'immigration entre des intérêts divergents sont avivées et deviennent de plus en plus difficiles à gérer ; sans doute, les étrangers qui continuent d'arriver en France répondent encore à des demandes émanant de certaines entreprises, mais de moins en moins, et là est la nouveauté, aux besoins généraux de l'économie : le chômage a augmenté depuis septembre 1973, et la fermeture des frontières des autres États européens a pour effet le transfert vers la France d'un nombre relativement important de nouveaux migrants.

Dans ce contexte d'incertitude, André Postel-Vinay peut jouer un rôle public de médiation. Il paraît reconnu et estimé dans les milieux de l'immigration comme dans celui de l'Administration. Il possède donc une double légitimité et un double crédit, qui peuvent lui permettre de faire accepter partout les évolutions nécessaires [8]. Enfin, son expérience peut permettre d'apaiser les passions politiques sur un sujet qui risque à l'avenir de les déchaîner.

En outre, la nomination d'un secrétaire d'État à l'Immigration est aussi l'un des signes publics et symboliques d'une volonté politique d'« ouverture libérale » en direction de l'électorat de l'opposition, une des manifestations du « changement » voulu au début du septennat du président Giscard d'Estaing, avec l'abaissement de la majorité civique à dix-huit ans, le développement des droits de l'opposition, la réforme du mode de saisine du Conseil constitutionnel, la visite présidentielle à des prisonniers ou la réception d'éboueurs à l'Élysée.

Les décisions très rapidement proposées par André Postel-Vinay ne se veulent pas une réponse au problème immédiat et concret de l'immigration, pas davantage une réponse simplement politique. Elles ne se réfèrent pas non plus aux principes de l'ordonnance de 1945. Elles tentent de définir un remède en fonction de l'évolution probable de la question, d'une façon anticipée, donc de proposer des mesures avant l'émergence d'une aggravation des tensions. Cette vigilance [9] le conduit à définir le problème de l'immigration en fonction de l'évolution démographique du monde, et des déséquilibres économiques et sociaux qu'il estime durables et profonds – ce qui implique une limitation des flux d'immigration –, mais aussi en fonction de valeurs qui induisent le droit de rester et de vivre dans des conditions sociales correctes pour les immigrés déjà installés.

Aux yeux d'André Postel-Vinay, trois phénomènes, facteurs de déséquilibres, imposent l'arrêt préventif des flux migratoires. D'abord les perspectives démographiques mondiales : « Le doublement de la population du tiers monde, que l'on nous promet pour la fin du siècle, présente, à mon avis, des dangers considérables. [...] À moins que l'art et les techniques de développement ne réalisent des progrès d'une étonnante rapidité, à moins que l'esprit de solidarité ne se répande d'une manière imprévue, cette prolifération de l'espèce humaine aggravera la misère et la sous-alimentation sur de très vastes territoires [10]. » Par ailleurs, André Postel-Vinay croit à une crise économique longue et profonde qui va provoquer une forte montée du chômage et des restructurations d'entreprise. Enfin, la situation du logement des étrangers résidents est jugée grave : en 1970, le quatrième plan avait évalué à plus de 650 000 le nombre des étrangers vivant dans des bidonvilles ou des taudis. De plus, l'immigration familiale croît rapidement : de 25 000 familles en moyenne par an entre 1967 et 1970, on est passé à 38 000 familles. Or le programme annuel de logements sociaux, pour l'ensemble de la population française et étrangère, ne dépasse pas 125 000 logements.

M. Postel-Vinay en conclut que :

> « Rejeter, par principe, l'idée d'une interruption ou d'une limitation des entrées de nouveaux migrants, cela reviendrait à soutenir que nous devons laisser se développer l'immigration, même si elle contribue à l'accroissement du chômage et au peuplement des taudis. Cela n'est pas défendable [...]. Je n'ignore pas les aspects choquants de toute mesure d'interruption ou de limitation des entrées, le caractère inhumain de ces refoulements de la misère ; mais cette misère, hélas, risque d'affluer toujours davantage et d'arriver à des secteurs géographiques de plus en plus lointains : nous ne pouvons pas l'accueillir sans limites. Nous en péririons sans la soulager. »

Mais ces mesures restrictives ne doivent pas rester sans contrepartie. André Postel-Vinay insiste sur « l'obligation évidente de faire un sort décent aux ouvriers étrangers que nous avons admis chez nous et qui nous apportent un concours que nous avons nous-mêmes jugé indispensable ». Les travailleurs étrangers ont donc, selon lui, une créance à l'égard de la France ; de même celle-ci a une dette à leur endroit pour leur « contribution apportée au développement économique du pays ». Le sort décent qu'il évoque implique essentiellement la garantie du séjour et le droit au logement.

Au total, il souhaite que des logiques différentes s'appliquent selon les cas. À l'immigré déjà installé, la justice serait due, donc le droit à l'installation durable garanti. Le maintien de la cohésion, de l'ordre social, justifierait en revanche que les autres ne soient plus autorisés à s'installer.

L'OCCASION MANQUÉE

Au cours du Conseil des ministres du 3 juillet 1974, le gouvernement semble reprendre ce schéma et se fixer des objectifs qui couvrent tous les domaines de la politique de l'immigration [11]. Le programme est précis. Il prévoit de limiter les entrées des travailleurs étrangers et de leurs familles en fonction des possibilités d'emploi et d'accueil du pays ; de prendre des dispositions pour empêcher les passages clandestins ; d'étudier les procédures permettant d'empêcher les « faux touristes » d'entrer sur le territoire national ; enfin, de renforcer la lutte contre le marché noir du travail.

Il se propose dans le même temps d'augmenter fortement l'action sociale en faveur des étrangers résidents, en particulier dans le domaine du logement dont l'existence est pour André Postel-Vinay une des conditions de la réussite de l'insertion de l'étranger. Il prévoit l'accroissement de la construction de logements sociaux pour les familles, ainsi que de foyers pour les ouvriers étrangers « isolés ». Il veut aussi alléger et simplifier la réglementation du séjour et du travail, et développer l'alphabétisation, la formation générale ou professionnelle des travailleurs étrangers et de leurs enfants. Pour financer ces mesures, une participation des entreprises est prévue.

Les décisions qui vont intervenir concrètement montrent bien le rôle d'un programme gouvernemental. Il est censé fixer un cadre d'action pour chacun des ministres concernés. Cependant, pour chaque décision, de nouvelles consultations ou réunions interministérielles se révèlent nécessaires, où de nouveaux rapports de forces peuvent apparaître et remettre en cause le programme adopté [12] : la légitimité de la décision prise est d'autant plus faible que les départements ministériels chargés de son application ne l'ont pas défendue dès l'origine.

Le 3 juillet 1974, le Conseil des ministres entérine la décision de suspendre l'immigration, et elle seule. Avant de la soumettre à la délibération du Conseil des ministres, le secrétaire d'État a consulté quelques chefs d'entreprise, gros employeurs de main-d'œuvre étrangère ; ceux-ci l'ont approuvée. L'accord des syndicats, à l'exception de la C.F.D.T., est également acquis. Force ouvrière demande cette mesure depuis septembre 1973. La C.G.T. approuve elle aussi et justifie ainsi sa position [13] : « Sur le fond, il était compréhensible, alors que se multipliaient les situations de chômage, et que certains immigrés étaient par ailleurs " refoulés " parce que la régularisation de leur situation leur était refusée, que le ministère du Travail décidât de ne plus viser les contrats d'introduction déposés par les employeurs souhaitant " recruter " hors de France et faire venir, par l'intermédiaire de l'Office national de l'immigration, de nouveaux immigrants. »

Par ailleurs, le risque de réaction négative des pays d'émigration semble limité : d'une part, l'Algérie, avec laquelle la France était liée par le seul accord contraignant a suspendu, de sa propre initiative, l'émigration vers la France en septembre 1973 ; d'autre part, cette décision est présentée comme provisoire aux autres États. Enfin, les mesures déjà prises par les autres pays européens légitiment, par leur valeur d'exemple, la décision que s'apprête à prendre la France.

Cette décision fait l'objet d'une circulaire, applicable immédiatement, afin de surprendre les candidats à l'immigration qui, compte tenu des longs délais de mise au point d'une loi ou d'un décret, auraient pu venir en France avant leur adoption définitive. Le gouvernement a conscience de l'irrégularité juridique de la procédure, mais il sait que les délais d'annulation contentieuse du Conseil d'État sont d'environ deux ans, et dépassent donc largement le délai fixé au réexamen de la mesure prise. En tout état de cause, le consensus est tel que, à l'exception de la C.F.D.T., toutes les autres organisations syndicales, et en premier lieu la C.G.T. qui s'était traditionnellement pourvue en justice contre les circulaires prises depuis 1972, n'intentent pas de recours contentieux [14].

La décision de suspension concerne les nouveaux travailleurs, mais aussi les familles des travailleurs installés en France, vivant à l'étranger. Cette précision est importante car l'immigration familiale se situe à la frontière de la politique des flux de nouveaux migrants et de la politique d'insertion des résidents : l'arrivée d'une famille augmentant certes le nombre des résidents, mais améliorant aussi considérablement la qualité de vie du travailleur immigré.

Le principe d'un important programme de construction de logements, contrepartie de la décision de suspension de l'immigration, a en outre été arrêté. Mais le manque de moyens financiers apparaît dès que se négocie la mise en œuvre de cette mesure dans les premiers arbitrages budgétaires. Le secrétaire d'État tente bien de mobiliser ses collègues les plus concernés, mais sans succès. Le 12 juillet 1974, ses propositions reçoivent un arbitrage défavorable lors d'un Conseil restreint. Jacques Chirac, Premier ministre, ne semble pas faire du problème une priorité.

De son côté, le secrétaire d'État refuse de voir sa stratégie remise en cause. Son échec sur le programme de logement risque d'ébranler sa légitimité dans les milieux de l'immigration ; bientôt, le rôle de médiateur qu'il devait jouer ne pourrait plus être assumé ; il remet sa démission au Premier ministre et au président de la République, et l'accompagne d'une lettre d'explication *. Il faudra attendre dix ans pour que la stratégie d'André Postel-Vinay soit acceptée par tous les grands partis politiques.

Entre-temps, la politique de l'immigration sera soumise à une politisation de plus en plus marquée. Chaque changement de secrétaire d'État – ils interviendront à quatre reprises – sera le signe d'un changement de stratégie des pouvoirs publics.

Dans l'intervalle de ces changements et avant qu'un consensus ne soit dégagé, des actions décisives s'imposeront durablement ou échoueront, construisant, pierre à pierre, les règles de la politique de l'immigration. C'est ainsi que progressivement les principes de 1945 seront retrouvés.

* *Cf.* annexe V.

III

ENTRE INSERTION ET RÉPRESSION

(juillet 1974-mars 1977)

La portée de l'arbitrage défavorable, cause de la démission d'André Postel-Vinay, dépasse de beaucoup une simple divergence sur les moyens à affecter à la politique de l'immigration. De fait, les propositions de l'ancien secrétaire d'État découlaient directement d'une analyse de la situation que ne partage pas encore le gouvernement français. On le sait, pour André Postel-Vinay, la crise économique et démographique s'annonce longue et durable, et il en tire une première conséquence radicale : l'arrêt strict des flux. Pour le gouvernement, la durée et la nature de la crise économique restent incertaines. Certes, le chômage progresse et rend impossible une rapide reprise de l'immigration, souhaitée par quelques chefs d'entreprise. Beaucoup croient cependant que cette situation demeure provisoire et qu'il faut se préparer, comme le pense le C.N.P.F., à un redémarrage de la croissance qui favorisera de nouveaux mouvements migratoires. Si la crise économique se révèle durable, peut-être faudra-t-il alors penser à des retours de travailleurs immigrés vers leurs pays.

André Postel-Vinay tire une autre conséquence radicale de la situation : l'installation durable de l'immigré en situation régulière. Le résultat logique semble là encore inacceptable : l'immigré résident demeure un travailleur à l'installation seulement provisoire.

Le remplacement, en juillet 1974, d'André Postel-Vinay par Paul Dijoud relève de ces divergences profondes. Il révèle également une dimension politique. Le premier, grand serviteur de l'État, formé à l'école de la France libre, avait une conception de l'action trop indépendante des impératifs du combat politique. Le second fait partie de la génération montante du parti du Président, le parti républicain, chargée de favoriser l'« ouverture ». Or il est clair que la politique de l'immigration doit alors contribuer à la légitimité du nouveau président de la République dans l'électorat socialiste.

L'orientation générale de l'action ne dévie pas, mais la dimension radicale de la logique proposée par André Postel-Vinay s'atténue sensiblement : moins de fermeté dans la suspension des flux, mais aussi moins d'action sociale.

En ce qui concerne les migrations, jusqu'à la fin de 1976, trois options sont préservées : le redémarrage des flux de nouveaux travailleurs vers la France, leur arrêt définitif, ou même leur inversion.

La politique sociale activement menée de 1974 à 1977 en faveur des étrangers résidents pourrait être traduite en ces termes : ceux qui veulent repartir doivent pouvoir le faire dans les meilleures conditions, ceux qui veulent rester doivent pouvoir s'assimiler et devenir français. Cette liberté de choix cache en réalité plusieurs visées parfois contradictoires. Elle répond aux anciennes demandes d'amélioration des conditions de vie des étrangers, objectif social suffisamment légitime en lui-même, mais aussi moyen de renforcer l'image du nouveau Président dans l'électorat de gauche. De plus, si certaines mesures favorisent l'installation durable des étrangers qui le désirent, en avantageant légèrement ceux qui présentent une proximité ethnico-culturelle, d'autres visent, dans les domaines scolaire, culturel ou religieux, par le développement de cours de langues d'origine à l'école ou de l'islam dans les usines ou les cités, à offrir aux États d'origine des contreparties à la suspension des flux : elles doivent ainsi permettre d'augmenter le contrôle de ces États sur leur population et, sous couvert du respect des identités culturelles, favoriser du point de vue du gouvernement français le retour des travailleurs et des familles qui le souhaiteraient.

Qui sont les acteurs déterminants de cette

période ? Au premier plan, Paul Dijoud et son équipe. Néanmoins, l'action sociale du secrétaire d'État aura pour limite, et contrepoint, la conception de l'ordre public du ministre de l'Intérieur, Michel Poniatowski, qui restreint l'autonomie et la liberté sociale et politique de l'étranger et exige de lui travail, passivité et réserve. L'activité politique et syndicale des travailleurs immigrés sera combattue par le ministère de l'Intérieur avec violence, en collaboration, du reste, avec les États d'origine. Paul Dijoud admet cette répartition des tâches, moins parce qu'elle correspond à ses convictions que parce qu'il s'agit là de l'intérêt politique : Michel Poniatowski occupe auprès du président de la République une position telle qu'il vaut mieux ne pas l'affronter. La répartition des tâches entre les ministères laisse encore ses prérogatives à la place Beauvau, et Paul Dijoud ne s'aventure pas sur un terrain miné.

Des contradictions, plus fondamentales parce qu'elles concernent l'orientation de l'action, apparaîtront bientôt : l'arrêt des flux est-il crédible pour les étrangers concernés si les discussions reprennent avec les États d'origine pour leur réouverture ? Le discours sur le droit de rester est-il compatible avec le début des évaluations sur le coût de l'immigration ou sur les possibilités de substituer une main-d'œuvre française à la main-d'œuvre étrangère ?

En dépit de ces interrogations et des faibles moyens mis à sa disposition, Paul Dijoud fera preuve d'une grande maestria, saisissant au bon moment les occasions de prendre des décisions importantes et de les mettre en action. Ainsi va-t-il fort habilement pratiquer avec les États d'origine des échanges et des marchandages, et utiliser le soutien du président de la République pour organiser administrativement, pour la première fois depuis la Libération, la politique de l'immigration.

LES MOYENS DE L'ACTION

Pour agir, le nouveau secrétaire d'État dispose, au départ, de faibles moyens administratifs. Formellement, il n'est que le collaborateur du ministre du Travail. La seule administration dont il dispose, la direction de la Population et des Migrations (D.P.M.), a été créée en 1966 et apparaît pauvre en ressources financières et humaines. Elle n'a pas de services extérieurs, et la majeure partie de ses crédits budgétaires ne lui sont pas affectés directement [1].

La première réussite de Paul Dijoud va être l'augmentation très rapide de ses ressources. Son atout : le soutien actif du président de la République. La politique de l'immigration est une politique « présidentielle » : elle n'est pas coordonnée par le Premier ministre ; dans le processus de décision, la liaison demeure directe entre le Président et le secrétaire d'État. Lorsque des arbitrages sont nécessaires pour financer ou réglementer les différents aspects de sa politique, Paul Dijoud bénéficie du soutien personnel du Président.

Fort de cet appui, il agit dans deux directions. Il souhaite d'abord transformer la D.P.M. Comme la tâche semble prometteuse et l'orientation séduisante, il parvient à y recruter et à mobiliser les plus dynamiques parmi les administrateurs civils du ministère du Travail, souvent syndiqués à la C.F.D.T. La D.P.M, jusque-là organisée de façon pyramidale, se transforme en une administration de mission. Son directeur n'est plus le point de passage obligé – obligation au demeurant souvent théorique – des contacts entre les responsables de l'administration centrale et les nombreux membres du cabinet ; en outre, chacun des administrateurs concernés est en charge d'un des nombreux dossiers de la politique de l'immigration et dispose d'une large autonomie d'action. Sur chaque dossier, la concertation du travail est assurée par des rencontres avec des associations transformées en interlocuteurs reconnus. Enfin, le secrétaire d'État réussit à augmenter sensiblement les ressources financières de son administration.

Dans un deuxième temps, Paul Dijoud parvient à élargir le domaine de ses compétences à la dimension internationale de la politique de l'immigration. Il se conçoit lui-même, selon un de ses anciens collaborateurs, comme un ministre adjoint des Affaires étrangères, spécialement chargé de l'immigration. Il nomme d'ailleurs à son cabinet, ce qui n'est pas courant, un haut fonctionnaire du Quai d'Orsay et il effectue des visites dans la plupart des pays d'émigration. Le soutien du Président lui permet de récupérer, *de facto*, la coordination de l'action publique dans ce domaine ; d'autant plus facilement que le dossier de l'immigration, à la différence des autres dossiers de l'action gouvernementale, est rarement convoité.

MAÎTRISER LES FLUX

La combinaison de ces atouts va bientôt permettre de traiter un premier grand dossier, celui de la maîtrise des flux. L'immigration de nouveaux travailleurs restant officiellement suspendue, l'Administration ne délivre plus d'autorisation de travail aux travailleurs qui en font une première demande. Des exceptions cependant existent car les autorités montrent une certaine souplesse dans l'application de cette règle emblématique. Est d'abord confirmé le traitement spécifique applicable aux demandeurs d'asile et aux réfugiés. L'argument de la situation de l'emploi ne peut leur être opposé lors d'une demande de carte de travail. Outre les réfugiés politiques, sont concernés par ces dispositions protectrices les étrangers appartenant à des nationalités qui se trouvent privilégiées : Vietnamiens, Cambodgiens, Laotiens. En effet, consécutivement aux conflits meurtriers survenus dans le Sud-Est asiatique, est mis en place en 1975 un dispositif d'accueil particulier des réfugiés originaires de cette région du monde. Il est mis au point par le directeur des Conventions administratives du ministère des Affaires étrangères, qui s'efforce de coordonner l'action des associations. Claude Chayet prend contact avec Jean Sainteny et lui propose de présider un Comité national d'entraide franco-vietnamien, franco-cambodgien et franco-laotien, qui sera chargé d'organiser la venue en France de plusieurs dizaines de milliers de réfugiés du Sud-Est asiatique, en fonction de quotas qui, de 1 000 par an en 1975, diminuent ensuite à 700, pour être rétablis à 1 000 lors de l'arrivée de la gauche au pouvoir[2]. Sont ensuite concernées certaines catégories d'étrangers – conjoints de français et ressortissants des communautés européennes, par exemple – qui obtiennent de plein droit, et sans avoir à justifier d'un emploi, une carte de travail d'une durée de dix ans.

Enfin, certains professionnels spécialisés – artistes et troupes étrangères ; – personnels de haute qualification : cadres, chercheurs peuvent se voir délivrer, sous certaines conditions, des autorisations. Des dérogations sont de surcroît accordées au cas par cas par le secrétaire d'État à certaines entreprises qui déclarent des besoins incompressibles de main-d'œuvre étrangère, après instruction et consultation d'une commission ad hoc.

Mais l'interruption de la délivrance des autorisations n'a pas eu l'effet décisif attendu sur l'arrivée de nouveaux travailleurs étrangers sur le territoire national. On peut penser que les demandes de travail émanant de certains employeurs perdurent « du fait du marché » ; ils trouvent là le moyen de rentabiliser leur entreprise ; en ne déclarant pas leurs travailleurs étrangers, ils évitent l'application de la législation du travail, par exemple le paiement des cotisations sociales et diminuent leur coût de production. Ce type de situation se perpétue indépendamment de la décision de juillet 1974 et rencontre une offre de travailleurs. Mais cette décision, par son existence même, a pour effet de créer de l'emploi illégal : l'employeur potentiel d'étrangers qui continuent de venir en France pour y travailler légalement, en ne faisant souvent que perpétuer des traditions locales d'aller et retour d'Afrique vers la France, ne peut déclarer cette main-d'œuvre parce que la réglementation interdit dorénavant toute nouvelle embauche. Pour lutter contre ces formes différentes de travail irrégulier, le secrétaire d'État renforce les sanctions visant les employeurs et, en coopération avec les États d'origine, cherche à améliorer le contrôle aux frontières.

Il obtient, contre l'avis du ministère de la Justice, et grâce au soutien du président de la République, qu'une mission judiciaire de lutte contre les trafics de main-d'œuvre – emploi illégal, mais aussi aide au passage des frontières – soit créée sous son autorité directe. Cette décision obtenue, il cherche à se concilier les administrations de la Justice et de l'Intérieur, dont la collaboration se révèle nécessaire, et nomme à la tête de la mission un magistrat. Il lui adjoint un inspecteur du travail et un inspecteur de police.

Pour maîtriser les flux, l'aide des États d'origine paraît indispensable. Paul Dijoud consacre une grande partie de son activité aux contacts internationaux. En échange de l'aide demandée, il offre des contreparties.

Si l'immigration reste officiellement suspendue, les Conseils des ministres d'octobre 1974 et de mai 1975, consacrés à la politique de l'immigration, ont affirmé le caractère provisoire de cette mesure. Paul Dijoud propose donc à ses partenaires marocains et tunisiens de profiter de cette période transitoire pour préparer, de façon organisée, le rétablissement exclusif de la procédure d'introduction pour le moment où il sera possible de rouvrir les frontières. Cette proposition recueille un relatif succès car, si réouverture il y a, les travailleurs marocains et tunisiens pourront avantageusement remplacer l'émigration algérienne interrompue.

Les contacts sélectifs qu'il prend en Afrique subsaharienne vont cependant lui permettre de percevoir les difficultés pratiques soulevées par certaines des mesures envisagées. Concrètement, les ressortissants des États d'Afrique noire bénéficient encore de clauses de libre circulation vers la France, obtenues au moment de leur accession à l'indépendance. L'enjeu porte donc sur l'intégration de ces ressortissants dans le droit commun régi par l'ordonnance de 1945, afin d'améliorer le contrôle de leur entrée et de leur séjour. Les chefs d'États africains réagissent avec une extrême sensibilité aux demandes du gouvernement. Ils font souvent état de leur propre citoyenneté française pour refuser toute mise en cause du régime privilégié de libre circulation ; ils s'identifient à leurs ressortissants et aux difficultés à venir qu'ils devront subir. Face à ces réactions, le gouvernement choisit de progresser lentement en proposant des accommodements. Moyennant le maintien d'un léger courant migratoire de travailleurs d'Afrique noire, transformés pour l'occasion en « commerçants », il obtient finalement satisfaction.

En matière de contrôle des flux, les concessions sont approuvées en échange d'efforts pour le développement des droits et des ressources de l'étranger résident, de telle façon que la relation d'allégeance à l'État d'origine soit sauvegardée, voire renforcée. S'agit-il d'un échange simple ou d'un calcul du gouvernement français qui continue de vouloir préserver un avenir incertain ? Un document préparatoire au Conseil des ministres précise que ces nouveaux droits s'inscrivent également dans une perspective de retours volontaires : « D'abord permettre à ceux qui le souhaitent de sauvegarder leurs liens avec leur culture d'origine. Il y aurait, en effet, intérêt à faciliter le maintien de traditions religieuses, de liens culturels, voire l'expression dans la langue d'origine de ceux qui souhaitent garder à leur séjour en France un caractère temporaire. »

L'intérêt de ces projets de retour a été conforté – c'est un processus assez classique – par un contact, une anecdote ou une opinion qui les légitiment. Ainsi, le 25 avril 1975, le secrétaire d'État retire-t-il de sa visite au bidonville la Digue des Français, à Nice, l'impression que « tous les chômeurs de cette cité étaient disposés à rejoindre leur pays à condition que leurs frais de retour leur soient payés [3] ». Une aide au rapatriement est donc créée et des stages de formation professionnelle préparatoires au retour sont mis en place dès 1975. Parallèlement, le coût de l'immigration devient l'enjeu d'évaluations financières, comme s'il s'agissait de fournir une justification scientifique à un éventuel retour des étrangers. Une première étude, commandée le 18 juillet 1975 à une commission interministérielle et publiée en mai 1976, conclut à l'impossibilité de substituer des emplois entre étrangers et Français et au faible coût de l'immigration comparé aux avantages qu'elle procure. Ce rapport va se voir contrecarré par un autre, plus pessimiste, sur les coûts de l'immigration, commandé et publié par la commission des Finances de l'Assemblée nationale [4].

INSERTION OU ASSIMILATION ?

Dans les politiques sociales, lorsque l'autonomie de l'étranger, par rapport à son État d'origine, peut être choisie contre la dépendance accrue, c'est toujours la dépendance qui est privilégiée ; outre la satisfaction qu'elle offre aux États d'origine, et la porte ouverte laissée au retour éventuel, cette option est censée favoriser la paix sociale en éloignant les immigrés des revendications politiques et syndicales « à la française » qui – nous le verrons – ne seront pas tolérées de leur part.

Le développement de l'islam est ainsi favorisé de façon très particulière [5]. C'est dans les entreprises et les foyers de travailleurs que les pouvoirs publics souhaitent son implantation. Ce faisant, ils assignent à cette religion un statut tout à fait spécifique par rapport aux autres confessions.

La logique de la dépendance est aussi à l'œuvre dans le développement de la politique culturelle *stricto sensu*. La création d'un organisme chargé de promouvoir les cultures de l'immigration, l'Office national pour la promotion culturelle des immigrés, présidé par Stéphane Hessel, est conçue en collaboration avec les États d'origine, invités à fournir en images une nouvelle émission télévisée, destinée aux immigrés et diffusée sur FR3, le dimanche matin : « Mosaïque ».

Mais, en dépit de ces apparences, le bilan social du secrétaire d'État n'est pas si pauvre.

Le droit de s'installer et de s'assimiler progressivement, présenté comme le pendant du droit au retour, va d'abord se traduire par deux réformes juridiques : celle du régime des titres de travail et celle du Code de la nationalité.

Le décret du 21 novembre 1975 [6] est le premier texte publié au *Journal officiel*, conformément aux principes de l'État de droit, depuis les années qui ont suivi la Libération. Il constitue donc une rupture par rapport à la période qui va de 1945 à 1974, durant laquelle de nombreuses circulaires non publiées organisaient la gestion administrative du statut des étrangers. Il simplifie les rapports entre Administration et étranger résident tout en garantissant mieux sa liberté d'installation.

La simplification des procédures se traduit en premier lieu par la réduction du nombre de titres de sept à trois, et par la suppression de la distinction de secteur, agricole, industriel ou commercial, dans lequel l'étranger trouve à s'employer. La libéralisation se manifeste, pour sa part, par les instructions données aux services du ministère du Travail visant enfin à attribuer au moment du renouvellement des titres les cartes valables pour une durée plus importante, conformément aux objectifs des rédacteurs de l'ordonnance de 1945 ; cela n'avait été que rarement le cas pendant trente années. Le cursus normal suivi par un étranger doit dorénavant conduire de la carte A (valable un an) à la carte B (trois ans) puis la carte C (dix ans). Ainsi, après quatre ans, l'étranger obtient-il, en principe, une autorisation valable dix ans sur l'ensemble du territoire pour toutes professions. Ces dispositions sont dans l'ensemble bien appliquées jusqu'en 1978 [7].

Le ministre du Travail fait en outre adopter par le Conseil des ministres du 16 avril 1975 le principe d'une réforme du Code de la nationalité qui prévoit d'abord de réduire les incapacités touchant les naturalisés : l'accès aux emplois publics est libéralisé, et on réduit de dix à cinq ans la durée de l'interdiction faite au récent naturalisé de solliciter un mandat électif. Ce projet est adopté par le Parlement. En revanche, une réforme des naturalisations que le gouvernement avait également adoptée en avril 1975 ne pourra être mise en œuvre. Elle prévoyait que l'obligation de résidence continue en France pendant cinq ans, qui demeure l'une des conditions de la naturalisation, pourra désormais résulter de plusieurs séjours cumulés pendant les dix dernières années précédant le dépôt de la demande, et que cette durée de résidence pourra être réduite de trois ans pour les ressortissants des Communautés européennes. Le gouvernement italien, n'appréciant pas que la France cherche à intégrer dans sa nationalité ses ressortissants [8], s'oppose à la réforme, et c'est sous sa pression, à laquelle s'associe la commission des Communautés européennes, que ce texte sera retiré.

L'IMMIGRATION FAMILIALE

C'est dans les domaines de l'immigration familiale et du logement que l'action du secrétaire d'État sera déterminante.

Lorsqu'il engage des discussions avec les États d'origine, le gouvernement français pense que la limitation de l'immigration familiale pourrait être une des contreparties accordées aux concessions sur la limitation des flux. Les États d'origine n'apprécient guère, en effet, le regroupement familial parce qu'il favorise [9] la sédentarisation des étrangers et provoque la diminution des transferts financiers provenant des économies des travailleurs ; en outre, la présence des enfants et leur intégration progressive dans la société d'accueil distend la relation d'allégeance.

Pourtant, non seulement le gouvernement français ne pourra limiter l'immigration familiale, mais son organisation va devenir un des éléments fondamentaux de sa politique. D'abord, les États d'origine ne peuvent pas officiellement s'opposer au regroupement familial sans risquer de voir leur légitimité mise en cause. Ils s'obligent même souvent à le revendiquer officiellement, car il s'agit d'une des aspirations les plus fortes des communautés expatriées. Surtout, une intense mobilisation des associations de défense des droits des étrangers fait prendre conscience aux pouvoirs publics de l'impossibilité pratique et éthique du maintien de la suspension de l'immigration des familles, décidée en juillet 1974, et les fait revenir sur leur position première.

Dans le dossier qu'il prépare pour le Conseil des ministres du 21 mai 1975, le secrétaire d'État écrit : « Au point de vue pratique, l'immigration familiale se fait selon des voies qu'il est difficile de contrôler. Beaucoup de familles entrent en France comme faux touristes ; il est, en effet, impossible d'interdire à une famille de rejoindre pour les vacances le “ chef de famille ”. » Les immigrés concernés n'ont pas, de leur côté, perçu que la règle en vigueur avait changé. Le regroupement familial a pour eux un caractère légitime ; sa limitation contrevient aux habitudes prises par d'autres familles installées dans le passé en France. La quasi-totalité des familles arrivant en France considère encore que leur entrée n'appelle pas de formalité particulière mais s'inscrit dans la suite normale de la venue du chef de famille. La mesure de suspension de 1974 n'est donc pas prise au sérieux. Le regroupement familial se poursuit dans le désordre, plus encore que par le passé, et en dehors des procédures régulières. Le droit de vivre en famille est en outre plaidé vigoureusement par les organisations de défense des immigrés, particulièrement par le G.I.S.T.I. (Groupe d'information et de soutien aux travailleurs immigrés) ; ces associations ne cessent d'intervenir auprès des pouvoirs publics pour rappeler au secrétaire d'État que ce droit fait partie des traditions républicaines. Ce dernier finit par faire sien ce raisonnement : le refoulement des familles n'est pas une solution morale, il aurait pour conséquence de séparer le père, qui dispose d'un travail, de la mère et de ses enfants, souvent installés en France depuis plusieurs mois ; il est, de plus, illégitime au regard des valeurs constitutives de notre société politique. D'un point de vue éthique, la répression de l'immigration familiale illégale est impossible. Quelques années plus tard, le Conseil d'État confortera cette démarche.

Plutôt donc que de subir une immigration non contrôlée depuis trop longtemps – au cours des dernières années, neuf familles étrangères sur dix sont venues en France sans contrôle –, les autorités publiques vont chercher à l'organiser. Pour la première fois depuis la Libération, des règles adaptées aux pratiques sociales, et donc applicables, vont être définies et l'immigration familiale à nouveau autorisée. La porte s'était déjà entrebâillée dès août 1974 ; elle est définitivement ouverte en 1975. Ce retournement n'implique aucun choix à long terme sur la stabilisation des immigrés concernés ; c'est du moins le discours officiel. Il paraît cependant vraisemblable que le secrétaire d'État sait que sa proposition favorise une installation durable des immigrés résidents. Et, de fait, cette décision constituera un obstacle déterminant aux projets d'inversion des flux qui apparaîtront à partir de 1977.

Par décret pris le 29 avril 1976, le droit à l'immigration familiale est confirmé. Il est cependant garanti de façon différenciée :

l'accord international signé avec le Portugal, en janvier 1977, constitue une base plus solide que le simple décret qui régit le droit des autres étrangers. Et la mise en œuvre de ce droit est soumise à un contrôle de l'Administration ; on exige de l'étranger des garanties sur la qualité de son logement, qui doit assurer à la famille arrivante des conditions de vie décentes. Mais, en compensation du loyer qu'il paie dans l'attente de l'autorisation administrative, on lui attribue une prime de 1 000 francs.

LE LOGEMENT

Dans le domaine du logement, le secrétaire d'État ne va pas tenter, comme l'avait fait André Postel-Vinay, d'arracher la programmation de la construction d'un nombre précis et élevé de logements sociaux dont une partie serait affectée aux étrangers. Il va en revanche réussir à obtenir que soient mis à disposition des moyens financiers spécifiquement affectés au logement des immigrés, réclamés à de nombreuses reprises par les directeurs du Fonds d'action sociale pour les travailleurs immigrés (F.A.S.) et le Haut Comité de la population.

Jusqu'en 1975, le F.A.S. assurait seul le financement de certaines actions menées dans ce domaine. Afin de le désengager du secteur du logement et de lui permettre ainsi de financer d'autres actions, le secrétaire d'État obtient, sous la menace de la création d'une taxe directement gérée par l'État, contre les avis du ministère du Logement et du C.N.P.F., la création du « 0,2 p. 100 logement ».

Depuis 1953, les entreprises de plus de dix salariés sont assujetties chaque année à une taxe parafiscale représentant 1 p. 100 de leur masse salariale, dont le produit doit être affecté spécifiquement à l'effort de construction. Elles versent cette taxe à des organismes collecteurs, essentiellement les Comités interprofessionnels du logement (C.I.L.), qui répartissent les fonds ainsi perçus, le plus souvent sous la forme de prêts à long terme ou de subventions accordés au premier chef aux organismes H.L.M. Ces derniers s'engagent en échange à réserver un contingent de logements aux salariés des entreprises cotisantes. C'est une partie de cette cotisation de 1 p. 100 que le secrétaire d'État obtient d'affecter en priorité au logement des immigrés [10]. Ces sommes devront être utilisées soit pour la construction, l'amélioration ou l'extension de foyers pour célibataires, soit pour des opérations de logement ou de déconcentration de familles étrangères dans certains ensembles immobiliers.

Au centre du dispositif, un organisme est spécialement chargé de coordonner la perception de la nouvelle taxe parafiscale et d'en suivre l'utilisation : la Commission nationale pour le logement des immigrés (C.N.L.I.), administrativement rattachée au secrétariat d'État chargé des travailleurs immigrés [11]. Parallèlement, dans chaque département, est créée une commission départementale pour le logement des immigrés.

Le système d'intervention mis en place est conçu pour contraindre le patronat et les organismes de collecte du 1 p. 100 d'une part, et les administrations, d'autre part, à collaborer. Ils doivent déterminer les opérations à financer. Certes, la tutelle de l'État s'exerce sur l'attribution de fonds, par le biais de la C.N.L.I., mais les partenaires sociaux, et particulièrement le C.N.P.F., dont la participation est finalement obtenue, sont associés à la gestion à travers les C.I.L. qui disposent d'un pouvoir d'agrément. Afin d'asseoir la légitimité de la nouvelle structure au sein du ministère du Logement et du secteur du bâtiment et des travaux publics, un ingénieur du corps des ponts et chaussées, Jean-Noël Chapulut, en devient le secrétaire général. Porteur d'une double légitimité, technique et politique, il agira avec la collaboration de son ministère d'origine.

Encore une fois, pour avoir satisfaction, le secrétaire d'État a usé habilement de ses ressources politiques. Il a bénéficié du soutien du président de la République dans les nécessaires arbitrages interministériels. Il s'est ensuite adapté aux contraintes de la mise en œuvre en s'alliant aux administrations compétentes.

SÉDUIRE LA GAUCHE

L'ensemble de ces actions sociales doit satisfaire les immigrés résidents, mais aussi contribuer à légitimer le nouveau président de la République dans l'électorat de gauche, que l'on croit sensible à l'action conduite en faveur de l'immigration. Pour atteindre plus précisément ce dernier objectif, la stratégie présidentielle se manifeste en outre par quelques gestes symboliques. Après avoir reçu des éboueurs sénégalais et maliens, pour un petit déjeuner à l'Élysée, en décembre 1974, le Président se rend quelques semaines plus tard, le 27 janvier 1975, à Marseille. La cité phocéenne, en matière politique comme en matière d'immigration, est perçue par le Président et son secrétaire d'État comme une ville symbole ; habitée par de nombreux étrangers, elle est dirigée par un maire socialiste qui a la réputation d'être particulièrement anticommuniste : il a été élu dans sa ville à la tête d'une coalition de centre gauche et a toujours refusé d'y constituer une liste d'union de la gauche. Gaston Defferre pourrait constituer une passerelle entre la nouvelle majorité et l'opposition de gauche la plus « raisonnable ». Paul Dijoud, alors maire de Briançon, se situe à l'aile gauche de la nouvelle majorité présidentielle. Il se verrait volontiers jouer le rôle de trait d'union avec Gaston Defferre, à qui il voudrait bien succéder à la mairie. Le Président visite donc à Marseille une école, une cité de transit, un bidonville, un centre d'apprentissage et reçoit les consuls des États d'émigration. La ville se voit offrir un important contrat d'agglomération. Contre un engagement de la municipalité à mener un programme précis d'insertion des immigrés, l'État s'engage à fournir des ressources financières importantes. La forte concentration d'étrangers dans les quartiers du nord de Marseille incite les rédacteurs du contrat d'agglomération de la ville à envisager une meilleure répartition des logements offerts aux étrangers. À cette fin, la municipalité s'engage à mettre des terrains à la disposition des constructeurs. Elle souscrit à un programme de déconcentration de trois mille logements pour les familles et de deux mille places pour des travailleurs isolés [12] ; ainsi qu'à la construction d'un lieu centralisé d'accueil administratif, « la Maison de l'étranger ». Ce contrat, aux clauses très précises, est approuvé par Gaston Defferre, mais n'est adopté qu'avec beaucoup de difficultés par la majorité municipale.

LA COERCITION

EXPULSIONS ET DÉTENTIONS

Pendant que le secrétaire d'État négocie avec les États d'origine, et s'efforce de développer la lutte contre le travail irrégulier, ou les moyens de la politique d'insertion, le ministre de l'Intérieur maintient pour sa part l'ordre public. Il se fait de celui-ci, dès lors qu'il s'applique à des étrangers, une conception très répressive.

En premier lieu, puisque le contrôle des flux reste entièrement du ressort de son ministère, il a pour mission de renvoyer les étrangers en situation irrégulière. L'ordonnance de 1945 ne prévoyant pas de sanction spécifique à l'égard du séjour irrégulier, l'Administration est alors incitée à prendre sans fondement légal des décisions d'expulsion dont l'effet – l'interdiction de séjour en France pendant cinq années – est sans commune mesure avec la gravité des infractions. Parfois, il ne s'agit que d'un simple touriste qui a laissé passer le délai de trois mois de séjour auquel il a droit ; ou encore d'un jeune de plus de seize ans, né en France, qui a oublié de demander la délivrance d'un titre. Une fois la décision prise, et dans l'attente de son exécution, les personnes concernées sont retenues dans des locaux administratifs pour une durée indéterminée. La gauche se mobilise après la découverte de l'un de ces centres, à Arenc, dans les Bouches-du-Rhône. François Mitterrand y consacre sa chronique de l'hebdomadaire du parti socialiste *L'Unité*, le mardi 5 mai 1975, et interpelle le président de la République : « Le président de la République connaissait-il l'existence du centre Arenc quand il s'est rendu à Marseille pour étudier sur place les conditions de vie des travailleurs immigrés ? »

Certes, le ministre de l'Intérieur applique une politique qui s'inscrit dans la lignée de celle de son prédécesseur, M. Raymond Marcellin, lequel déclarait, le 4 août 1973 : « Je continuerai à expulser tous les étrangers qui troublent l'ordre public. » Il semble toutefois se référer à une notion très contestable de l'ordre public : les définitions données par les juristes, aussi vagues que nombreuses [13], marquent toutes le caractère anormal du comportement considéré ; mais la normalité, considérée comme la conformité à un idéal, à une morale, évolue. Dans la France des années 70, les contraintes de normalité semblent, pour les Français, se libéraliser sur le plan de la vie privée ou sociale. Au contraire, celles qui demeurent exigées de l'étranger restreignent fortement sa liberté, tant sur le plan du séjour, que dans sa vie professionnelle, au détriment de son intégration.

Ainsi, ceux qui s'engagent dans des luttes sociales, plutôt que de pratiquer leur religion dans les lieux de culte mis à leur disposition dans les entreprises, sont considérés comme troublant l'ordre public et sont donc combattus.

L'INTERDIT POLITIQUE ET SYNDICAL

Car l'immigration régulièrement installée est perçue comme un champ d'action et de politisation de l'extrême gauche française et des partis d'opposition aux régimes en place dans les États d'origine. Elle est donc surveillée. Au sein de l'entreprise, la collaboration entre les services du personnel et la police nationale semble aller jusqu'à informer les polices de certains États d'origine sur les activités syndicales et politiques de leurs ressortissants. Cette « coopération » concerne le Portugal ou l'Espagne, mais c'est avec le Maroc qu'elle paraît la plus poussée. Selon Jean Benoît [14], près d'une centaine de syndicalistes de la C.G.T. ou de la C.F.D.T. sont appréhendés lors de leurs vacances au Maroc, incarcérés, certains torturés, en raison de leur appartenance à un syndicat. Certains délégués syndicaux marocains, parce qu'ils refusent de collaborer avec la Fédération des amicales de travailleurs et commerçants marocains en France, créée par la monarchie chérifienne, disparaissent mystérieusement. Dans les usines automobiles, les travailleurs étrangers subissent les pressions des milices patronales ou de syndicats comme la C.F.T., qui agissent également en liaison avec les États étrangers.

L'« ordre public » va également s'introduire dans les foyers de travailleurs célibataires. Les difficultés de conditions de vie et de travail, la surpopulation, les logements dégradés, le gardiennage et les règlements intérieurs humiliants y ont provoqué, à l'occasion de la hausse des loyers de la fin de 1974, la révolte et la mobilisation des résidents. La grève des loyers débute en 1975 dans deux foyers de Saint-Denis puis s'étend rapidement aux autres foyers de la région parisienne. Dans un premier temps, plusieurs tentatives de médiation échouent : des représentants du gouvernement n'hésitent pourtant pas à rencontrer, en banlieue parisienne, des représentants d'organisations d'extrême gauche, qui soutiennent et animent la grève, pour tenter d'aboutir à une solution. Mais les pouvoirs publics ont le sentiment que leurs interlocuteurs maoïstes ne s'intéressent guère à un véritable compromis et que cette grève doit, de leur point de vue, se prolonger pour symboliser le plus longtemps possible la lutte contre le système capitaliste. Elle durera effectivement cinq années.

Les autorités publiques vont, dès 1976, saisir la justice en intentant deux cents à trois cents procès. Elles s'efforcent d'éviter les tribunaux d'instance, trop favorables aux résidents, et s'adressent aux tribunaux de grande instance, puis en appel aux cours d'appel, enfin aux tribunaux administratifs. Certaines décisions d'expulsion sont prises personnellement par le Premier ministre en réunion interministérielle. Ce sont parfois les militants les plus modérés qui en sont les victimes [15]. Le secrétaire d'État aux travailleurs immigrés réagit à ces événements en déclarant que les expulsions des foyers relèvent de la compétence du ministère de l'Intérieur [16].

Pour les organisations de gauche, le parti socialiste en tête, l'action du ministère de l'Intérieur apparaît au contraire comme le symbole de la volonté du gouvernement de déstabiliser les immigrés. Cette analyse va se sentir être confortée par le tournant que prend au printemps 1977 la politique du gouvernement. Il n'empêche qu'en trois ans Paul Dijoud a mis en place des structures administratives et juridiques qui organisent la politique de l'immigration. Le bilan de son action a souvent laissé une image brouillée. Il apparaît aujourd'hui loin d'être négligeable.

IV

LES LOIS DU RETOUR

(avril 1977-mai 1981)

Au lendemain des élections municipales de mars 1977, perdues par la majorité présidentielle, Paul Dijoud est remplacé dans ses fonctions par Lionel Stoléru, qui prend le titre de secrétaire d'État chargé des travailleurs manuels et immigrés. Cette nouvelle étape est marquée par un changement d'orientation stratégique.

Les options de Paul Dijoud ne semblent pourtant guère coûteuses aux points de vue de la politique intérieure et de la politique extérieure. Elles font l'objet d'interprétations diverses et souvent méfiantes, mais celles-ci n'ont pas entraîné une importante mobilisation d'opposants.

C'est le contexte qui a changé : la crise économique, désormais perçue comme durable, souligne le fait que la politique de l'immigration de la période précédente paraît inadaptée. La nouvelle politique économique se fonde dès lors sur le rétablissement des grands équilibres :

d'abord, celui du marché de l'emploi, mais aussi celui des échanges extérieurs. Dans ce dessein, le gouvernement envisage explicitement, à partir de 1978, le départ d'un nombre important d'immigrés pour freiner la progression du chômage et diminuer le déficit du commerce extérieur. François de Combret, conseiller technique au secrétariat général de la présidence de la République, développe ainsi, au lendemain des élections législatives de mars 1978, gagnées par la majorité présidentielle, cette nouvelle orientation :

> « Parmi bien d'autres conséquences, la présence en France de 2 millions d'étrangers constitue en effet un poids non négligeable sur la balance des paiements : de l'ordre de 7 milliards de francs. Cette présence est souvent justifiée par le raisonnement selon lequel des Français ne veulent plus accomplir certaines tâches pour la plupart indignes d'eux. Pourtant, dans la plupart des cas, ce raisonnement est faux : [...] des transferts d'usines de la région parisienne vers des sites bien choisis de province permettraient de créer des dizaines de milliers d'emplois pour des Français et contribueraient à restaurer ainsi, à la fois l'équilibre de notre balance des paiements et celui de l'emploi [1]. »

Le changement d'orientation obéit également à des impératifs politiques déterminants. Le climat politique s'est, depuis 1974, plutôt détérioré pour le président de la République. L'union de la gauche est confortée par sa victoire aux élections municipales, et la division de la droite s'accentue : depuis la démission de Jacques Chirac de son poste de Premier ministre en août 1976, Valéry Giscard d'Estaing affronte une forte concurrence dans sa majorité présidentielle. La politique de Paul Dijoud ne « rapporte » sans doute pas assez : ni la légitimité supplémentaire que l'on attendait auprès de la gauche pour sa dimension libérale ni la faveur du reste de l'opinion, de plus en plus hostile à la présence étrangère. D'autant qu'à compter d'avril 1977 et surtout au cours du printemps 1978, le chômage se place au premier rang des préoccupations de l'opinion publique [2] et risque de devenir un des enjeux déterminants des futures campagnes électorales.

Pour toutes ces raisons, le gouvernement veut donc diminuer la présence étrangère qui, il le constate avec inquiétude, n'a pas cessé d'augmenter depuis 1974. Cela n'a rien de surprenant puisqu'il s'agit principalement de la conséquence des flux d'immigration familiale à nouveau autorisés en décembre 1974. Pourtant, même si cette immigration se révèle globalement en diminution par rapport aux années précédentes [3], la présidence de la République se montre très préoccupée. Elle semble mesurer tout à coup qu'immigration familiale signifie installation durable, ce qui modifiera dans les années à venir la nature et la composition de la population française, et entraînera la présence nouvelle, inconnue et inquiétante, d'une forte minorité musulmane.

La fermeture des flux d'entrée est immédiatement renforcée. Mais au premier chef, et, pour la première fois, priorité est accordée aux retours d'une partie des étrangers résidents, retours d'abord volontaires puis, après les élections législatives de mars 1978, retours forcés.

Les premières mesures visant à supprimer les passerelles encore possibles entre le statut de non-régulier et de régulier concernent d'abord les familles. Pestant contre l'accord signé en février 1977 avec le Portugal, qui garantit aux Portugais de France un droit à l'immigration familiale, le secrétaire d'État cherche, sans succès, à le remettre en cause. Et le 27 septembre 1977, il annonce, en référence à la politique conduite en République fédérale d'Allemagne, la suspension pour trois ans de l'immigration familiale. Les réactions sont telles – protestations des Églises et des partis politiques, avis négatif de la section sociale du Conseil d'État – que le gouvernement modifie son dispositif initial[4] : les familles gardent l'autorisation de séjourner, mais se voient interdire de travailler.

Des mesures restrictives touchent, en outre,

certains étudiants : une circulaire du 12 décembre 1977 cherche à empêcher l'entrée dans les universités françaises de faux étudiants, inscrits dans l'intention d'obtenir le droit de séjourner en France et d'y travailler.

OBJECTIF : RETOURS FORCÉS

Dans le domaine des retours, la réorientation est progressive. De 1974 à 1977, seules des opérations de formation professionnelle destinées à favoriser le retour avaient été décidées. Elles ne concernent au total, entre le 1er janvier 1976 et le 15 octobre 1977, que... 115 stagiaires. Le 26 avril 1977, le Premier ministre Raymond Barre annonce devant le Parlement l'attribution d'une prime de 10 000 francs, destinée à l'étranger inscrit à l'A.N.P.E. ou chômeur indemnisé, en échange de son départ définitif vers son pays d'origine et de celui de sa famille. Le dispositif prévoit des augmentations de l'aide de 10 000 francs pour le conjoint chômeur, de 5 000 francs pour le conjoint salarié et de 5 000 francs supplémentaires par enfant, salarié ou chômeur. Rédigées dans leur langue d'origine, 49 000 lettres sont envoyées aux chômeurs étrangers ; seules 4 000 personnes y répondent favorablement. Devant cet échec, les autorités publiques étendent le dispositif aux étrangers salariés depuis au moins cinq ans. Les résultats restent peu probants ; le plus souvent, se sont portés volontaires des ressortissants espagnols ou portugais, qui avaient déjà l'intention de retourner chez eux et qui saisissent ainsi l'occasion de cette prime imprévue.

Simultanément, le gouvernement tire les conséquences sociales de sa nouvelle stratégie. Les crédits du F.A.S. sont réorientés. Ceux qui favorisent le retour augmentent, tandis que ceux qui facilitent l'installation se réduisent : la suppression du réseau national d'accueil est mise à l'étude et l'on supprime jusqu'à l'existence de l'Association pour l'enseignement des étrangers [5], principal organisme d'alphabétisation. Dans le conflit des foyers, l'attitude du gouvernement se durcit ; en 1978, alors que 42 foyers et quelque 20 000 à 30 000 résidents sont touchés par la grève, les incidents se multiplient, dont il résulte 370 expulsions.

Bientôt, la situation économique ne se rétablissant pas, les décideurs publics conçoivent la politique de l'immigration comme un des rares moyens à leur disposition pour diminuer le chômage. Lionel Stoléru, dans une note adressée au président de la République au cours du deuxième trimestre 1979, prévoit qu'un échec de la reprise mondiale attendue pour les mois de mars et avril 1979, empêchera une croissance supérieure à 3 p. 100, laquelle serait seule à même de permettre une diminution du chômage, et il ajoute [6] :

> « Si l'on accepte cette vision du monde actuel, cela veut dire que nous avons une économie qui va continuer à tourner de manière satisfaisante, mais à une vitesse qui n'apporte aucune solution spontanée au problème du chômage. La démographie ne nous aidera pas en 1979-1980-1981 : l'arrivée des jeunes restera, chaque année, massive, et l'arrivée des femmes se poursuivra. Seule, l'immigration peut apporter une solution partielle : si un effort budgétaire de l'ordre de 800 millions de francs est consacré au fonds de réinsertion pour les départs volontaires et si un accord de renouvellement restrictif est passé avec l'Algérie, nous devrions pouvoir obtenir 100 000 départs d'ici fin 1980 (50 000 volontaires, 50 000 non-renouvellements). »

Dans ce contexte, et à compter du mois de mars 1978, est né un nouveau projet. L'objectif n'est plus seulement la recherche du retour volontaire, même si la prime de 10 000 francs (le million) a déjà choqué une partie de l'opinion en donnant le sentiment d'une incitation à prendre injustement congé après de longues années de bons et loyaux services. Dorénavant, l'objectif visé est le retour organisé et forcé d'une partie de la main-d'œuvre étrangère installée régulièrement en France ; plus précisément, le retour de plusieurs centaines de milliers d'étrangers sélectionnés par nationalités, étalé sur cinq ans.

LA CIBLE ALGÉRIENNE

Sont exclus de prime abord du dispositif les ressortissants des Communautés européennes et les réfugiés politiques. Plus tard, le 27 septembre 1979, après de vives pressions de leurs gouvernements, les Portugais et les Espagnols sont reconnus comme futurs Européens et donc exclus des mesures envisagées. Restent donc principalement concernés les ressortissants du Maghreb.

Au cours de la négociation et des contacts internationaux, les autorités françaises utiliseront avec profit les rivalités opposant les trois États du Maghreb. Par exemple, elles indiqueront à plusieurs reprises à leurs interlocuteurs algériens que leurs ressortissants ne sont pas concernés par les mesures projetées, tout en tenant dans le même temps un discours identique aux autorités marocaines et tunisiennes, cela pour justifier que des mesures symboliques soient prises à l'encontre des ressortissants de chacun de ces États, afin de maintenir l'illusion de l'égalité de traitement. Mais, en réalité, il apparaît explicitement dans les documents que nous avons pu consulter que l'Algérie constitue la cible prioritaire du gouvernement français et ce, pour plusieurs motifs.

En premier lieu, la communauté algérienne a l'effectif le plus important des trois États du Maghreb, 800 000 personnes. La réalisation d'objectifs quantitatifs de retours y est donc plus aisée. De plus, bien que de religion musulmane, au même titre que les autres communautés maghrébines, elle joue un rôle politique spécifique et se montre la communauté la plus revendicatrice à l'égard de l'ancienne puissance coloniale. L'engagement syndical des Algériens est d'ailleurs particulièrement mal accepté par certains chefs d'entreprise français. La communauté algérienne suscite en outre, pour des raisons d'ordre historique et symbolique, les réactions les plus passionnelles de la part des opposants à la présence étrangère en France. Le départ d'une partie de cette communauté peut donc, aux yeux du gouvernement français, contribuer à diminuer les tensions politiques, sociales et culturelles. De son côté, l'Algérie profite à cette époque de l'augmentation des prix des produits pétroliers. Elle a lancé un important programme de construction de logements pour lequel elle souhaite disposer de cadres formés aux métiers du bâtiment. Le retour peut donc présenter pour elle un intérêt économique.

Enfin, l'État algérien paraît être le seul des trois États du Maghreb à posséder une structure susceptible, dès lors qu'il en accepterait le principe, d'organiser le retour d'une partie de ses ressortissants avec efficacité. Paradoxalement, c'est cette force qui fait la faiblesse de l'État algérien dans ce type de négociation : il dispose là de ressources négociables [7].

À l'inverse, la faiblesse étatique du Maroc fait sa force : il n'a rien de concret à négocier. Si le Maroc est toujours plus disposé à signer des accords internationaux en matière de contrôle des flux, c'est qu'il sait, à l'avance, qu'ils n'auront pas d'effet concret. Le royaume chérifien ne donne souvent là à l'État français qu'une satisfaction formelle et une carte supplémentaire dans les négociations avec l'Algérie.

L'objectif une fois déterminé, plusieurs facteurs peuvent laisser penser aux autorités françaises qu'elles se trouvent dans une conjoncture favorable à l'action.

Le problème du chômage, nous l'avons vu, préoccupe de plus en plus l'opinion publique qui se montre, selon les enquêtes d'opinion, désormais très réceptive à la solution du retour des étrangers. La diminution provisoire du nombre d'étrangers en Allemagne fédérale apparaît, de ce fait, comme un argument supplémentaire utilisable dans un éventuel débat.

En outre, la loi de 1932, qui avait institué des

quotas dans les entreprises industrielles, reste juridiquement applicable. Certes, elle ne correspond plus dans son contenu aux objectifs des décideurs publics : elle impose des décisions branche par branche, une consultation des partenaires sociaux et ne s'applique aux entreprises que pour les embauches à venir ; elle ne résout pas le cas des chômeurs, protégés par la réglementation européenne. Mais elle peut représenter une menace plus ou moins dissuasive.

Surtout, le moment paraît opportun. Au 1er janvier 1979, 819 000 Algériens, dont 690 000 détenteurs d'un certificat de résidence (la différence entre les deux chiffres étant constituée des enfants algériens de moins de seize ans), habitent en France. Sur les 690 000 certificats de résidence, 400 000 ont une validité de dix ans, 270 000 de cinq ans et 20 000 de un an. Or ces papiers, institués après l'accord de 1968, ont été pour la plupart délivrés en avril 1969 : presque tous viennent à échéance en avril 1979. Avec la menace de non-renouvellement de ces titres, le gouvernement français a donc en main un moyen de pression puissant. Enfin, le calendrier politique français est favorable ; le délai de trois ans avant l'échéance présidentielle laisse un temps suffisant pour que la politique des retours forcés soit décidée, mise en œuvre et produise une diminution du chômage, sans que ses inévitables effets négatifs n'interfèrent encore sur la campagne électorale présidentielle.

Toutefois, les obstacles demeurent importants. Ils sont d'abord d'ordre politique. Les réactions, en France et à l'étranger, aussi bien dans les pays d'origine que dans l'ensemble de la communauté internationale, risquent d'être fortement négatives. L'Algérie reste dans l'arène internationale une figure symbolique de la décolonisation et du tiers monde, et la politique de retours forcés menace de contrevenir à des normes éthiques, à la morale, à la justice.

Cette politique se heurte en outre à des problèmes juridiques considérables. Pour modifier le statut général des étrangers résidents, le gouvernement est soumis aux contraintes des conventions internationales. L'article 18 de la Charte sociale européenne, signée et ratifiée par la France, prévoit que les parties contractantes doivent assouplir progressivement les réglementations régissant l'emploi des travailleurs étrangers en France. La convention n° 143 de l'Organisation internationale du travail (O.I.T.), également signée par la France, mais pas encore ratifiée, stipule dans son article 8 l'interdiction du retrait du titre de travail ou de séjour à un travailleur en situation de chômage involontaire. La convention 102 de l'O.I.T., ratifiée par la France, garantit au chômeur étranger les mêmes droits qu'un Français.

Les ressortissants algériens sont enfin protégés par un statut juridique spécial garanti par les accords d'Évian (modifiés en 1968) qui constitue un obstacle particulier aux décisions que voudrait prendre la France. Si le gouvernement français ne faisait que modifier la législation interne en la rendant plus rigoureuse, celle-ci concernerait alors, sauf nouvel accord international accepté par l'Algérie, toutes les nationalités à l'exception de cette dernière. Hormis le fait que l'égalité de traitement ne serait pas respectée, le paradoxe serait que les ressortissants algériens visés par la politique restrictive de la France seraient les seuls exclus du traitement de rigueur... Si le gouvernement français, se heurtant à un refus de négocier de la part de l'Algérie, décidait de dénoncer les accords particuliers de 1968, on remettrait en application les accords d'Évian, plus favorables encore puisque prévoyant une complète liberté de circulation. Il faudrait alors dénoncer ces accords. Un tel acte aurait, par sa dimension symbolique, des conséquences imprévisibles ; et il ne permettrait au gouvernement d'effectuer des retours forcés qu'à la condition de modifier auparavant la législation interne.

Le gouvernement n'emportera donc la mise que si deux parties sont engagées – une interne, une externe – et gagnées toutes deux. Mais pour convaincre le Parlement de voter une loi, la négociation avec l'Algérie doit être déjà bien engagée ; et pour que celle-ci avance, il faut que la menace d'un retour au droit commun soit suffisamment crédible pour que les négociateurs algériens la prennent au sérieux ; ce qui exige qu'une législation restrictive soit en voie d'adoption au Parlement français. Une part des atouts dont le gouvernement dispose dans chacune des parties découle donc de sa réussite dans l'autre.

Ainsi suffit-il aux adversaires de ces projets de concentrer leurs forces sur l'une ou l'autre des parties engagées pour empêcher le gouvernement d'atteindre son objectif.

Le pari est donc extrêmement risqué, mais le prix à gagner paraît, lui, considérable : peut-être une réduction du chômage à laquelle le secrétariat d'État aux travailleurs immigrés semble croire puisqu'il indique dans une note datée du 7 mars 1979 qui décrit par le détail l'objectif du gouvernement : « Cette stratégie [qui permet de refuser 400 000 renouvellements en quatre ans] est beaucoup plus efficace que celle qui serait fondée sur la situation de chômage puisque 28 000 immigrés seulement [*sic*] sont demandeurs d'emploi depuis plus de six mois [8] » ; peut-être le gouvernement pense-t-il y gagner aussi la diminution des problèmes que pourrait poser dans l'avenir le maintien durable d'une population étrangère perçue comme difficilement assimilable. Mais, en cas d'échec, le coût politique risque d'être élevé : il pourrait se solder par une perte de crédit national et international et sans doute par la montée des revendications des immigrés qui en sortiraient renforcées, ce qui compromettrait la politique de l'immigration.

TACTIQUE : AVANCER MASQUÉ

La tactique adoptée par le gouvernement français va donc consister à agir parallèlement dans les deux directions. Sur le plan interne, il masque son véritable objectif en préparant deux textes de loi. Par le premier, il entend élargir les pouvoirs d'expulsion du ministère de l'Intérieur. Par le second, il veut rendre possible le non-renouvellement des titres des étrangers résidents.

Le ministère de l'Intérieur veut donc être habilité à procéder légalement à l'expulsion de plusieurs catégories d'étrangers en situation irrégulière qui ne pouvaient pas être soumis à cette procédure : soit ils en avaient été explicitement exclus par l'ordonnance de 1945, soit ils l'avaient été à la suite de plusieurs annulations d'arrêtés d'expulsion par le Conseil d'État – par exemple, les détenteurs de faux papiers ou les étrangers entrés irrégulièrement sur le territoire. Le texte prévoit aussi que pourraient être expulsés les étrangers résidents dont l'autorisation de travail ne serait pas renouvelée. Ils sont jusqu'alors peu nombreux, puisque l'Administration renouvelle automatiquement les titres pour la même durée et parfois même délivre un titre de durée supérieure. En cas de chômage, la carte est renouvelée pour au moins un an, conformément à la réglementation européenne qui l'impose.

Si le gouvernement juge utile de prévoir cette disposition qui devrait concerner des étrangers présents en France depuis plusieurs années, en situation régulière, c'est que le deuxième texte qu'il va chercher à faire adopter doit précisément permettre et favoriser le non-renouvellement des titres de travail et de séjour de ces étrangers résidents.

Ces projets doivent tous deux être adoptés par le Parlement pour permettre des retours forcés. Si le premier projet de loi est seul adopté, les autorités publiques ne se seront donné les moyens juridiques de procéder qu'à des expulsions rapides de nouveaux immigrants en situation irrégulière. En revanche, si le second texte est seul adopté, le gouvernement pourra ainsi fabriquer une masse d'illégaux en ne renouvelant pas les titres des étrangers réguliers, mais il ne disposerait pas du droit de les contraindre à quitter le territoire.

En scindant en deux la formalisation de l'objectif interne, les autorités cherchent à cacher leur jeu mais elles augmentent aussi le risque d'échec. Il suffit que l'un de ces textes ne soit pas adopté pour que le dispositif d'ensemble s'effondre.

La négociation avec l'Algérie n'en débute pas moins à l'automne 1978. Le 13 septembre 1978, à Paris, un entretien réunit l'ambassadeur d'Algérie et le secrétaire d'État Lionel Stoléru. Ce dernier fait part de l'intention de son gouvernement de proposer un retour organisé de 100 000 Algériens par an pendant cinq ans – soit un total de 500 000. Le gouvernement français, indique Lionel Stoléru, souhaite également, en échange d'un nouvel accord sur le renouvellement des titres venus à échéance [9], mettre un terme au régime spécial des certificats de résident attribués aux Algériens, en application de l'accord de 1968. Les propositions françaises prévoient de différencier les Algériens présents avant 1962 et ceux arrivés après cette date : seuls ces derniers risqueraient un retour forcé, soit 434 000 détenteurs de certificats de résident sur 690 000, sans compter les enfants de moins de seize ans.

Ces exigences sont réitérées les 3 et 4 octobre 1978 par le secrétaire d'État, au cours d'entretiens qu'il obtient à Alger. Il y affirme qu'en raison de la montée du chômage en France « il n'est pas question que les certificats de résidence soient renouvelés ». Il considère ces certificats comme des « contrats à durée déterminée ». Il souhaite cependant que les départs ne soient pas brusques ; il les désire organisés, en coopération avec l'Algérie. Si l'Algérie refuse l'accord, le secrétaire d'État indique que les autorités françaises exécuteront leur objectif unilatéralement.

Il réaffirme l'objectif de mettre fin au statut privilégié des Algériens séjournant en France et menace, en cas de refus, de dénoncer les accords de 1968 ; ce qui aurait pour effet de rétablir pour les Algériens les droits de circuler librement et de s'installer en France, prévus par les accords d'Évian. Mais cela ne l'inquiète pas : les accords d'Évian pourront être dénoncés, car, fait-il remarquer, « ils n'ont pas été respectés par les Algériens [10] ».

Les premières conversations entre Paris et des hauts dirigeants algériens avaient pu laisser penser qu'une négociation sur ces retours restait possible. Le voyage à Alger met fin à cet espoir. En effet, à l'exigence française d'un retour planifié des immigrés, les autorités algériennes n'acceptent de répondre que par des retours volontaires. Elles soulignent : « Ce dossier est d'une extrême importance pour l'ensemble des rapports franco-algériens, il a un contenu et une signification morale très forts ; il s'agit d'une " bombe ", enjeu à la fois politique, social, économique. Le projet de la France est une atteinte aux droits acquis par les ressortissants algériens, et l'Algérie n'acceptera rien qui ne soit accepté par eux. » Ce refus a des motivations économiques et sociopolitiques : il serait en effet difficile à l'économie algérienne de réinsérer 500 000 ressortissants sur son territoire ; de même serait-il peu aisé de faire vivre ensemble, sans coût excessif, des communautés ayant développé des conditions d'existence relativement différentes ; peut-être même y aurait-il des risques de déstabilisation politique ?

Ce refus tient aussi à la spécificité de l'État algérien et aux modalités historiques de sa création dans un rapport très particulier à l'ancienne puissance coloniale. Car le discours sur l'immigration est évidemment lié à la colonisation. Pour les Algériens, c'est la colonisation qui, en destructurant l'espace socio-économique algérien lorsqu'elle s'est produite, puis en le déstabilisant encore lorsqu'elle s'est achevée, est responsable de l'émigration [11]. De cette analyse, découlent deux évidences.

Premièrement, puisque l'immigration est de la responsabilité de l'ancienne puissance coloniale, le respect de l'immigré s'en trouve d'autant plus exigé. De surcroît, l'immigré algérien n'est pas, comme bien d'autres immigrés, le représentant d'une nation dominée, mais celui d'une nation qui s'est libérée victorieusement par le combat, un hôte temporaire à qui le respect est dû.

Deuxièmement, le retour sera possible dès que l'Algérie indépendante sera reconstruite ; cette émigration est donc provisoire.

Ces deux évidences favorisent d'abord le maintien d'une certaine distance à l'égard de la société d'accueil et légitiment l'allégeance des Algériens de France au jeune État algérien. Mais ce discours a aussi comme conséquence d'assurer une protection à ces ressortissants ; il est censé forcer les autorités françaises à avoir du respect pour les travailleurs algériens. Enfin, alors qu'ils sont dans une situation économique et sociale de « dominés », ce discours est censé permettre aux Algériens d'avoir une véritable relation de « face-à-face » égalitaire avec les Français. Ces derniers leur doivent d'autant plus le respect que, si les Algériens sont chez eux en France, à effectuer de basses besognes, c'est leur faute.

La tactique française, qui consiste à faire sien le discours traditionnel de l'Algérie sur le retour, va de ce fait vite se retourner contre les négociateurs français. Les négociateurs algériens ont beau jeu d'indiquer que leur discours est la conséquence d'une exigence de dignité, et que la tentative d'imposer à l'État algérien et à ses ressortissants un retour non volontaire et non décidé marquerait la volonté de l'ancienne puissance coloniale de leur faire « perdre la face », ce qui serait absolument inacceptable.

La menace française est cependant prise au sérieux. L'Algérie sait que le projet émane du président de la République lui-même, qu'il y tient beaucoup. Mais elle comprend bien aussi que la crédibilité de la menace tient à l'adoption des projets de loi par le Parlement. C'est pourquoi Alger choisit de temporiser en acceptant à deux reprises, au cours des discussions internationales, un renouvellement provisoire pour un an des certificats de résidence algériens venus à échéance, tout en cherchant en même temps à faire échouer la stratégie française de l'intérieur.

LA RÉSISTANCE

Le premier texte de loi doit donc permettre au gouvernement d'expulser rapidement des étrangers que, jusqu'alors, il n'était pas possible de refouler légalement. L'ordonnance de 1945 exigeait que l'étranger désireux d'entrer en France se munisse des documents et des visas exigés par les conventions internationales. Une condition supplémentaire est prévue pour lutter contre l'emploi irrégulier : avant d'entrer, l'étranger devra justifier de moyens d'existence suffisants pour la durée du séjour en France. Ainsi serait renforcé le contrôle de l'entrée sur le territoire.

L'Assemblée nationale approuve les principes généraux du texte et ne remet en cause que quelques aspects ponctuels : elle n'exige plus la preuve des moyens d'existence mais des moyens de rapatriement. La possibilité de délivrer des titres de séjour à des étrangers entrés comme touristes et désireux de s'installer en

France – remise en cause par le projet de loi – reste ouverte. Le Sénat se montre, en revanche, très réservé. Il juge que l'effet concret de ce premier texte ne peut être mesuré qu'à l'aune du second. Le rapporteur de la commission des Affaires sociales du Sénat indique : « [...] il serait à notre avis paradoxal de confier à l'administration des pouvoirs de police concernant les étrangers en situation irrégulière, sans que cette dernière situation ait été préalablement définie [...]. » À deux reprises, en première et en seconde lecture, le Sénat vote la question préalable, qui a pour conséquence le refus de l'examen du texte.

Or l'élaboration du second projet de loi prend du retard. Comme le premier, il a été soumis au Conseil des ministres du 14 mars 1979, mais, jugé insatisfaisant, il a été rejeté. C'est que le gouvernement s'est heurté à plusieurs pôles de résistance successifs : d'abord celui des administrations chargées de préparer le texte, puis celui du Conseil d'État.

Jusqu'en février 1979, ce texte fait l'objet [12] de onze versions différentes, discutées entre les directions administratives concernées et les cabinets du ministre du Travail, du secrétaire d'État chargé des travailleurs immigrés, du ministre de l'Intérieur et de la présidence de la République. Dans la mise au point, le secrétariat d'État joue un rôle central de liaison et de coordination entre la présidence de la République, qui fixe les orientations, et les services de la direction de la Population et des Migrations, qui semblent n'assurer que le suivi technique des dossiers [13].

Dans chacune des onze versions, la détermination de quotas par départements applicables à l'occasion du renouvellement de titres doit permettre le retour d'un nombre déterminé d'étrangers résidant en France. Certaines versions prévoient en outre que la validité de l'ensemble des titres de séjour prendra fin dès la promulgation de la loi. D'autres prévoient au contraire une protection particulière pour le titulaire du titre de résident privilégié, valable dix ans et renouvelable de plein droit.

La déstabilisation de l'étranger est également activement recherchée par d'autres moyens : ainsi, l'étranger chômeur depuis six mois, en retard au retour de congés payés ou au moment du renouvellement de ses titres, se verrait automatiquement retirer ses autorisations de séjour et de travail.

Au regard de ces dispositions restrictives, les mesures favorables aux immigrés ne font guère illusion : la fusion des titres de travail et de séjour est présentée comme un facteur de simplification administrative, alors qu'elle permettrait de n'attribuer, par exemple, au détenteur d'un titre de séjour de trois ans et d'un titre de travail de dix ans qu'un titre unique de trois ans. De même, les étrangers au chômage, menacés de ce fait d'être expulsés, auraient-ils le droit d'entamer une procédure de naturalisation.

Les variantes du texte portent sur le nombre de titres, le maintien ou la suppression de la carte de résident privilégié, les conditions de sa délivrance et de son renouvellement, automatique ou non. Le texte qui engage le gouvernement, transmis pour avis en février aux administrations centrales concernées, prévoit finalement la délivrance de deux titres : un titre ordinaire, valable pour une durée de un an ; et un titre de dix ans, accordé seulement après vingt-cinq ans de présence en France.

FRONDES DANS L'ÉTAT

Difficile pour le gouvernement de fixer des quotas départementaux sans disposer de statistiques précises sur la population étrangère dans chaque département. Or, le principe même de ces quotas départementaux est d'abord mis en cause par une étude de l'I.N.S.E.E. commandée par Lionel Stoléru, sur l'évaluation de la population étrangère à l'échelon national et départemental. Cette étude, dont l'objectif précis n'avait pas échappé aux auteurs du rapport, M. Mayer et A. Lebon, conclut à l'impossibilité de procéder à une évaluation sérieuse de la population étrangère :

« Le groupe de travail rappelle en conclusion le caractère imprécis de la connaissance numérique actuelle de la population étrangère vivant en France, à l'échelon national, et plus encore à l'échelon départemental, pour lequel il n'existe pas aujourd'hui d'estimation valable. Il insiste donc sur les difficultés d'asseoir des décisions administratives concrètes sur les statistiques actuellement disponibles [14]. »

De nombreuses critiques sont également émises par les administrations centrales. Leur aspect parfois technique cache souvent une remise en question du fond du texte. Il y a d'abord une *critique de principe* : le projet représente une rupture avec la tradition libérale de l'établissement des étrangers en France. C'est ce qu'avance la Direction des conventions administratives et des affaires consulaires (D.C.A.A.C.) au ministère des Affaires étrangères. Mais il y a également la contestation du rapport entre le *coût de l'opération* et la *réalité de ses avantages*. Le texte n'est pas applicable à une majorité de ressortissants étrangers (Algériens, Portugais, Espagnols, etc.) et les difficultés diplomatiques qu'occasionnerait son adoption sont très importantes (avis de la D.C.A.A.C.). L'article du texte qui prévoit que, lorsque l'étranger a effectué une demande de naturalisation dix mois avant le renouvellement de l'autorisation de travail, il bénéficie d'un délai supplémentaire avant son départ en cas de refus de renouvellement (huit mois au lieu de quatre), cet article « risque de susciter de nombreuses demandes de naturalisation sans autre justification que le désir des intéressés de préserver leur droit au travail et d'alourdir indûment la tâche des services » (avis émis par le directeur de la Population et des Migrations). Il y a enfin des *critiques portant sur l'illégalité* : la liaison que l'autorité publique souhaite établir entre une prolongation de séjour et une éventuelle demande de naturalisation ne paraît pas légale, dit-on à la sous-direction des naturalisations du ministère du Travail ; la disposition qui permettrait un retrait du titre en cas de retour tardif des congés payés « aurait pour conséquence une immixtion de l'administration dans un conflit opposant le salarié à un employeur et aboutirait à faire sanctionner ce conflit par un tiers extérieur au contrat ». D'un point de vue juridique, il paraît impossible de faire supporter à l'employeur le coût d'un licenciement, alors qu'il serait la conséquence d'une décision administrative (rappellent la direction des Relations du travail, la direction des Affaires civiles et du sceau au ministère de la Justice). Enfin, « ce texte contient de nombreuses dispositions de nature réglementaire, introduites ici conformément au souhait de M. le secrétaire d'État. Il est très vraisemblable que le Conseil d'État proposera d'effectuer un partage entre la loi et le règlement plus conforme à leurs domaines respectifs » (avis de la D.P.M. [15]).

Les administrations centrales jouent donc, dans cette affaire, un rôle à multiples facettes. En préparant techniquement les différentes versions des projets de loi, en anticipant leur mise en œuvre et en respectant parfaitement le mandat qui leur avait été confié pour conduire une partie des négociations internationales avec l'Algérie, elles agissent avec loyauté. Parfois, dans les négociations avec l'Algérie, elles font même preuve de zèle agressif. Elles marquent également leur opposition en exprimant par écrit, comme nous l'avons vu, leur avis sur les projets. Mais il arrivera aussi qu'elles fassent défection lorsque, choquées par les décisions qu'elles avaient à préparer ou déçues de ce que leurs réserves n'aient pas été entendues, elles décident non pas de démissionner, mais de faire parvenir à l'extérieur de l'Administration des informations sur les projets en préparation et au Conseil d'État des arguments juridiques pour les combattre [16].

L'obstacle suivant pour le gouvernement est, en effet, le Conseil d'État. Il prévoit et craint sa résistance, et cherche donc à l'éviter. De nombreuses décisions ayant trait à la politique de l'immigration ont été annulées par la Haute juridiction à la fin de 1978 pour des raisons de principe ou pour non-respect de la hiérarchie des normes juridiques [17]. Obligatoirement consulté sur les projets de lois, le Conseil d'État peut donner son avis sur la légalité des décisions envisagées, mais aussi sur leur opportunité au regard du problème traité. Et, de ces deux points de vue, les réserves des différentes administrations préjugent mal de la position de la Haute juridiction. Le gouvernement cherche pourtant à éviter un avis négatif. Le texte doit être officiellement examiné par la section sociale du Conseil d'État, et les entreprises de séduction menées auprès de son président n'ont pas, jusqu'à présent, été couronnées de succès. Aussi le secrétaire d'État va-t-il demander à un groupe ad hoc, présidé par un conseiller d'État, de l'y aider. Ce groupe est immédiatement constitué, sur la recommandation du vice-président du Conseil d'État, autour de Jean Mottin. Il doit donner un avis sur la forme et le fond du texte. Le groupe a en fait pour mission de soigner la présentation du texte sans remettre en cause les objectifs qu'il poursuit, de camoufler en quelque sorte des « secrets inavouables ». C'est là une méthode très inhabituelle. Le directeur de la Population et des Migrations craint d'ailleurs que la manœuvre ne produise l'effet inverse. Il attire par écrit l'attention de Lionel Stoléru « sur le fait qu'une telle procédure, si elle s'inspire du souci d'associer le Conseil d'État à la conception de ce projet, présente cependant le risque de susciter une vive réaction de la section sociale. [...] Le “ climat ” dans lequel se déroulent les travaux de la section sociale n'est pas absolument indifférent et il peut orienter sensiblement le contenu de ses avis. Dans cette perspective, l'examen du projet par un groupe de travail spécialisé du Conseil d'État, en préalable aux débats de la section sociale, peut apparaître, pour certains, comme un moyen de présenter à la section sociale un texte qu'elle pourrait difficilement désavouer ».

Le risque existe donc que le Conseil ne fasse payer le prix de cette tentative de contournement. Car si ce dernier semble admettre dans le processus d'élaboration législatif, avant transmission du projet de loi pour décision gouvernementale, la consultation officieuse du président de la section compétente, la mise en place du groupe ad hoc peut être perçue comme une violation de la norme existante.

Le groupe se constitue cependant autour de M. Mottin et travaille rapidement. Il remet un rapport qui contient deux séries de remarques, les unes « fondamentales », les autres « de forme ». M. Mottin propose des modifications de détail : il émet des réserves juridiques justifiées selon lui par le caractère réglementaire de certaines mesures prévues dans le projet de loi ; il approuve en revanche le fait que l'employeur soit amené à payer des indemnités de licenciement aux employés obligés de quitter leur emploi du fait du non-renouvellement de leurs titres : « Une telle disposition ne peut manquer de soulever des protestations. Mais la loi peut valablement le décider. On peut prévoir qu'une telle disposition dissuadera les employeurs de recruter des travailleurs étrangers lorsqu'ils auront la possibilité d'engager des ressortissants français. »

Mais la plus importante de ses propositions porte sur l'accès au titre de résident privilégié. M. Mottin ne remet pas en cause la philosophie du texte qui fait passer de trois à vingt-cinq ans la durée de séjour régulier minimal exigée pour bénéficier d'une carte de dix ans. « Un délai aussi important est indispensable, nous a-t-on exposé, pour permettre une réduction du nombre des travailleurs immigrés à un chiffre compatible avec les besoins de notre économie. Ramener ce délai, par exemple à dix ans, enlèverait toute efficacité pratique aux normes envisagées. » Afin d'atténuer l'effet négatif produit dans l'opinion publique, il insiste seulement pour que la présentation en soit modifiée. Il suggère de prévoir un régime général souple et un régime particulier très restrictif, justifié par la crise économique et applicable pour une période de dix ans. Il propose donc la formulation suivante :

> « À titre exceptionnel et compte tenu de la situation de l'emploi, l'attribution et le

renouvellement des cartes de résident privilégié pourront être différés pendant une période qui ne pourra excéder dix années à compter de l'entrée en vigueur de la présente loi. »

Cette proposition de camouflage n'est pas reprise dans le texte adopté par le gouvernement. Celui-ci prévoit en définitive que le titre de résident ne pourra être délivré qu'après un séjour de vingt ans ; il est alors soumis dans cette version à l'avis officiel du Conseil d'État.

Le Conseil d'État manifeste une opposition presque unanime à la logique du projet [18]. Il hésite cependant entre deux attitudes : adopter, cas rarissime, une « question préalable ». Dans ce cas, le Conseil d'État signifierait au gouvernement son refus de discuter d'un texte qui lui serait renvoyé tel quel. L'autre solution consiste à ne rendre un avis favorable qu'à la suite de modifications si importantes qu'il en sortirait totalement dénaturé.

La question préalable n'est pas loin d'être adoptée. Mais le Conseil choisit en définitive d'amender le texte ; non sans avoir signifié, dans une note adressée au gouvernement, son opposition aux principes mêmes du projet, qui lui paraît contraire à la tradition républicaine, à de nombreuses conventions internationales, et inadapté au but recherché. L'intérêt de la discussion générale, telle qu'elle a lieu dans le secret de l'assemblée générale du Conseil, est qu'elle reflète presque la totalité des arguments qui sont ou seront publiquement opposés au projet gouvernemental.

Lorsque la critique est avancée avec modération, c'est l'erreur technique qui est mise en valeur – « Le gouvernement ne se donne pas les bons moyens » – ou bien l'atteinte à des normes de comportement – « Les mesures font mauvaise impression ». Mais les critiques sont souvent plus vives. Elles viennent du rapporteur pour qui les principes républicains sont en cause. À ses yeux, si le régime du séjour des étrangers est, par essence, restrictif, le séjour en France et l'autorisation d'y travailler ne constituant pas un droit pour l'étranger, les auteurs de l'ordonnance de 1945 avaient prévu une stabilisation progressive de l'étranger en fonction du temps de son séjour et de son travail, assurée par l'augmentation de la durée des titres.

Cette progressivité n'est pas devenue un principe général du droit mais la jurisprudence du Conseil d'État avait dégagé, au profit de l'étranger installé régulièrement en France, un certain nombre de garanties parmi lesquelles un minimum de stabilité dans les situations individuelles et leur consolidation progressive ; le projet de loi remet en cause cette logique. Pour d'autres membres du Conseil, le texte est contraire à l'équité et à la justice : « On est allé chercher cette main-d'œuvre quand on en a eu besoin ; quand ce besoin n'existe plus, on prend ces travailleurs et on les renvoie dans leur pays. » « Le texte est contraire aux traditions républicaines, à ce qui constitue, depuis la Seconde Guerre mondiale, l'esprit de la France et la tradition de sa politique de l'immigration. »

De plus, le rapport entre le coût politique, national et international, et l'avantage économique que l'on pourrait éventuellement en retirer par une diminution du chômage paraît déséquilibré. Le projet présente pour la position et l'image de la France dans le monde, par les conséquences pratiques qu'il pourrait avoir sur un bon nombre de personnes, de très graves inconvénients en face desquels les avantages apparaissent bien minces, voire aléatoires. La réglementation prévue est en effet inadaptée pour répondre au problème qu'elle souhaite résoudre : les seuls emplois substituables sont tenus par les Européens que l'on ne veut pas renvoyer.

Dans l'avis qu'il adopte, le Conseil propose donc de garantir le séjour des résidents privilégiés. Il suggère, en effet, de ramener de vingt à douze années le délai à partir duquel ce titre sera attribué et renouvelé de plein droit. Or, en 1979, les étrangers en possession d'un titre de dix ans l'ont obtenu pour la première fois après au moins trois ou quatre années de séjour en tant que résident temporaire ou ordinaire. Ils ne le renouvelleront qu'après treize ou quatorze ans de présence en France ; le délai de douze ans que propose le Conseil d'État les protège tandis que celui de vingt ans proposé par le gouvernement permet au contraire à l'Administration de remettre en cause leur droit au séjour. Le Conseil d'État supprime par ailleurs l'obligation que l'Administration se fixait à elle-même de ne pas renouveler un titre dès lors que la demande de renouvellement n'avait pas été effectuée au moins trois mois avant son échéance, ou de le retirer en cas de retard au retour des congés payés. Le rapporteur avait estimé devant le Conseil que ces mesures étaient « calculées habilement pour mettre les étrangers en situation irrégulière et par conséquent les astreindre à un départ forcé ».

Le texte initial du gouvernement, accompagné de l'avis du Conseil d'État, est discuté au cours du Conseil des ministres du 14 mars 1979. Il semble que le gouvernement soit alors saisi par la présidence de la République d'un texte différent de celui qui avait été soumis à la Haute juridiction. Cette variante est la plus restrictive jamais envisagée : elle prévoit par exemple que les cartes de résident privilégié (dix ans) délivrées antérieurement à la date d'entrée en vigueur de la présente loi perdraient de plein droit leur validité. Serait alors délivrée, en remplacement, une carte de résident ordinaire [19]. Mais le Conseil des ministres n'adopte pas de texte ce jour-là. Il ne le fera que le 13 juin 1979.

Au cours du Conseil des ministres du 13 juin, le secrétaire d'État chargé des immigrés, soutenu par d'autres membres du gouvernement, semble avoir menacé de démissionner si la garantie du séjour des résidents privilégiés était remise en cause [20]. Il n'obtient qu'une satisfaction relative : le projet présenté au Parlement prévoit que ces derniers restent soumis, comme les autres étrangers, à la menace de retrait de leur carte en cas de chômage de plus de six mois.

Le Conseil des ministres du 13 juin maintient en outre l'objectif de 100 000 retours annuels, dont la moitié serait obtenue par le non-renouvellement des titres de séjour, toutes nationalités confondues. L'objectif de retours forcés massifs concerne en priorité les Algériens. Plusieurs documents internes de l'Administration le confirment. Dans une note relative aux préparations professionnelles en vue du retour, en date du 21 novembre 1979, la D.P.M. fait état d'un objectif de non-renouvellement de 40 p. 100 des 100 000 titres d'Algériens qui peuvent être concernés par les mesures (soit 40 000 par an). Un autre document, envoyé le 12 décembre 1979 par le ministère du Travail et de la Participation au Quai d'Orsay, qui rend compte des réflexions d'un groupe de travail interministériel, précise que, sur les quelque 50 000 retours provoqués par le non-renouvellement des titres, 35 000 toucheraient des ressortissants algériens adultes. Mais les autres nationalités du Maghreb seraient aussi concernées : la D.P.M. fait état, en ce qui concerne les ressortissants marocains, tunisiens et yougoslaves (soit 8 000 non-renouvellements) d'un objectif de non-renouvellement de 20 p. 100 des 40 000 titres par an, arrivés à échéance.

Ainsi, malgré l'opposition des administrations centrales concernées et du Conseil d'État, la mobilisation politique nationale et les difficultés techniques, soulignées aussi bien par la Haute juridiction que par les enquêtes effectuées, le pouvoir en place maintient sa politique avec détermination.

LE TRIOMPHE DU DROIT

L'ampleur de la mobilisation publique dépasse pourtant bientôt les frontières traditionnelles de la gauche politique et syndicale. Au cours de la période d'élaboration des textes, la gauche avait cherché à placer son attaque contre le premier projet sur le terrain sensible du droit d'asile auquel, selon elle, les nouvelles conditions d'entrée et de séjour proposées par l'autorité publique portaient atteinte. Le ministre de l'Intérieur avait répliqué, en mettant l'accent sur les nécessités de la lutte contre les « clandestins ».

Le 14 février 1979, la C.G.T. dévoile publiquement une des versions du second texte, soumis pour avis aux organisations syndicales par le secrétaire d'État. Celui-ci réplique en excluant le syndicat des consultations à venir. La C.F.D.T. dénonce à son tour la logique d'une politique dont elle apercevait les prémices dès 1974 : Hubert Lesire-Ogrel, secrétaire national, écrit ainsi en mars 1979 [21] : « [...] cette politique engagée depuis des années constitue un ensemble logique : en 1974, arrêt de l'immigration ; en 1977, tentative d'interdire l'immigration familiale, puis mise en place du fameux " million ". N'a-t-on pas, dans les sphères gouvernementales, souhaité 150 000 départs par an, ce qui implique une politique répressive de départs forcés ? » La C.F.D.T. s'y oppose au nom des valeurs constitutionnelles essentielles de la République :

> « Les raisons profondes pour lesquelles la C.F.D.T. appelle les travailleurs à rejeter la politique de M. Stoléru n'ont rien à voir avec une réaction de générosité sentimentale. Elles reposent sur la conscience que nous avons que les libertés fondamentales sont en cause : liberté de vivre, ou même de sa vie familiale, de son avenir. Le départ forcé des immigrés touche trop de choses essentielles pour que nous ne luttions pas, même si cela est difficile, même si le pouvoir réussit à tromper une partie de

l'opinion publique et à la rallier au soutien de sa politique. »

La C.F.T.C. et F.O. expriment également leur opposition. La C.F.T.C. indique par exemple qu'il lui « paraît inadmissible, même en période de difficulté, d'accepter le renvoi de travailleurs étrangers qui ont contribué à notre expansion et conquis des droits par leur travail ». Les principales organisations syndicales françaises, F.E.N., C.G.T., C.F.D.T., regroupées avec des organisations syndicales étrangères : U.G.T.A. algérienne ; C.C.O.A. et U.G.T. espagnoles ; C.G.I.L., C.I.S.L. et U.I.L. italiennes ; U.M.T. marocaine ; C.G.T.P. portugaise, organisent une manifestation internationale contre le projet, les 29 et 30 mars 1979 à Paris. Les autorités publiques se bornent à répondre que le statut des étrangers sera désormais définitivement clarifié.

Dans la discussion du second projet de loi par la commission compétente de l'Assemblée nationale, les critiques émises dans le secret de la délibération du Conseil d'État sont reprises par certains parlementaires de la majorité. Mais faut-il s'en étonner ? Il n'est pas rare de voir des contacts discrets entre le gouvernement et le Conseil avant le passage d'un texte en séance publique de la haute juridiction. De plus, les avis, en principe secrets, sont souvent diffusés après leur adoption par les membres du Conseil auprès de hauts fonctionnaires ou de parlementaires amis.

Dans ce cas précis, la position du Palais-Royal est très vite connue et reçoit un grand écho. Certaines personnalités, grandes figures de la haute fonction publique française, au premier rang desquelles André Postel-Vinay, vont reprendre les mêmes arguments que ceux qui furent développés dans le secret des délibérations du Conseil d'État et sensibiliser les parlementaires, tout particulièrement les sénateurs de la majorité. Cette mobilisation contribue, de façon importante, à faire échouer le gouvernement sur ses objectifs et à conforter ainsi la position attentiste de l'Algérie.

Lorsque s'ouvre la discussion en commission parlementaire, Lionel Stoléru confirme l'objectif de retours forcés [22]. Chaque année, la population étrangère devrait être réduite de 120 000 personnes, soit environ quatre parts de 30 000 à 40 000 individus constituées par les départs en retraite dans le pays d'origine et les décès ; l'accès à la nationalité française ; les retours volontaires ; et enfin, les refus de renouvellement des autorisations de séjour et de travail.

Dans un article qui paraît dans *Le Monde* daté du 15 juin 1979 : « Entre le bouc et l'autruche », il s'efforce de légitimer son action. Sa position se veut médiane, entre les attitudes les plus restrictives et les plus libérales.

> « La bonne politique de l'immigration doit être le résultat d'un triple effort [qui consiste à] interdire toute immigration nouvelle, encourager tout départ volontaire [et] adapter les renouvellements à la situation de l'emploi. [En dehors des résidents privilégiés, au nombre de 900 000, et des réfugiés], le renouvellement des cartes arrivant à expiration sera étudié cas par cas, en fonction de la situation de l'emploi et de la situation familiale du demandeur. Chaque préfet disposera d'un contingent départemental annuel fixant les possibilités de renouvellement. Le travailleur étranger dont la carte ne sera pas renouvelée disposera d'un délai de six mois pour organiser son départ. [...] »

Les discussions en commission se déroulent les 13 et 27 juin et les députés de la majorité parlementaire choisissent d'abord d'amender le texte. Ils décident ainsi de garantir la stabilité du séjour des résidents privilégiés en rendant facultatif le retrait de leurs titres de séjour, en cas de chômage supérieur à un an. Le délai de séjour nécessaire à l'obtention de la carte de résident privilégié est ramené de vingt à dix ans, et celle-ci est à nouveau renouvelable de plein droit. Mais le jugement de parlementaires de plus en plus nombreux devient, au fil des réunions, de plus en plus réservé. L'opposition de principe au texte, qui se révèle du même ordre que celle relevée au Conseil d'État, gagne du terrain. Le 27 juin 1979, la commission des affaires sociales de l'Assemblée nationale décide de reporter ses travaux au 21 novembre 1979, parce que « l'examen des articles avait permis de déceler des zones d'ombre ».

Les débats ont en fait révélé des divergences au sein de la majorité parlementaire. Certains élus du C.D.S. ou du R.P.R. sont partisans du rejet du texte, ou réclament une profonde refonte. Le C.D.S. organise, en septembre 1979, un colloque au Sénat sur la politique de l'immigration, où il exprime publiquement ses réserves.

Enfin, le 3 décembre 1979, le R.P.R. annonce le retrait du texte dans son organe de presse *La Lettre de la nation* en des termes sans équivoque :

> « La législation concernant les étrangers [...] est marquée de l'empreinte du général de Gaulle. Elle découle de l'ordonnance du 2 novembre 1945. [...] Le règlement de quelques cas exceptionnels n'est-il pas un simple prétexte pour la mise en œuvre d'une politique globale qui, sous couvert de plaire à une partie de l'opinion ou de régler en partie le problème du chômage, aboutirait à une expulsion massive ? Nous

sommes payés – si l'on peut dire – pour savoir que derrière la politique des apparences se cache toujours le fil ténu mais continu de la pensée giscardienne. Les gaullistes ne peuvent que dire " non " à une telle politique globale [23]. »

Le R.P.R. et le C.D.S. imposent en définitive leur point de vue. Le Sénat obtient le retrait du second texte, en échange de quoi il consent à adopter en décembre, avec de nombreuses modifications, le texte sur l'entrée et le séjour des étrangers que l'on dénommera souvent loi Bonnet (loi du 10 janvier 1980). Mais le retrait du second texte l'a vidé de son objectif réel : les retours forcés. Ce troc a eu lieu contre l'avis du président de la République qui exprime encore, au cours d'un Conseil restreint tenu le 18 décembre 1979 au palais de l'Élysée, son espoir de voir le second projet discuté à la session de printemps du Parlement [24].

Entre-temps, les négociations avec l'Algérie se sont en effet poursuivies et la position française est restée très ferme tout au long du premier semestre 1979.

Elle va évoluer, par la suite, en fonction du sort réservé aux projets de loi, et aussi grâce à l'amélioration des rapports franco-algériens et à la reprise du dossier bilatéral sur l'immigration par le nouveau ministre des Affaires étrangères, Jean François-Poncet. Ce dernier se rend en effet à Alger les 23 et 24 juin 1979 et relance les négociations. Les autorités françaises substituent à l'objectif de 100 000 retours d'Algériens par an un objectif de 100 000 personnes (toutes nationalités confondues), qui comprendrait un contingent de 35 000 retours d'Algériens obtenus par non-renouvellement des certificats de résidence.

Mais les propositions françaises présentent une faille juridique. Les ressortissants algériens menacés par les mesures ont souvent, nous l'avons vu, des enfants qui, en vertu de l'application de l'article 23 du Code de la nationalité, sont français puisque nés en France de parents nés en France au moment où l'Algérie était constituée de départements français. Le caractère massif de l'expulsion poserait des difficultés d'ordre matériel et symbolique sans doute insurmontables, mais ces difficultés se verraient aggravées par le fait que des enfants de nationalité française seraient concernés.

Pourtant, le président de la République s'obstine.

L'obsession de retours forcés d'Algériens s'exprime encore le 18 décembre 1979, au cours d'un Conseil restreint qui se tient ce jour-là sous sa présidence. À cette date, on connaît l'opposition du Parlement au second projet de loi encore en discussion. On sait, en conséquence, la fragile position française dans la négociation avec l'Algérie. La détermination de Valéry Giscard d'Estaing n'en reste pas moins intacte. Il demande que l'on ne parle pas encore du retrait du projet de loi et donne mandat aux négociateurs avec l'Algérie de ne céder en aucun cas sur les points suivants : premièrement, les ressortissants algériens résidant en France seront ramenés au droit commun. Ils se verront attribuer une carte de résident privilégié s'ils sont arrivés en France avant 1962 ; les autres n'auront qu'une carte de résident ordinaire. Deuxièmement, le retour de 35 000 adultes par an est considéré comme la dernière position de repli en fin de négociation.

Si le chiffre de 35 000 adultes devenait le fin mot de la négociation, le nombre de départs d'Algériens serait en réalité substantiellement plus important puisque certains des adultes concernés repartiraient avec leurs enfants. Certes, le relevé de décisions du Conseil restreint indique que priorité sera donnée aux célibataires. Mais le président de la République signe le relevé de décisions de ce Conseil restreint en l'annotant d'un énigmatique « éviter de parler de quotas d'enfants[25] ».

Mandat est donc donné aux négociateurs français de reprendre les discussions avec l'Algérie sur une proposition d'accord portant sur le chiffre de 35 000 retours d'actifs, pour garder une marge de manœuvre et pouvoir conclure impérativement à 35 000 adultes, tous titulaires de certificats de résidence.

Quelques semaines plus tard, en janvier 1980, se produit le tournant de la négociation. En contradiction avec les conclusions du Conseil restreint du 18 décembre 1979, le Premier ministre Raymond Barre annonce au ministre des Affaires étrangères algérien, M. Benyahia, en visite à Paris, l'abandon par la France de son objectif des retours forcés [26]. Les négociateurs français continuent, pourtant, après janvier 1980, de proposer un objectif chiffré à 35 000 retours volontaires ; ils persistent à ajouter qu'au cas où cet objectif ne serait pas atteint, l'accord de 1968 serait automatiquement remis en cause. Ils proposent également le renouvellement pour deux ans des cartes des résidents arrivés en France après juillet 1962. Les Algériens font remarquer la contradiction entre l'acceptation du caractère volontaire des retours et le désir de fixer un objectif chiffré, et la France finit par céder sur ce point. Puis l'objectif du retour au droit commun pour les ressortissants algériens est abandonné.

Un accord est signé le 18 septembre 1980 par Jean François-Poncet, qui règle le contentieux global avec l'Algérie. Il prévoit le renouvellement des cartes de résident pour les Algériens arrivés en France depuis juillet 1962, pour trois ans et trois mois. En échange d'un accord officiel sur le retour, la France s'engage à financer une aide particulière destinée aux ressortissants algériens intéressés par un retour : aide plus substantielle que celle accordée dans le cadre du régime général mais moins importante que certains ne l'auraient souhaitée pour la rendre véritablement attractive et donc efficace.

La France s'engage par ailleurs à financer la construction de centres de formation en Algérie et l'organisation dans les établissements français de l'enseignement de la langue arabe. À la fin de la période de trois ans et trois mois, l'accord doit être réexaminé. La partie française joint à cet accord un texte qui n'engage qu'elle-même et qui précise que l'objectif est le retour annuel de 35 000 Algériens. Ce texte ne fait toutefois pas partie intégrante de l'accord proprement dit, mais Paris est satisfait qu'il ait pu être joint sans que l'Algérie ne s'y oppose. L'Algérie et la France en profitent pour apurer un long contentieux financier touchant à la Sécurité sociale et s'engager à rétablir de bonnes relations bilatérales, que la France désormais n'est plus prête à sacrifier pour sa politique de l'immigration. À l'issue des discussions, l'Algérie a préservé le statut particulier de ses ressortissants en France et fait céder le pays d'accueil sur le point essentiel des retours forcés. La France a obtenu pour sa part la réduction de la durée de validité des cartes des ressortissants algériens présents en France depuis 1962, et le maintien du chiffre emblématique de 35 000 retours, même s'ils ne peuvent être que volontaires.

Certaines des valeurs qui fondent la communauté nationale, celles qui ont trait aux libertés publiques, ont donc prévalu. Le travail de sape de l'Administration, la résistance de certains ministres, la division des autorités publiques et bien plus encore le travail du Conseil d'État, et la discussion au Parlement ont fini par payer. De grandes figures : André Postel-Vinay, Stanislas Mangin, des parlementaires comme Georges Gorse, président de l'association France-Algérie, ont mobilisé ces institutions et souvent fait le lien entre elles. Pour le R.P.R. et le C.D.S., l'atteinte à certaines valeurs essentielles de la République ne pouvait être acceptée. Dans l'opposition du R.P.R., la tradition gaulliste des rapports avec l'Afrique, et particulièrement avec l'Algérie, est également déterminante.

Sans cette résistance finalement victorieuse devant le Parlement, le Conseil constitutionnel aurait probablement suppléé à cette défaillance. Si tel n'avait pas été le cas, la mise en œuvre de l'objectif gouvernemental se serait par exemple traduit par le renvoi de force d'enfants français accompagnant leurs parents étrangers ; ce spectacle aurait probablement provoqué l'indignation et la mobilisation des opinions publiques nationale et internationale. De ce point de vue, les acteurs dont nous avons mis en lumière le rôle ont probablement permis d'éviter une grave crise politique.

L'ACHARNEMENT

Le recul du gouvernement a des conséquences en chaîne. Un projet de loi sur l'aide au retour, déposé sur le bureau du Parlement, avait été repris plus tard par la commission des Affaires culturelles, familiales et sociales de l'Assemblée nationale comme amendement au projet de loi retiré. Il prévoyait l'institution d'une aide financière au profit des étrangers qui quitteraient définitivement la France pour leurs pays d'origine ou pour travailler dans un pays tiers ; en échange de l'aide accordée, leurs titres de séjour et de travail pouvaient être restitués.

À l'occasion du Conseil restreint qui se tient le 18 décembre à l'Élysée, décision est prise de reprendre ces dispositions par décret, en écartant les Espagnols et les Portugais. Mais la mission juridique du Conseil d'État auprès du ministère du Travail, une fois consultée, conclut à l'illégalité d'un décret qui aurait porté atteinte au principe d'égalité en prévoyant l'exclusion de certaines nationalités du bénéfice de cette aide, la modulation de son montant en fonction des pays, son attribution aux seuls travailleurs salariés en fonction d'une limite d'âge, et l'exigence d'une durée minimale de séjour en

France [27]. Le secrétaire d'État en tire les conséquences : puisqu'un décret ne peut être pris, seuls des accords bilatéraux avec les États d'origine seront recherchés afin d'aboutir à une législation de l'aide au retour. Cet objectif est vite abandonné. Le secrétaire d'État se contente de créer une nouvelle version de l'aide au retour, ciblée sur des entreprises qui veulent procéder à des licenciements collectifs et organisée en collaboration avec elles.

Par ailleurs, le gouvernement s'obstine à vouloir mettre en œuvre ses objectifs de retours forcés : un projet d'informatisation des titres des étrangers est annoncé publiquement par le bulletin d'information du ministère de l'Intérieur le 20 décembre 1979, alors que, soumis à la Commission nationale Informatique et Libertés (C.N.I.L.), il n'a pas encore reçu son approbation [28]. Les quarante et un renseignements portés sur la carte de résident pourraient permettre, outre un contrôle social de l'immigration, une organisation statistique des quotas prévus dans le projet de loi rejeté par le Parlement. Ils concernent la famille, le travail, le logement ; le ministère de l'Intérieur prévoit également la connexion avec le fichier des personnes recherchées. En outre, une circulaire du 10 juin 1980 sur l'instruction des titres de travail reprend le principe du texte rejeté par le Parlement. Elle prévoit que la situation de l'emploi pourra être invoquée par l'Administration pour justifier le non-renouvellement des titres. Mais cette circulaire ne sera pas appliquée par les services, l'échec du gouvernement ayant eu pour conséquence de lui faire perdre, aux yeux de son Administration, toute légitimité.

L'Algérie freinant la mise en place des dispositions de l'accord de septembre 1980 qui lui sont défavorables, une autre forme de pression aux retours s'exerce par le biais du ministère de l'Intérieur, qui mobilise les services de police. En 1978, 4 700 étrangers avaient été expulsés ; en 1979, 8 000 le sont, dont une majorité d'Algériens. Les expulsions augmentent encore en 1980 et, là encore, concernant également en priorité les ressortissants algériens.

À Alger se met en place, à l'initiative notamment du prêtre François Lefort, un groupe d'aide aux jeunes de la seconde génération, dans le cadre de l'association Rencontres et Développement [29]. Le groupe choisit d'intervenir exclusivement pour l'aide aux jeunes expulsés de la seconde génération. Ceux-ci ont vécu en France toute leur enfance et souffrent de difficultés d'adaptation plus que les adultes de la première génération, qui ont au moins vécu en Algérie. Ils se trouvent le plus souvent dans l'impossibilité totale de s'adapter dans un pays inconnu, et reviennent en France clandestinement. Parfois, lorsqu'ils sont nés en France et de nationalité française, l'association bataille afin de leur obtenir les pièces nécessaires pour rentrer. En 1980, toujours avec l'association Rencontres et Développement, plusieurs centaines de Français s'associent en Algérie et montent une commission anti-expulsion, rendant publics plusieurs dizaines de dossiers. Ceux-ci montrent peu de liens existant entre les faits reprochés et la décision d'expulsion qui doit être, rappelons-le, justifiée par un danger actuel pour l'ordre public ; or, le délai moyen s'écoulant entre les faits et l'expulsion est de vingt mois et tend à s'allonger.

On comprend donc que la police semble avoir reçu consigne de rechercher des auteurs de délits de plus en plus anciens pour les expulser, quelle qu'ait été depuis la régularité légale de leur existence.

La procédure d'expulsion elle-même est très expéditive. L'étranger est fréquemment prévenu très peu de temps avant qu'elle ne s'enclenche. Cela le prive le plus souvent de l'assistance d'un avocat ou empêche celui-ci de disposer du temps nécessaire à la bonne connaissance du dossier.

L'étude de Rencontres et Développement met en valeur un autre phénomène inquiétant sur le plan juridique. Dans de nombreux cas, certains jeunes étrangers ont quitté la France sous la pression de la police sans que soit fait usage de la procédure de l'arrêté d'expulsion : « Pour cela, on effraie l'immigré en lui faisant valoir que les expulsés sont mal reçus dans les pays d'origine » (les autorités algériennes, par exemple, refusaient les passeports de leurs ressortissants expulsés) et qu'ils ne peuvent pas revenir avant cinq ans. Il leur est conseillé de partir spontanément, ce qu'ils font donc souvent. Ces fausses expulsions sont comptabilisées au titre de « départs volontaires ».

Cette entreprise de déstabilisation de l'immigration algérienne semble avoir connu quelque succès : la police de l'air et des frontières de Marseille a pu noter ainsi une augmentation de volume des sorties définitives de résidents algériens, entre 1978 et 1979. Les résultats quantitatifs demeurent pourtant faibles comparés aux objectifs présentés en 1978 au gouvernement algérien. Le coût symbolique, en revanche, est considérable. En maintenant ses objectifs, le gouvernement suscite un climat d'inquiétude et d'alarme qui rend solidaires immigrés réguliers et irréguliers.

Cette tension sensibilise également une large part de l'opinion publique, et les projets gouvernementaux visant à restreindre le nombre d'étudiants étrangers provoquent des grèves de solidarité d'une grande ampleur dans de nombreuses universités.

À l'approche des élections présidentielles, l'épiscopat marque lui-même sa solidarité avec de jeunes étrangers nés en France, qui ont entamé une grève de la faim à Lyon.

Au total, pour des résultats faibles, le coût

politique de la stratégie mise en œuvre au cours de cette période est élevé. L'obstination du président de la République et celle de son secrétaire d'État en sont pour une grande part responsables [30].

Au moins cette période aura-t-elle montré la capacité de l'État de droit à résister aux ordres et aux décisions du monarque républicain qu'est le président de la Ve République, alors même que celui-ci pouvait, en principe, tabler sur le soutien d'une partie de l'opinion publique. Le blocage des décideurs internes, mobilisés par les valeurs de l'État de droit, et le rôle de l'autorité de contrôle qu'est le Conseil d'État auront été décisifs. L'autorité politique de l'équipe en place en sortira affaiblie. L'Algérie, cible au départ, aura en fait servi de bouclier à l'ensemble de la communauté immigrée. Elle aura su user de ses avantages juridiques et de la dimension symbolique d'un conflit qui risquait de raviver des plaies historiques encore récentes, entre deux nations qui ont chacune une image à préserver dans le champ des relations internationales. Ce conflit aura permis de surcroît de faire mesurer aux autorités françaises la dimension internationale de la politique de l'immigration.

Dans l'hypothèse du maintien au pouvoir de la même majorité présidentielle après 1981, que se serait-il passé si l'objectif des 35 000 retours n'avait pas été atteint, au moment du renouvellement de l'accord ? Le ministre des Affaires étrangères de l'époque, Jean François-Poncet [31], a admis dix ans après la signature de l'accord que trois ans et trois mois plus tard, il eût été encore plus difficile d'organiser des retours forcés ou même de remettre en cause le statut particulier des Algériens. Selon lui, les autorités françaises auraient pu, tout au plus, tenter un freinage du regroupement familial...

V

LE CONTRE-PIED

(mai 1981-mars 1983)

Une nouvelle époque s'ouvre avec la victoire aux élections présidentielles de François Mitterrand. Elle commence par le changement complet du gouvernement et, par voie de conséquence, des décideurs politiques chargés de l'immigration. Le changement est du reste au programme dans tous les domaines. En économie, le gouvernement a pour ambition de réduire le chômage par une politique keynésienne de relance par la consommation : dans ce cadre, une politique de retours des immigrés comparable à celle qui fut suivie au cours de la période précédente perd une grande part de ses justifications. Pour ce qui est de la politique internationale, le gouvernement annonce, en direction des pays en voie de développement, une nouvelle donne, laquelle implique un changement d'attitude à l'égard des immigrés, qui représentent, symboliquement, leurs pays d'origine en France. Nicole

Questiaux, entrée au gouvernement comme ministre de la Solidarité nationale, déclare : « C'est la solidarité avec tous, Français et immigrés, sans discrimination, la solidarité avec les peuples du tiers monde qui guideront notre action [1]. »

Avec le recul, ce sont pourtant les exigences du combat politique qui paraissent avoir déterminé les nouvelles orientations de la politique de l'immigration. Le programme électoral du candidat François Mitterrand lui consacrait trois de ses cent dix propositions [2] :

> « *Proposition 79 :* les discriminations frappant les travailleurs immigrés seront supprimées. Les refus de délivrance de cartes de séjour devront être motivés.
>
> « *Proposition 80 :* l'égalité des droits des travailleurs immigrés avec les nationaux sera assurée (travail, protection sociale, aide sociale, chômage, formation continue). Droit de vote aux élections municipales après cinq ans de présence sur le territoire français. Le droit d'association leur sera reconnu.
>
> « *Proposition 81 :* le plan fixera le nombre annuel de travailleurs étrangers admis en France. L'Office national d'immigration sera démocratisé. La lutte contre les trafics clandestins sera renforcée. »

Ces promesses semblent toutes reprises d'une proposition de loi, présentée en 1978 par le parti socialiste, qui constituait, jusqu'alors, le seul exposé public et formalisé de la position de ce parti sur les problèmes de l'immigration[3]. Certains des articles de cette proposition de loi ont été transférés *in extenso* dans le programme présidentiel. Or de nombreux problèmes sont apparus depuis 1978, et les trois propositions n'en parlent pas : rien sur le régime des expulsions, ou sur la « régularisation » des étrangers en situation irrégulière, objets de revendication des associations ou des syndicats qui combattent pour le droit des étrangers. En revanche, l'allusion faite au « plan qui fixera un contingent de travailleurs immigrés », alors que l'immigration est stoppée depuis 1974, et qu'à l'exception de quelques organisations d'extrême gauche personne n'en propose plus la réouverture, paraît incongrue.

Cette inactualité s'explique par l'amateurisme des rédacteurs qui ont procédé par découpage ou par collage de morceaux choisis dans les textes qui étaient à leur disposition. Les responsables de la commission Immigrés du parti socialiste n'ont à aucun moment été consultés.

De ce fait, pendant la campagne présidentielle, en réponse aux sollicitations de la Ligue des droits de l'homme et des grévistes de la faim qui protestent à Lyon contre l'expulsion de jeunes étrangers à qui il rendra visite, le futur président de la République est amené à compléter son programme : il se prononce alors en faveur de la « régularisation » des immigrés en situation irrégulière et contre les expulsions de jeunes.

LA VOLONTÉ DE RUPTURE

La perception des exigences des électeurs et des acteurs de gauche explique probablement que, dès l'arrivée au pouvoir du président Mitterrand, les cent dix propositions soient devenues selon son expression : « la charte de l'action gouvernementale [4] ». La dernière fois que la gauche avait exercé le pouvoir, en 1956, elle avait laissé à beaucoup de ses électeurs le souvenir du non-respect des engagements pris, notamment au sujet de l'Algérie. Dans les choix à effectuer en 1981, c'est avec cette représentation de l'exercice du pouvoir que les nouveaux gouvernants cherchent à rompre, pour ne pas risquer de perdre la confiance et le soutien de l'électorat de gauche. On se refuse donc à trahir ses engagements. La fidélité au programme de la campagne présidentielle guide donc, jusqu'à le fétichiser, l'action du gouvernement Mauroy, au cours de sa première année.

Ce souci du respect méticuleux des promesses s'explique aussi par la concurrence très active à laquelle se livrent encore au sein de la gauche parti communiste et parti socialiste. Or, de ce point de vue, l'immigration est devenue, depuis quelques années, pour le parti socialiste, un domaine de différenciation favorable. C'est un des rares terrains sur lequel le P.S. peut se situer à la gauche de son partenaire parce que, loin des débats strictement économiques, il a une forte dimension symbolique. Le P.S. souffre moins que son partenaire de la contradiction entre les intérêts politiques d'élus locaux prompts à combattre la présence immigrée dans leurs communes et les valeurs de solidarité internationaliste qui structurent depuis longtemps le parti communiste et légitiment au plan national une entreprise politique de gauche. Une telle contradiction avait éclaté au grand jour lorsque, en janvier 1981, le maire P.C.F. de Vitry avait exprimé, au moyen d'un bulldozer, son refus d'accueillir dans sa commune des travailleurs immigrés, expulsés d'un foyer situé dans une municipalité voisine. Son action avait suscité des protestations dans l'opinion publique et de la part des États d'origine. Le P.S. s'est montré actif, entre 1974 et 1981, sur la défense des droits des immigrés, pour deux autres raisons : sur ce thème, il était possible de trouver des convergences avec cette partie de la gauche non communiste, historiquement critique à l'égard de la S.F.I.O. puis du parti socialiste (P.S.U., etc.) ; par ailleurs, on pouvait sur ce thème développer de meilleures relations avec l'État algérien que n'en avait eu la défunte S.F.I.O.

L'orientation de l'action va donc être marqué par l'influence des valeurs qui dominent alors la gauche : solidarité internationaliste avec le tiers monde et lutte contre l'exploitation. La convergence des deux objectifs contribue à faire des droits de l'étranger un axe central de préoccupation. La nouvelle politique de l'immigration va pouvoir se relier facilement au nouveau discours en place, tout entier organisé autour de la rupture avec le passé. Celle-ci paraît d'autant plus justifiée qu'elle s'applique en l'occurrence aux immigrés, perçus comme particulièrement défavorisés.

Cette rupture se veut d'abord symbolique. Le rétablissement d'un secrétariat d'État spécifique, qui n'existait pas dans le premier gouvernement Mauroy parce qu'il y avait simplement été oublié [5], n'allait pas de soi. C'est la demande, trop forte à gérer en l'absence de coordination opérationnelle, qui va provoquer le rétablissement du poste ministériel. Une logique de gestion rationnelle des cadres politiques fait de François Autain, secrétaire d'État à la Sécurité sociale dans le premier gouvernement de la gauche, le nouveau secrétaire d'État aux Immigrés : il n'est pas spécialiste de l'immigration et n'est d'ailleurs pas consulté sur sa nomination à cette nouvelle fonction. La nouvelle appellation du secrétariat d'État « chargé des immigrés », auprès du ministre de la « Solidarité nationale », veut symboliser la rupture dans l'approche du problème : l'immigré n'est plus seulement un travailleur. On tient compte opportunément de l'évolution démographique de la population immigrée, de sa dimension de plus en plus familiale et de l'arrivée à l'âge adulte des enfants d'immigrés nés dans les années 60.

La rupture se veut aussi concrète et rapide : d'abord parce que la demande est forte ; ensuite parce que les décideurs concernés – ministres, membres des cabinets – ont le sentiment que le moment est propice, immédiatement après la victoire qui a singulièrement affaibli l'opposition de droite, mais que la « fenêtre d'action » peut se refermer rapidement dans un domaine où le soutien de l'opinion publique n'est pas assuré. La rupture est donc rapidement programmée. Nicole Questiaux invite les parlementaires à « prendre le contre-pied » de la politique précédente, faite « de circulaires souvent illégales, de projets de loi souvent hâtivement préparés, de déclarations parfois brutales et d'instructions non publiées », à laquelle elle oppose une politique fondée sur le respect des immigrés, de leurs droits, de leur dignité.

Le nombre d'actions à mener oblige le gouvernement à effectuer un choix de priorité. C'est sur les flux qu'il décide d'abord d'agir en modifiant les frontières juridiques existant jusqu'alors entre étrangers résidents et immigrés irréguliers. Lorsque le nouveau secrétaire d'État présente son programme d'action, le 21 juillet 1981, à l'occasion d'une conférence de presse, le tri a déjà été effectué, d'abord par les membres de l'antenne présidentielle constituée autour de François Mitterrand, avant sa prise de fonction [6], puis par les responsables, dans les cabinets ministériels concernés, du problème de l'immigration. Le nouveau secrétaire d'État n'aura donc joué dans son élaboration qu'un rôle mineur.

Dans un premier temps, le gouvernement cherche à rassurer les immigrés légalement installés quant à la stabilité et la bonne garantie de leur séjour.

En premier lieu, la rupture avec la période précédente est complète en matière de retours. Ceux-ci n'étant plus un objectif, l'« aide au retour » est supprimée [7]. Puisque son inadaptation à l'objectif poursuivi au départ semble patente – elle se révèle avoir bénéficié principalement à des Espagnols et à des Portugais dont le départ n'était pas recherché – sa suppression paraît légitime aux administrations concernées. Paradoxalement, l'accord franco-algérien de septembre 1980 n'est pas remis en cause : malgré les offres faites en ce sens par Paris, les autorités algériennes lui marquent un soudain attachement ; il leur devient en effet très favorable, puisque le financement par la France de centres de formation en Algérie, ou bien l'enseignement de l'arabe dans les établissements scolaires français n'a plus comme contrepartie, avec le nouveau gouvernement, l'exigence d'un nombre précis de retours. Le calcul se révèle juste : au nom du renouveau des relations franco-algériennes, on maintient seulement les clauses de l'accord favorable à l'Algérie, notamment la construction de onze centres de formation financés avec des crédits préférentiels.

Parallèlement, les pouvoirs publics se préoccupent d'améliorer les conditions de séjour des étrangers résidents ou irréguliers. Dès le 29 mai 1981, des télégrammes-circulaires signés par Gaston Defferre, ministre de l'Intérieur, sont adressés à tous les préfets, interrompant les expulsions – de réguliers comme d'irréguliers –, sauf « nécessité impérieuse d'ordre public soumise à l'appréciation du ministre ».

Les étrangers nés en France ou étant arrivés avant l'âge de dix ans deviennent « inexpulsables », et le resteront définitivement. Il est également décidé que la situation de l'emploi, c'est-à-dire la persistance du chômage, ne pourra plus justifier le refus de renouvellement d'un titre de travail. En outre, un simple retour à une interprétation libérale d'un décret pris en 1976 va permettre, dès août 1981, la régularisation de toutes les familles en situation irrégulière et, malgré les discrètes réticences des autorités algériennes, une réouverture complète de l'immigration familiale. L'Algérie s'oppose en revanche plus ouvertement à la libéralisation du droit d'association qui sera votée par le Parlement en septembre 1981. Depuis 1939, les associations créées par des étrangers, ou comprenant 20 p. 100 de membres étrangers, étaient soumises à une autorisation préalable qui est désormais supprimée. L'hostilité de l'Algérie à cette réforme s'explique par le risque de voir mettre en cause le monopole et l'influence de l'amicale des Algériens en Europe, ce qui d'ailleurs se réalisera.

L'instauration d'un titre unique de dix ans, garantissant à l'étranger résident la stabilité du séjour et du travail pour cette durée, est aussi envisagée ; mais le secrétaire d'État chargé des immigrés ne va pas jusque-là, car son équipe craint à cette date, et par-dessus tout, au-delà des bonnes intentions qui viennent d'être affichées, les pouvoirs et les pratiques du ministère de l'Intérieur. Ceux-ci deviennent une véritable obsession, qui va se traduire dans les batailles internes au gouvernement au cours des mois suivants. Or un titre unique risquerait de renforcer les pouvoirs autonomes d'appréciation du ministère de l'Intérieur : « Il ne me semble pas opportun de commencer par fusionner les deux titres : nous n'aurions pas la maîtrise du nouveau titre alors qu'actuellement, pour la carte de travail, nous avons une assez grande maîtrise des titres », écrit dans une note au secrétaire d'État un membre de son cabinet. Pour conserver ce contrôle, le secrétariat d'État propose seulement d'aménager les conditions de leur renouvellement, ce qui peut être fait rapidement car cela n'exige pas de modification législative.

Dans le même temps, l'équipe du nouveau secrétaire d'État s'aventure dans le domaine traditionnel de compétence du ministère de l'Intérieur et propose une réforme du régime de l'expulsion. Jusqu'alors pouvoir discrétionnaire de la place Beauveau, elle ne pourrait dorénavant être prononcée que si l'étranger avait préalablement subi une condamnation pénale pour faits graves, passibles de cinq ans au minimum d'emprisonnement ; de plus, l'avis favorable d'une commission ad hoc, siégeant dans chaque département auprès du préfet, et devant laquelle l'étranger devrait avoir été préalablement entendu, serait nécessaire. Composée du président du tribunal de grande instance du chef-lieu du département, d'un conseiller de tribunal administratif, cette commission verrait le directeur départemental de l'action sanitaire et sociale, dépendant du ministère de la Solidarité nationale, remplacer le chef de service des étrangers de chaque préfecture, dépendant du ministère de l'Intérieur. Ce dernier n'aurait pour tâche que de rapporter les dossiers, sans disposer de voix délibérative. Ces propositions sont reprises dans leurs grandes lignes dans la loi du 29 octobre 1981 : l'expulsion classique ne peut être prononcée qu'après condamnation sans sursis pour une ou plusieurs peines d'au moins un an.

Mais le secrétariat d'État aux Immigrés voulait également interdire au ministre de l'Intérieur de procéder à des expulsions en urgence absolue, sans le visa de la commission d'expulsion. Cette question est l'occasion d'un des premiers affrontements et d'une véritable épreuve de force entre le groupe parlementaire socialiste, le parti socialiste et le gouvernement de l'après-mai 1981. L'arbitrage interministériel avait laissé ce pouvoir au ministre de l'Intérieur ; quelques parlementaires, associés à une partie du cabinet du secrétaire d'État aux Immigrés, décident de déposer des amendements au cours de la discussion législative. Le ministre de l'Intérieur, ayant eu vent de la manœuvre, retire alors le projet de loi de l'ordre du jour de l'Assemblée nationale : on l'a compris, tant que les amendements litigieux n'auront pas été retirés, le texte ne viendra pas en discussion. Il obtient satisfaction après que le bureau exécutif du parti socialiste a été réuni : le risque politique d'une prolongation de la crise a fait céder le P.S. : en cas d'urgence absolue, le ministre de l'Intérieur conserve le droit de procéder à des expulsions sans délai.

Mais, au terme de cette première joute, première escarmouche d'une longue guérilla avec le ministère de l'Intérieur, le secrétariat d'État aux Immigrés a atteint ses principaux objectifs [8].

LA RÉGULARISATION

Parallèlement, le secrétariat d'État s'intéresse à l'immigration irrégulière et rompt d'abord avec la stratégie traditionnelle de lutte contre ce phénomène. La politique précédente combattait en priorité l'entrée et le séjour d'étrangers irréguliers ; dorénavant, les employeurs de main-d'œuvre irrégulière sont l'objet de l'attention répressive des autorités publiques tandis que les sanctions encourues par les employés irréguliers diminuent.

Certes, la loi du 29 octobre 1981 aggrave les peines encourues pour irrégularité du séjour. De contravention de cinquième classe, l'irrégularité du séjour devient un délit jugé comme tel par les tribunaux qui pourront condamner l'étranger à une peine de prison assortie d'une nouvelle peine accessoire : la reconduction à la frontière. Mais les effets de celle-ci seront, pour l'individu concerné, moins dommageables que l'expulsion. Car, à la différence de cette dernière, la reconduction à la frontière permet de revenir en France, comme touriste par exemple, à condition d'être en situation régulière. Le séjour irrégulier ne sera donc plus sanctionné par l'autorité administrative, mais par l'autorité judiciaire, réputée plus respectueuse des libertés individuelles. De plus, l'étranger trouvé en situation irrégulière dans une relation de travail aura le droit, comme n'importe quel salarié dont le contrat est rompu, à une indemnité ; le nouvel article 19 de l'ordonnance de 1945 prévoit que lorsque l'étranger en situation irrégulière invoquera une relation de travail, le tribunal devra surseoir à statuer jusqu'à ce que les prud'hommes se prononcent sur la réalité de sa situation ; en attendant, l'étranger se verra accorder une autorisation provisoire de séjour. Enfin, la loi du 17 octobre 1981 renforce les sanctions applicables à l'emploi irrégulier de main-d'œuvre étrangère. Ces mesures n'ont cependant pas d'effet réel ni même symbolique immédiat.

Tel ne sera pas le cas de l'opération de régularisation des étrangers en situation irrégulière, qui va modifier les frontières juridiques établies depuis 1974 entre population régulière et irrégulière, et marquer une rupture véritable avec la politique précédente.

Cette opération est considérée, dès mai 1981, comme une priorité. L'existence d'un nombre important d'irréguliers est une conséquence logique et quasi mécanique de la suspension de l'immigration. L'arrêt brutal de toute délivrance de titres en 1974 était d'abord allé à l'encontre de phénomènes migratoires qui n'avaient pas été interrompus. L'arrêt de la délivrance de titres avait créé, on l'a vu, en plus du travail illégal « du fait du marché », une illégalité « du fait de la réglementation ».

La conjonction de ces deux phénomènes – il faut y ajouter le fait que certains des étrangers ayant bénéficié de l'aide au retour ou ayant été astreints à des arrêtés d'expulsion sont souvent revenus en France depuis 1978 – entraîne la présence sur le territoire français d'étrangers en situation irrégulière. Leur nombre demeure impossible à évaluer. La mission de lutte contre le travail clandestin l'avait pourtant estimé à 175 000 personnes en 1980. Au cours de la discussion de la loi du 10 janvier 1980, le ministre de l'Intérieur, Christian Bonnet, avançait un chiffre de 300 000 « clandestins », qui sera repris par François Autain en août 1981 dans un entretien accordé au *Monde* [9].

UNE NÉCESSITÉ SYMBOLIQUE

Ce n'est pourtant pas en raison de l'importance pratique du phénomène que le gouvernement décide d'agir vite et fort, mais à cause de sa dimension symbolique. Cette opération lui paraît être la clef incontournable pour l'instauration de relations confiantes entre les immigrés et les pouvoirs publics. L'État, fautif au cours de la période précédente au regard des normes constituant un État de droit, doit réparer les souffrances subies, dues à la peur d'avoir eu à repartir. Les projets de retour de Valéry Giscard d'Estaing ne distinguaient pas, parmi les immigrés présents en France, les irréguliers des réguliers. L'épreuve commune exige une réparation commune. La régularisation en est le prix.

Pour le gouvernement, il s'agit aussi d'un pari sur l'avenir. Cette réparation est censée permettre de légitimer pour quelque temps la nouvelle frontière de l'illégalité qu'il s'apprête à instituer, en deçà de laquelle seront rassemblés les réguliers et les irréguliers d'avant 1981, mais au-delà de laquelle se trouveront les nouveaux candidats au séjour dont on réprimera la présence. Apurement du passé, la régularisation doit rendre acceptables les mesures restrictives qui seront prises désormais. Sans cet acte réparateur, les immigrés déjà réguliers et les associations les défendant auraient probablement intensifié leur lutte contre le gouvernement, et manifesté à l'égard des irréguliers une solidarité plus active. La régularisation veut ainsi libérer tous les immigrés dorénavant réguliers de leur solidarité potentielle avec les futurs migrants en situation irrégulière. Cette opération se veut enfin la manifestation de la rupture définitive avec les pratiques « policières » du passé, celle de la renaissance de l'État de droit.

Pourtant, la solution qui consisterait à revenir sur l'engagement présidentiel, donc à ne pas procéder à l'opération de régularisation, est défendue en réunion interministérielle par le secrétaire d'État chargé des immigrés, par l'administration et les cabinets des ministères de l'Intérieur, du Travail, des Relations extérieures. Tous redoutent que de nouveaux irréguliers ne viennent en France remplacer en nombre comparable les étrangers que l'on aurait régularisés ; tous redoutent de ce fait l'augmentation du chômage. Parle en faveur de leur argumentation un précédent récent.

En effet, en février 1980, par l'intermédiaire du *Monde* puis d'une émission de télévision, l'opinion publique a pris connaissance d'une affaire concernant des travailleurs en situation irrégulière. Des immigrés employés au noir dans une entreprise de confection du quartier du Sentier à Paris, en majorité de nationalité turque, ont fait une grève de la faim pour obtenir leur régularisation [10]. Le secrétaire d'État du moment, Lionel Stoléru, leur a rendu visite. Des représentants de l'union départementale (U.D.) C.F.D.T. de Paris sont présents, et lorsque le secrétaire d'État souhaite s'adresser au leader des grévistes, celui-ci désigne comme intermédiaire, dans la discussion qui débute, les représentants de l'U.D.-C.F.D.T. La C.F.D.T. met donc en place une cellule de quatre membres chargée de suivre l'opération [11].

Mais le syndicat ne maîtrise pas réellement, voire pas du tout, l'action de ces travailleurs turcs qui conservent une forte autonomie. Ils dialoguent entre eux en turc, élaborent des stratégies autonomes très particulières afin de contraindre, à travers la C.F.D.T., les pouvoirs publics à accorder des concessions. Des critères très stricts de régularisation sont fixés au départ, en mars 1980, par le gouvernement, et ne concernent que quelques centaines de travailleurs turcs, dans le secteur de la confection. Très rapidement, cependant, les critères de départ – date d'arrivée en France, nationalité – sont remis en cause. Les grévistes ont recours à des actions se situant dans le cadre normal des relations sociales du travail, mais il leur arrive aussi de brandir la menace de recourir à des gestes moins traditionnels, comme un suicide collectif du haut de la tour Eiffel. Ils sont si convaincants qu'ils obtiennent presque entièrement satisfaction. La publicité excessive faite autour d'une opération que l'on veut ponctuelle et rapide présente un risque élevé : les autorités cèdent. Toujours est-il que le chiffre de centaines de régularisations établi au départ est largement dépassé : ce sont au total 3 000 titres de séjour et de travail qui sont accordés.

Un précédent intéressant concernant les régularisations s'était aussi déroulé en 1936, à l'arrivée du Front populaire [12]. Elle visait l'immigration coloniale maghrébine. L'immigration algérienne était officiellement contrôlée depuis 1924 : les indigènes algériens souhaitant se rendre en métropole devaient fournir un certificat médical et le dépôt d'une caution représentant le prix du voyage de retour. Quant à l'immigration marocaine, elle était interdite depuis 1931. Mais ces textes restaient inefficaces. Selon P. Laroque et F. Ollive, la délivrance des pièces exigées des Algériens donnait lieu, notamment pour les certificats médicaux, à des trafics connus et dénoncés, qui permettaient aux Algériens le désirant de séjourner relativement librement en métropole ; quant aux Marocains, ils arrivaient à y pénétrer et à y vivre en situation irrégulière. C'est en tenant compte de ces données que le gouvernement du Front populaire prit, en juillet 1936, des mesures libérales à l'égard de l'immigration algérienne et marocaine.

Un décret du 17 juillet 1936 supprima tout obstacle à l'installation en métropole des Algériens. Quant aux protégés marocains, on procéda, par la circulaire du 1er août 1936, à leur régularisation massive : la seule condition exigée fut leur présence en métropole avant le 1er juillet 1936. En contrepartie, les Marocains nouveaux candidats au départ vers la métropole furent soumis à un régime de contrôle plus strict encore que celui subi par les étrangers. En tant que ressortissants d'un État étranger protégé, leur cas obéissait aux lois françaises à caractère général : les quotas de 1932 leur étaient appliqués. En tant que « protégés » français, ils subirent au surplus un statut spécial.

Les conséquences des décisions libérales prises à l'égard des Algériens firent rapidement revenir en arrière le gouvernement. Entre 1930 et 1935, la balance des allers et retours entre la métropole et l'Algérie était presque en équilibre. Au cours du second semestre de l'année 1936, les départs vers la métropole triplèrent : ils passèrent à 18 000 contre 6 700 pour la même période de 1935. La carte d'identité fut alors rétablie par le gouvernement français pour l'indigène algérien, et sa délivrance, limitée (arrêté du 14 octobre 1936) ; la visite sanitaire fut imposée le 19 décembre 1936 ; enfin, le 4 janvier 1937, le cautionnement fut rendu obligatoire.

En 1981, on ne connaît pas ce précédent du Front populaire. Mais on craint aussi un effet d'aspiration qui attirera en France des immigrés qui n'y sont pas encore. On décide donc de renforcer le contrôle des frontières ; on n'en maintient pas moins la régularisation. L'annuler aurait, nous l'avons vu, un coût politique et symbolique trop important. Le ministre de l'Intérieur, Gaston Defferre, a lui-même très vite perçu cet impératif : c'est lui qui en réalité fait démarrer la régularisation, en décidant dès juillet 1981 de délivrer des autorisations provisoires de séjour aux étrangers en situation irrégulière présents sur le territoire national, sans conditions de séjour ou de travail : 80 000 autorisations sont délivrées par les préfectures et deviennent en quelque sorte des créances sur des titres définitifs qu'il sera très difficile de ne pas honorer [13].

Pour être perçue comme un « modèle de justice », l'opération doit concerner tous les irréguliers et marquer la renaissance de l'État de droit. Mais il faut en même temps éviter qu'elle ne provoque un surcroît de chômage ou de nouveaux flux d'immigration irrégulière. On va donc chercher à aller vite et à contraindre les employeurs de main-d'œuvre irrégulière à offrir à leurs salariés un contrat de travail.

Pour garantir la dimension de l'opération, les catégories concernées sont définies largement. Pourront être régularisés : les étrangers en situation irrégulière du point de vue du séjour et/ou du travail ; les étrangers expulsés pour séjour irrégulier, ou pour motif d'ordre public dès lors qu'ils obtiennent l'abrogation de leur arrêté d'expulsion ; les étrangers ayant atteint en France l'âge de seize ans et qui n'ont pas demandé, en temps utile, un titre de séjour ; enfin ceux à qui a été refusée la qualité de réfugié. Mais, pour déposer un dossier, seule la preuve de l'arrivée en France avant le 1er janvier 1981 est exigée. En outre, grâce à une amnistie, les employeurs de travailleurs illégaux sont incités à régulariser également leur situation et celle de leurs salariés. Les garanties de non-poursuite pour violation éventuelle des lois au cours de la période précédente sont données par le ministère de la Justice, les organismes de Sécurité sociale et les A.S.S.E.D.I.C.

Mais afin d'éviter que l'opération ne provoque une augmentation du chômage et l'afflux de nouveaux migrants, il est exigé de l'étranger concerné, outre qu'il apporte la preuve de son arrivée en France avant le 1er janvier 1981 [14], qu'il produise un contrat de travail pour témoignage de son activité professionnelle présente et à venir. Parallèlement à cette opération, on réaffirme vigoureusement l'arrêt de tout nouveau flux d'immigration et le renforcement du contrôle aux frontières. Enfin, il est prévu que l'opération se termine rapidement, la date limite du dépôt des dossiers étant fixée au 15 octobre 1981, soit deux mois après son démarrage.

Pour qu'enfin la justice triomphe, la réparation fait l'objet d'une forte mise en scène. Pour manifester clairement la renaissance de l'État de droit, vainqueur de l'État de police, les dossiers déposés seront examinés par les directions départementales du travail et non par les préfectures, et, lorsqu'un litige se présentera, ce n'est plus une décision arbitraire qui disposera du sort de l'étranger. C'est une commission ad hoc qui statuera, constituée spécialement pour la conduite de l'opération, à la tête de laquelle sera placé le président du tribunal administratif ou, à défaut, un magistrat de l'ordre judiciaire, composée en outre d'un représentant du préfet, du directeur départemental du travail, de deux représentants du conseil général du département et d'un représentant du réseau national d'accueil. Aucun représentant de l'administration préfectorale, spécialisée dans le traitement des étrangers et dépendant du ministère de l'Intérieur, n'y siégera.

UNE MISE EN ŒUVRE PRAGMATIQUE

Pour traiter plusieurs dizaines de milliers de dossiers d'étrangers irréguliers potentiels, trois problèmes principaux : comment faire sortir de leur illégalité les étrangers concernés, et, le cas échéant, leurs employeurs ? Comment faire coopérer à l'opération les employeurs seuls habilités à délivrer les contrats de travail ? Comment faire traiter les dossiers et prendre des décisions sur les cas d'espèce ?

Le ministre de l'Intérieur laisse la conduite de l'opération au cabinet du secrétaire d'État aux Immigrés. Comme celui-ci manifeste la plus grande méfiance à l'égard des administrations chargées de l'application et de la mise en œuvre de la politique d'immigration (D.P.M., Intérieur et préfectures), il va contourner les circuits hiérarchiques traditionnels. Le cabinet du secrétaire d'État met d'abord en place une antenne nationale composée de trois personnes qui, placées dans les services de la D.P.M., sont chargées de suivre directement et quotidiennement le déroulement de l'opération. Chaque quinzaine se réunit une « cellule de suivi » ; elle regroupe, outre les représentants des administrations concernées, ceux des préfectures de la région parisienne. En ce qui concerne le niveau départemental, le secrétaire d'État s'appuie sur les administrations (D.D.A.S.S. et D.D.T.) réputées les plus favorables aux étrangers. Enfin, plus concrètement, si le dépôt des dossiers est censé se faire dans les traditionnels « guichets uniques » (commissariats de police, mairies, sous-préfectures, préfectures), l'ouverture de guichets spéciaux, choisis en commun par les associations de défense des étrangers et les services préfectoraux, s'organise dans chaque département. Il s'agit d'éviter la crainte des contrôles par les services de police, qui peut dissuader certains assujettis de solliciter leur régularisation. Les associations de soutien sont en outre autorisées à venir en aide aux étrangers sur les lieux mêmes de dépôt des dossiers. Assez vite, l'équipe du secrétaire d'État s'apercevra que ces premières dispositions ne suffisent pas et que, faute d'un véritable changement d'orientation, l'opération risque d'échouer.

Les difficultés rencontrées ne naissent pas du comportement des préfectures : dans certains cas, leur bonne volonté ira jusqu'à mettre en place des chapiteaux spéciaux (Seine-Saint-Denis) pour permettre de mieux accueillir les étrangers ; dans d'autres, au contraire, l'application stricte de la circulaire du 11 août 1981 aboutira à ce que ne soient pas pris en compte certains dossiers. Certes, l'opération semble peu populaire dans les services des étrangers des préfectures : il est vrai que les mêmes fonctionnaires qui avaient exécuté, avant 1981, les arrêtés d'expulsion d'étrangers préparent aujourd'hui les dossiers d'abrogation. De plus, elle représente une lourde charge, bien que le ministère de l'Intérieur fournisse aux services le personnel vacataire nécessaire. Mais la cellule de suivi intervient souvent, se déplaçant dans les préfectures. Enfin, les immigrés savent fréquemment s'adapter à la diversité de l'offre, et changent par exemple d'adresse pour pouvoir déposer leur dossier dans une préfecture plus coopérative.

Les problèmes sérieux viennent plutôt d'un manque d'enthousiasme des bénéficiaires de l'opération. Le dépôt des dossiers démarre lentement : la crainte des patrons et la rigueur du critère de présentation d'un contrat de travail se conjuguent. Ne fournissent en fait de dossier complet que les étrangers irréguliers « du fait de la réglementation » alors que ceux qui le sont « du fait du marché » ont du mal à remplir les conditions exigées. Les autorités publiques, soucieuses de réussir l'opération, régularisent une partie significative des trois cent mille irréguliers annoncés et élargissent progressivement, au fur et à mesure des problèmes rencontrés, les critères fixés initialement. Il s'agit d'atteindre et de dépasser l'objectif de cent mille régularisés, considéré, après quelques semaines, comme le seuil du succès symbolique de l'opération.

Pour cela, le gouvernement bénéficie de l'aide décisive de l'union départementale de la C.F.D.T. de Paris qui a déjà l'expérience de l'opération de 1980. Le gouvernement de gauche retient de ce précédent le rôle des représentants de l'U.D.-C.F.D.T. : ils avaient été tout à la fois intermédiaires, défenseurs des intérêts de leur centrale auprès d'adhérents potentiels [15], mais aussi collaborateurs indispensables du service public. Le gouvernement propose à la section parisienne de la C.F.D.T. de jouer le même rôle dans l'opération nationale de l'automne 1981. À ses yeux, le positionnement syndical de la C.F.D.T. facilite ce rôle d'intermédiaire entre les autorités publiques et les organisations d'extrême gauche qui désirent une régularisation pour tous les étrangers, sans critères restrictifs. Les autres syndicats et les associations de défense des étrangers prennent aussi leur part dans cette médiation. Les syndicats recevront, signe tangible du lien de collaboration au service public, une indemnisation officielle attribuée par le F.A.S.

Pour rassurer encore les étrangers qui pourraient craindre que des dossiers déposés, puis refusés, ne soient ultérieurement utilisés par les autorités de police pour les appréhender, le secrétaire d'État annonce publiquement que ces dossiers seront détruits.

Puis, pour faciliter les dépôts de dossiers, les syndicats se voient autorisés à effectuer des dépôts collectifs qui permettent de désencombrer les locaux d'accueil, d'améliorer la qualité des dossiers déposés et d'éviter les contacts entre les étrangers et les administrations.

Surtout, on introduit petit à petit des catégories nouvelles d'étrangers, non incluses dans la circulaire du 11 août 1981. Les marchands ambulants obtiennent ainsi leur régularisation en tant que commerçants en novembre 1981, de même que les travailleurs handicapés à la suite d'un accident du travail. Les faux étudiants, ceux qui travaillent à mi-temps par exemple, l'obtiennent également grâce à l'instruction du 30 novembre 1981. La distinction entre vrai-faux étudiant disparaîtra d'ailleurs rapidement, car tout « vrai » étudiant présentant une promesse de travail obtiendra sa régularisation.

Puis sont acceptés les étrangers en préformation, les intérimaires irréguliers, les femmes abandonnées ou concubines. Les irréguliers licenciés sont enfin admis, pour éviter que l'attitude non coopératrice d'un patron n'aboutisse à une injustice. Une circulaire du 20 novembre 1981 organise de surcroît la régularisation des travailleurs saisonniers, dès lors qu'ils justifient de vingt et un mois de travail entre le 1er janvier 1979 et le 31 décembre 1981 et qu'ils produisent pour la période à venir une promesse d'embauche d'une durée de un an.

À l'approche de la date de clôture maintenant fixée au 31 décembre, un appel est lancé en direction des irréguliers arrivés avant le 1er janvier 1981 : « Sur la simple preuve de leur présence en France, dès avant le 1er janvier 1981, un récépissé provisoire de trois mois valant séjour et travail leur sera délivré. Ils disposent alors de ces trois mois pour compléter leur dossier. » En réalité, cet appel permet de faire déposer un dossier à tous les étrangers arrivés en France avant le 1er janvier même s'ils n'ont jamais travaillé. Et comme les preuves exigées de l'arrivée avant le 1er janvier sont peu tangibles (cachets de la poste, etc.), cette dernière mesure favorise les demandeurs les plus téméraires ou les plus inventifs. À la date de clôture de l'opération, le chiffre minimal que le gouvernement s'était fixé est atteint et dépassé : 145 000 dossiers ont été déposés.

Les premiers sont alors déjà en cours de traitement. Lorsqu'un contrat est joint à la demande, l'avis favorable immédiatement accordé aboutit à la délivrance automatique des cartes de séjour et de travail. Lorsque le contrat est absent, le dossier est transmis aux commissions départementales ad hoc qui reçoivent des consignes de libéralisme. Enfin, mais nous sommes alors à la fin de l'année 1982, une procédure de recours auprès de la direction de la Population et des Migrations contre les décisions négatives est organisée. Contre l'avis de certains préfets qui continuent d'interpréter à la lettre la circulaire du 11 août 1981, ces recours sont examinés avec une très grande bienveillance. L'opération ne prend fin véritablement qu'au mois de septembre 1983.

Tous les étrangers irréguliers ayant réussi à apporter un début de preuve de leur arrivée en France avant le 1er janvier semblent avoir été régularisés dès lors qu'ils se sont battus pour l'être ou que leur cas a été pris en charge par des associations. Une partie de ceux qui auront bénéficié de la régularisation n'ont passé les frontières qu'après le début de l'opération, parfois sous l'incitation de certains États européens voisins de la France. La R.F.A., par exemple, a favorisé le départ de son territoire de travailleurs turcs en situation irrégulière. Le demandeur actif et tenace aura eu gain de cause. En revanche, l'étranger répondant aux critères qui aura craint de se présenter aux guichets, ou qui s'y étant présenté et s'étant vu opposer un refus aura négligé de faire appel, n'aura pas forcément bénéficié des nouvelles dispositions.

Cette population d'immigrés « régularisés » n'aura guère renforcé les rangs des demandeurs d'emploi [16]. Au contraire, elle est restée à 90 p. 100 employée, à 50 p. 100 chez le même employeur, le plus souvent en acceptant une diminution de salaire. Pour 40 p. 100, la régularisation a contraint à un changement d'employeur ; pour 10 p. 100 seulement, le chômage a suivi la régularisation.

Il faut remarquer pour conclure, sans porter de jugement sur le principe de l'opération, l'efficacité du système d'action regroupant syndicats, associations, personnels des préfectures et des directions départementales du travail, qui ont tous géré dans des conditions très inhabituelles la réception et le traitement de ces dizaines de milliers de dossiers. Au total, cent trente deux mille étrangers auront été régularisés. L'échafaudage juridique n'aura été qu'une mise en scène mais la régularisation aura auprès des immigrés de France l'effet symbolique attendu. Elle aura contribué à faire passer les mesures plus restrictives que prendra bientôt le gouvernement. Mais au moment où elle s'achève, le mécontentement de l'opinion publique a fortement augmenté et freine durablement l'action publique dans le domaine des droits sociaux des étrangers résidents.

LES RATÉS DE LA CITOYENNETÉ

En fait, depuis juillet 1981, les pouvoirs publics ne font, dans ce domaine, que réagir à l'événement.

L'action du ministre de la Solidarité nationale n'est pas assez rapide pour empêcher que ne surgissent des explosions de violence dans les quartiers de banlieue. Les Français découvrent, à la suite de ces événements abondamment relatés par la presse, que les immigrés ne sont plus seulement des travailleurs ; d'abord parce qu'ils vivent en famille, ensuite parce que, parmi eux, le nombre de chômeurs va croissant. Le gouvernement imagine deux types de solution : l'une, symbolique et immédiate ; Gilbert Trigano, le président-directeur général du Club Méditerranée, organisera des camps de vacances pour les jeunes souvent désœuvrés des banlieues des grandes villes. L'autre vise le long terme : la commission pour le développement social des quartiers se chargera d'une action décentralisée et créera un Conseil de prévention de la délinquance. Puis en août 1981, la réforme du droit de vote aux élections locales doit être rapportée.

La quatre-vingtième des cent dix propositions du candidat François Mitterrand prévoit d'accorder le droit de vote aux étrangers après cinq ans de présence en France. La logique socialiste est celle du droit-créance : puisque les étrangers paient des impôts locaux, ils ont le droit légitime de participer à la désignation des autorités publiques locales. C'est aussi une logique de l' « offre » : le droit de vote est conçu comme une technique qui permettrait de répartir plus équitablement les ressources dont disposent les autorités locales ; de leur côté, celles-ci traiteront avec plus de diligence des contribuables devenus électeurs. Cette proposition a donc pour visée de contraindre les collectivités locales à mieux prendre en compte les « problèmes » des étrangers qui relèvent de leur compétence.

Au cours des réunions de juillet 1981, où sont définies les priorités de l'action, cette proposition est pourtant retirée du programme immédiat du gouvernement. Cependant, le 9 août 1981, Claude Cheysson, alors ministre des Relations extérieures, déclare au retour du premier voyage qu'il effectue en Algérie depuis sa nomination :

> « Le gouvernement français songe très sérieusement à donner le droit de vote aux immigrés pour les élections municipales [...]. Leur participation aux élections municipales de 1983 aurait un impact certain sur les résultats dans les grandes

villes et leurs banlieues, en particulier à Paris [17]. »

Parce que Claude Cheysson est ministre, cette annonce équivaut pour l'opinion publique à une prise de décision. Les médias s'en saisissent immédiatement et portent cette information à la une de l'actualité.

L'annonce ne semble cependant pas susciter un grand enthousiasme. Parmi les associations, seule la Fédération des associations de soutien aux travailleurs immigrés (F.A.S.T.I.) s'exprime favorablement : elle rappelle qu'elle s'est prononcée pour le droit de vote et d'éligibilité des travailleurs immigrés aux élections municipales. Elle regrette que le gouvernement tergiverse pour accorder un droit qu'avait promis le P.S. lors de sa campagne électorale.

De son côté, le parti communiste se demande si le problème se pose en l'absence d'une demande émanant des travailleurs sur ce point. Pour Jean Colpin, dans *L'Humanité* du 13 août 1981, « Ces immigrés demeurent des citoyens de leur pays d'origine, auquel ils restent profondément attachés, avec pour beaucoup d'entre eux l'espoir d'y retourner. D'ailleurs, ils participent aux élections qui ont lieu dans ces pays. Et nous ne voulons rien faire qui puisse être de nature à précipiter un mouvement qui les détacherait de leur solidarité vis-à-vis des intérêts de leur peuple [...]. »

Quant aux autres acteurs, ils vont de la plus

ferme opposition à la réserve prudente. Jacques Chirac affirme : « Il n'est pas possible d'accorder ce droit aux immigrés, car ce droit est strictement attaché à la citoyenneté française. » Il se déclare en revanche « favorable à l'extension ou à l'aménagement des droits professionnels, syndicaux ou familiaux ». Force ouvrière estime pour sa part qu'il y a plus urgent : « Il convient en tout premier lieu d'assurer pleinement les droits économiques, sociaux, culturels et aussi le droit d'association des étrangers [...] le problème le plus immédiat à résoudre actuellement, est celui de l'immigration clandestine, qui s'est fortement amplifiée depuis l'annonce de la régularisation des " sans-papiers ". » La Maison des travailleurs immigrés (M.T.I.) estime : « Ce droit est inaliénable pour tout citoyen et, en particulier, pour ceux qui ont aidé la richesse du pays d'accueil », mais elle convient que la reconnaissance du droit d'association demeure prioritaire sur le droit de vote. La C.F.D.T. fait à son tour remarquer que « Le droit de vote, s'il veut être un facteur d'insertion et de promotion des communautés immigrées en France, et non une mesure d'intégration, souvent rejetée par les immigrés eux-mêmes, doit s'insérer dans un ensemble de droits nouveaux. » Alexandre Boussageon, dans *Témoignage chrétien,* va jusqu'à mettre en cause l'un des arguments développés par les socialistes. « Au lieu de permettre l'intégration des étrangers, au contraire, le droit de vote pourrait aggraver leur exclusion si les immigrés se regroupent dans les communes où ils auraient conquis un certain pouvoir, c'est-à-dire des élus, ce qui aurait pour conséquence de développer encore les ghettos. Ainsi, au lieu de favoriser l'intégration des immigrés, on les marginaliserait encore un peu plus. » Enfin, les élus socialistes avec lesquels le secrétaire d'État aux Immigrés entre en contact se montrent très réticents.

Mais le mouvement de mécontentement s'exprime surtout et rapidement dans l'opinion publique par des manifestations toujours significatives pour un ministre : des coups de téléphone au ministère, de nombreux « courriers du citoyen »[18].

Trois solutions sont alors envisagées : retirer la proposition ; poursuivre le processus en annonçant par exemple que le Parlement sera prochainement saisi d'un projet de loi ; enfin, calmer le jeu. Le président de la République choisit cette dernière option. La temporisation doit permettre de diminuer la pression de l'opposition et de l'opinion publique. François Autain annonce en conséquence le 12 août, dans une interview accordée au *Matin*, que la réforme ne fait pas partie des priorités du gouvernement. Mais cette déclaration n'atteint pas son objectif ; elle ne freine pas la mobilisation de ceux qui s'opposent à la décision. Loin de satisfaire les médias, elle ne fait qu'amplifier leur réaction. On y voit probablement un mouvement tactique, ayant pour dessein de détourner l'attention et de ne confirmer ni d'infirmer clairement les déclarations de Claude Cheysson. Le soir même, le même François Autain, interrogé sur France-Inter, choisit alors la solution du retrait. Il déclare de son propre chef, sans mandat gouvernemental, que cette réforme ne prendrait pas effet avant les prochaines élections municipales et qu'il s'agissait là d' « un objectif à très long terme ». Il utilise le crédit que lui confère sa fonction, celle de mandataire implicite qu'il occupe depuis deux jours, et l'occasion qui lui est donnée pour faire prévaloir son point de vue. Son choix personnel est perçu par le public comme le choix du gouvernement, et il apparaît d'autant plus légitime qu'il répond à son attente.

Cette dernière parade se révèle payante puisque la polémique cesse et que les médias se démobilisent. Le choix du secrétaire d'État ne sera dorénavant plus remis en cause, la réaction de l'opinion publique, en effet, demeure particulièrement hostile au vote des immigrés aux élections locales. Un sondage effectué les 12 et 13 août 1981, et publié le 26 août de la même année le montre assez [19] : 35 p. 100 des Français interrogés sont favorables au vote des étrangers aux élections locales, 58 p. 100 sont hostiles et 7 p. 100 sont sans opinion.

Sans doute faut-il d'emblée tenir compte du

fait que cette réforme n'est pas une réforme comme les autres, qu'elle concerne la conception fondamentale de la communauté politique. Dans l'Histoire de France, citoyenneté et nationalité ont toujours été reliées ; par ailleurs, citoyennetés locale et nationale n'ont jamais été séparées.

Telle ne sera pourtant pas l'argumentation du secrétaire d'État. Certes, dans la lettre qu'il adresse au Premier ministre qui, mécontent, lui avait demandé de s'expliquer, il met bien en avant le caractère particulier du droit de vote et craint que celui-ci ne mobilise contre la politique d'immigration des acteurs et des publics jusqu'à présent indifférents ou favorables, notamment les élus socialistes principalement concernés qu'il a consultés. Certes, « sa priorité est de favoriser l'insertion des différentes communautés immigrées dans la communauté française [et] l'amélioration durable des rapports entre Français et immigrés », mais se battre pour le droit de vote serait mettre la « charrue avant les bœufs »[20].

François Autain procède surtout à un calcul des coûts et des avantages. Il conclut que le coût de la bataille qu'il eût fallu engager contre les opposants à la réforme, pour un résultat presque certainement négatif, eût donc été trop élevé. La réforme engagée impliquait en effet, selon lui, et c'était là aussi le signe de sa dimension particulière, une modification de la Constitution : l'article 3, après avoir précisé que la souveraineté nationale appartient au peuple qui l'exerce par ses représentants et par la voie du référendum, détermine les conditions de l'électorat : nationaux français majeurs des deux sexes jouissant de leurs droits civils et politiques. L'article 24, après avoir précisé que le Parlement comprenait l'Assemblée nationale et le Sénat, indique que ce dernier, élu au suffrage indirect, assure « la représentation des collectivités territoriales de la République » qui sont, selon l'article 72, « les communes, les départements, les territoires d'outre-mer et d'autres collectivités locales éventuellement créées par la loi », comme les régions. Les citoyens français élisent donc une partie de leurs représentants, les sénateurs, par l'intermédiaire de leurs élus locaux. L'élargissement du corps électoral municipal à « des citoyens locaux de nationalité étrangère », entraîne donc leur participation à la désignation de représentants de la nation et à l'élaboration des lois de la République, ce que n'autorise pas l'article 3 de la Constitution.

Or, pour modifier la Constitution, le concours de la majorité du Sénat est obligatoire, ce qui était, dans les circonstances présentes, difficilement envisageable. Engager le processus, c'était donc préparer une défaite certaine.

François Autain a utilisé sa légitimité et le soutien dont sa position bénéficie dans l'opinion, pour imposer un choix au Premier ministre et au président de la République. Mais cette victoire personnelle se révèle une défaite collective pour le gouvernement, la première de l'après-mai 1981, alors même que sa popularité est encore très forte.

LA MONTÉE DES PÉRILS

La conjoncture économique et politique des années 1982-83 est encore moins favorable. La politique économique du gouvernement marque « une rupture avec la rupture » en adoptant les deux plans de rigueur. L'effondrement du mythe entretenu par la gauche avant son arrivée au pouvoir – un changement de politique économique serait suffisant pour sortir de la crise et du chômage – produit peut-être chez une partie du public un transfert vers un autre mythe simplificateur de résolution de la crise, celle du départ des étrangers.

Par exemple, au moment des mesures de contrôle de changes prises en juillet 1982, un conseiller du président de la République, Michel Charasse, rapporte que ces dernières ne provoquent pas, en elles-mêmes, de protestations dans l'électorat populaire qui n'a pas l'habitude de partir en vacances. Mais le simple fait que les immigrés puissent continuer de circuler à l'étranger avec autant de devises qu'auparavant est, en revanche, source de mécontentement. On a le sentiment que la rigueur est réservée aux Français et un régime de faveur aux étrangers. Michel Charasse demande que des mesures soient prises pour leur supprimer cette liberté [21].

Le mécontentement de l'opinion ne tarde pas à avoir des conséquences sur les dossiers sociaux des résidents réguliers – logement, école, travail – qui requiert une mobilisation des acteurs bien au-delà de la seule action législative ou réglementaire.

Certes, Nicole Questiaux et François Autain ont, par exemple, saisi l'occasion du rapport annuel pour l'année 1980 de la Cour des comptes, qui met en cause le manque d'autonomie de gestion du F.A.S., pour promouvoir une réforme de cet organisme, qui entre en vigueur au début de 1983. Le F.A.S. est réorganisé et sa gestion déconcentrée : les attributions de crédits et de subventions se font dorénavant sous l'autorité du préfet de région [22].

Mais, dans les domaines importants, l'action publique marque le pas. C'est le cas pour le logement des familles, où l'action est déjà handicapée par la baisse de la construction de logements sociaux.

Dans le domaine des foyers, marqué par un long conflit de 1975 à 1980, le gouvernement engage une réforme de statut qui n'aboutit pas : sous la responsabilité du sénateur Dreyfus-Schmidt, une table ronde regroupant des représentants des résidents doit proposer un nouveau statut du résident de foyer. Le projet de loi élaboré est mis au point trop tardivement pour être repris dans la loi Quilliot [23]. Un projet de loi complétant le premier texte est déposé le 21 décembre 1982. Il assimile le contrat de résident à un contrat normal de location, tout en tenant compte de l'aspect collectif de la vie en foyer. Mais la crainte de voir, à l'occasion d'un éventuel débat parlementaire sur ce texte, la loi Quilliot faire l'objet d'une trop forte contestation, incite le gouvernement à ne pas saisir le Parlement de ce projet.

Pour répondre au mécontentement grandissant de l'opinion publique, le ministre de l'Intérieur reprend l'offensive sur deux dossiers : les flux et la nationalité. La guerre de tranchées entre le ministère de l'Intérieur et le ministère de la Solidarité nationale redémarre. Le premier cherche à disposer de moyens supplémentaires pour lutter contre le séjour irrégulier d'étrangers, ceux, par exemple, attirés par la régularisation. Dès les mois de juillet et d'août 1981, l'arrivée massive de touristes algériens suscite dans la ville de Marseille, dont le ministre, Gaston Defferre, est le maire, des réactions hostiles, auxquelles il est sensible. Par ailleurs, les lois de 1981 ne lui facilitent pas toujours la tâche. Gaston Defferre décide alors d'user du droit d'expulser en urgence absolue des étrangers en situation irrégulière, en élargissant son droit à des situations que n'avait pas prévues la loi.

Puis il tente de remettre en cause le texte sur l'entrée et le séjour, loi votée en octobre 1981. Il faut préciser que le transfert du juge administratif au juge judiciaire du contentieux des infractions au séjour a, depuis lors, produit des effets imprévus. Le ministère de la Justice a, en effet, tardé, et les magistrats eux-mêmes ne se sont pas appropriés cette nouvelle compétence avec enthousiasme. D'une part, cette attribution ne les valorise guère ; d'autre part, la règle de droit semble marquée par un certain illogisme : la peine de reconduite à la frontière ne peut plus être prononcée qu'en complément d'une courte peine de prison, qui doit auparavant être purgée. Déjà, dans une situation inquiétante de surpopulation, les prisons se remplissent d'étrangers dont le seul délit est souvent d'avoir prolongé de façon excessive un séjour touristique au-delà de trois mois. En outre, l'étranger use souvent de son droit de faire appel, qui empêche l'exécution immédiate de la sentence.

Dès le début 1982, soit trois mois à peine après l'adoption du texte, la position de Gaston Defferre est communiquée aux autres ministres : il faut modifier la loi. Entérinée au cours d'une réunion interministérielle tenue à Matignon en avril 1982, sa proposition est réexaminée... parce que le coût politique apparaît trop élevé. Gaston Defferre n'obtient alors, en accord avec le garde des Sceaux, qu'un aménagement du texte : la loi du 10 juin 1983 permettra au juge de prononcer l'exécution provisoire des peines complémentaires, nonobstant appel ; la reconduite à la frontière pourra être immédiatement exécutée, sans que la peine principale de prison éventuellement prononcée par le juge n'ait à être purgée.

Dans la lutte contre le travail illégal, la recherche de la dissociation des intérêts des employeurs et des salariés en situation irrégulière provoque aussi des résultats différents de ceux qu'on attendait. Certains étrangers traduits devant les tribunaux pour infraction au séjour invoquent l'existence d'une relation de travail afin d'obtenir du juge, comme le prévoit la loi, un sursis avant que le conseil de prud'hommes ne se prononce ; mais l'autorisation provisoire de séjour qu'ils obtiennent alors, conformément à la loi, ne leur permet pas de travailler légalement et les oriente à nouveau vers un emploi irrégulier.

Dans le même temps, Gaston Defferre s'essaie à une autre tactique en favorisant les relations avec l'Algérie pour obtenir d'elle un accord bilatéral sur le contrôle des flux. L'Algérie est toujours considérée comme le seul État du

Maghreb avec lequel il est possible de discuter de ces questions. C'est dans ce contexte que les autorités françaises acceptent que l'Algérie procède à la fin de septembre 1982 à la nomination du cheikh Abbas pour succéder à Si Hamza Boubakeur au poste de recteur de la mosquée de Paris [24]. Mais, au premier chef, le ministre pense avoir découvert une monnaie d'échange plus intéressante encore pour l'Algérie : c'est l'article 23 du Code de la nationalité française, qui prévoit que l'enfant né en France de parents nés en France est français, et qui s'applique de ce fait aux enfants algériens nés en France après 1962, de parents nés en Algérie au moment où celle-ci était divisée en trois départements français. Alger a toujours considéré que la France s'appropriait ainsi ses ressortissants de façon illégitime. De son côté, Paris s'est montré prêt à signer une convention internationale avec l'Algérie, laissant le libre choix de leur nationalité aux ressortissants algériens touchés par l'article 23. L'Algérie, en réponse, avait toujours souhaité que la France modifie unilatéralement l'article 23, pour qu'il ne s'applique pas à ses compatriotes.

Or l'année 1982 constitue dans ce conflit une année charnière : faute d'accord bilatéral, des jeunes gens, les premiers, appartenant aux deux nationalités devront satisfaire aux obligations du service national dans les deux pays. En 1982, des associations, poussées par certains consulats algériens, organisent une campagne de suppression des liens d'allégeance pour ces jeunes « Français malgré eux ». Le ministre de l'Intérieur fait donc adopter, dans la réunion interministérielle d'avril 1982, la réforme de l'article 23 demandée par Alger. Si le ministre de l'Intérieur a pris à son compte cette revendication, lui qui a la charge exclusive de la gestion des cartes de résident des ressortissants algériens, c'est probablement qu'il a obtenu, en échange, des concessions réelles ou au moins des promesses sur la politique de contrôle aux frontières qui l'obsède.

La solution adoptée en avril 1982 aurait abouti à admettre que l'Algérie n'était pas, avant 1962, un territoire français comme d'autres. Elle risquait d'être interprétée symboliquement par une partie de l'opinion publique comme la reconnaissance *de facto* de l'illégitimité de la présence française en Algérie, ce que désiraient d'ailleurs les autorités algériennes. Cette réforme aurait encore soulevé des problèmes techniques en matière de preuve de la nationalité pour les rapatriés d'Algérie. Cette solution est donc abandonnée.

Les autorités françaises proposent alors de modifier le droit interne en accordant à tous les enfants d'étrangers la possibilité de répudier la nationalité française dans les six mois suivant leur majorité, par simple déclaration [25] ; cette position est à son tour abandonnée au début de

1983. Une faculté de répudiation, reconnue aux Franco-Algériens, aurait eu pour effet de remettre en cause le procédé simple et pratique de preuve de la nationalité française : pour démontrer que l'on est français, il suffit aujourd'hui de prouver que l'on est né en France d'un parent né en France. La faculté de répudiation adoptée, chaque Français désireux de faire la preuve de sa nationalité aurait dû en outre démontrer qu'il n'avait pas répudié la nationalité française. Cette crainte de complications juridiques justifie le statu quo.

Le problème du double service national est dans la pratique réglé par l'évolution des positions algériennes et la signature d'un accord bilatéral. L'État algérien commençait depuis quelques temps à faire évoluer son discours traditionnel sur le retour de sa communauté résidente en France et à envisager sa stabilisation définitive et son utilisation dans une stratégie de lobbying à l'américaine : dans ce cadre, la double nationalité n'est plus un inconvénient mais un outil adapté. Un accord sur le service national est donc signé avec la France : sa spécificité est de laisser la possibilité aux jeunes franco-algériens, malgré leur résidence française, d'effectuer leur service en France ou en Algérie, au choix. Cet accord sera ensuite beaucoup critiqué. On oublie le contexte particulier de sa signature et le fait qu'en échange d'une concession sur le service national, la France n'a pas cédé sur la question fondamentale de la nationalité.

Malgré ses échecs successifs dans le domaine législatif ou conventionnel, l'action du ministre de l'Intérieur ne se relâche pas. Aux frontières, la police de l'air reçoit pour consigne d'exercer un contrôle sur les visites familiales des Algériens et procède à de nombreux refoulements. Mais, à la demande du président Chadli, et au nom des relations entre les deux pays, les refoulements de ressortissants du Maghreb sont interrompus en décembre 1982 jusqu'à ce qu'une formule nouvelle de contrôle soit provisoirement adoptée.

À la fin de 1982, le discours de rupture apparaît bel et bien dépassé, et depuis longtemps. Les grèves de l'automobile manifestent le rôle des immigrés comme acteurs du champ politico-social intérieur, alors que débute la campagne en vue des élections municipales. Les responsables ministériels vont une nouvelle fois livrer au public des déclarations contradictoires. Pierre Mauroy, sur la foi d'informations communiquées par les services de renseignements généraux du ministère de l'Intérieur, fait état de la montée de l'intégrisme musulman. Le directeur du cabinet du secrétaire d'État aux Immigrés déclare dans la presse marseillaise, entre les deux tours des élections municipales, avoir expulsé plus d'immigrés que la droite. Le secrétaire d'État aux Immigrés, pour sa part, se tait et demande un changement d'affectation ministérielle. La gauche ne dispose plus de logique d'action dans le domaine de la politique d'immigration. La mission du nouveau responsable ministériel sera de lui en donner une.

VI
LE RECENTRAGE
(mars 1983-juillet 1984)

Georgina Dufoix, secrétaire d'État chargée de la famille, se voit donc confier en mars 1983 l'immigration dans un portefeuille ministériel qui comprend également la population.

Le temps est toujours à la rigueur économique. Après le premier plan Delors de juin 1982, le maintien dans le système monétaire européen et le deuxième plan de rigueur marquent définitivement l'acceptation de la contrainte internationale ; les restructurations industrielles retardées ou désavouées en 1981 sont relancées. Comme le dit Danièle Lochak :

> « Le nouveau style que le gouvernement veut désormais imprimer à son action, l'image de réalisme et de rigueur qu'il entend donner au pays vont inexorablement déteindre sur la politique à l'égard des immigrés [1]. »

L'entrée de leur pays dans les Communautés européennes fait accéder les Espagnols et les Portugais de France à un statut protecteur. La coopération européenne pour un meilleur contrôle des flux progresse. Enfin, le rééquilibrage de la politique française au Maghreb se fait au détriment de l'Algérie, et en faveur du Maroc et de la Tunisie [2]. Cependant, l'élément déterminant du changement est, encore une fois, d'ordre politique. Les enquêtes d'opinion commandées tous les mois par le gouvernement montrent que, depuis l'arrivée de la gauche au pouvoir, la politique d'immigration est toujours perçue de façon moins favorable que les autres actions publiques, ou même que la politique générale du gouvernement. Certes, elle n'a pas mobilisé jusque-là l'attention prioritaire de l'opinion publique et des médias. Ce n'est pourtant plus le cas à partir de mars 1983. Au cours de la campagne pour les élections municipales, l'immigration devient un enjeu politique national prioritaire. L'opinion publique se manifeste aux élus à travers les sondages certes, qu'ils soient ou non publiés, mais aussi par les contacts de terrain et par les constatations de tel ou tel. La pression de la population se fait notamment de plus en plus sentir, par le biais des canaux auxquels les décideurs sont sensibles : les doléances des députés de la majorité par exemple, qui transmettent eux-mêmes aux ministres concernés des plaintes recueillies sur le terrain chaque week-end.

Le tournant qu'effectue alors le gouvernement est d'ordre sémantique et pratique. La mission de Georgina Dufoix consiste à agir et à s'expliquer de façon à redonner une légitimité à l'action gouvernementale. Il ne s'agit plus de parler de rupture, ni de la mettre en pratique ; mais de trouver un équilibre dans le traitement des trois grands problèmes de la politique de l'immigration : les arrivées, les retours, le statut des étrangers résidents. Car aux yeux des membres du gouvernement, l'opinion publique semble éclatée en deux pôles. Le premier, qui paraît progressivement dominer, perçoit toute action « en faveur » de l'immigration avec de plus en plus d'agressivité. Le second continue de se mobiliser pour les droits des immigrés, et il ne faudrait pas susciter chez lui de réactions négatives. On choisit donc d'osciller dans le discours comme dans l'action entre liberté, égalité et ordre public, donc de rester prudent.

LA RÉHABILITATION DU CONTRÔLE

Pour signifier ce rééquilibrage, on affiche au premier chef un changement des ordres de priorité. Le catalogue de mesures décidé au Conseil des ministres du 31 août 1983 vise, en effet, à faire percevoir que la priorité est à la fermeture des frontières puis à l'insertion. Un lien est établi entre ces deux volets : le renvoi des « clandestins », présenté comme une nécessité à la fois pour protéger l'emploi des Français et pour éviter que ne se développent des sentiments anti-immigrés pour ceux qui peuvent rester en France. François Mitterrand déclare alors :

> « Je dois protéger l'emploi des Français ; je dois éviter aussi cette sorte d'exaspération, car beaucoup de gens n'ont pas assez réfléchi et réagissent instinctivement. Il ne faut pas se placer dans les rangs des exploiteurs de la haine, il ne faut pas pousser à vif ces sentiments qui sont déplaisants, détestables, mais il y a cette réalité [3]. »

Dans le domaine du contrôle des flux, depuis déjà quelques mois, le gouvernement travaille dans toutes les directions. Sous l'impulsion du ministre de l'Intérieur, on s'emploie à contourner les lois de 1981. Pour rétablir des contrôles d'identité, ce dernier décide de remettre en vigueur un décret de 1946, qui précise : « Les étrangers doivent être en mesure de présenter, à toute réquisition des agents de l'autorité publique, les documents sous le couvert desquels ils sont autorisés à séjourner en France. » La réforme, introduite en juin 1983, rendant immédiatement exécutoire les peines de reconduite à la frontière prononcées par les tribunaux, entraîne la mise en place de jugements à la chaîne en procédure de citation directe, et des erreurs de droit sont parfois commises par certains magistrats [4].

Par ailleurs, à la suite de la suspension des refoulements de ressortissants algériens en décembre 1982, le gouvernement français a poursuivi des négociations avec les trois États du Maghreb. Aux termes de celles-ci, les « accords sur le diptyque » entrent en vigueur le 1er juin 1984 : le sacro-saint principe de libre circulation entre l'Algérie et la France n'est pas remis en cause mais, pour entrer sur le territoire français, les ressortissants d'Afrique du Nord devront dorénavant présenter, outre des garanties de rapatriement, une carte de débarquement à deux volets dite « diptyque » : un volet sera remis aux autorités françaises à l'arrivée en France ; l'autre, conservé par le touriste, devra être rendu au moment du retour. Ce dispositif est censé favoriser le contrôle des séjours touristiques. Enfin, Georgina Dufoix reprend à son propre compte trois propositions qui avaient, en leur temps, fait violemment réagir la gauche, lorsqu'elles avaient été envisagées entre 1978 et 1981.

En juin 1983, Georgina Dufoix demande à ses services d'élaborer un texte qui supprimerait toute possibilité pour un étranger d'accéder au séjour et au travail par la voie de la régularisation, c'est-à-dire après être entré en France en tant que touriste par exemple. Cette réforme, déjà ébauchée par une circulaire de 1972, ne peut, selon le Conseil d'État, être instituée que par un décret ou par une loi (arrêts Da Silva du 13 janvier 1975, portant annulation des circulaires Marcellin-Fontanet de 1972, C.G.T.-G.I.S.T.I. du 24 novembre 1978, portant annulation des circulaires de 1974, et G.I.S.T.I. du 12 mai 1980, annulant la circulaire du 27 juillet 1977). Le directeur de la Population et des Migrations met alors en garde le ministre contre les effets négatifs d'une telle mesure. Effets d'abord politiques : cette proposition reviendrait « sur une pratique constante de trente années » et conduirait « à modifier, dans un sens restrictif », des textes élaborés par le gouvernement de droite en 1975 et 1976 « qui ne procédaient pas nécessairement d'une intention laxiste ». Cette initiative formerait avec l'opération de régularisation exceptionnelle « un contraste qu'il serait peut-être difficile d'expliquer[5] ». Mais aussi effets pratiques prévus : si elle devait être adoptée, la mesure ne pourrait s'appliquer aux ressortissants étrangers qui seraient entrés en France sous l'emprise de la réglementation antérieure, d'où la nécessité d'une nouvelle régularisation exceptionnelle. Devant le risque encouru, le ministre se replie sur une application plus ferme du Code du travail[6] qui permet d'opposer à une demande de titre de travail la situation de l'emploi présente et à venir.

Le deuxième objectif du nouveau ministre est la restriction de l'immigration familiale. Le gouvernement doit, là aussi, tenir compte de la jurisprudence du Conseil d'État, qui a créé et imposé, à l'occasion de l'arrêt G.I.S.T.I. du 8 décembre 1978, un nouveau principe général du droit : « le droit de mener une vie familiale normale ». Ce principe, qui s'applique sans texte et sans que le législateur en ait du reste fixé les modalités et les limites, autorise un ressortissant étranger, régulièrement installé en France, à y faire venir sa famille qui jouit alors de tous les droits des étrangers en situation régulière. Ce principe a cependant pour contrepartie les nécessités « tenant à l'ordre public et à la protection sociale des étrangers et de leur famille [7] ».

Pour ne pas encourir la censure du Conseil d'État, Georgina Dufoix cherche à limiter, non pas le droit de travailler, mais le droit de séjourner. Une circulaire du 10 juillet 1981 avait aboli la contrainte de la demande d'introduction au terme de laquelle les familles devaient, pour être autorisées à s'installer en France, effectuer leur demande depuis le pays d'origine ; leur demande n'était en outre prise en compte qu'à condition d'avoir des ressources suffisantes et un logement. La nouvelle circulaire a eu pour effet l'abandon progressif de cette procédure très contraignante au profit de la venue sous couvert d'un passeport de tourisme, en vue d'une régularisation ultérieure. Cela se traduisait sur le plan administratif par une nette progression des admissions au séjour, ce que confirmait une enquête conduite de 1981 à 1983 dans dix-sept départements sur l'évolution des décisions de regroupement.

Acceptations	1981	1982	1983	Totaux
Introduction	6 372	5 631	4 540	16 543
Admission au séjour	7 084	10 017	9 276	26 377
Totaux	13 456	15 648	13 816	42 920

Certes, pour la même période et pour les mêmes départements, cette évolution pouvait sembler être compensée par une augmentation parallèle du nombre de décisions négatives [8] :

Refus	1981	1982	1983	Totaux
Introduction	664	881	857	2 402
Admission au séjour	1 625	2 791	3 575	7 991
Totaux	2 289	3 672	4 432	10 393

Source : D.P.M.

Mais ces refus en nombre croissant concernaient avant tout les demandes d'admission au séjour. On pressentait donc que les familles refusées restaient sur le territoire national et s'installaient dans l'illégalité, d'autant plus qu'il était humainement presque impossible de procéder à leur reconduite aux frontières.

On cherche à ce que le refus éventuel d'un

regroupement familial soit signifié quand la famille se trouve encore à l'étranger, et on décide donc de supprimer la procédure d'admission. Un texte allant dans ce sens est approuvé en réunion interministérielle. Par prudence, il n'est ensuite transmis au Conseil d'État que lorsque la consultation officieuse du président de la section sociale du Conseil permet de s'assurer de l'avis favorable de la Haute juridiction. Celle-ci n'apporte en définitive qu'une seule modification mineure au texte : elle prévoit qu'un étranger résidant à un autre titre que celui de travailleur salarié, par exemple un étudiant, pourra bénéficier de la procédure de regroupement familial sans être contraint de revenir dans son pays d'origine. Georgina Dufoix obtient donc sans bruit le contrôle plus strict de l'immigration familiale.

Elle a enfin un troisième objectif : le rétablissement de l'aide au retour. Mais la réalisation de cet objectif lui pose un délicat problème politique. Certes, des entreprises souhaitent que cette aide soit rétablie et sentent que leurs salariés étrangers n'y seraient pas défavorables. Mais comment réintroduire cette aide sans que cela soit perçu, par ceux qui ont combattu sa création dans les années 70, comme un recul sur un point de principe ? Comment plaider son efficacité alors même que le précédent secrétaire d'État a encore publiquement indiqué, à la fin de 1982, qu'une politique de retour n'aurait aucun effet [9] ? Comment la rétablir sans renforcer également un courant xénophobe qui pourrait la percevoir comme une nouvelle faveur financière accordée aux étrangers ?

Georgina Dufoix croit avoir trouvé la parade : l'ancienne aide au retour avait été critiquée puis supprimée pour n'avoir pas été négociée avec les États d'origine. Il suffirait donc d'inscrire la nouvelle disposition dans une démarche réelle de coopération pour la légitimer et diminuer les risques de réactions négatives venant de la gauche ; le passage risqué par la voie législative serait ainsi évité. De plus, des accords bilatéraux en accroîtraient l'efficacité en facilitant la réinsertion sur place des étrangers concernés et le retrait des titres de séjour et de travail des bénéficiaires, indispensable pour éviter qu'ils ne reviennent en France une fois l'aide perçue.

L'ambassadeur Paul-Marc Henry est donc chargé d'une mission de contacts, de caractère secret, auprès des États concernés [10]. À sa demande, sa lettre de mission précise que ces contacts s'inscrivent dans le cadre de l'aide au développement des pays concernés. Il met en place un groupe interministériel permanent, qui se réunit à plusieurs reprises et effectue plusieurs voyages.

Sa démarche ne rencontre cependant guère de succès, sauf au Sénégal : elle est repoussée par la Tunisie, le Mali et surtout le Maroc, qui se montrent opposés au retour de leurs ressortissants. La Tunisie et le Maroc font état de leur situation économique ; le royaume chérifien rappelle, en outre, le contenu de l'accord de 1963, qui fait obligation à la France de reclasser des étrangers résidents marocains au chômage. L'hostilité dans les pays d'origine à tout accord bilatéral qui risquerait de se révéler impopulaire est donc complète. Mais elle diminue sensiblement dès lors qu'il ne s'agirait que d'opérations circonscrites à un nombre limité d'étrangers bien indemnisés financièrement, et unilatéralement décidées par la France.

Ce souhait coïncide avec l'objectif du gouvernement français, qui ne veut pas recréer une aide générale, mais préfère une aide micro-économique ciblée sur des entreprises en cours de restructuration industrielle dans des secteurs à fort salariat étranger. Cette position des États étrangers pose pourtant au gouvernement français un sérieux problème : il lui faut pour mettre en application une telle disposition faire discuter et adopter par le Parlement un texte de loi. Or une discussion parlementaire sur ce sujet ne va pas sans risque.

C'est après plusieurs mois d'attente que le gouvernement débusque l'occasion espérée. Donnant satisfaction à une vieille revendication des syndicats et des associations en décidant d'instituer la « carte de dix ans », il va pouvoir présenter au Parlement un texte équilibré : du restrictif avec l'aide au retour, du libéral avec le titre unique.

LA CARTE DE DIX ANS

Le Conseil des ministres d'août 1983 a pourtant été moins prolixe dans le domaine des droits des étrangers résidents que dans celui du contrôle des éventuels irréguliers. Il s'est contenté comme souvent de présenter d'une nouvelle façon des dispositions déjà prises ou de poursuivre la politique précédente : formation, soutien scolaire, légitimation et institutionnalisation d'associations à travers le financement du F.A.S., financement d'animateurs sociaux. Certes, le développement des associations induit par la libéralisation du droit de s'associer, votée en 1981, permet au F.A.S., dont les crédits d'intervention ont doublé entre 1980 et 1986, de multiplier par quatre le nombre d'organismes financés.

Certes, le gouvernement soucieux de prévenir les incidents locaux à forte résonance sociale et politique a créé le conseil national de prévoyance de la délinquance, la commission du développement local des quartiers, les contrats d'agglomération, qui tous cherchent à endiguer ces explosions. Pour cela, le F.A.S. s'associe à l'A.F.P.A., à l'A.N.P.E. et au ministère de l'Éducation nationale, afin de mener des actions communes [11].

Le nouveau secrétaire d'État a aussi proposé au gouvernement d'adopter une mesure symbolique : le « titre unique de dix ans ». La veille du Conseil des ministres d'août 1983 consacré à l'immigration, le Premier ministre, Pierre Mauroy, a rendu un arbitrage favorable : la carte de dix ans sera instaurée, et il en informe les cabinets concernés [12]. Mais les cabinets du président de la République et du ministre de l'Intérieur jugent la proposition trop risquée : cette mesure augmenterait les droits réels d'un nombre limité d'étrangers [13] et ne manquerait pourtant pas d'être perçue par une partie de l'opinion publique comme une faveur supplémentaire. Le Conseil des ministres refuse donc d'entériner le choix du Premier ministre.

Pour l'étranger cependant, la carte de dix ans apparaît comme un moyen de garantir la stabilité du séjour des étrangers : élément de sûreté pour les personnes concernées, elle pourrait, de ce fait, avoir un effet positif sur l'amélioration de leurs relations aves les Français. Le titre unique de dix ans porte en lui l'idée d'une garantie d'un séjour de longue durée et la fin de nombreuses démarches administratives.

L'Administration est, en effet, perçue par l'étranger résident comme une menace permanente. C'est au guichet, à l'occasion du renouvellement de ses titres, que l'étranger ressent, à tort ou à raison, la spécificité de sa condition, sa dépendance à l'égard d'un guichetier qui lui apparaît comme maître de son destin. Là s'est trop souvent noué le drame de la relation entre l'étranger et l'Administration française, parfois suivi d'un véritable traumatisme.

Le souvenir de ce contact obligatoire et régulier réveille aujourd'hui encore, chez des intéressés dont la sécurité du séjour est pourtant définitivement assurée, un ressentiment important, une blessure inoubliable. Le renouvellement du titre, lorsque son installation est ancienne, reste le signe tangible de la précarité de la situation de l'étranger. Une étude menée conjointement par l'Inspection générale de l'Administration et par l'Inspection générale du ministère des Affaires sociales [14] montre cependant qu'une telle perception des choses ne correspond pas tout à fait à la réalité des décisions administratives concrètes. En 1979-80, les administrations départementales ne cèdent pas à la volonté du gouvernement de ne pas renouveler certains titres de trois ans. Le rapport conjoint de l'Inspection générale de l'Administration (I.G.A.) et de l'Inspection générale des Affaires sociales (I.G.A.S.) montre cependant des différences notables et impressionnantes de pratique dans les sept régions françaises comptant le plus de population étrangère, lorsque les préfectures ont reçu la consigne d'attribuer au moment du renouvellement un titre de plus longue durée.

Situation au 31 décembre 1982

Départements	Carte de résident ordinaire (3 ans)	Carte de résident privilégié (10 ans)	Total	CRO p. 100	CRP p. 100
Région parisienne					
Yvelines	14 000	60 500	74 500	19	81
Hauts-de-Seine	69 500	33 000	102 500	68	32
Val-de-Marne	98 500	29 000	127 500	77	23
Paris	152 500	53 000	205 500	74	26
Nord-Pas-de-Calais					
Nord	8 000	69 500	77 500	10	90
Pas-de-Calais	3 500	12 500	16 000	22	78
Rhône-Alpes					
Rhône	12 500	57 000	69 500	18	82
Loire	6 500	14 500	21 000	31	69
Provence-Alpes-Côte d'Azur					
Bouches-du-Rhône	24 000	22 000	46 000	52	48
Alpes-Maritimes	25 000	18 500	43 500	57	43
Alsace					
Bas-Rhin	17 500	10 000	27 500	64	36
Haut-Rhin	8 500	15 000	23 500	36	64
Languedoc-Roussillon					
Gard	10 500	6 500	17 000	62	38
Hérault	6 500	21 500	28 000	23	77
Lorraine					
Moselle	5 500	20 500	26 000	21	79
Meurthe-et-Moselle	7 500	11 500	19 000	39	61
France métropolitaine	880 000	1 026 000	1 906 000	46	54

Chaque préfecture a donc sa politique. Ainsi, certaines préfectures accordent-elles systématiquement une carte de résident privilégié quand les autres ne l'accordent que lorsque l'étranger concerné la demande. Mais ces politiques divergentes ne mettent pas en cause la garantie du séjour de l'étranger.

La raison principale de sa perception négative tient peut-être au fait que les personnels chargés de l'examen des demandes d'attribution ou de renouvellement de titres sont le plus souvent les personnels les moins qualifiés des préfectures. De plus, les modes de gestion de ces renouvellements demeurent archaïques.

Du point de vue de l'Administration, le service des étrangers est un service dévalorisé, assimilé aux assujettis dont il a la charge comme les gardiens de prison le sont aux prisonniers. Cette dévalorisation se traduit souvent par un absentéisme important. « Le service des étrangers fait très généralement figure de parent pauvre dans les préfectures, ce qui retentit inéluctablement sur la motivation du personnel. » Les agents travaillent dans des conditions matérielles souvent indignes. Et leur tâche n'est pas aisée : ils doivent tenir compte de multiples spécificités – statuts, nationalités privilégiées ou, au contraire, ciblées ; différenciation entre séjour et travail ; hiérarchie entre des métiers valorisés explicitement (cadres de haut niveau, recherche, saisonniers, études) ou implicitement (travail irrégulier dans certains secteurs). Ils connaissent mal des textes fort complexes ;

ils supportent difficilement la surcharge du travail et, face à l'agressivité des demandeurs, peuvent perdre patience. Tout cela nourrit chez l'immigré l'idée selon laquelle le guichetier exerce lui-même un pouvoir discrétionnaire, tournant parfois au véritable arbitraire.

L'organisation concrète du renouvellement des titres de séjour dépend des préfectures. Selon les départements, les commissariats, les mairies, les sous-préfectures ou d'autres services spécialisés, comme la Maison des étrangers à Marseille ou la préfecture de police à Paris, servent de lieux de réception des étrangers venus déposer une demande d'admission au séjour ou de renouvellement de titre. Deux types d'organisation coexistent, celle du rapprochement avec l'usager – dépôt des dossiers dans les mairies et dans les commissariats – ou celle de la centralisation départementale des demandes. Toutes deux présentent des inconvénients.

La première se pratique le plus souvent dans des départements à faible présence étrangère et a l'inconvénient de ralentir le traitement des dossiers. De fait, le délai de transmission entre les guichets et les services des préfectures, qui seules accordent les autorisations, est déjà, en soi, très long. Fréquemment, du fait même de la complexité des textes applicables, des pièces manquent dans les dossiers et plusieurs aller et retour se révèlent nécessaires entre le guichet et la préfecture pour compléter le dossier. Le rapport de l'I.G.A.S. et de l'I.G.A. avait d'ailleurs conclu, avant l'adoption du système du titre unique, à l'indispensable centralisation des procédures au niveau des sous-préfectures.

Cette centralisation, qui est la seconde forme d'organisation, existe déjà dans les départements à forte population étrangère. Or, dans ces régions, les moyens mis à la disposition des services sont insuffisants et vétustes : halls d'accueil mal disposés, manque d'effectifs et files d'attente.

Aucun système de gestion n'apparaissant vraiment satisfaisant, l'instauration d'un titre de dix ans pourrait aussi simplifier, alléger les tâches de l'Administration et améliorer d'autant ses contacts avec l'étranger.

Pourtant, en cet automne 1983, la crainte de l'opinion publique paralyse toute action. Un exemple : l'accord franco-algérien de septembre 1980 vient à échéance au 1er janvier 1984 ; il doit donc être rediscuté. Or sa renégociation coïncide avec les élections municipales partielles de Dreux qui voient se confirmer la poussée du Front national. Le cabinet du Président, craignant les accusations de laxisme, propose que le texte du nouvel accord prévoie, outre le maintien d'un mécanisme d'aide à la réinsertion, un régime de titres moins favorable que celui de l'accord de 1968 qui donnait à ces titres une validité de cinq ou de dix ans.

C'est alors qu'une marche, conduite depuis le 15 octobre par dix jeunes beurs du quartier des Minguettes de Vénissieux, va modifier le climat politique et provoquer une courte éclaircie, pour permettre *in fine* à l'ancienne revendication d'être entérinée. Cette marche, conduite par Toumi Djadja, une figure symbole des jeunes de la banlieue lyonnaise, et impulsée par le père Delorme est, en quelque sorte, une demande de reconnaissance sociale : c'est la première fois que la seconde génération se manifeste massivement et pacifiquement sur la scène publique dans toute la France. Au départ, la marche est accueillie avec prudence par le gouvernement qui redoute longtemps des incidents violents. Il faudra attendre un mois pour que, devant le succès de plus en plus évident remporté à chaque étape, il apporte son soutien, le 20 novembre, par la voix de Georgina Dufoix. Enfin, le 3 décembre 1983, à Paris, François Mitterrand accorde aux représentants des marcheurs une audience à l'Élysée.

Au cours de l'entretien, les marcheurs conduits par le père Delorme vont interroger à trois reprises le Président sur la carte de dix ans. Ils ont défendu la revendication du titre unique de dix ans tout au long de leur parcours. Le dossier de l'entretien, préparé par le cabinet du Président, ne contient pourtant aucun élément portant sur ce point, ses conseillers considérant toujours que l'annonce de cette mesure aurait des effets négatifs sur l'opinion. À la question que ses hôtes renouvellent, le Président semble ne pas vouloir répondre, puis il finit par dire : « Je l'ai promis au président Chadli. » Il confond ainsi, manifestement, la concession faite au président algérien à l'occasion de sa visite pour la renégociation de l'accord unilatéral avec l'Algérie avec une revendication qui concerne le régime général des étrangers en France [15]. À la sortie de l'entretien, la délégation rapporte cet échange au membre du cabinet présidentiel présent. La délégation doit sortir quelques instants plus tard et faire état, devant les journalistes, des résultats de l'entrevue. Le conseiller décide alors de l'autoriser à annoncer que le Président « a décidé » de modifier le régime des titres de séjour et de travail en introduisant la carte de dix ans [16].

Cette « décision » est annoncée publiquement à la sortie de l'Élysée par Toumi Djadja. Elle n'a donc pas, en réalité, été prise par le Président. Elle est une interprétation de ses paroles ambiguës qui prend valeur de légitimité.

La démarche du conseiller est intéressante à analyser. On peut lancer une première hypothèse : le conseiller ne se soucie pas de la pensée présidentielle. Il peut même penser que le Président est hostile à cette mesure. Mais il veut profiter de la confusion pour influer sur la décision en y imprimant son choix personnel, en pariant sur le coût trop élevé d'un désaveu *a posteriori*. Mais, étant lui-même plutôt défavorable à la mesure, parce qu'il croit que ses effets seront négatifs dans l'opinion, on peut penser que cette hypothèse n'est pas plausible. Plus intéressante paraît être l'idée selon laquelle le conseiller s'est efforcé d'interpréter le mieux possible la solution et la décision présidentielles ; il pense que le chef de l'État a fait une confusion involontaire, exprimant de la sorte un accord avec la revendication présentée par les marcheurs : il ne fait alors que remettre de l'ordre dans la pensée présidentielle. Ordre de la pensée, mais aussi ordre de la représentation du pouvoir politique. Le ministre de l'Intérieur, hostile à cette décision, en demande son infirmation – en vain, car les répercussions publiques ne s'étant pas révélées défavorables, elle est maintenue.

LE CONSENSUS RÉALISÉ

Cette décision a pour conséquence la préparation d'un texte. De quel texte s'agit-il ? D'une loi ou d'un décret ? Pendant trois mois, partisans de la voie législative et partisans de la voie réglementaire vont s'affronter.

Les tenants de la voie réglementaire invoquent surtout le risque d'une réaction de l'opinion publique, qui ne ferait que se développer au cours d'une longue discussion parlementaire. Les partisans de la voie législative mettent en avant l'irréversibilité d'une réforme votée par les députés, politiquement essentielle à une époque où les associations organisées dans le collectif pour la carte de dix ans [17] craignent le retour de l'opposition au pouvoir. Ils doutent aussi que la réforme puisse se faire par la voie réglementaire. Pierre Mauroy consulte sur ce point Jacques Fournier, secrétaire général de son gouvernement. Son opinion est que la création d'un titre unique est possible [18] par décret. Cependant, par respect de la volonté du législateur de 1946, la séparation des titres de séjour et de travail devrait être maintenue. L'automaticité du lien entre les deux droits, si elle pouvait être favorisée, ne deviendrait ni générale ni absolue. En outre, la délivrance conjointe, en l'absence de modification législative, ne s'avérerait pas forcément une obligation. Du coup, agir par voie réglementaire en se conformant aux contraintes précitées, c'est se condamner à élaborer une réforme de peu de portée pratique et symbolique, et qui risque de ne pas satisfaire les défenseurs de la réforme tout en mécontentant les opposants à tout développement des droits des étrangers. Par précaution supplémentaire, le président de la section de l'Intérieur du Conseil d'État est officieusement consulté par le directeur de la Population et des Migrations, également son collègue au Conseil d'État. Ce dernier pense que la modification des titres de séjour étant un élément essentiel du statut des étrangers, lui-même relevant des libertés publiques, cette question appartient, conformément à l'article 34 de la Constitution, au domaine législatif. Ces considérations juridiques pèsent sur le choix final, et une dernière raison va emporter la décision des cabinets du Premier ministre et du président de la République : la voie législative permet d'inclure dans le texte présenté au Parlement l'aide au retour, désormais dénommée « aide à la réinsertion ». Le projet sera donc conforme à l'équilibre politique tant désiré, l' « avancée » du titre unique masquant le « recul » du retrait des titres en cas de retour.

Entre-temps, le projet d'aide à la réinsertion a en effet fait son chemin. Dès la fin de 1982, Pierre Bérégovoy, ministre des Affaires sociales, a proposé à Renault [19] d'expérimenter la création d'une « aide au retour nouvelle manière », ciblée sur l'entreprise. Si Renault n'a pas répondu à l'offre du gouvernement, le groupe automobile Peugeot, alors engagé dans un conflit du travail long et coûteux, négocie de son côté dès février 1984. Le gouvernement souhaite une aide importante financée par les partenaires sociaux et liée à un projet personnel de réinsertion ; Peugeot accepte l'idée de l'aide, sa participation à la mise en place administrative, mais refuse le financement. Les 16 et 17 mai 1984, l'accord est conclu par un échange de lettres avec Jacques Calvet. Il concerne Citroën, Peugeot et Talbot.

Les syndicats obtiennent satisfaction sur le caractère volontaire des départs et sur le montant des primes attribuées aux salariés. Ils obtiennent une reconnaissance symbolique de la légitimité de leur lutte et de leur représentativité quand Pierre Bérégovoy reçoit leur leader A. Ghazi, et s'engage personnellement à ce que le volontariat des demandes d'aides à la réinsertion soit respecté. Le candidat perçoit ainsi des ressources financières, alors qu'il pouvait craindre des licenciements prochains. L'entreprise partage, certes, le financement des départs avec l'État et l'U.N.E.D.I.C., mais évite les conflits sociaux qui n'auraient pas manqué d'éclater au cours d'une restructuration tardive. De son côté, le gouvernement s'épargne la cristallisation autour des immigrés de conflits sociaux aux conséquences symboliques difficilement prévisibles.

En apparence, la direction du groupe Peugeot a fait quelques concessions, puisqu'il est prévu qu'elle finance un tiers de l'aide tripartite. Dans la pratique pourtant, le Lion a eu gain de cause : un engagement secret du gouvernement prévoit, au moment même de la signature de l'accord, le remboursement par l'État des sommes versées par l'entreprise [20]. Tout en satisfaisant un groupe alors en difficultés financières, l'État reste bénéficiaire de l'opération : en officialisant la structure tripartite de tels accords, il se ménage un moyen de les développer avec d'autres entreprises. L'accord type mis au point, il s'agit alors de légaliser le retrait des titres de séjour et de travail des étrangers qui auront bénéficié de l'aide à la réinsertion, afin d'éviter leur retour sur le territoire national.

La mise au point du projet de loi sur le titre unique aura en coulisses un arrière-goût de déjà-vu : comme il le fait depuis 1982, le ministère de l'Intérieur profite des consultations interministérielles de mise au point du texte pour tenter une nouvelle fois de revenir sur la loi du 29 octobre 1981. Il présente quinze amendements. Les cabinets du Premier ministre, du ministre de la Justice et du secrétaire d'État chargé des immigrés, invoquant leur coût dans l'opinion publique de gauche, s'opposent d'abord au principe même de ces rajouts ; puis ils finissent par les examiner un par un.

Certaines propositions sont abandonnées du fait de leur manque de portée pratique et parce qu'elles ne concernent que quelques cas particuliers ; d'autres parce qu'elles remettent en cause des principes fondamentaux des lois de

1981 : la légalisation des contrôles d'identité ou le retour au caractère consultatif des commissions d'expulsion. D'autres encore ne franchissent pas l'obstacle de l'examen parlementaire : porter à un an après le mariage le délai au-delà duquel les conjoints étrangers de Français peuvent demander la nationalité française pour faire échec aux mariages blancs ; ne rendre inexpulsable que les parents ayant effectivement leurs enfants à charge, la formule « non déchus de l'autorité parentale » étant parfois utilisée comme bouclier par certains parents ; enfin, ne plus obliger les préfectures à instruire des demandes de titres de séjour déposées par des immigrés entrés en France avec un visa touristique de trois mois. Seule la proposition de rendre expulsable l'étranger condamné à un an de prison, lorsque cette sentence résulte d'un cumul de petites peines, deviendra l'article 3 de la loi sur le titre unique.

Le débat public qui se déroule au Parlement français le 25 mai 1984 marque pourtant un tournant dans la politique de l'immigration. Il a été préparé depuis plusieurs mois par Georgina Dufoix, qui a volontairement manifesté un intérêt politique marqué pour les propositions faites au Sénat dans l'intention de faciliter l'aide au retour. Elle a ainsi tenté de susciter l'émergence d'un consensus sur l'ensemble du texte en recherchant les contacts avec l'opposition parlementaire. Mûri en coulisses, le débat est l'occasion d'une manifestation d'unanimité de tous les partis représentés au Parlement.

Dix ans après la suspension de l'immigration de travailleurs – dix années au cours desquelles se sont multipliés les affrontements – apparaît dans l'enceinte parlementaire une règle du jeu de la politique d'immigration. Jean Foyer, ancien garde des Sceaux, déclare ainsi au nom du R.P.R. :

> « Je voterai ce projet, ainsi que mon groupe. Il constitue une réforme utile, bienfaisante et justifiée. Il faut reconnaître en effet que notre système de cartes n'était pas d'une très grande efficacité et que cette procédure de “ mise en carte ” si j'ose dire, aboutissait à créer un état d'insécurité pour ceux qui y étaient soumis. Ils étaient obligés à bien des formalités, et n'étaient pas toujours bien reçus à cette occasion. »

La représentation nationale unanime constate et accepte ainsi l'inéluctabilité de l'installation de l'immigration étrangère régulière et l'impossibilité dans le domaine du retour d'aller plus loin qu'une simple invitation au volontariat. Le vote divergent en seconde lecture ne remet pas en cause les fondements de l'accord : il ne sera dû qu'à l'effet politique que produit le score du Front national aux élections européennes.

VII

LA NOUVELLE SYNTHÈSE RÉPUBLICAINE

(1984-...)

La réussite électorale postérieure du Front national fait passer, aujourd'hui encore, au second plan cet important accord entre les partis traditionnels.

Cette réussite illustre pourtant mieux encore la force de deux constatations importantes : la loi du 17 juillet 1984 va servir à partir de cette date et malgré les pressions du débat politique, de référence, de cadre à l'action de tous les gouvernements, de droite comme de gauche. C'est pour cette raison que l'on peut la dénommer « règle du jeu ».

En second lieu, nous devons noter que cette loi-règle du jeu aura été construite entre 1974 et 1984, avant l'émergence du Front national au cœur du débat sur l'immigration [1].

André Postel-Vinay l'avait en quelque sorte découverte dès 1974, sans pouvoir en prouver la validité. Les changements de stratégies se sont ensuite effectués pendant dix ans soit par choix politique, parce que – comme en 1977 – le profit politique prouvé par la politique suivie entre 1974 et 1977 paraissait insuffisant, soit sous la contrainte, parce que le coût politique des orientations choisies était trop élevé : ce fut le cas à la fin des périodes 1977-1981 et 1981-1983.

L'échec de la tentative d'expulsion massive de plusieurs centaines de milliers d'étrangers en cinq ans, inaugurée en 1978, a été le produit de divers facteurs : de la mobilisation certes des syndicats et des partis de gauche, des États d'origine, mais encore des administrations chargées de préparer et de mettre en œuvre ces politiques : la contrainte internationale a joué son rôle. De même, et surtout, le Conseil d'État, qui était déjà intervenu, par de nombreuses décisions d'annulation, dans la définition de la politique d'immigration. Le droit au séjour des étrangers régulièrement installés fut alors, en 1980, implicitement imposé et reconnu. Aucun État d'origine, aucune décision du Conseil d'État, aucune action politique traditionnelle ne fut responsable de la remise en cause en 1983 de l'action engagée dans les débuts du septennat de François Mitterrand. Ce fut bien plutôt l'hostilité grandissante à la politique suivie, notamment à l'opération de régularisation, qui fut décisive ; celle-ci risquait de coûter cher électoralement et politiquement. Le gouvernement de gauche prit alors conscience du fait qu'une certaine dose d'ordre public était nécessaire à l'existence de la communauté politique nationale. Alors que l'inclusion des réguliers était acquise, l'exclusion des irréguliers est ensuite admise. La loi de 1984 vient en quelque sorte couronner cet apprentissage.

Dans les sept années qui suivent – entre 1984 et 1991 – l'action publique ne remet pas en cause cette loi, apprise par expérience, après conjectures puis réfutation dans l'action. Pourtant, le débat politique se développe et se concentre sur les problèmes de l'immigration.

DÉSACCORD PROCLAMÉ, ACCORD VALIDÉ

Dans l'action donc, peu d'évolution : le changement de gouvernement qui intervient en juillet 1984, quelques semaines après les élections européennes, modifie surtout la configuration des positions ministérielles. Au contraire de son prédécesseur, le nouveau Premier ministre Laurent Fabius va d'abord chercher à donner des gages aux élus de régions à forte population immigrée, représentés par les ministres Gaston Defferre et Charles Hernu, maires de Marseille et de Villeurbanne. À l'inverse, Pierre Joxe, nouveau ministre de l'Intérieur, est moins soumis à la pression publique d'une ville à forte présence immigrée que ne l'était son prédécesseur, et s'accommode bien de l'héritage des lois de 1981. L'accession de Georgina Dufoix au poste de ministre de la Solidarité nationale et des Affaires sociales confirme la fin de l'existence d'un département particulier en charge de la politique d'immigration. Le ministère spécifique disparaît donc : souci de diminuer la focalisation de l'attention publique sur un responsable, gestion rationnelle des cadres politiques, coïncidence avec l'établissement définitif de la règle du jeu ?

Le nouveau Premier ministre cherche à frapper l'opinion publique hostile à la présence étrangère. Il souhaite instaurer la reconduite administrative à la frontière et rétablir des contrôles d'identité. Il veut réformer la procédure d'accès au statut de réfugié, en soumettant la transmission des demandes d'asile de l'O.F.P.R.A. à un agrément administratif. Seule la restriction de l'accès au regroupement des familles lancée en avril 1983, mais définitivement mise au point en octobre 1984, peut finalement symboliser la rigueur que l'on veut faire percevoir. L'accord entre les forces politiques semble en fait maintenu sur la politique des flux migratoires. Il apparaît en tout cas comme tel au cours du débat sur les problèmes de l'immigration que Georgina Dufoix organise au Parlement le 25 juin 1985 ; elle y développe en revanche une conception pluriculturelle de la nation, moins consensuelle.

Mais dans le même temps, un débat public se développe avec de plus en plus d'intensité, d'abord par le biais d'ouvrages dont les auteurs vont défendre des thèses contradictoires sur les étrangers résidents. À gauche, Françoise Gaspard et Claude Servan-Schreiber demandent dans *La Fin des immigrés* [2] que l'on prenne acte de cette présence définitive. À droite, vont s'opposer les avis pessimistes et optimistes sur la possible insertion des immigrés : Bernard Stasi défend l'idée que non seulement l'insertion des populations immigrées est possible et probable, mais que leur présence est le signe de la vitalité de la nation ; selon lui, la crise actuelle n'est que la reproduction de celles qui se sont produites à chaque grande vague d'immigration. À l'opposé, Alain Griotteray affirme que certains immigrés sont inintégrables, dangereux pour la société française parce qu'ils appartiennent à un « autre monde », celui de l'islam qui n'a jamais pu cohabiter avec le christianisme [3].

La mobilisation sur la scène publique progresse encore en dimension lorsque le racisme devient un enjeu politique prioritaire. En 1982, une première génération de travailleurs immigrés, celle des années 1960, était apparue sur la scène politique centrale qu'organise par exemple la télévision au moment où, concernée au premier chef par les licenciements intervenant dans de nombreux secteurs industriels, elle quittait la scène sociale. En 1983, la marche des beurs était une demande de reconnaissance par la société et par l'État de la seconde génération de l'immigration d'après-guerre. En 1984, S.O.S.-Racisme devient un instrument de combat interne dans la société française. La naissance de cette organisation pendant l'automne 1984 est favorisée par le cabinet du président de la République, malgré la réserve de Georgina Dufoix et du parti socialiste. Ses responsables trouvent alors les formes sociales adaptées à la lutte contre le Front national, en faisant intervenir une part importante de la société française, jusque-là démobilisée, aux côtés des immigrés et de leurs enfants contre une autre partie de la société opposée à la présence étrangère [4].

Enfin, à l'approche des élections législatives, un débat sur la citoyenneté est relancé par la gauche. À Mons-en-Bareuil, commune de la banlieue lilloise, des étrangers ont été appelés à élire des représentants qui sont associés, avec voix consultative, aux délibérations du conseil municipal. Le président de la République saisit l'occasion d'un congrès de la Ligue des droits de l'homme pour déclarer, en avril 1985, qu'il est favorable au droit de vote local pour les étrangers. Les associations de défense des étrangers qui n'étaient pas favorables à ce droit dans les années 70 ont opéré, sur ce point, un retournement [5].

Pourtant, sur le plan constitutionnel, la réforme préconisée est encore plus impraticable qu'en 1981. En effet, le Conseil constitutionnel, dans une décision de 1982 [6], a d'abord indiqué : « La qualité de citoyen ouvre le droit de vote et l'éligibilité dans des conditions identiques à ceux qui n'en sont pas exclus pour des raisons d'âge, d'incapacité, de nationalité ou pour une raison tendant à préserver la liberté de l'électeur ou l'indépendance de l'élu. » Puis il a précisé que les élections municipales sont des élections politiques. Or, ce qualificatif n'est compréhensible que si l'on fait entrer en ligne de compte le rôle que jouent les conseils municipaux dans l'élection des sénateurs, représentants de la nation. Le Conseil constitutionnel a ainsi conforté ceux qui pensent qu'une telle réforme se heurte à un obstacle constitutionnel infranchissable.

Pour François Mitterrand, à l'approche d'une échéance électorale décisive, un discours sans conséquence pratique immédiate a sans doute l'avantage de légitimer, à gauche, l'exécutif déjà en campagne ; peut-être aussi celui d'exciter la division de la droite sur les questions de l'immigration : en tout cas, il conforte la place de ce problème au cœur de l'actualité.

Laurent Fabius ne poursuit pas la même tactique que le président de la République. Au cours du débat qui l'oppose à Jacques Chirac, le 27 octobre 1985, il manifeste son accord global avec les principes d'action défendus par son adversaire et met l'accent sur leurs convergences, comme pour désamorcer un terrain miné à l'approche des élections législatives. Les partis de la droite classique font preuve de la même prudence. La plate-forme de l'opposition se montre certes sensible à la pression du public – elle prévoit de modifier le Code de la nationalité et d'en revenir aux reconductions administratives à la frontière – mais elle ne revient pas sur l'engagement pris à l'occasion du vote parlementaire de 1984 de stabiliser l'immigration régulière. Pendant la campagne des élections législatives de mars 1986, l'immigration n'est inscrite sur l'agenda des controverses politiques par aucun des grands partis traditionnels. Seul le Front national décide d'axer sa campagne sur ce thème [7].

LA DROITE AU GOUVERNEMENT

La droite, de retour au pouvoir en mars 1986, ne remet pas en cause la loi de 1984 dans ses principes.

L'organisation administrative de la politique de l'immigration évolue peu. La suppression d'un ministère spécifique chargé de coordonner la politique d'immigration est confirmée après mars 1986. Chacun des trois grands ministères concernés par cette politique : l'Intérieur, les Affaires sociales et les Affaires étrangères, dispose d'une plus grande autonomie.

Mais l'opinion publique attend des signes nets d'une lutte gouvernementale contre l'insécurité. Charles Pasqua, ministre de l'Intérieur, apparaît donc en première ligne dans le contrôle des flux et la défense de l'ordre public. Pour répondre à la pression de l'opinion, le gouvernement cherche à mettre en cause non pas l'installation durable des étrangers résidents, mais l'une de ses conséquences : le droit dont disposent leurs enfants d'accéder sans difficulté à la nationalité française. De ce fait, le ministre de la Justice jouera un rôle imprévu dans la conduite de la politique de l'immigration.

Si la loi de 1984 n'est pas mise en cause dans ses principes, c'est dans les modalités d'application que l'on va tenter, partout où cela est possible, d'exercer un contrôle plus sévère. D'abord, en établissant la reconduite administrative à la frontière, réforme souvent réclamée sans succès par Gaston Defferre et par le corps des magistrats. Ce que le gouvernement de gauche s'était privé de faire pour ne pas choquer son électorat, le nouveau gouvernement de droite va le décider pour satisfaire le sien. Charles Pasqua entend en plus revenir sur la garantie du séjour en France accordée par les lois de 1981 et de 1984 aux jeunes d'origine étrangère y ayant été élevés, ceux qu'on appelle les « Français sociologiques ». Il souhaite que les jeunes puissent, en cas d'atteinte à l'ordre public, être expulsés, et que la carte de dix ans ne puisse leur être attribuée s'ils représentent ou ont représenté une menace pour l'ordre public [8]. La Ligue des droits de l'homme et les Églises se mobilisent et soutiennent les grèves de la faim de deux jeunes Lyonnais. Les médiations du cardinal Decourtray, archevêque de Lyon, et du cheik Abbas, recteur de la mosquée de Paris, aboutissent à l'engagement du gouvernement de réduire la portée de son projet initial. Le texte adopté au Conseil des ministres du 11 juin 1986 se propose également de permettre à la police de l'air et des frontières d'effectuer un tri entre les demandeurs d'asile avant que la demande ne soit examinée par l'O.F.P.R.A. La contestation se révèle encore plus forte et entraîne le report *sine die* de cette partie du projet.

Le texte adopté renforce au total les pouvoirs de l'autorité publique. Les conditions d'entrée sont rendues plus strictes. Le refus d'entrée est désormais immédiatement exécutoire ; le sursis à exécution d'un jour franc n'est possible que s'il est demandé par l'autorité consulaire. Mais les étrangers régulièrement installés en France ne voient pas leur statut mis en cause. Le titre de dix ans continue d'être renouvelé de plein droit, sauf – et il s'agit là d'une nouvelle restriction – si la présence de l'étranger constitue une menace pour l'ordre public [9]. Les catégories d'étrangers auxquelles la carte de résident peut être délivrée de plein droit sont les mêmes, sous condition restrictive : on vérifie l'absence de fraude, d'atteinte actuelle ou passée à l'ordre public.

Enfin, l'expulsion en urgence absolue peut désormais être prononcée lorsque la « présence de l'étranger sur le territoire français constitue, pour l'ordre public, une menace d'une particulière gravité ».

La règle publique et officielle, en l'occurrence la loi appelée loi Pasqua, est acceptable pour la gauche. Elle a bien après tout tenté de légiférer pareillement quelques mois plus tôt.

De même pour ce qui concerne les visas : un plan de développement des visas a été mis au point par Claude Cheysson, mais les réactions des pays d'origine ont empêché sa mise en place. Charles Pasqua va utiliser ses responsabilités particulières de « ministre des Algériens » pour négocier avec ces derniers des accords particuliers sur le contrôle des flux. À l'issue de ces pourparlers, et alors que Paris subit une vague d'attentats terroristes, les pouvoirs publics peuvent justifier la mise en place de visas à l'entrée du territoire national : cette décision concerne non seulement les pays du Maghreb, mais ceux du monde entier à l'exclusion des pays membres des Communautés européennes.

Reste à savoir comment ces règles vont être appliquées. La pratique se révèle moins acceptable que la loi. Le ministre de l'Intérieur donne à ses services la consigne de se montrer stricts. Concrètement, cela a pour conséquence des restrictions, une parcimonie accrue dans le renouvellement des titres ou dans l'attribution de la carte de dix ans. Dans certains cas particuliers, l'administration préfectorale dispose, en effet, de marges d'interprétation : lorsqu'il s'agit, par exemple, de déterminer l'attitude à prendre face à un étranger qui a laissé passer le délai de validité de sa carte ; lorsqu'il est encore au chômage après un renouvellement de un an ou lorsqu'il est possible, après trois ans de présence régulière, de lui délivrer un titre de résident. Libéralisme et sévérité se succédant au rythme des changements des responsables au sein des préfectures, sous-préfets délégués ou secrétaires généraux, les directives nationales orales ou écrites peuvent avoir une certaine influence, de même que les comportements individuels des guichetiers. Si l'étranger laisse passer le délai de validité de sa carte, elle peut théoriquement ne pas lui être renouvelée ; mais cette pratique est rarissime. Entre 1986 et 1988, certaines préfectures y auront pourtant recours.

Cependant, quand la réponse à une demande de renouvellement est négative, des possibilités d'action subsistent. Souvent, la capacité d'intervention d'associations ou d'avocats spécialisés, également la capacité d'initiative de l'étranger concerné sont alors déterminantes pour faire passer les intéressés de l'illégalité à la légalité.

S.O.S.-Racisme, le M.R.A.P. ou le G.I.S.T.I. se mobilisent contre certaines décisions de préfectures. Mais peut-être le bruit fait autour de cas individuels injustement traités est-il souhaité par le gouvernement qui veut donner des illustrations publiques de sa rigueur. C'est ainsi qu'il faut comprendre l'affrètement d'un charter de cent un Maliens renvoyés dans leur pays d'origine pour avoir été trouvés en situation irrégulière. Sans doute un préfet ou un tribunal auraient-ils pris, après examen de chaque cas individuel, la même décision pour la majorité d'entre eux. Mais c'eût été alors en conformité avec le droit, et l'effet publicitaire eût été manqué. Celui-ci fut plutôt négatif dans les opinions publiques des États d'origine, et en France aussi. Ce type d'action symbolique ne sera d'ailleurs jamais renouvelé.

Les socialistes découvrent les limites de leur action libérale lorsqu'une grande partie du pays a finalement le sentiment que la politique de l'immigration se montre trop favorable aux immigrés et met en cause la stabilité de la communauté nationale. Les non-spécialistes du sujet que sont Jacques Chirac, Charles Pasqua et Albin Chalandon découvrent très rapidement les effets indésirables de l'utilisation de la politique d'immigration à des fins sécuritaires.

Le ministre des Affaires sociales, Philippe Seguin, en charge du développement des ressources et des droits des étrangers résidents, a tout de suite adopté en cette matière un profil bas. Il n'innove guère. Il maintient en fonction tous les responsables des institutions chargés de la mise en œuvre des politiques sociales d'immigration (au F.A.S., à l'O.M.I., à la C.N.L.I., à la D.P.M.) nommés par ses prédécesseurs socialistes : dans la pratique, l'orientation de la période précédente semble poursuivie.

C'est dans ce contexte que le gouvernement dépose un texte de réforme du Code de la nationalité [10]. Le projet propose notamment que l'enfant né en France de parents étrangers, qui jusque-là devenait français quasi automatiquement le jour de sa majorité, soit désormais dans l'obligation de le réclamer. Cette proposition exprime une certaine méfiance à l'égard de l'accès de ces jeunes à la nationalité française, s'il n'y a pas adhésion volontaire. Le gouvernement justifie son projet par le souci de vérifier la citoyenneté réelle, le « désir de vivre ensemble », et il appelle Ernest Renan à la rescousse [11]. Il est notamment défendu par Alain Finkielkraut [12], qui met en cause cependant l'un des aspects du texte, l'exigence de non-condamnation antérieure pour bénéficier de la nouvelle procédure de déclaration volontaire. Cette réforme est combattue par les partis de gauche et par les Églises [13]. La satisfaction donnée au public hostile aux étrangers en général, et aux Algériens en particulier, est en grande partie illusoire. En effet, les seuls enfants dont le statut ne serait pas modifié sont les enfants algériens, qui sont automatiquement français : étant nés en France de parents nés en France – du temps où l'Algérie était française. Et ce sont les enfants des autres nationalités : Portugais, Marocains, Espagnols ou Italiens qui seraient pour leur part concernés au premier chef.

Au même moment, une importante mobilisation étudiante contraint le gouvernement à retirer un projet de réforme des universités et entraîne la démission d'Alain Devaquet, secrétaire d'État chargé des universités. La crainte d'une nouvelle mobilisation sur la réforme du Code de la nationalité conduit alors le Premier ministre à retirer aussi ce texte, mais par une voie différente. Il demande à une commission de sages réunie autour de M. Marceau Long, vice-président du Conseil d'État, d'examiner si le Code de la nationalité française est encore adapté aux nécessités du temps présent et du futur prévisible [14]. Des auditions publiques et télévisées, qui dédramatisent le problème et en font percevoir la complexité technique et affective, permettent une véritable éducation civique. La commission ne remet pas en cause la tradition intégrante du Code de la nationalité française. Elle fixe les limites d'une éventuelle réforme en proposant notamment que le jeune né en France de parents étrangers, sans devenir automatiquement français, puisse le devenir le plus facilement possible, par simple déclaration effectuée auprès d'une autorité administrative, à partir de l'âge de seize ans.

Dans l'action, la droite a maintenu le cap de 1984, mais bientôt les élections présidentielles se préparent. Comme en 1981, puis en 1985, avant les élections législatives, le président de la République fait savoir qu'il reste favorable au droit de vote pour les immigrés, alors que la mesure n'est, on le sait, pas réalisable ni politiquement ni juridiquement. Il ajoute que l'opinion n'étant pas prête à accepter cette mesure, il ne la proposera pas.

LA GAUCHE DE RETOUR AUX AFFAIRES

À l'élection présidentielle, le candidat du Front national, Jean-Marie Le Pen, obtient 14 p. 100 des voix, après avoir fait de l'immigration son cheval de bataille. François Mitterrand, réélu, charge Michel Rocard de constituer le gouvernement.

Dans un premier temps, celui-ci choisit le profil bas pour éviter de refaire de l'immigration un enjeu politique. Le ministre de l'Intérieur décide d'appliquer la loi Pasqua avec libéralisme, comme le texte le permet : l'autorité administrative n'exerce plus son pouvoir de non-renouvellement des titres de résident que dans des cas exceptionnels ; des expulsions en procédure normale ou en urgence absolue sont réduites. Dans le domaine social, et du fait de l'aggravation des tensions, ce souci de dépolitisation aboutit à une relative inaction.

S.O.S.-Racisme, qui a joué un rôle important contre le projet de texte sur la nationalité et contre la loi Pasqua, mais surtout dans la mobilisation des jeunes contre la loi Devaquet et donc en faveur de la réélection de François Mitterrand, proteste contre l'inactivité du gouvernement. Le président de la République entend cette protestation et annonce à l'occasion des vœux pour 1989 l'abrogation de la loi Pasqua. On fixe aussi la date de la discussion de la nouvelle loi Joxe : juste avant les élections européennes, ce qui n'est pas un hasard. Parler d'immigration permet, semble-t-il, de diviser davantage la droite, en excitant sa partie la plus extrême, qui lorgne vers le Front national. La droite contribue également à passionner le débat, affectant de penser que cette abrogation aura des conséquences dramatiques pour le contrôle des flux, alors qu'entre les lois Pasqua (1986) et Joxe (1989) les divergences pratiques se révèlent minimes et ne portent que sur des catégories d'immigrés très limitées numériquement.

En cette fin d'année 1989, les passions se concentrent et s'enflamment sur le port du voile islamique par trois jeunes écolières, cristallisant plusieurs crises : celle de l'école, celle des rapports entre l'État et la religion, celle de l'identité nationale certes mise en cause par l'origine culturelle étrangère des immigrés des années récentes, mais aussi par la perspective de l'unification européenne. Faute de réaction adéquate du ministre de l'Éducation nationale, le Conseil d'État est consulté et montre dans son avis que le problème du sens du port du voile ne peut que se régler au cas par cas, dans l'interprétation de principes parfois contradictoires. Le développement des demandes d'asile suscite également les passions.

Au même moment, le Front national montre, à l'occasion d'élections partielles, que son influence est encore en progression. Le Premier ministre réagit en créant le 19 décembre 1989 un Haut Conseil de l'Intégration présidé par Marceau Long et doté d'un secrétaire général, Hubert Prévot. Il cherche à réaliser sur ce point un consensus avec l'opposition en proposant des mesures concrètes et en faisant marche arrière sur le droit de vote aux élections locales. Le nouveau Premier ministre Édith Cresson crée en mai 1991 un ministère des Affaires sociales et de l'Intégration auquel se joint un secrétaire d'État français d'origine étrangère, Kofi Yamgnane.

Celui-ci reste en fonction dans le gouvernement de Pierre Bérégovoy jusqu'en mars 1993. Sa marge d'action est étroite et ses résultats sont minces. À son actif, la mise en place d'une cérémonie de remise d'un « diplôme de naturalisation » qui se déroule régulièrement dans les préfectures de chaque département.

Dans cette période ce sont surtout les travaux et l'influence du Haut Conseil qui contribuent à policer mieux qu'auparavant la politique française de l'intégration.

Dans le même temps, les différents ministres socialistes qui se succèdent à l'Intérieur adoptent des mesures restrictives : après avoir en 1990 accéléré le traitement des demandes d'asile, le gouvernement supprime, le 26 septembre 1991, l'autorisation de travail dont ceux-ci bénéficiaient pendant le traitement de leur demande. La pression des associations force le gouvernement à organiser cette même année la régularisation de 20 000 demandeurs d'asile déboutés, arrivés en France avant le 1er janvier 1989.

Cependant c'est principalement le développement de la coopération européenne qui introduit et justifie les modifications les plus importantes apportées à la législation française. Pour préparer la mise en place des accords de Schengen, le gouvernement crée des zones d'attente et transfert aux compagnies de transport aérien ou maritime le soin de contrôler la régularité de la situation de leurs passagers, enfin dans la perspective de la suppression d'un contrôle statique aux frontières développe le contrôle sur l'ensemble du territoire. Le traité de Maastricht prévoit enfin d'attribuer aux citoyens de l'Union européenne résidant dans un autre pays de l'Union le droit de vote aux élections locales et européennes.

LA DROITE À NOUVEAU

Pour répondre à ce qui est perçu comme une demande du public, le retour de la droite au pouvoir en mars 1993 se traduit par l'adoption en moins de neuf mois de quatre lois ordinaires et d'une réforme de la Constitution ayant directement trait à la politique de l'immigration.

Le Parlement autorise le contrôle préventif des identités par les autorités de police quel que soit le comportement de l'individu contrôlé. Surtout dans un texte portant sur la « maîtrise » des flux migratoires, la diminution de l'immigration irrégulière mais aussi parfaitement légale est recherchée systématiquement. Pour faciliter les reconduites à la frontière et les expulsions, les pouvoirs de l'autorité administrative sont renforcés. Et si le regroupement familial polygame est interdit, on limite aussi le droit des étudiants à se voir délivrer une carte de dix ans et l'on impose au résident étranger désireux de faire venir sa famille un délai minimum de deux ans au lieu d'une seule année auparavant. Pour lutter contre les mariages « arrangés », on supprime quelques privilèges accordés jusque-là aux nouveaux conjoints de Français. Mais on va aussi jusqu'à mettre parfois en cause leur droit au séjour. Cette stratégie de répression tous azimuts, justifiée par des fraudes à la loi, a ainsi pour effet de créer la crainte et parfois l'injustice chez des étrangers ou des Français, par exemple futurs époux, sans considération de leur comportement réellement frauduleux.

C'est dans ce contexte que le gouvernement choisit d'inscrire dans la législation la plupart des propositions de la commission Marceau Long qui avait réaffirmé dans son rapport de 1987 la validité de la tradition française de la nationalité ouverte et intégratrice. La principale modification adoptée porte sur l'acquisition de la nationalité française par l'enfant né en France de parents étrangers. Jusqu'alors elle n'intervenait qu'à sa majorité, à certaines conditions, notamment qu'au cours de sa dix-huitième année il n'ait pas choisi de rester étranger. Dorénavant ces enfants bénéficient d'un droit à devenir français dès leur naissance ; ils doivent cependant manifester leur volonté d'exercer ce droit, par une déclaration effectuée entre seize et vingt et un ans.

Depuis l'adoption de ces textes, l'immigration a quitté la une de l'actualité parlementaire. Probablement provisoirement. Pour une raison ou pour une autre, celle-ci semble redevenir régulièrement un enjeu politique prioritaire.

L'INAVOUABLE RETOUR AUX SOURCES

Pourtant, le vote unanime du Parlement, qui a rassemblé en mai 1984 les partis traditionnels de la droite et de la gauche, n'est pas remis en cause. Depuis 1984, les décisions de politiques publiques s'inscrivent sans exception dans le cadre du triptyque qui constitue la règle du jeu. On reconnaît donc la stabilisation inéluctable des étrangers installés régulièrement en France, la limitation au volontariat de toute aide au retour, mais aussi le caractère durable de l'arrêt de tout nouveau flux. Au total, l'action au cours de la période 1974-1994 peut être représentée comme une suite de choix successifs entre différentes solutions « idéal-typiques[15] », portant sur les trois interrogations essentielles qui traversent toute l'histoire de la politique française de l'immigration.

Solutions de politiques publiques

A. *À l'égard des étrangers irréguliers qui souhaitent devenir réguliers :*

– A1. ouvrir l'accès à la catégorie réguliers ;
– A2. régulariser ceux des irréguliers qui se trouvent sur le territoire national ;
– A3. empêcher le passage d'une catégorie à l'autre.

Les variations de stratégies

Phases	*Problème*			*Motif de l'abandon*
	A	B	C	
Juin/ juillet 1974	A3	B1	Pas de mesure dans ce domaine	Arbitrage défavorable sur la politique du logement.
Juillet 1974-mars 1977	A3	B1	C2	Pas de profit politique suffisant.
Mars 1977-mai 1981	A3	B2 3	C3	Coût des politiques intérieure et internationale trop élevé. Mise en cause des valeurs de la communauté nationale.
Mai 1981-mars 1983	A2	B1	C1	Coût politique trop élevé. Mise en cause des valeurs de la communauté nationale.
Mars 1983-mars 1986	A3	B1	C2	Profit politique insuffisant.
Mars 1986-mai 1988	A3	B2 3	C2	Profit politique insuffisant.
Mai 1988-mars 1993	A3	B1	C2	Profit politique insuffisant.
Mars 1993	A3	B3	C2	Profit politique insuffisant.

Source : Patrick WEIL, « La politique française d'immigration : au-delà du désordre », *Regards sur l'actualité*, n° 158, juin 1990, p. 14 et 15.

B. *À l'égard des réguliers dans leur rapport avec l'État français :*
- B1. augmenter les ressources et les droits ;
- B2. les maintenir ;
- B3. les diminuer.

C. *À l'égard des flux de retours de réguliers :*
- C1. laisser jouer les flux naturels ;
- C2. favoriser les retours volontaires ;
- C3. provoquer des retours forcés.

L'APPRENTISSAGE PAR L'ÉCHEC

Les colonnes A et C de ce tableau illustrent bien l'apprentissage progressif, dans l'action, de la règle du jeu sur les flux que la description de l'action n'aide pas toujours à repérer : comme nous l'avons vu, des occasions d'agir passent mais trépassent. Parfois, des idées naissent et sont adoptées, mais l'élaboration des textes est stoppée avant le passage devant le Parlement. D'autres fois, ce dernier adopte lui-même des dispositions inapplicables. Dans la pratique, les décisions sont obtenues par des échanges internes à la politique de l'immigration, par échange avec d'autres politiques sectorielles, avec la politique internationale ou à l'aide de ressources politiques ou arbitrales.

Surtout, pour aboutir, la règle du jeu de 1984 a dû traverser et surmonter les embûches de la politisation. En permanence depuis 1974, la politique d'immigration a été utilisée dans l'arène politique, mais sans succès durable. L'usage politicien de la politique d'immigration, aux moments les plus brûlants, se voulait pourtant rentable.

Le Conseil d'État a joué un rôle primordial pour insuffler des valeurs qui fondent la communauté politique – la liberté, l'égalité mais aussi l'ordre public – comme autant de contraintes pour l'action publique. L'État de droit a ainsi divisé radicalement les immigrés assujettis à la politique d'immigration : les étrangers résidents ont ainsi plutôt bénéficié du droit à la liberté et à l'égalité ; les nouveaux venus, ceux qui souhaitaient s'installer, se sont vus en revanche appliquer la contrainte d'ordre public. Progressivement, un équilibre a été trouvé. Les fondements de l'ordonnance de 1945 ont ainsi été retrouvés. Ils ont même été confortés : l'étranger au statut précaire de 1974 se retrouve, après une période de crise économique et de pression xénophobe, titulaire d'une carte de dix ans renouvelable quasi automatiquement.

Ce paradoxe s'explique : la croissance économique avait permis, entre 1945 et 1974, de ne pas trancher entre une logique républicaine qui impliquait le droit à l'installation pour tous les étrangers résidents et la logique de sélection ethnique qui ne voyait alors l'immigration non européenne que transitoire car imposée... Les travailleurs immigrés installés en France à cette période souffrirent alors de l'arrangement pragmatique qui existait entre le patronat français, l'État français et leur État d'origine. Ces acteurs avaient en effet un intérêt commun à l'existence de flux d'immigration, mais aussi à l'attribution de faibles droits et ressources d'installation.

À partir de 1974, cet arrangement est remis en cause par l'Algérie et surtout par la France : ni l'une ni l'autre n'y ont plus intérêt. Il entre en crise. Chaque acteur percevait jusqu'alors des ressources et subissait des contraintes relativement stables et satisfaisantes ou acceptées dans un calcul individuel de coûts et d'avantages. Brutalement, cette règle du jeu ne fonctionne plus. À partir de 1974, le problème de l'immigration change de définition pour les décideurs qui en ont la charge. La lutte contre les nouvelles arrivées devient prioritaire. Auparavant, la frontière juridique entre irréguliers et résidents était aisément franchissable. Dorénavant, le nouvel arrangement pris par les acteurs sociaux va séparer dans leurs intérêts les immigrés réguliers des immigrés irréguliers au détriment de ces derniers. La crise économique conforte ainsi le travail juridique des concepteurs de l'ordonnance qui voyaient l'immigration légale progressivement se stabiliser, quelle que soit leur nationalité d'origine.

Le risque était pourtant grand que l'approche non raciste ne survive pas à l'apparition de phénomènes xénophobes semblables à ceux qu'avait connus la France dans les années 30, à la première récession économique qui surviendrait. Finalement, la logique de 1945 a donc été retrouvée et a triomphé. Le test de validité apparaît d'autant plus réussi que la prédominance des valeurs républicaines s'impose, en dépit d'une hostilité croissante de l'opinion publique et de l'action obstinée d'un président de la République qui dispose dans le système de la Vᵉ République d'un poids réputé déterminant. Soulignons une contradiction entre situation sociale et situation juridique : au cours de cette bataille, l'Algérien immigré, stigmatisé, vivant son séjour en France comme force de travail transitoire, interdit de politique [16], aura en usant des ressources juridiques fournies par les principes de la Libération et les conséquences de la décolonisation grandement favorisé l'issue du conflit qui se résout donc par la stabilisation de l'immigration résidente.

LE CONSENSUS INDICIBLE

La France dispose aujourd'hui pour sa politique de l'immigration d'un cadre juridique d'action, stratégique et relativement original.

La règle du jeu de 1945 précisée en 1984 permet de cerner le faisable en période d'expansion, comme en période de crise économique. Elle intègre le fait que la durée de présence de l'immigré ne dépend pas de l'intention affirmée par l'individu ou par l'État d'accueil. Les conditions de séjour des résidents de longue date, comme de retour forcé des étrangers refoulés, reconduits aux frontières ou expulsés, ont été juridiquement instituées et formalisées de telle sorte qu'elles puissent durablement fonctionner dans les années qui viennent, en cas de modification de la conjoncture économique par exemple.

Mais attention ! si la législation est favorable à l'installation d'une immigration durable, l'approche n'est égalitaire qu'en dernière instance. Lorsqu'un étranger se présente devant l'Administration pour demander un droit, elle répond en fonction d'une logique égalitaire qui ne distingue pas selon les origines ; quand il s'agit d'organiser des retours, toute sélectivité ethnico-culturelle est évincée. Mais l'*État de droit* impartial et égalitaire a un double : l'*État acteur*. Celui-ci peut encore favoriser la venue d'étrangers de telle ou telle origine, comme il l'a fait avec les bureaux de l'O.N.I. en 1946. Mais il le fait sans quotas qui marqueraient une hiérarchie des nationalités. Cette approche complexe est une synthèse républicaine originale des contradictions entre valeurs universelles égalitaires et particularisme national.

L'optimisme sur la stabilité de cette règle doit cependant être tempéré. Certes, l'autonomie de la politique d'immigration à l'égard des logiques économique, démographique, et à l'égard du combat politique, construite par une convergence avec les valeurs de la communauté politique, a notablement progressé. Mais elle s'est imposée plus facilement en 1945 qu'entre 1974 et 1984. Maintenant en place depuis dix ans, cette règle du jeu est-elle véritablement légitime ?

On est en droit de se poser la question au regard de cette première constatation : cette règle du jeu est en réalité cachée au public.

Ainsi, en même temps que les mécanismes institutionnels de l'État de droit se montraient suffisamment puissants pour imposer aux acteurs politiques républicains des limites à leur action, cette limitation était elle-même cachée au public. Le camouflage a consisté pour les partis politiques de gauche comme de droite à continuer à s'affronter dans des joutes verbales parfois très violentes, mais toujours sans effet pratique ; au sujet, par exemple, de la nationalité ou de la citoyenneté, c'est-à-dire sur des terrains qui d'une certaine façon marquaient la concrétisation de leur accord : cette divergence ne mettait pas en cause la stabilité du séjour des étrangers résidents.

En apprenant ce qui est faisable et ce qui ne l'est pas, les entrepreneurs politiques républicains ont découvert entre eux une communauté d'intérêts. Pratique courante [17], dans le champ politique, cette collusion qui débute en 1983, au moment de l'émergence du Front national, et qui se matérialise l'année suivante par le vote de la loi de 1984, n'est acceptable par aucun des deux pôles concernés de l'électorat. Les adversaires républicains de droite et de gauche décident alors d'exclure du débat politique les aspects de la politique de l'immigration qui appartiennent dorénavant à cette règle du jeu et de taire le consensus qui existe entre eux. Dans ce cas précis, l'accord est implicite sur ce qui oblige les acteurs et il consiste à mettre en valeur explicitement ce qui les divise encore. Le consensus n'est pas avouable pour des raisons qui apparaissent manifestes au cours du débat télévisé qui oppose Laurent Fabius à Jacques Chirac, en octobre 1985, à l'approche des élections législatives. L'approbation donnée par le premier à la triple orientation de politique publique défendue par le président du R.P.R. est à la fois l'aveu que ce consensus existe bien et la confirmation supplémentaire de son indicibilité. Lorsque Laurent Fabius répond au futur Premier ministre : « Sur ces principes-là, à une ou deux exceptions près, je crois qu'il n'y aurait pas de désaccord », il a raison sur le plan de la politique publique envisageable ; mais il a le tort, aux yeux du public de gauche, de rendre l'accord entre partis explicite.

La deuxième constatation est que le seul parti qui revendique désormais la logique ethnique en l'exploitant intelligemment, le Front national, dispose toujours d'un capital électoral très puissant. Le préjugé d' « inassimilabilité », on dirait plutôt aujourd'hui d' « intégration impossible », court toujours.

Nous voudrions cependant examiner plus longuement une autre hypothèse permettant d'expliquer l'illégitimité de l'action publique. Le mécontentement de l'opinion pourrait venir de l'action de l'État sur le terrain, action éclatée comme nous l'avons vu entre de multiples acteurs, et de la non-application par l'État des principes dégagés par la politique de l'immigration : qu'en est-il de l'arrêt de l'immigration et du contrôle des flux ? Qu'en est-il de l'intégration de l'étranger résident, singulièrement absente des débats que nous avons décrits sur cinquante ans, alors qu'une des conséquences de la règle du jeu de 1984 est sa stabilisation durable ?

C'est en partant du point de vue de l'action éclatée de l'État sur le terrain que nous allons tenter d'expliquer l'insatisfaction dont nous avons noté la persistance. Nous ne considérerons plus l'action du point de vue d'un individu placé au sommet de l'État, mais comme une série de pratiques sectorielles juxtaposées dans deux domaines : les flux et les conditions de vie des étrangers résidents – droits civils, école, travail et logement.

II

LA DÉFAILLANCE DE L'ACTION

VIII

QUI ENTRE, QUI SORT ?

La règle acceptée en 1984 implique donc l'arrêt de toute immigration de travailleurs, et éventuellement l'aide au retour de l'immigré volontaire. Mais la politique des flux migratoires fait l'objet de représentations contradictoires qui ont souvent peu de chose à voir avec la réalité.

Des discours officiels martèlent l'idée que toute immigration est arrêtée ; à l'inverse, des discours critiques insistent pour déclarer que la France est une passoire, ou même que l'action publique favoriserait l'immigration africaine au détriment d'une « bonne » immigration européenne, asiatique ou américaine [1].

Enfin, une interrogation d'une tout autre nature revient régulièrement sur le devant de la scène : on manquerait de statistiques, de chiffres fiables sur la présence immigrée et sur les flux migratoires. Pour répondre à ces interrogations, nous voudrions souligner trois paradoxes.

En premier lieu, il nous faut remarquer que les principes dont nous avons analysé l'émergence dans les précédents chapitres n'ont pas été définis en fonction de la présence de 10 ou 100 000, voire de 1 million d'étrangers en plus ou en moins, qui semble mobiliser l'attention de certains acteurs. Nous n'avons pas volontairement négligé cet aspect des choses, mais force nous est de constater qu'en dehors de la période 1978-1980, pendant laquelle on a voulu faire repartir des étrangers, la dimension statistique du problème de l'immigration était, dès lors que les principes étaient en cause, quasi absente des décisions gouvernementales. Soulignons enfin que les statistiques existent en nombre suffisamment important pour permettre l'élaboration et l'évaluation des politiques publiques. En général les modes de calcul de la présence étrangère ont toujours eu tendance à la surévaluer. C'est le cas pour le ministère de l'Intérieur qui, ne prenant pas en considération les départs d'étrangers et ne disposant que de fichiers départementaux, compte souvent en double des résidents étrangers ayant déménagé. C'est même parfois le cas de l'I.N.S.E.E. et de son recensement de la population française * : il a ainsi comptabilisé dans le recensement de 1982 les enfants d'Algériens nés en France comme des Algériens, sur la foi des déclarations de leurs

* Les statistiques de la population étrangère sont en annexe VI.

parents, alors qu'ils sont pour la plupart français dès la naissance [2].

Justement, les statistiques publiées tous les ans par les ministères du Travail ou de l'Intérieur soulignent le second paradoxe que les discours politiques négligent volontairement : l'immigration n'a jamais été totalement arrêtée. Les ressortissants des douze États des Communautés européennes ont un libre droit d'installation. Les travailleurs portugais et espagnols n'en bénéficient cependant que depuis le 1er janvier 1993. Jamais également n'a été remis en cause le principe du droit d'asile : la France continue donc d'accueillir des réfugiés politiques. Par ailleurs, l'immigration familiale, quoique soumise à des contraintes, n'a jamais cessé, sauf entre juillet et décembre 1974. Elle est depuis 1978 garantie par la jurisprudence du Conseil d'État. Les membres des familles ont le droit de travailler dès lors qu'ils se trouvent en France de façon régulière. Les étudiants bénéficient d'un droit de séjour temporaire pour la durée de leurs études et obtiennent parfois un droit de travailler à temps partiel. Enfin, certaines entreprises demandent et obtiennent des dérogations. Chaque demande fait l'objet d'un examen puis d'une décision soit de l'administration centrale, soit du cabinet du ministre. Ces dérogations concernent principalement des emplois de chercheurs, de cadres supérieurs, de sportifs, d'étrangers salariés d'entreprises exportatrices, dont l'embauche apparaît indispensable à l'entreprise, et des nationalités avec lesquelles la France a des liens culturels particuliers. Au total, elles ont concerné en 1989 quelques milliers de personnes [3].

Enfin, troisième paradoxe, les réflexions qui portent sur les flux migratoires négligent souvent l'existence de flux de retours spontanés qui, loin d'être négligeables, se produisent donc sans incitation. Ce phénomène, vérifié depuis l'origine des flux migratoires, se produit parfois après plusieurs générations [4]. Toute politique d'incitation au retour se greffe donc sur cette réalité dont la dimension est difficile à mesurer en France puisque, à la différence d'autres États, les étrangers détenteurs de titres de séjour ne sont pas contraints de signaler leur départ définitif. F. Zamora et A. Lebon ont cependant cherché à évaluer ces départs entre 1975 et 1982 [5], en prenant pour bases de leurs calculs les recensements de ces deux années, moyennant quelques corrections. Ils ont ensuite intégré diverses données – naissances, décès, accès à la nationalité, entrée des différentes catégories d'étrangers. Ils aboutissent au résultat suivant : le nombre des départs serait, en sept ans, compris entre 456 000 et 616 000, correspondant donc à un chiffre annuel de 65 000 à 88 000 retours. Dans l'hypothèse moyenne, le chiffre de départs annuels avoisine donc 75 000. Ce chiffre marque la persistance du phénomène des retours spontanés, en dépit même de l'arrêt de l'immigration. Il doit être comparé avec le nombre des départs intervenus entre 1968 et 1975, estimé par les auteurs entre 85 000 et 100 000 [6].

Le contrôle aux frontières est-il efficace ? Les catégories autorisées ne servent-elles pas de sas à son contournement ? L'aide au retour produit-elle encore de l'effet ? La population étrangère en France augmente-t-elle et pour quelles raisons ? Si, d'aventure, en réponse à ces questions, on découvrait que la population étrangère résidente en France n'avait augmenté que du fait du regroupement autorisé de familles, de l'arrivée de réfugiés politiques, ou de l'installation de ressortissants de la C.E.E., il ne faudrait pas pour autant s'en prendre à la mise en œuvre de la politique d'immigration, mais aux principes qui la fondent et aux règles qui en découlent, dont nous avons vu précédemment de quelle façon ils avaient été dégagés.

Il faut donc évaluer les deux façons principales de contourner les règles de contrôle des flux en vigueur, et leur influence respective sur l'augmentation éventuelle de la population étrangère : par l'entrée ou le maintien irrégulier sur le territoire français ; en obtenant de façon indue un droit d'entrée dans les catégories que nous avons énumérées : familles, étudiants, asile. Il nous faut aussi tenter de mesurer l'efficacité des politiques d'aide au retour.

LES AIDES AU RETOUR

C'est donc sur la réalité des flux spontanés que se greffent les politiques d'incitation au retour. Elles prennent toutes la forme d'une incitation financière, depuis qu'en 1975 elles ont mobilisé les divers responsables de la politique de l'immigration. L'incitation sera successivement individuelle et généralisée (entre 1977 et 1980), puis ciblée sur des entreprises (et donc collective, en 1980 et depuis 1983). La première forme d'action coûtera cher et échouera. La seconde atteindra sa cible, mais les résultats obtenus seront quantitativement de faible ampleur.

L'aide au retour s'adresse donc dans un premier temps aux individus. L'accord se fait entre l'État et l'étranger concerné, et vise une catégorie de population dans son ensemble, en l'occurrence les chômeurs puis les salariés étrangers, présents en France depuis plus de cinq ans. La procédure est lancée en juin 1977. Du 1er juin 1977 au 31 décembre 1981, 48 995 dossiers d'aide au retour sont agréés et financés ; 12 577 proviennent de travailleurs privés d'emploi, 36 418 de travailleurs salariés. Ils concernent 94 984 personnes entre juin 1977 et décembre 1981. Si l'on prend en compte le chiffre moyen de 75 000 sorties par an, soit environ 337 500 sorties entre ces deux dates, l'aide au retour n'aurait concerné que 27 p. 100 au maximum de la totalité des retours effectués.

Encore faut-il moduler cette analyse. D'une part, parce que les départs comptabilisés n'ont pas toujours été effectifs ou durables : l'opération de régularisation de 1982 a montré, en effet, que plusieurs centaines de régularisés étaient des bénéficiaires de l'aide au retour, certains l'ayant parfois perçue plusieurs fois sous le couvert de fausses identités. D'autre part, parce que cette aide a pu être attribuée à des étrangers qui, de toute façon, seraient repartis spontanément : l'aide au retour est alors perçue comme l'équivalent d'une prime, et son montant n'augmente pas sensiblement le nombre de partants. Le fait que ces retours aient, selon les calculs effectués par Zamora et Lebon, surtout concerné les Espagnols et les Portugais, conforte cette interprétation. L'objectif, qui était en vérité de faire repartir des Maghrébins, n'a pas été atteint ; le nombre de départs d'Algériens entre 1975 et 1982 est évalué par Zamora et Lebon entre 76 961 et 90 466 : 4 655 auront bénéficié de l'aide au retour.

Le même phénomène sera d'ailleurs observé en Allemagne. L'expérience allemande de 1983-1984 montre que l'échec de l'aide au retour n'a pas pour seule raison l'importance de la prime financière accordée. La R.F.A est, en effet, le seul État européen à avoir mis en place, sur une période relativement courte, une procédure très incitative financièrement au retour d'immigrés.

Cette opération débute effectivement le 30 octobre 1983. Elle est volontairement limitée dans le temps puisqu'elle se termine le 30 juin 1984 – date limite du dépôt des dossiers. Les bénéficiaires doivent quitter la R.F.A. avec leurs familles avant le 30 septembre 1984. Ils peuvent être de nationalité turque, coréenne, marocaine, portugaise, espagnole et tunisienne. En revanche, les ressortissants italiens et grecs sont exclus de la procédure.

Pour obtenir la prime de retour, l'étranger doit se trouver, au 30 novembre 1983 ou à compter de cette date, en situation de chômage total, ou de chômage partiel depuis six mois, faisant suite à une faillite ou à une importante réduction d'activité de l'entreprise. Les primes prévues sont versées après souscription d'un engagement écrit de ne pas revenir en R.F.A. La prime de 10 500 marks (32 025 francs) [7] versée au travailleur peut être augmentée de 1 500 marks par enfant (4 575 francs) et peut être versée soit en R.F.A., soit dans le pays de retour, sur un compte d'épargne ou bancaire. Le candidat au retour se voit également offrir la possibilité de récupérer les cotisations vieillesse déjà versées, et de recevoir une indemnité correspondant aux droits acquis quand existe dans son entreprise une « retraite d'entreprise ».

Selon les autorités allemandes [8], le nombre de retours a atteint 300 000 personnes ; l'estimation a été faite à partir des demandes déposées – 16 870, dont 14 488 par des Turcs – et des demandes de remboursement des cotisations au régime de retraite – 140 000 dont 115 000 à 120 000 par des Turcs. Ce chiffre paraît important. En réalité, l'annonce de l'opération ayant précédé sa mise en place d'environ dix-huit mois, une grande partie des départs spontanés des années 1982-83 (évalués à 70 000 par an) ont été retardés, et une partie de ceux de l'année 1984, avancés. Ce sont, au total, trois contingents annuels de retours spontanés qui auraient pu ainsi bénéficier en partie de l'opération, réduisant à quelques milliers le nombre de départs supplémentaires obtenus. Le ministre du travail a estimé que la procédure avait coûté 220 millions de marks (660 millions de francs) au titre des primes d'incitation, la caisse d'assurance vieillesse ayant versé pour sa part 680 millions de marks (2 milliards 40 millions de francs). Le coût d'une opération de ce type étant trop élevé, les autorités allemandes n'ont plus souhaité la renouveler.

En France, la seule expérience réussie demeure celle des « opérations concertées d'aide au retour », ciblées sur des entreprises.

L'accord est passé entre l'État et une entreprise précise, et concerne uniquement les salariés de l'entreprise concernée. Il permet d'éviter des licenciements collectifs [9].

Les premières mesures de cet acabit associèrent en 1980-81 une entreprise, l'O.N.I. et la Direction départementale du travail (D.D.T.E.), dans un protocole fixant les modalités de l'intervention et les apports de part et d'autre. Les pouvoirs publics fournissaient une aide financière au retour. L'entreprise versait de son côté une prime au « départ volontaire » d'un montant au moins égal à l'aide accordée par l'État et compte non tenu des indemnités de licenciement auxquelles les intéressés pouvaient éventuellement prétendre. Par ailleurs, des avantages en nature (exemple : don d'une voiture d'occasion et/ou remise sur achat d'un véhicule neuf) pouvaient être accordés par l'entreprise. Au total, quinze conventions furent effectivement mises en place dans le cadre de cette procédure [10], principalement dans le secteur automobile qui représentait 88,8 p. 100 du nombre de dossiers déposés. Par ce biais, les effectifs des groupes Peugeot, Citroën et Talbot furent allégés de 2 605 personnes entre septembre 1980 et juillet 1981. Le montant de l'aide accordée par Talbot, supérieur à celle attribuée par Peugeot et Citroën (30 000 francs au lieu de 15 000 et 20 000 francs), explique peut-être que cette seule société ait vu partir 646 de ses salariés.

Une opération Renault se déroule par la suite en février, mars, puis juillet 1981. La prime offerte par l'entreprise s'élevait à 45 000 francs à laquelle s'ajoutait une avance sur les droits à la participation (95 p. 100 des droits acquis), et les congés payés. 275 dossiers d'aide au retour furent déposés, concernant 525 personnes.

Le dispositif d'aide à la réinsertion de 1983 reprend les trois volets de celui de 1980 : une aide publique versée par l'État d'un montant moyen de 30 000 francs ; un versement forfaitaire unique des deux tiers des droits ouverts à l'assurance chômage ; une aide de l'entreprise. Le montant moyen des sommes attribuées au salarié s'élève à 45 000 francs sur les dossiers agréés. Le bénéficiaire doit être involontairement privé d'emploi depuis moins de six mois et présenter un projet de réinsertion professionnelle approuvé par l'O.N.I. L'aide financière n'est versée qu'après le retour du travailleur bénéficiaire dans son État d'origine.

Ce dispositif n'a cependant pas fonctionné comme annoncé. En ce qui concerne la réinsertion, la plupart des projets agréés par l'O.N.I. se sont révélés fictifs. Les seuls projets réussis l'ont été dans le commerce. En outre, de nombreux accords ont été passés entre l'État et les principales entreprises signataires pour que les primes soient versées en France, et non dans le pays d'origine, ce qui représentait une dérogation aux principes initiaux. Mais les conditions de l'adhésion d'un nombre significatif d'immigrés à la nouvelle procédure restent la raison essentielle de cet échec : malgré les engagements pris par le gouvernement, beaucoup furent contraints par leurs entreprises de se rallier à un mouvement peu spontané [11]. Après leur retour, nombre d'entre eux, leurs femmes ou leurs enfants, rencontrèrent des difficultés à s'adapter, et certains immigrés, après une réinsertion professionnelle ratée, cherchèrent à se réinstaller en France.

Du point de vue du coût social pour l'entreprise concernée, et du coût politique pour le gouvernement, ce dernier dispositif constitue cependant une réussite. Enfin, le dispositif semble avoir touché toutes les nationalités sans distinction, alors que celui de 1977 avait touché majoritairement les ressortissants d'Europe du Sud. En revanche, du point de vue quantitatif, l'opération n'a produit qu'une faible augmentation du nombre de retours par rapport aux flux spontanés.

Le 16 octobre 1987, le dispositif de 1984 a été étendu à des dossiers individuels de chômeurs [12]. L'aide au projet individuel de réinsertion des chômeurs, d'un montant de 200 000 francs, est désormais prise en charge par le F.A.S. La politique d'aide au retour semble toutefois marquer le pas et ne concerne plus que quelques immigrés à la situation bien spécifique.

LA LUTTE CONTRE LES SÉJOURS IRRÉGULIERS

UNE SITUATION COMPLEXE

L'existence potentielle de séjours irréguliers n'est contestée par personne. La France dispose de 5 000 kilomètres de frontières et, selon les autorités administratives, la moitié des 3 000 kilomètres de frontières terrestres (particulièrement la frontière nord-est) est d'une perméabilité si grande qu'elle rend difficile le contrôle des passages d'étrangers et leur comptabilisation. Malgré cela, des statistiques des flux transfrontières sont établies chaque année, à titre indicatif, par la police de l'air et des frontières (P.A.F.) qui donnent une idée de la dimension du problème. En 1981, il y eut, toutes nationalités confondues, 300 millions de passages (aller et retour) aux frontières ; en 1982, 254 millions. À ces chiffres, il convient d'ajouter 60 millions de passages correspondant aux flux frontaliers. Pour 1989, le nombre d'entrées des seuls étrangers s'est élevé, selon la P.A.F., à 79 millions.

Plusieurs causes peuvent expliquer le phénomène. La différence de puissance économique entre la France et les pays en voie de développement constitue une forte attraction pour les ressortissants de ces pays à la recherche d'un emploi. Pour certains employeurs français, le coût d'un travailleur irrégulier, qui craint d'être interpellé et reconduit à la frontière, est moins élevé que celui d'un travailleur français affilié à la Sécurité sociale. Le choix individuel du migrant : tout étranger muni des documents exigés par les conventions internationales a le droit de circuler librement depuis et vers la France. Traditionnellement, la gauche a souvent mis en cause le rôle des employeurs comme facteur d'incitation à l'installation en France d'immigrés en situation irrégulière. La droite, au contraire, a insisté sur la responsabilité des individus qui se maintiennent irrégulièrement sur le sol national.

De ces analyses divergentes ont découlé des logiques d'action différentes. La gauche a cherché à réprimer l'emploi de main-d'œuvre étrangère irrégulière tandis que la droite a plutôt cherché à renforcer les moyens de contrôle aux frontières. Ce débat, qui s'est déroulé jusqu'en 1983, a été involontairement tranché par les études effectuées, sous la direction de Claude-Valentin Marie, sur la population des 135 000 personnes régularisées au cours de l'opération de 1981-1983 [13].

Les renseignements fournis par ces régularisés sur les conditions de leur clandestinité ont permis de comprendre les facteurs déterminant leur situation.

Répartition de l'ensemble des régularisés et des moins de vingt-six ans selon les raisons de l'irrégularité de la situation administrative

Les raisons de l'irrégularité de la situation administrative	Ensemble des régularisés	Moins de vingt-six ans
1. Ancien touriste	*68,4*	*72,9*
2. Ancien étudiant	6,2	4,8
3. Ancien saisonnier	5,7	3,0
4. Faux papiers	5,6	5,6
5. Entrée clandestine	4,9	5,4
6. Refus de renouvellement	2,8	1,8
7. Refus de délivrance de titre de séjour ou de travail	4,9	4,5
8. Non-admission au travail des jeunes ayant eu seize ans en France	0,7	1,4
9. Refus du statut de réfugié politique	0,6	0,5
10. Expulsé revenu en France	0,2	0,1

L'étranger en situation irrégulière en 1981 est le plus souvent entré en France en situation régulière : l'addition des raisons de 1 à 9 du tableau ci-dessus donne un total de 89,3 p. 100 ; l'entrée en tant que touriste apparaît comme le moyen le plus couramment utilisé. L'étude de l'origine des migrants régularisés montre qu'ils appartiennent soit à des nationalités déjà présentes sur le territoire national, mais dont la présence est récente et en phase d'expansion, soit à des nationalités nouvelles : des Sri-Lankais et des Pakistanais qui partaient traditionnellement vers la Grande-Bretagne, des Haïtiens vers les États-Unis et des Turcs vers l'Allemagne se sont parfois dirigés vers la France pour profiter des mesures prises par le gouvernement français en août 1981. Les refoulés des uns sont souvent devenus les régularisés des autres.

La seconde constatation intéressante est que ces étrangers étaient avant la régularisation employés dans quatre secteurs d'activité où persiste encore aujourd'hui une demande (au sens économique) de travail irrégulier : 85 p. 100 de sans-papiers travaillaient dans le bâtiment, les services, l'agriculture et la confection [14], les deux premiers secteurs dominant l'ensemble en employant 66 p. 100 des étrangers régularisés en 1981.

Ces informations incitent les pouvoirs publics à agir parallèlement dans les deux directions : à l'entrée du territoire national en direction des touristes, et sur les lieux de travail.

LA VICTOIRE DES VISAS

L'histoire récente du contrôle aux frontières rend compte de deux techniques qui vont s'opposer dès 1962, lorsque les autorités françaises vont chercher à limiter l'immigration algérienne qui avait droit, conformément aux accords d'Évian, à la libre circulation.

Les services en charge de l'immigration au Quai d'Orsay prônent alors l'instauration de visas avec l'Algérie [15]. Pour eux, il s'agit de la méthode idéale : elle donne aux autorités françaises une complète maîtrise de la décision et la sélection dans le pays de départ permet d'éviter des bavures policières à l'entrée du territoire français. Or, l'Algérie s'y oppose très fermement : sa souveraineté serait mise en cause par le système de visas, qui permettrait aux autorités françaises de décider, unilatéralement, quel Algérien aurait le droit de pénétrer sur leur territoire.

Les autorités françaises renforcent alors le contrôle policier aux frontières. Mais très vite, des refoulements injustifiés suscitent des protestations vigoureuses de l'Algérie. Viennent les accords de 1964 et de 1968 [16], qui facilitent la collaboration entre les polices des deux États. Après la suspension provisoire puis définitive de l'immigration en 1974, le contrôle unilatéral aux frontières françaises est à nouveau renforcé, surtout entre 1978 et 1980. Mais avec bien peu d'efficacité : le nombre des non-admissions entre 1979 et 1980 augmente dans une proportion similaire à ce qu'avait été sa progression en 1977-78.

En revanche, le coût politique et symbolique des mesures prises est très élevé : les services de police sont souvent mis en cause pour des pratiques de contrôle au faciès de voyageurs maghrébins qui aboutissent à des incidents. Ces bavures peuvent être imputées à des erreurs dans la formation et l'organisation des personnels chargés d'effectuer ce contrôle, mais entre 1978 et 1980, elles peuvent l'être aussi à des consignes brutales ou excessivement systématiques.

Pourtant, après 1981, des ordres très stricts de refoulement aux frontières sont maintenus et même renforcés. Les certificats d'hébergement, les attestations d'accueil que doivent présenter à l'entrée du territoire les membres des familles de travailleurs immigrés en visite sont disqualifiés lorsque le visa du maire en est absent [17]. Sont ainsi refoulés, en 1982, un nombre important d'Algériens. Ces pratiques insupportent le président Chadli, mais elles gênent aussi les commerçants marseillais. La France, et particulièrement Marseille, étaient devenues un lieu de consommation pour les Algériens qui venaient s'approvisionner en biens introuvables sur leur marché intérieur. Par voie de conséquence, est compromis l'un des effets importants de la libéralisation survenue en 1979 en Algérie quant à la sortie du territoire.

Le président Mitterrand suspend de ce fait fin 1982 les refoulements et, au début de 1983, les autorités françaises inventent le diptyque que l'Algérie, le Maroc et la Tunisie conviennent d'adopter [18].

Ce système est censé contrôler le caractère touristique des séjours des ressortissants maghrébins. Dans la pratique, en l'absence de contrôle à tous les postes frontières, notamment aux postes terrestres, les personnes contrôlées à l'entrée, dans un aéroport par exemple, peuvent ne pas l'être à la sortie, et vice versa. Les résultats semblent peu significatifs. Mais cette faible efficience est prévue, quasi organisée par ceux qui conçoivent en France ce système de contrôle. Aucun crédit public n'est ainsi débloqué pour la centralisation des informations. L'intention de l'administration française se porte déjà ailleurs. Les ministères de l'Intérieur et des Relations extérieures font du diptyque français un système d'attente, une étape pour faire avancer la solution du visa [19] qui existe par exemple à l'entrée des États-Unis d'Amérique. Or, les Américains délivrent aussi un diptyque, mais en complément du visa.

Pour l'heure, la ressemblance avec le système américain n'est donc qu'apparente. Le moment venu, on compte sur les similitudes pour faciliter l'acceptation du visa.

Tous les ministères, déçus par l'échec ou le coût trop élevé des autres méthodes, se sont ralliés depuis longtemps à cette dernière solution, préconisée depuis vingt-quatre ans par les responsables du Quai d'Orsay. C'est l'occasion de prendre la décision qui manque [20]. En septembre 1986, le moment propice se présente.

Les attentats terroristes perpétrés à Paris depuis mars fournissent le prétexte. Le climat créé par les bombes permet de justifier l'instauration des visas. Le fait que la mesure soit applicable aux ressortissants de tous les États du monde, y compris aux Américains par exemple (les seuls étrangers auxquels elle ne s'applique pas sont les ressortissants des Communautés européennes et de la Suisse), la fait bien accepter au Maghreb, qui s'était senti, à juste titre, traité de façon inégalitaire lors de la mise en place du diptyque. L'Algérie, traditionnellement opposée à cette technique, y voit alors moins d'inconvénients : ses intérêts économiques et sociaux (le déficit de la balance des paiements s'est creusé) ne sont plus les mêmes qu'en 1982.

Dans la pratique, le système est très rapidement mis en place. En quinze jours, les ambassades sont équipées et aptes à délivrer des visas. Ceux-ci sont de différentes catégories, adaptés à une demande que l'on veut déjà sélectionner. L'accès aux documents nécessaires à la délivrance des visas est plus ou moins discriminant, selon les pays. Aux États-Unis, les formulaires sont disponibles dans les agences de voyages alors que, dans les pays du Maghreb, ils ne le sont que dans les consulats [21]. L'instauration du visa surprend cependant les ressortissants des nations peu habituées à cette exigence.

De ce fait, l'augmentation importante des refoulements touche d'abord des nationalités peu représentées parmi les immigrés installés en France.

Cinq premières nationalités refoulées – tous motifs

1986	1. Espagne 6 633	2. Maroc 6 227	3. Algérie 5 046	4. Turquie 3 877	5. Yougoslavie 3 278
1987	1. U.S.A. 9 800	2. Yougoslavie 5 756	3. Turquie 4 904	4. Maroc 3 972	5. Autriche 3 450

Source : ministère de l'Intérieur

Progressivement et discrètement, le visa sera supprimé pour les ressortissants de l'O.C.D.E., de Corée du Sud, de Hongrie, de Tchécoslovaquie ou des États-Unis d'Amérique. En retour, les Français y gagnent la suppression du visa qu'ils se voyaient imposer depuis longtemps pour leurs déplacements aux États-Unis. Finalement, l'instauration du visa atteint peu à peu la cible visée au départ : les ressortissants du Sud, particulièrement ceux d'Afrique noire et du Maghreb.

Le visa, toujours en cours, a le défaut de favoriser une sélection sociale des étrangers autorisés à entrer en France. Il permet cependant un plus grand respect des droits de la personne. Si l'étranger qui se voit refuser son visa ne peut entrer en France, du moins a-t-il économisé le coût de l'aller et retour, et évité l'humiliation du refoulement, puisque le refus lui a été signifié dans son pays de résidence. Aujourd'hui, l'étranger détenteur d'un visa a une quasigarantie d'entrée en France. Mais ce ne fut pas le cas pendant les premières années de fonctionnement du système. Le décret du 8 août 1987 avait, en complément de l'instauration des visas, renforcé les pouvoirs de la police de l'air et des frontières. L'étranger se rendant en France devait pouvoir, nonobstant la possession d'un visa, apporter la preuve qu'il disposait de ressources suffisantes lors de la durée de son séjour et de garanties de rapatriement. Or, les services du ministère de l'Intérieur considéraient que les consulats faisaient preuve de laxisme dans l'attribution des visas, notamment à des ressortissants africains en visite familiale en France. En l'absence de certificat d'hébergement visé par le maire de la commune d'accueil – ceux-ci les visent de plus en plus rarement –, l'étranger se voyait donc refoulé alors que, détenteur d'un visa, il se croyait sûr de pouvoir entrer. En 1988, un tiers des visiteurs du Maghreb possesseurs de visas se virent ainsi refuser l'entrée du territoire français.

Depuis 1989, la concertation entre les ministères de l'Intérieur et des Affaires étrangères a progressé. Désormais, les consulats exigent la présentation des certificats pour accorder le visa, et le nombre de détenteurs de visas refoulés a largement diminué. Le contrôle préliminaire des ambassades joue donc un rôle de sas qui permet de diminuer le nombre d'incidents provoqués par les contrôles aux frontières. En contrepartie, il favorise, dans les pays où il est institué, les ressortissants étrangers qui disposent de ressources sociales et financières élevées. Les méthodes de contrôle à l'entrée semblent avoir trouvé, sous l'impulsion des services spécialisés eux-mêmes, un point d'équilibre entre l'impératif de contrôle et la préservation des libertés publiques.

Pourtant, le risque d'abus demeure. Comment l'expliquer ? Certes, la formation des personnels s'est améliorée. Des garanties sont accordées à l'étranger en instance de refoulement. Ainsi, bien que la responsabilité du refus d'entrée dépende de l'officier de police de garde, la direction de la P.A.F. impose un contrôle strict sur les refus d'entrée. Parfois, c'est au niveau de son service central que les décisions sont prises. C'est toujours à ce niveau de la hiérarchie que des mesures tactiques – celle de multiplier les contrôles par exemple – sont prises. Mais le temps disponible de chaque agent est limité et lui impose de trier qui il contrôle ou non. Ce qui aboutit souvent, il faut bien le dire, à un contrôle au faciès, générateur d'incidents.

Lorsque, pour l'étranger, l'incertitude demeure et qu'il a le sentiment qu'une décision de refoulement risque d'être prise, la situation se dégrade et peut mobiliser les organisations de défense des immigrés. Il manque certainement là un système permanent de défense des refoulés éventuels qui pourrait être assuré par des avocats spécialisés ou des associations humanitaires. Certains fonctionnaires de police souhaitent d'ailleurs sa mise en place parce qu'elle favoriserait une diminution des conflits préjudiciables à l'étranger, et aussi à la police elle-même. La présence de l'avocat contribuerait à calmer le jeu et faciliterait le bon fonctionnement du système de contrôle. Il jouerait un rôle technique de *gate keeper* : il ferait le tri, parmi les revendications de l'étranger, entre celles qui sont juridiquement défendables et celles qui ne le sont pas, le calmerait, le rassurerait quand l'attente est due à des motifs sans conséquence [22].

Reste que les mesures internes de contrôle à l'entrée ne suffisent pas et que, très vite après 1974, les pouvoirs publics ont mesuré que la seule activité des fonctionnaires français ne pouvait être suffisamment efficace, étant donné l'étendue des frontières, les contraintes imposées par le respect des droits des étrangers et les moyens techniques de surveillance souvent insuffisants. La collaboration avec les États d'origine, mais aussi les États frontaliers, est dès lors développée.

Avec les États d'origine, les négociations de principe sur les règles du contrôle des entrées se sont en fait achevées avec l'instauration du visa qui satisfait les autorités françaises. Mais leur collaboration reste indispensable pour le repérage des entrées irrégulières ou la coordination des refoulements. La direction des Français de l'étranger au ministère des Affaires étrangères a toujours souhaité mener, dans ce domaine, une politique adaptée à chaque État, notamment en ce qui concerne le Maghreb. Les points de sortie du territoire algérien, par exemple, sont peu nombreux ; les passages s'effectuent par voie maritime ou aérienne, à la différence des passages en provenance du Maroc et de la Tunisie qui s'effectuent par voie terrestre à travers l'Espagne et l'Italie. L'Algérie a montré, à la fin de 1982, à un moment où la P.A.F., dans l'attente du diptyque, ne contrôlait plus les entrées des ressortissants algériens, qu'elle était en mesure d'effectuer un contrôle efficace au départ. Au contraire, en ce qui concerne la Tunisie et le Maroc, le contrôle ne peut être efficient que si l'Espagne et l'Italie mettent en place des moyens de lutte contre les séjours illégaux. En leur absence, le passage de ressortissants tunisiens et marocains se voit facilité.

Une politique « différenciée » consisterait donc à imposer des conditions plus strictes aux ressortissants du Maroc et de la Tunisie et, au contraire, à négocier avec l'Algérie un accord aux termes duquel l'État algérien aurait assuré, en échange d'une règle publique de circulation plus souple, une partie des contrôles de sortie. Mais cette logique particulière n'a jamais pu voir le jour. Elle fut toujours bloquée par la direction d'Afrique du Nord du ministère des Affaires étrangères, qui n'a jamais voulu voir mis en cause le traitement égalitaire des trois pays du Maghreb.

Avec les États frontaliers, la coopération a eu tendance à se développer depuis 1974. Les accords de réadmission ont été généralisés : ils permettent le renvoi en Allemagne, en Belgique, en Grande-Bretagne, en Espagne ou en Italie d'un ressortissant étranger qui serait passé par l'un de ces États avant d'entrer irrégulièrement en France. Progressivement, l'harmonisation européenne des politiques de contrôle de l'entrée est aussi renforcée. La multilatéralisation des accords de réadmission est envisagée par les Douze : ainsi, la France pourra renvoyer aux Pays-Bas un étranger passé successivement par les Pays-Bas et la Belgique. L'accord de Schengen, signé d'abord avec les États du Benelux et la R.F.A., auxquels l'Italie, l'Espagne, le Portugal et la Grèce ont été récemment associés, est censé tout à la fois favoriser une fois mis en œuvre la libre circulation des personnes entre ces États, mais également une meilleure maîtrise des flux.

LE TRAVAIL ILLÉGAL

Quand un étranger entre irrégulièrement sur le territoire ou qu'il prolonge au-delà de trois mois un séjour touristique, il se trouve en infraction pour séjour irrégulier. Lorsqu'en plus il occupe un emploi, il se trouve en infraction avec la législation du travail. Il n'est pourtant pas un travailleur « clandestin ». Le code du travail réserve ce qualificatif à l'organisation d'une entreprise non déclarée. Le travail clandestin peut donc être le fait d'un Français employant au noir des Français. Lorsque ce sont des étrangers qui sont employés dans des conditions illégales, encore doit-on bien distinguer les deux motifs d'irrégularité déjà évoqués. Dans un cas, l'employeur contrevient à l'interdiction légale d'employer des travailleurs de nationalité étrangère, mais est prêt à déclarer son employé dès que l'opportunité lui en est laissée ; dans le second cas, c'est souvent la recherche de coûts salariaux très peu élevés, le souci d'échapper par exemple aux charges sociales, qui expliquent le comportement de l'employeur. Face au premier type d'infraction, les pouvoirs publics ont parfois réagi par la prévention. Le second type de phénomène en revanche ne subit qu'une répression peu efficace.

Pour prévenir l'offre d'emploi illégal aux étrangers, les autorités publiques ont cherché à adapter la réglementation de certains types de travaux à la réalité du marché. Certains travaux particuliers, temporaires dans l'année ou dans la journée, difficiles et peu payés ne trouvent ni demande sur le marché du travail ni réglementation adaptée à leur spécificité. Dans le cas des travaux saisonniers agricoles, les pouvoirs publics ont mis en place un système de recrutement qui servira d'exemple à des expériences originales dans d'autres domaines. Chaque année l'Office des migrations internationales recrute, sélectionne et transporte plusieurs dizaines de milliers de travailleurs saisonniers. Il répond ainsi à l'offre d'emploi temporaire qui apparaît chaque année dans l'agriculture au moment des récoltes. Ce système satisfait tout à la fois les professionnels de l'agriculture, au bénéfice de qui il est organisé, les saisonniers eux-mêmes et les États d'origine. Il permet surtout d'éviter, alors que l'offre est incompressible, qu'elle ne trouve pas de réponse sur le marché du travail français, et qu'elle soit satisfaite par une main-d'œuvre employée irrégulièrement. Les pouvoirs publics ont toutefois cherché à diminuer le nombre de saisonniers employés chaque année en France et la durée de leurs contrats, craignant – à tort – qu'une partie des saisonniers introduits tous les ans ne se maintienne en France. Mais le système satisfaisant une demande réelle, il serait dommageable de le supprimer. Il serait même souhaitable de l'étendre aux autres secteurs pourvoyeurs de travail illégal.

Dans d'autres domaines, la création de formes plus souples d'emploi a été tentée : afin de rendre plus attractif pour l'employeur le prix des emplois traditionnellement irréguliers, on a permis en 1985 la législation du prêt de main-d'œuvre au sein d'associations d'employeurs. L'expérience de la coopérative du Sentier avait donné sur ce plan des résultats positifs ; pourtant seule la main-d'œuvre visible, celle qui transporte les marchandises produites dans les ateliers de confection, et non celle, invisible, qui les fabrique, avait été régularisée par les employeurs du quartier.

La répression va donc concerner tous les autres étrangers en situation irrégulière. Deux problèmes se posent : comment et où les interpeller ? Comment les renvoyer ? Les dispositions juridiques portant sur les lieux où l'interpellation est autorisée ont souvent varié [23] : sur la voie publique, plus encore à l'intérieur des logements. Des conditions juridiques strictes doivent être remplies, et en réalité, l'efficacité de ces contrôles est souvent sujette à discussion. En revanche, les contrôles au sein des entreprises n'ont jamais été mis en cause. C'est une démarche tout à fait légale et néanmoins très difficile à exécuter.

L'arsenal de la répression de l'emploi illégal des étrangers semble en effet exhaustif. La loi française interdit d'abord le travail clandestin, non déclaré, défini par l'article 324-10 du Code du travail. De son côté, l'employeur de travailleurs étrangers irréguliers se voit appliquer des sanctions spécifiques, aggravées depuis 1981. Le Code du travail et l'ordonnance de 1945 prévoient trois délits qui le concernent particulièrement : l'emploi d'un étranger dépourvu des titres l'autorisant à travailler en France [24], l'aide directe ou indirecte à l'entrée, à la circulation, au séjour irrégulier d'un étranger et la violation du monopole de l'O.M.I. [25].

La première infraction concerne essentiellement les employeurs. Les deux autres concernent les trafiquants de main-d'œuvre illégale. Elles peuvent, le cas échéant, se cumuler.

Mais l'application du droit répressif se révèle particulièrement difficile. Elle nécessite la collaboration de l'inspection du travail, des inspecteurs des lois sociales agricoles, de la police, de la gendarmerie et de la justice. Si, dans les secteurs les plus concernés par le travail illégal – le bâtiment, l'agriculture, la confection ou les services – il est très rare que les entreprises connues des services de police fassent l'objet de contrôle, c'est qu'il existe de fait des arrangements négociés entre les autorités publiques et les acteurs économiques industriels ou agricoles. Reprenons l'exemple des ateliers de confection : un arsenal juridique existe ; il a même été, depuis quelques années, renforcé. L'existence et la localisation de ces ateliers sont connues des services de police et de l'inspection du travail. Ils pourraient donc être démantelés et pourtant ils ne le sont pas, car le choix de ne pas appliquer la loi fait en réalité l'objet d'un consensus entre les différents acteurs sociaux.

Ce dernier s'explique de plusieurs manières. En premier lieu, la législation répressive est parfois inadaptée : le décret du 5 mars 1984 avait porté à vingt-sept mille quatre cent quarante francs par salarié (chiffre de 1985) le montant minimal de l'amende administrative perçue par l'O.M.I. en cas d'infraction. Les agents chargés de constater les infractions ont été confrontés à un dilemme. Dans le cas où, par exemple, un agriculteur se trouvait employer pour les vendanges dix travailleurs irréguliers, fallait-il faire payer l'amende et tuer l'entreprise en infraction ? Car l'amende était trop forte : loin de soigner le mal, elle risquait de faire disparaître le malade. L'application de la règle en vigueur se traduisait par une très forte hostilité sociale, au point que les services de répression ont pratiqué une autocensure [26]. Les pouvoirs publics ont d'ailleurs pris acte de cette inadaptation, et le décret a été modifié en conséquence, six ans après : en cas de première infraction, l'amende administrative est diminuée de moitié[27]. Ensuite, et cela va de pair, les pouvoirs publics semblent admettre que des déséquilibres régionaux ou sectoriels sur le marché de l'emploi contraignent les employeurs à embaucher de la main-d'œuvre irrégulière, parfois pour des chantiers d'intérêt général : chantiers des jeux Olympiques en Savoie ou même construction de prisons.

La seconde raison de l'échec du dispositif tient au fait que les services de police, de justice ou de l'inspection du travail ne paraissent pas très motivés par la répression de ce type de fraudes. Les inspecteurs du travail ont tendance à freiner le nombre de leurs constats d'infraction parce que la sanction la plus forte va s'abattre le plus souvent, non sur l'employeur, mais sur le travailleur étranger que l'on va reconduire à la frontière. Lorsque, sous l'impulsion de la mission de lutte contre les trafics de main-d'œuvre, des contrôles donnent finalement lieu à des procès-verbaux, les juridictions réagissent certes très diversement. Parfois, le trafic étant véritablement caractérisé, les tribunaux n'hésitent plus à appliquer la loi avec la plus grande rigueur, et les condamnations à des peines proches des maximums prévus ne sont plus aussi rares[28]. Mais les juridictions ont souvent fait preuve de lenteur ou de mansuétude vis-à-vis des employeurs à cause de la difficulté pour le ministère public à prouver le caractère intentionnel de l'infraction, nécessaire à la qualification pénale. Des peines de prison ferme ont été quelquefois prononcées. Les condamnations en dessous du minimum restent cependant nombreuses, malgré l'élargissement récent de l'échelle des peines prononcées. Certains tribunaux trouvent facilement des circonstances atténuantes aux employeurs considérés parfois comme en état de nécessité...

L'application par les services compétents de la législation répressive est également freinée par l'existence de règles spécifiques pour les étrangers dans un domaine, le travail clandestin, qui concerne au moins autant les Français. Beaucoup d'inspecteurs du travail jugent le traitement appliqué aux seuls étrangers injuste.

Dans la réalité, les tentatives de légiférer intelligemment dans ce domaine, par exemple en favorisant fiscalement la déclaration de travaux actuellement souvent effectués au noir, n'ont pas abouti. Le rapport demandé à Jean-Jacques Dupeyroux sur les « activités professionnelles occultes » en 1982 n'a jamais été publié [29]. D'autres mesures particulières ont été repoussées. Malgré les différents rapports officiels concluant en ce sens, dont les rapports de M. Ragot au Conseil économique et social, les pouvoirs publics ne se sont pas résolus à imposer aux employeurs une déclaration préalable à l'embauche, afin que ceux-ci ne puissent plus prétendre utiliser depuis quelques heures seulement les services de salariés qui ne figureraient pas encore sur leur registre du personnel.

Dans ce contexte, les préfets considèrent rarement comme une priorité des autorités de police et de gendarmerie, ou même de l'inspection du travail, la lutte contre l'emploi illégal d'étrangers.

DANS LES FAILLES DU SYSTÈME

Le second moyen de contourner les mesures visant à arrêter l'immigration des travailleurs permanents, celui qui est utilisé plus couramment depuis quelques années, est l'accès indu de certains étrangers à des catégories encore autorisées à s'installer en France – à savoir, en dehors des ressortissants des Communautés européennes, les familles, les réfugiés politiques et les étudiants.

LE REGROUPEMENT FAMILIAL

L'accès au séjour des familles peut concerner des époux ou épouses ou enfants étrangers de Français comme de résidents étrangers. Jusqu'à la loi de 1993, l'entrée et l'installation de conjoints de Français se faisaient très libéralement. Ce statut de conjoint de Français garantissait en outre l'obtention d'un titre unique de dix ans.

L'entrée des familles de résidents étrangers s'est trouvée au contraire, plus qu'aucun autre problème, soumise aux variations de la politique d'immigration depuis 1974. Entre 1974 et 1984, la réglementation aura été modifiée sept fois. Mais, de juillet à décembre 1974 excepté, cette entrée sera restée autorisée. Depuis 1984, le droit à l'immigration familiale est contrôlé : les pouvoirs publics exigent que des conditions de durée de séjour (de un an au moins), de ressources et de logement soient réunies avant que des familles ne soient autorisées à s'installer ; en outre, la demande de regroupement familial doit être effectuée à partir du pays d'origine.

Ces règles ont, sur le long terme, peu de répercussions sur le comportement des familles concernées. Sociologiquement en effet, l'immigration familiale suit de quelques années l'arrivée des travailleurs célibataires. Ce comportement s'est maintenu après la suspension de l'immigration en s'atténuant ; l'immigration familiale diminue donc dans les années qui suivent 1974 *. Mais l'étude des flux par nationalité montre des différences significatives de comportements. On peut noter une diminution très sensible des immigrations familiales anciennes – portugaise, espagnole et yougoslave – et une stabilisation de l'immigration tuni-

* Pour les statistiques de l'immigration familiale, voir tableau en annexe VII.

sienne. Les immigrations familiales récentes, marocaine et turque, continuent d'augmenter après 1974. Quant à l'immigration familiale algérienne, elle paraît plus sensible à l'évolution de la situation en Algérie – libéralisation des flux, variation de la situation économique ou encore, à partir de 1979, interruption du discours officiel sur le retour – qu'aux décisions françaises.

L'immigration familiale, à cause des problèmes de logement, n'en est pas moins freinée par les maires et par le gouvernement. Les personnes autorisées à rejoindre le séjournant en France sont en principe le conjoint du travailleur et ses enfants de moins de dix-huit ans – moins de vingt et un ans dans le cas des ressortissants de la C.E.E. et des pays signataires de la Charte sociale européenne. Trois conditions principales doivent être remplies par le travailleur demandeur pour obtenir le bénéfice de la procédure de regroupement familial : être en situation régulière en France sur le plan du séjour comme sur le plan du travail depuis deux ans, disposer de ressources suffisantes et stables pour subvenir aux besoins de la famille, disposer d'un logement, en être déjà locataire ou avoir une promesse ferme de location conforme à des normes de confort minimal et de surface habitable, qui doivent être au moins égales à celles retenues pour l'attribution de l'allocation au logement.

La D.D.A.S.S. était responsable jusqu'en 1984 de la vérification du logement lorsque la famille, déjà en France, était autorisée à demander sa régularisation. L'O.M.I., réputée plus stricte sur le respect des normes que les D.D.A.S.S., est désormais responsable de cette vérification dans le cadre de la nouvelle procédure d'introduction. L'avis du maire est également sollicité.

Cette procédure stricte d'introduction est censée favoriser la diminution de l'immigration familiale irrégulière – essentiellement des familles qui, s'étant vu refuser leur régularisation, se maintenaient sur place. La règle est en effet très sévère : elle oblige une famille à être à l'étranger pour demander un regroupement familial ou à y repartir si elle est venue en France pour des vacances, alors que le travailleur immigré père et mari peut avoir trouvé un logement. L'étranger n'est pas toujours très incité à s'y conformer : les délais d'instruction des dossiers semblent durer plusieurs mois [30]. De ce fait, il doit parfois abandonner un logement qui, faute d'allocation au logement, seulement percevable à l'arrivée de la famille, grève trop fortement son budget. La diminution des regroupements familiaux officiels a probablement été compensée à partir de 1985 par une augmentation des regroupements illégaux. Est-il d'ailleurs possible de pénaliser durablement, souvent plusieurs années, des travailleurs étrangers qui font un effort évident pour trouver un logement, mais qui ne le trouvent pas pour des raisons que nous examinerons plus loin ? Certaines préfectures ont parfois procédé à des arrangements pratiques : le ministère de l'Intérieur a ainsi régularisé des familles algériennes dont l'un des enfants était français [31] et qui avaient attendu de six à dix ans l'accession à un logement ; ou encore des travailleurs étrangers présents depuis au moins quinze ans en France. Enfin, la D.P.M. vérifiait l'effort effectué par les assujettis pour trouver un logement et pouvait décider alors de les régulariser en fonction de situations personnelles. Ajoutons pour conclure que les pouvoirs publics assistent à un phénomène nouveau qui rend au total improbable le tarissement des flux malgré les mesures prises en 1993 : l'arrivée au titre du regroupement familial des conjoints des enfants d'étrangers de la seconde génération [32].

L'ADMISSION DES ÉTUDIANTS

La venue d'étrangers dans l'enseignement supérieur et la formation d'une partie de l'élite internationale sont considérées comme un des moyens de renforcer l'influence intellectuelle de la France, indépendante de la politique de l'immigration, mais produisant néanmoins sur elle ses effets.

Au cours de l'année universitaire 1984-85, les étudiants étrangers en France [33] étaient environ 150 000, représentant 12 p. 100 de l'ensemble des étudiants. 90 p. 100 d'entre eux étaient inscrits dans les établissements universitaires publics (2 à 3 p. 100 dans les établissements universitaires privés et 7 p. 100 dans les grandes écoles).

Au cours de la période qui va de 1977 à 1981, on perçoit une baisse de niveau des étudiants étrangers. Le problème, universitaire tout d'abord, concerne bien vite les États d'origine, d'Afrique du Nord ou d'Afrique noire, qui envoient leurs meilleurs éléments faire leurs études en Grande-Bretagne ou aux États-Unis [34]. On craint en fait l'inscription de faux étudiants venus en réalité en France pour y occuper un emploi. On opte alors pour une réorganisation de la politique autour d'une sélection sur des critères universitaires : les universités les plus performantes cherchent à faire venir les meilleurs étudiants du monde entier. On tente d'instaurer un examen de français obligatoire avant toute inscription en université ; simultanément, on cherche à ne pas renouveler le titre de séjour d'étudiants redoublants.

Ces mesures se heurtent en 1980 à une telle réaction de solidarité – la mobilisation des étudiants s'est faite contre la sélection sur un mode et un thème d'action qui peuvent être comparés à ceux des grandes grèves étudiantes et lycéennes de la fin de 1986 – qu'elles sont finalement abandonnées.

Les pratiques de sélection restent l'apanage des grandes écoles. Les universités fonctionnent sur un mode mixte, le fondement de leur action restant la capacité d'accueil. Celle-ci est d'abord absorbée par les boursiers du gouvernement français ou des gouvernements étrangers. Pour les places restantes, le droit égalitaire à l'accès est formellement maintenu ; en réalité, il favorise, d'une part, les étudiants qui ont une bonne connaissance de la langue française, d'autre part, ceux qui disposent de ressources. Outre l'attestation d'inscription qu'il doit obtenir *a priori* d'un établissement public pour obtenir un visa de long séjour en France, l'étudiant non boursier, à l'inverse de l'étudiant boursier, devra justifier de moyens suffisants d'existence comme n'importe quel étranger se rendant en France – la somme exigée est actuellement de 1 600 francs par mois –, pour subvenir à ses besoins. La réglementation interdit en outre aux non-boursiers de travailler durant la première année de leurs études ; ils peuvent y être autorisés par la suite mais pour un travail de vingt heures par semaine maximum. Cette autorisation est accordée avec des difficultés croissantes. Pour le logement, ceux qui n'ont aucune bourse sont également très désavantagés. Les boursiers du gouvernement français obtiennent, hormis leur bourse, un logement en cité universitaire ou une indemnité de logement. Les boursiers des pays étrangers se voient offrir l'accès aux foyers, aux H.L.M. conventionnés ou à l'aide personnalisée au logement (A.P.L.), à l'origine prévue pour des travailleurs au statut social plus précaire. Pour toutes ces raisons, les détournements de procédure viennent non des étudiants modestes, mais d'étudiants aisés qui peuvent par exemple prendre des inscriptions, moyennant des frais de scolarité élevés, dans des établissements supérieurs privés. Ainsi se trouve favorisée une application contestable des règles en vigueur : l'acceptation dans n'importe quel établissement permet en effet l'obtention d'un titre de séjour, parfois ensuite l'accès à un emploi à temps partiel. Cependant, la part des étudiants inscrits dans ces établissements, même si elle a tendance à augmenter, reste encore faible.

Ce qui favorise également le maintien d'étudiants en situation semi-régulière, c'est le refus du *brain drain*. Au nom de l'idée selon laquelle la France ne doit pas récupérer les cadres du tiers-monde, les demandes de prolongation de séjour des étudiants étrangers au-delà de leurs études étaient jusqu'à tout récemment l'objet de refus systématiques. Les autorités françaises, sous l'effet de la concurrence américaine, japonaise ou allemande, autorisent depuis quelque temps les stages de longue durée, l'accès dérogatoire au travail en cas d'emploi très qualifié ou de rémunérations élevées. Des ouvertures dans le système se produisent, qui permettent à quelques étudiants étrangers de rester. Certains sont embauchés comme enseignants dans le secondaire. Mais ils conservent un statut précaire : ne pouvant accéder à la nationalité française, ils ne peuvent passer ni le C.A.P.E.S ni l'agrégation dans leur matière de spécialité.

L'ACCUEIL DES RÉFUGIÉS POLITIQUES

La tradition nationale d'accueil des réfugiés a abouti à la mise en place d'un système de traitement des demandes d'asile aujourd'hui saturé par l'afflux des demandeurs d'asile en état de détresse économique.

Chaque État signataire de la convention de Genève du 28 juillet 1951 sur le statut des réfugiés (complétée par le protocole de New York du 31 janvier 1967) est libre de déterminer la façon dont il attribue le statut de réfugié. En France, eu égard à l'article 1 de la convention de Genève, ce statut est reconnu si l'individu se trouve en dehors des frontières de son pays d'origine, s'il ne peut ou ne veut se réclamer de la protection de cet État et s'il craint avec raison des persécutions, si ces persécutions sont fondées sur l'appartenance à une opinion politique, à une race, à une religion, à une nationalité ou à un groupe social particulier. Les demandeurs d'asile arrivés en France dépendent, certes, des lois en vigueur dans le pays d'accueil mais surtout d'une institution à laquelle l'État confie l'exercice de cette compétence : l'Office français de protection des réfugiés et apatrides (O.F.P.R.A.) [35], créé par la loi du 25 juillet 1952, et qui assure aux réfugiés une protection spécifique.

La procédure d'attribution du statut distingue une phase administrative, gérée par l'O.F.P.R.A. et, le cas échéant, une phase juridictionnelle, assurée par une « commission des recours des réfugiés ». Après une décision de rejet par l'O.F.P.R.A. ou lorsque sa réponse n'est pas intervenue dans un délai de quatre mois, un requérant peut saisir cette commission qui statuera sur son cas. Ces deux organismes, l'O.F.P.R.A. et la commission des recours, sont reconnus compétents pour attribuer la qualité de réfugié. L'O.F.P.R.A. est un établissement public qui dispose dans les faits d'une relative autonomie à l'égard des pouvoirs publics. Mais la plus grande indépendance de la commission, garantie par sa composition – un membre du Conseil d'État qui la préside, un représentant du Haut-Commissariat aux réfugiés et un fonctionnaire –, a pu prévaloir dans certaines situations. Dans le cas des réfugiés basques espagnols, l'O.F.P.R.A. agit sous l'impulsion du ministre des Affaires étrangères qui, dans un communiqué du 30 janvier 1979, avait refusé de reconnaître aux ressortissants basques le statut de réfugié, arguant de la démocratisation du régime politique espagnol ; la commission décida malgré tout d'attribuer à certains la qualité de réfugié.

Le caractère particulièrement protecteur du statut de réfugié est à souligner. Le réfugié bénéficie en quelque sorte, sur le plan des droits, de la clause de l'étranger le plus favorisé, contrepartie d'une rupture de la protection traditionnellement assurée par l'État d'origine. La condition de réfugié se caractérise ainsi en France par l'assurance de bénéficier de tous les droits du Français, à l'exception du droit de vote. Ainsi le réfugié, à la différence de l'immigré résident, ne peut en aucun cas être expulsé vers son pays d'origine [36].

Ce dispositif protecteur a bien fonctionné jusque vers la fin des années 70. Mais il s'est trouvé confronté depuis à une augmentation très sensible des demandes d'asile, auxquelles il a eu du mal à faire face ; d'autant que la multiplication des demandes a entraîné une augmentation quasi proportionnelle des recours. De ce fait, le système se révélait incapable de statuer en temps voulu sur les dossiers.

Depuis 1973, le monde a vécu des événements politiques qui ont pu contribuer à une augmentation du nombre des demandeurs d'asile :

la chute du gouvernement de Salvador Allende au Chili, la défaite américaine dans le Sud-Est asiatique, la victoire des Khmers rouges au Cambodge, les événements de Pologne et plus généralement de l'Europe de l'Est, la guerre civile au Sri Lanka, les soubresauts politiques en Afrique. De ce fait, les demandeurs d'asile recensés par l'O.N.U., excepté les 2 millions de Palestiniens relevant de l'U.N.R.W.A., ont été estimés à 2,5 millions au début des années 70, à 7 millions en 1980 et à 10,24 millions en 1982.

L'arrêt de l'immigration de travailleurs a secondairement contribué à l'augmentation des demandes par la mise en cause d'un système d'arrangement négocié qui fonctionnait avant 1974.

Avant cette date, certaines personnes, ayant subi diverses pressions ou connu des dangers du fait de leurs origines ethniques, politiques, n'obtenaient pas de l'O.F.P.R.A. le statut de réfugié parce qu'elles n'entraient pas exactement dans les définitions strictes de la convention de Genève. Ces « quasi-réfugiés » étaient alors réorientés par les organisations humanitaires et le Haut-Commissariat aux réfugiés, vers les ministères du Travail et de l'Intérieur qui leur délivraient des titres de travail et de séjour. Ils bénéficiaient ainsi des droits réservés aux travailleurs salariés, à défaut du statut de réfugié. L'arrêt de l'immigration de travailleurs a empêché que ne perdure cet arrangement entre autorités publiques et associations caritatives [37].

Mais la cause principale du dérèglement réside dans la conjonction entre l'arrêt définitif de toute immigration légale de travailleurs et la dégradation de la situation démographique, économique et politique du tiers-monde, qui provoque le développement d'un refuge à caractère économique.

Les demandes venant d'Afrique par exemple (Zaïre, Mali, Ghana, Angola en 1989) ont souvent pour justification la fuite devant une situation de misère, et il arrive que la misère s'accompagne effectivement de crainte de persécution (Sri Lanka, Liberia). Parfois, la persécution est réelle mais demeure difficile à prouver. En outre, depuis 1974, les étrangers en situation irrégulière ont appris à connaître les failles du système français ; ils sont souvent pris en main par des filières organisées qui, moyennant le paiement d'un forfait, leur font passer les frontières pour qu'ils puissent demander l'asile. La demande d'asile à la frontière subit, en effet, un contrôle plus strict que celui effectué une fois la frontière franchie. C'est le ministère de l'Intérieur qui fournit l'autorisation d'entrée ; il doit consulter le Quai d'Orsay – celui-ci donne presque toujours un avis négatif et suggère de renvoyer le demandeur dans son pays dès lors qu'il est signataire de la convention de Genève – mais il demande aussi l'avis du représentant du Haut-Commissariat aux réfugiés. Il n'empêche qu'il vaut mieux être introduit illégalement sur le territoire. Ensuite, ce sont souvent les employeurs potentiels qui informent les futurs requérants que, tant que leur demande d'asile n'a pas été définitivement rejetée, leur droit de séjourner et de travailler en France ne peut être remis en cause. Enfin, lorsque trois années de procédures se sont écoulées, l'Administration hésite à reconduire à la frontière un étranger qui a vécu et travaillé légalement en France et y a vu naître un ou plusieurs enfants. Les demandeurs d'asile à la recherche d'un emploi sont de ce point de vue dans une situation beaucoup plus favorable que le travailleur irrégulier sans papiers.

Pour faire face à l'augmentation des demandes, les autorités publiques auront tenté deux types d'action : contrecarrer la demande d'accession au système et diminuer l'intérêt à demander l'asile.

La première dissuasion, empêcher l'accès au système, peut signifier rendre difficile l'accès aux guichets des administrations autorisées à recevoir les demandes. Dans la pratique, ce procédé est implicitement utilisé. Actuellement, dans le monde, plusieurs millions de demandeurs d'asile pourraient chercher à relever de la convention de Genève. Or la France n'accueille qu'un peu plus de 177 000 réfugiés (soit 1,3 p. 100 du total) et ne gère jusqu'à présent qu'un maximum de 60 000 demandes par an. Cela signifie bien que notre offre d'asile ne se traduit pas concrètement par l'organisation d'un accueil généralisé.

Une sélection implicite se produit, fondée en partie sur l'origine nationale. La sensibilisation aux persécutions est sélective. Les événements du Sud-Est asiatique, par exemple, ont davantage mobilisé les Français que les événements du Liberia. Dans les camps de Thaïlande, une sélection des réfugiés se produit, que légitiment les contraintes de capacités d'accueil. Cet accueil est d'ordinaire assuré par des associations spécialisées dans des centres de transit, des centres provisoires d'hébergement (France-Terre d'asile, la Cimade ou, pour l'accueil des réfugiés du Sud-Est asiatique, le Comité national d'entraide). D'ailleurs, la récente mais vive hostilité d'une partie du public aux nouveaux demandeurs d'asile tient probablement aussi au fait que l'origine africaine d'une partie d'entre eux inverse une représentation traditionnelle qui distinguait auparavant les « bons » réfugiés persécutés, originaires d'Asie, d'Europe ou d'Amérique, et les « mauvais » immigrés économiques, originaires d'Afrique.

Mais certains acteurs voulaient aller plus loin. Aujourd'hui, les demandes d'asile individuelles présentées aux autorités françaises depuis l'Hexagone sont automatiquement transmises à l'O.F.P.R.A. La transmission automatique des dossiers a été remise en cause en 1984 et en 1986, sans succès : un des principes fondamentaux du droit d'asile, qui veut que la demande soit examinée par une autorité indépendante, était en jeu.

Trois moyens sont déjà utilisés, qui diminuent l'intérêt d'une demande de statut. En premier lieu, la création d'une catégorie officielle des quasi-réfugiés. Afin d'assurer la protection d'étrangers en danger, sans toujours se trouver dans une situation de persécution effective, les autorités françaises ont décidé d'accorder exceptionnellement aux ressortissants du Sud-Est asiatique, du Liban, de Pologne et d'Iran, à la suite des événements intervenus dans ces pays, le droit de s'installer et de travailler en France. Ce droit leur est accordé automatiquement, en fonction de leur nationalité, et sans considération des conditions légales d'attribution du statut de réfugié. Ces mesures sont généralement publiques et formalisées par arrêtés, sauf pour les Iraniens qui ont bénéficié, de 1979 à 1985, d'un accès officieux. Parfois, notamment dans le cas du Sud-Est asiatique ou du Liban, anciennes possessions françaises, l'accession à la nationalité est même facilitée.

Joue ainsi une sorte de clause de la nation la plus favorisée, le plus souvent du fait de liens historiques avec la France, parfois en fonction du caractère idéologique de la répression endurée, en l'occurrence communiste ou islamique.

Les bénéficiaires potentiels de ce statut l'utilisent de diverses façons. Si les ressortissants du Sud-Est asiatique ou du Liban se sont installés durablement, les ressortissants polonais ont préféré fréquemment occuper quelques mois un emploi temporaire qui leur permettait, de retour en Pologne, d'augmenter leurs ressources familiales.

En l'absence de ces dispositions particulières, les ressortissants de ces nationalités eussent probablement demandé l'asile politique et contribué ainsi à augmenter la charge du système.

L'accélération du traitement des dossiers est cependant apparue comme la solution la plus efficace. On a pensé que la perspective d'une décision négative et définitive, signifiée très rapidement après la date du dépôt de la demande par la commission de recours, rendrait celle-ci beaucoup moins attractive pour les faux demandeurs. Les autorités publiques ont donc choisi de moderniser l'O.F.P.R.A., d'augmenter son personnel et ses moyens techniques, de traiter de façon différenciée les dossiers des demandeurs, afin de rendre leur traitement plus rapide et d'accélérer l'examen des recours devant la commission des recours.

En avril 1983, l'augmentation des effectifs des deux institutions avait déjà été décidée. Une double procédure d'instruction fut instituée pour permettre de traiter et de rejeter rapidement les demandes manifestement dépourvues de validité. À la fin de 1980, la commission des recours jugeait chaque année 3 000 affaires. Les mesures prises en 1983 lui permirent de traiter 6 000 affaires par an ; mais les efforts antérieurs furent hypothéqués par le nombre de recours enregistrés en 1984 et 1985 : plus 14 000, alors même que la capacité de jugement de la commission avait été entre-temps relevée à 9 000 affaires par an. Le chiffre d'affaires en instance s'élevait à cette date à plus de 22 000 : le délai de décision atteignait alors, pour une affaire portée devant la commission des recours, trente mois.

Au cours des années suivantes, la situation devint plus difficile que jamais. En 1989, 61 000 demandes d'asile furent déposées, émanant essentiellement de Turcs ou de ressortissants d'Afrique noire.

Les effectifs de l'O.F.P.R.A. et de la commission ont donc, à nouveau, été massivement renforcés au début de l'année 1990 afin de pouvoir traiter tout dossier en trois mois. La commission des recours a traité pas moins de 60 000 dossiers durant l'année 1990. Alors que la moyenne des demandes d'asile avait atteint le chiffre de 7 000 par mois en janvier 1990, leur nombre tomba à 4 000 par mois : effet dissuasif durable et réel du système mis en place, effet conjoncturel des discours politiques de sévérité, peut-être aussi de la régularisation italienne : 180 000 travailleurs ont été régularisés en Italie au cours du premier semestre 1990. Il est encore trop tôt pour expliquer ce phénomène.

Une troisième voie enfin adoptée par les pouvoirs publics a été celle de la diminution des avantages accordés aux demandeurs d'asile. L'autorisation de travail dont ils bénéficiaient a été supprimée et on leur attribue en échange une allocation.

Sous l'effet de ces deux dernières mesures, le nombre des demandes d'asile a été entre 1989 et 1992 divisé par deux (de 61 372 à 28 873), tandis qu'en Allemagne il atteignait, pour l'année 1992, 438 000. Leur efficacité est indéniable, mais l'obsession des pouvoirs publics à vouloir lier maîtrise des flux et diminution des demandes d'asile s'est aussi traduite par la fermeture quasi complète du territoire français aux réfugiés potentiels en provenance par exemple de Haïti ou de Bosnie-Herzégovine.

LA SANCTION DU SÉJOUR IRRÉGULIER

Restent maintenant à examiner les conséquences concrètes de ces divers modes de lutte contre le séjour illégal. Quand un étranger en situation irrégulière est interpellé, à la suite du refus définitif d'une demande d'asile, d'un refus de délivrance ou de renouvellement de carte de séjour, ou de la prolongation d'un séjour touristique au-delà du délai autorisé, que lui arrive-t-il ? Il est passible d'une peine de reconduite à la frontière infligée par le préfet et susceptible d'un recours en urgence devant un tribunal administratif. Il risque également de se voir traduit devant les tribunaux judiciaires, qui peuvent le condamner à une peine de prison, accompagnée d'une peine de reconduite à la frontière, voire d'une interdiction du territoire. Mais l'exécution de ces décisions se révèle complexe en raison d'une série de contraintes.

La première contrainte, d'ordre juridique, tient à la durée limitée de la rétention administrative. Celle-ci ne peut se prolonger au-delà de vingt-quatre heures, augmentées d'un maximum de six jours supplémentaires si le juge l'autorise. La marge d'action de l'Administration dépend donc en partie des pratiques de chaque magistrat et aussi des moyens locaux de la police et de la gendarmerie.

La rétention administrative est actuellement organisée dans des centres aménagés à cet effet, dans lesquels la Cimade joue un rôle d'assistance humanitaire. La présence de cet organisme, dans un rôle d'assistance qui lui a été confié par l'État, permet parfois de déceler des erreurs sur la situation de la personne – il est même arrivé de découvrir qu'elle pouvait prétendre à la nationalité française – et contribue à une meilleure individualisation de l'application du droit.

Mais des obstacles techniques se dressent face à la mise en œuvre des décisions. Tout d'abord, la limitation des places d'avion disponibles : son nombre est sous-jacent au nombre de rotations entre la France et l'aéroport de destination de l'étranger reconduit. Il est tributaire ensuite de la décision des pilotes. Ces derniers sont en effet seuls maîtres à bord et n'acceptent souvent qu'un maximum de deux à six personnes reconduites par vol, afin d'éviter d'éventuels incidents qui pourraient nuire à la sécurité des passagers ou à la réputation de leur compagnie. Lorsque les rotations avec le pays de destination sont rares, certaines reconduites à la frontière ou expulsions sont remises en cause. Si, par exemple, dix Cap-Verdiens doivent être reconduits, alors qu'un seul vol hebdomadaire se dirige de France vers le Cap-Vert via Dakar ou Lisbonne et que le pilote n'a pas accepté plus de six embarquements, les quatre autres doivent recouvrer leur liberté et vont probablement se retrouver en situation irrégulière. Les préfectures tiennent compte de cette contrainte. Elles effectuent souvent une véritable programmation des opérations de contrôle, en fonction des paramètres que nous venons de relever : durée légale de la rétention, politique particulière de chaque juge et rotation des avions. Des avions spéciaux pourraient certes être affrétés mais le précédent des Maliens, reconduits en 1986, et la relation symbolique ainsi créée entre charter et méthodes expéditives dissuadent, pour des raisons politiques, de recourir à ce moyen qui n'a rien de choquant dès lors que la situation de l'étranger a été examinée selon le droit en vigueur et que les différentes voies de recours ont été épuisées. Mais leur utilité est contestable, dès lors que les carences du transport aérien n'expliquent que 10 p. 100 des non-reconduites.

La source principale de difficulté tient au fait qu'il faut faire la preuve de l'identité nationale de l'étranger à reconduire. Or, bien souvent, celui-ci a détruit volontairement ses documents d'identité ; il lui faut alors un sauf-conduit. Et si les États d'origine sont dans l'obligation de récupérer leurs ressortissants, ils restent seuls habilités à délivrer un sauf-conduit. Certains d'entre eux – notamment le Maroc et la Tunisie – vont jusqu'à refuser délibérément de reconnaître leurs propres ressortissants. Or le rapatriement, pour être légal, doit intervenir dans le délai de sept jours précité. 5 051 des 7 856 reconduites non exécutées en 1989 ne l'ont pas été faute de documents transfrontières [38]. Au total, 52,9 p. 100 des 14 850 reconduites décidées en 1989 soit par des tribunaux judiciaires (6 673 décisions, 31,32 p. 100 exécutées), soit par l'Administration (8 992 décisions, 65,2 p. 100 exécutées), n'ont pas été exécutées. L'exécution des décisions judiciaires semble moins efficace. Cela tient à ce que sont transférés vers les tribunaux judiciaires et condamnés, en plus de la reconduite, à des peines de prison, beaucoup d'étrangers dépourvus de papiers d'identité et donc difficilement reconductibles ; à leur sortie de prison, leur reconduite éventuelle nécessite la collaboration du parquet, de l'établissement pénitentiaire et de la préfecture. On comprend que les opérations menées par les seules préfectures, dans le cas de décisions administratives, aboutissent plus rapidement.

Au total, l'application des règles de droit concernant les flux a une efficacité variable. Pour le contrôle de l'entrée, les services compétents ont réussi à faire prévaloir des règles – par exemple, les visas – qui tout en préservant les libertés publiques, assurent au dispositif un visage dissuasif. Les observations effectuées au moment de la régularisation de 1981 donnent une idée de la relative efficacité du contrôle. En effet, 130 000 travailleurs furent alors régularisés. Comme aucune régularisation n'avait été effectuée depuis 1973, on peut considérer qu'une moyenne annuelle de 20 000 irréguliers s'était donc installée en France pendant ces huit années. Si l'on rapporte ce chiffre aux 80 millions d'étrangers qui entrent en France chaque année, on aboutit à un ratio d'efficacité du système de 99,975 p. 100. Notre système de contrôle de l'entrée respecte les libertés fondamentales. Au regard de cette exigence, il paraît avoir une certaine efficience.

Depuis 1981, il semble même que l'importance de l'immigration irrégulière directe, par le passage aux frontières ou le maintien sur le territoire après un séjour touristique, a plutôt diminué. Les irréguliers d'aujourd'hui ont en majorité tenté d'accéder à des catégories autorisées. Quelquefois, il s'agit de familles ; le plus souvent, de demandeurs d'asile déboutés. Aujourd'hui, au rythme annuel de 25 000 à 30 000 demandes, 20 000 personnes environ devraient quitter le territoire, faute de quoi elles se verraient reconduire à la frontière. Certains des déboutés repartent d'eux-mêmes, certains sont régularisés par l'Administration. Quant aux autres, ils bénéficient du manque de cohérence ou de priorité accordée à la politique de contrôle des flux.

Citons pour illustrer cette conclusion un exemple récent :

L'accord signé à Schengen le 19 juin 1990 liait au départ l'Allemagne, le Benelux et la France : il prévoyait l'harmonisation des politiques de visas pour l'entrée dans chacun des cinq pays en échange de la suppression des postes frontières entre eux. Pour être efficace, cet accord supposait donc que les États étaient en mesure de contrôler leurs frontières. En ce domaine, l'unité européenne était conçue comme étant à géométrie variable – l'Italie ou l'Espagne n'avaient pas été conviées à se joindre à cet accord parce que d'autres États les jugeaient encore incapables d'assurer l'étanchéité de leurs frontières. Eh bien, que se passa-t-il ? Pour des raisons de politique internationale, l'Italie puis l'Espagne, le Portugal et la Grèce, allaient être associés à l'accord, bien que leurs capacités de contrôle ne se fussent pas véritablement améliorées !

Cet élargissement a eu pour effet d'accélérer dans les États du sud de l'Europe, pays jusqu'à dix ans auparavant d'émigration, le développement de législations et d'administrations chargées de mieux contrôler l'immigration. Mais l'impossibilité d'aller très rapidement dans la formation professionnelle de structures spécialisées entretient la méfiance d'un pays comme la France à laisser entrer en vigueur un accord qui de fait confie à une administration étrangère, celle d'un pays limitrophe, le soin d'assurer le contrôle d'une partie de ses frontières nationales. D'où cette situation paradoxale : d'un côté, pour se préparer à l'application de l'accord de Schengen, on met en place au plan interne une législation sur les contrôles sur le territoire national qui, loin d'assurer une plus grande liberté de l'étranger touriste en France, va l'obliger à se déclarer et à disposer à tout moment des documents qui l'autorisent à séjourner en France ; d'un autre côté, pour des raisons techniques mais aussi politiques on a reporté longtemps la mise en œuvre de l'accord.

IX

INSERTION ET INTÉGRATION : LE NAUFRAGE

Les politiques spécifiques qui concernent la situation sociale de l'étranger résident recouvrent quatre domaines principaux : le logement, l'éducation, l'emploi et les droits. Droits civils, de séjourner, s'associer, de pratiquer le culte de son choix, droit à l'identité culturelle [1]. Ces politiques n'ont jamais été ni prioritaires ni cohérentes.

Elles sont en effet dépendantes de la politique des flux migratoires et donc de la réponse variable à la question : Que veut-on faire des immigrés ?

Elles sont ensuite dépendantes des grandes administrations d'État, ayant leurs propres identités et logiques d'intervention. De plus, elles ne mettent pas seulement face à face l'Administration régalienne et des immigrés résidents, mais l'immigré et d'autres acteurs sociaux ou politiques : entreprises, collectivités locales, enseignants, sur lesquels les décideurs nationaux ont peu d'emprise.

Prenons l'exemple de la période 1945-1974 ; la politique suivie se caractérise par une *incertitude inactive*, on ne sait pas si les immigrés resteront, et on ne s'en préoccupe pas.

L'égalité des droits qui se développe après la Seconde Guerre mondiale dans l'entreprise – les étrangers résidant depuis plus de cinq ans en France et les résidents privilégiés sont admis dans le corps électoral des comités d'entreprise et des délégués du personnel, peu de temps après la création de ces deux institutions (loi du 16 mai 1946 et décret du 5 juin 1946) – ou qui est maintenue à l'école – depuis une loi du 28 mars 1882, l'obligation scolaire est imposée aux enfants des deux sexes, français et étrangers, qu'ils vivent régulièrement ou irrégulièrement en France [2] – ne suffisent pas à contrebalancer cette tendance à l'inaction.

Du coup, les difficultés rencontrées par les immigrés pour se procurer une habitation sur le marché du logement sont renforcées par l'abstention des entreprises et des États qui, nous l'avons vu, n'ont pas d'intérêt à agir dans ce domaine. La politique de la direction de la construction au ministère du Logement consiste, dans les années 70, à bloquer toute politique active dans ce domaine, car des mesures spécifiques pourraient nuire à la politique sectorielle. Du point de vue de l'emploi, les étrangers se trouvent limités dans leurs démarches par la restriction géographique ou professionnelle de leur carte de travail ou de séjour et par l'interdiction d'exercer des emplois publics : fonctionnaires ou assimilés ; certaines professions comme les professions libérales : notaires, avocats ou huissiers, architectes ou experts-comptables ; les professions sanitaires : infirmiers, médecins ; certains métiers financiers : banquiers, courtiers en valeurs mobilières, agents de change et agents généraux d'assurances [3]. L'accueil dans la société française n'est pas mieux organisé : on ne crée un réseau national d'accueil qu'à compter de 1973, c'est-à-dire à un an de la suspension des flux migratoires. Quant à l'accueil dans le système scolaire français des enfants d'origine étrangère arrivés dans le cadre du regroupement familial, on ne s'en préoccupe qu'en 1970 alors qu'ils arrivent depuis 1945 : des classes d'initiation (Cl. In.) sont créées à cet effet [4].

Lorsque, au début des années 70, après l'incendie du foyer d'Aubervilliers, sous l'impulsion de Jacques Delors, Jacques Chaban-Delmas prend l'initiative de relancer l'action sociale dans le domaine du logement mais aussi dans le domaine des droits – une loi contre la discrimination raciale est votée le 1er juillet 1972 [5] –, l'action publique dans ces domaines a déjà pris un retard considérable. Se pose aussi et déjà une autre question : Selon quelle logique intellectuelle agit-on ? On ne différencie pas encore les partisans de l'insertion de ceux de l'intégration. Ces concepts symbolisent déjà cependant des orientations de l'action différentes, même si les terminologies ont évolué avec les débats polémiques et politiques sur l'immigration [6]. L' « intégration » privilégie le rapport à l'individu ; elle vise à absorber chaque individu l'un après l'autre dans la société d'accueil, « par le biais du mélange ou du brassage qu'entraînent la fréquentation de l'école républicaine, l'accomplissement du service national, le mariage hors du milieu d'origine, l'emploi, etc. [7] ». Ce processus implique, comme le dit Jacqueline Costa-Lascoux, une dynamique d'échange : « Chacun accepte de se constituer partie du tout et s'engage à respecter l'intégrité de l'ensemble [8]. » À l'inverse, l' « insertion » organise les droits d'une communauté : « L'implantation dans la société française s'effectue non sur un fondement individuel, mais sur un fondement communautaire. Cette communauté est parfois représentée auprès des pouvoirs publics par des dirigeants qui cherchent à maintenir la spécificité du groupe [9]. » Mais insertion et intégration sont des présentations logiques de l'action de l'État à vocation de légitimation : l'analyse de l'intervention réelle sur le terrain révèle une complexité que nous allons tenter de décrire.

DES EFFETS PERVERS EN SÉRIE

Entre 1974 et 1980, on se trouve en période d'*incertitude active* : on ne sait toujours pas si les immigrés resteront, mais on agit entre 1974 et 1977 pour améliorer leur situation, pour leur laisser le libre choix entre l'assimilation et le retour. Du coup, on maintient dans l'action deux logiques : l'égalitaire, qui peut favoriser l'assimilation, et la communautaire, qui peut aider soit au départ des immigrés, soit à la préservation de la paix sociale. Or la logique communautaire va trouver chez les immigrés un terrain favorable à son déploiement tandis que la logique égalitaire, développée dans le domaine du logement par exemple, se heurtera aux intérêts divergents d'acteurs sociaux puissants.

LA PRIME AU COMMUNAUTARISME

À partir de 1974, l'évolution vers l'égalisation des droits se poursuit, mais il ne s'agit que de compléter modestement ce qui avait été déjà entamé. Le seul progrès de la période, c'est la loi du 11 juillet 1975 qui ouvre aux étrangers travaillant en France depuis plus de cinq ans les fonctions de délégué syndical jusqu'alors réservées aux nationaux (loi du 27 décembre 1968 relative aux sections syndicales d'entreprise). Les étrangers peuvent en outre accéder à des responsabilités dans les organes d'administration et de direction des syndicats, dans la limite du tiers des sièges.

Mais lorsque émergent des revendications immigrées, on refuse alors la conséquence logique de l'égalisation des droits, c'est-à-dire l'intégration des étrangers dans le syndicalisme français traditionnel [10], et on développe en parallèle dans l'entreprise – mais aussi dans les foyers qui logent les travailleurs célibataires ou à l'école – des droits « communautaires » spécifiques dans les domaines de la religion et de la culture.

Ce développement se produit sous le contrôle et par l'intermédiaire des États d'origine : il s'agit donc d'une « insertion d'État » qui utilise l'État français comme simple intermédiaire. La France accepte de privilégier dans ces domaines le maintien des liens avec la culture de l'État d'origine au détriment de l'intégration dans la société française, car cela pourrait faciliter éventuellement, le jour venu, un retour dans le pays d'origine.

Dans le domaine de l'information, Radio France Internationale diffusait depuis longtemps des émissions en langue étrangère tous les matins sur onde moyenne ; le gouvernement ajoute, à partir de 1978, une émission de télévision, « Mosaïque », d'une durée d'une heure, diffusée le dimanche matin sur FR3. Celle-ci reprend le plus souvent des programmes proposés par les télévisions des États d'origine.

Dans l'enseignement public qui accueille la presque totalité des enfants étrangers, les Cl. In. sont maintenues et accueillent, en 1977-78, 12 352 élèves et 844 classes. Mais ce sont des actions spécifiques à destination des enfants de culture étrangère qui se développent. L'existence d'une politique d'éducation culturelle spécifique en direction des enfants étrangers ou d'origine étrangère ne va pas de soi, si l'on se réfère au principe d'égalité qui régit idéologiquement et souvent pratiquement le système scolaire. Certes, au début des années 20, le patronat avait créé des écoles bilingues pour enfants italiens et polonais dans le nord de la France et en Moselle, qui constituaient un système d'enseignement parallèle au système scolaire d'État, mais il s'agissait du secteur privé. La nouveauté tient à l'introduction de cours de langues d'origine à l'école publique à destination des enfants de résidents étrangers. Ceux-ci s'ouvrent dès 1973 pour les enfants portugais, puis sont développés par des accords bilatéraux pour être dispensés aux enfants des ressortissants d'Algérie, d'Espagne, d'Italie, du Maroc, de Tunisie, de Turquie et de Yougoslavie. La demande des parents apparaît comme un élément peu déterminant de cette politique ; la convergence d'intérêt ou l'échange de bons procédés avec les États d'origine demeurent déterminants : ces pays veulent éviter que la présence des élèves dans le système scolaire français ne diminue leur relation d'allégeance à la société d'origine, et le gouvernement français veut maintenir l'hypothèse de leur retour. Certains spécialistes vont, en outre, jusqu'à penser que l'insertion de ces enfants dans la société française ne sera que facilitée par l'apprentissage des langues et cultures d'origine. Les cours sont assurés par des enseignants étrangers recrutés et rémunérés par les pays d'origine ; au total, 2 000 enseignants, envoyés par huit pays, professent actuellement en France. Les effets négatifs apparaissent rapidement. Parfois, ces enseignements sont dispensés aux mêmes horaires que les autres cours, ce qui risque de marginaliser et de stigmatiser les enfants concernés, et peut aussi provoquer des retards scolaires. Plus grave encore, la langue officielle des pays d'origine qui est enseignée n'est pas forcément celle des parents : un dialecte local, une langue populaire se révèlent parfois le langage de communication au foyer familial. Enfin, l'intégration de l'enseignant parmi ses collègues français s'effectue de façon très variable.

À partir de 1974, le développement de l'islam est également favorisé dans les usines, les foyers, et les quartiers. Il est censé permettre, à la satisfaction des États d'origine et de l'État français, le maintien de la paix sociale en France et, en cas de retour définitif, une bonne réintégration dans le pays d'origine. De ce fait, ce développement est conçu de façon spécifique au regard de la tradition républicaine française des rapports entre État et religion.

Le fondement juridique de l'action de l'État dans le domaine religieux repose sur l'article 10 de la Déclaration des droits de l'homme et du citoyen, qui stipule : « Nul ne doit être inquiété pour ses opinions religieuses, pourvu que leur manifestation ne trouble pas l'ordre public reconnu par la loi. » La reconnaissance de la liberté de culte a pour corollaire, depuis la loi de séparation du 9 décembre 1905, la non-intervention de l'État, sauf en Alsace-Lorraine où le régime concordataire est toujours en vigueur. Cette loi précise : « La République ne reconnaît ni ne salarie aucun culte [11]. »

Or la République incite, dans cette période, comme le montre Gilles Kepel, à la création de lieux de culte musulmans dans des quartiers à forte concentration d'immigrés de religion islamique [12], dans les entreprises ou dans les foyers de travailleurs célibataires, c'est-à-dire en dehors des lieux traditionnels d'exercice de cultes religieux. Elle va même les financer : la circulaire du 29 décembre 1976 précise aux préfets que l'affectation de locaux, le paiement de salaires d'imams, l'achat de livres religieux pourront être financés en liaison avec les États d'origine par l'Office national pour la promotion culturelle des immigrés, créé par Paul Dijoud.

Dans l'entreprise, les nouveaux droits, individuels ou communautaires, ont en réalité peu de conséquences pratiques pour ceux qui sont censés en bénéficier. Ces mesures interviennent à un moment où la présence des travailleurs étrangers dans les entreprises va, du fait des restructurations industrielles, diminuer. En raison de leur faible qualification professionnelle, les immigrés sont les premiers touchés par les licenciements. Leurs possibilités de reconversion à l'intérieur et à l'extérieur de l'entreprise demeurent faibles. Les politiques de formation donnent peu de résultats [13]. Les reconversions se heurtent à un obstacle dirimant : les travailleurs étrangers, ayant un bas niveau de qualification, n'ont guère bénéficié de la formation permanente. Les politiques de formation des entreprises étant réorientées vers des formations très qualifiées, les immigrés ne peuvent y avoir accès. Entre 1973 et 1985, l'emploi étranger baisse de 435 000 (soit 29 p. 100 du total), alors que la baisse générale de l'emploi touche 507 000 personnes [14], soit une proportion d'étrangers de 83 p. 100.

Entre les recensements de 1975 et 1982, le nombre de chômeurs étrangers est passé de

84 180 à 218 140. Ceux qui, finalement, peuvent garder leur emploi subissent plus fortement que les travailleurs français les tensions provoquées par la progression importante du chômage. La première génération de travailleurs n'aura donc guère bénéficié des droits conquis.

En revanche, les mesures prises auront, à l'extérieur de l'entreprise, à l'école, dans les foyers et dans les quartiers, des conséquences durables. Elles viennent à point nommé pour se développer dans de nouveaux ghettos. Pourtant, entre 1974 et 1977, l'action publique semblait avoir systématiquement opté, dans le domaine des logements, pour des quotas de dispersion contre les ghettos.

COMMENT FABRIQUER DES GHETTOS AVEC DES QUOTAS

De l'existence d'un logement décent dépend souvent la stabilisation des étrangers. De même, de la qualité des logements affectés aux familles et du lieu de leur affectation dépend la qualité de l'intégration.

En 1974, on ne raisonne pas encore en termes d'installation définitive. L'objectif n'est pas l'intégration, mais le rattrapage du retard des années précédentes : on cherche à donner aux immigrés un logement décent alors qu'un grand nombre d'entre eux vivent encore dans des bidonvilles, des cités de transit, des hôtels meublés, des immeubles promis à la démolition ou des foyers suroccupés.

Les logements dont la disparition semble urgente sont certes dispersés à l'intérieur de différentes communes – c'est le cas de l'habitat privé insalubre – ou posés comme des verrues à leur périphérie, à l'instar des bidonvilles. Mais les maires ne s'en préoccupent pas encore. Dans la France de la fin des « Trente Glorieuses », le logement des immigrés n'est encore ni un enjeu de politique locale ni un enjeu de politique nationale. L'affrontement demeure circonscrit alors au patronat, aux promoteurs immobiliers, aux associations de défense et de soutien des immigrés et au pouvoir d'État. Ce sont des lois impulsées et mises en œuvre par l'État central qui vont répondre aux problèmes posés.

Les pouvoirs publics poursuivent d'abord la lutte entamée contre les pratiques des logeurs privés appelés « marchands de sommeil », qui hébergent parfois jusqu'à plusieurs dizaines d'étrangers par chambre ; ceux-ci se relaient pour dormir à la chaîne, jour et nuit, dans des lieux inadaptés et insalubres. La loi du 27 juin 1973 contraint désormais le logeur à déclarer l'affectation d'un local à un hébergement non familial, que ce soit à titre gratuit ou onéreux. La loi prescrit en outre le contrôle par l'autorité publique de tous les hébergements collectifs ainsi déclarés afin de vérifier leur conformité aux normes d'habitation, notamment en matière de salubrité.

Les sanctions prévues sont relativement lourdes : le défaut de déclaration ou la déclaration tardive ou inexacte sont des délits passibles d'amendes de 2 000 à 20 000 francs et de un à six mois de prison ; si les normes de logement ne sont pas respectées, l'autorité préfectorale peut ordonner immédiatement la fermeture du logement. En cas d'inobservation de l'arrêté de fermeture, les peines prévues s'élèvent de 2 000 à 500 000 francs d'amende et de six mois à trois ans d'emprisonnement ; le préfet doit prévoir les mesures de relogement des occupants, mais le prix de cette opération reste à la charge du logeur.

La loi est mise en œuvre à partir de 1974. Il est pourtant difficile d'en mesurer l'efficacité. Toutefois, une étude effectuée par Henri Burin des Roziers dans le département de Haute-Savoie [15] donne une indication sur ses effets. Seule une moitié des logeurs effectue une déclaration ; sans doute la force de dissuasion est-elle insuffisante car, dans la réalité, le risque de contrôle par l'autorité publique reste faible : les D.D.A.S.S., les directions du travail et de la main-d'œuvre, l'inspection des lois sociales en agriculture ne font pas de ces visites une priorité, par manque de temps mais aussi par manque de motivation. Par ailleurs, la justice semble peu sensibilisée au problème, que ce soit dans les parquets ou chez les magistrats du siège. Le risque encouru en cas de contrôle est donc faible : pour une trentaine de cas traités par les tribunaux dans ce département de Haute-Savoie, la plupart des condamnés ont le plus souvent à payer une amende de 200 francs, quelques-uns de 1 000 francs, un seul fait l'objet d'une sanction pécuniaire de 2 000 francs.

Cependant, la loi a malgré tout, ne serait-ce que dans le souci de se conformer à la règle de droit, des effets dissuasifs. La moitié des logeurs se déclarent, soit 300 déclarations ; 65 des 75 arrêtés de fermeture sont exécutés immédiatement, les autres dans des délais rapides ; les 45 mises en demeure de réfection des locaux sont toutes exécutées. Enfin, certains logeurs vendent le logement insalubre aux étrangers qui y habitent pour le prix symbolique de 1 franc. Au total, dans ce seul département, 500 personnes voient leur logement s'améliorer sensiblement.

Le deuxième objectif des pouvoirs publics est la résorption de l'habitat insalubre collectif, ou bidonvilles, particulièrement en région parisienne. Entreprise de longue haleine, entamée en 1964 [16], poursuivie et accélérée en 1970, à la suite de l'incendie à Aubervilliers, elle franchit, grâce au G.I.P. (Groupe interministériel permanent), une étape importante, avec la mobilisation conjointe des pouvoirs publics et des associations.

Mais, pour les autorités, le relogement des immigrés des bidonvilles en logements sociaux doit passer par une phase intermédiaire, nécessaire à leur adaptation : la cité de transit. Celle-ci, comme l'habitat de chantier, appartient à la catégorie de l'habitat d'urgence, apparue en 1952, à la suite des campagnes menées par l'abbé Pierre [17]. Conçu dans les années 60 à partir de modèles élaborés par le père Joseph Wresinsky et le mouvement Aide à toute détresse, il a pour vocation la promotion sociale et l'insertion de ses occupants. Il s'agit [18] de logements provisoires où les familles vont apprendre à « se conformer à un modèle de vie et d'habitat perçu comme dominant dans la société française ». La cité et le foyer appartiennent souvent à un organisme H.L.M. qui les loue à une association à vocation sociale. Leur construction a été facilitée par l'attribution de terrains réquisitionnés par l'État, ainsi que par des subventions pour investissements ou par des prêts garantis.

Le statut des occupants en cités de transit demeure très particulier. Avec chaque occupant, l'association gestionnaire signe une convention sur le modèle de celle existant dans les foyers : les occupants de la cité sont sous-locataires de leur appartement, ils ne paient pas de loyer mais une redevance d'occupation. Ils n'ont aucun droit au maintien dans les lieux : la convention d'occupation temporaire, contrairement au bail, ne fixe pas un terme à l'occupation. En cas d'expulsion, une procédure rapide est engagée grâce à l'intervention du juge des référés avant tout jugement sur le fond. Certaines conventions accentuent leur caractère précaire en précisant : « Il peut être mis fin à l'occupation des lieux à tout moment, sans préavis, pour motifs liés à la vocation de la cité de transit ou pour non-observation d'une clause de la convention [19]. »

De plus, à son entrée dans la cité de transit ou dans le foyer, le futur occupant est tenu de respecter le règlement ; l'intention est bien sûr de fixer des règles de vie collective à l'intérieur de ces habitations mais, avant tout, des obligations qui reflètent leur nature particulière. Les règlements intérieurs limitent souvent le libre accès du logement aux visiteurs extérieurs et le paiement régulier de la redevance d'occupation est considéré comme un critère fondamental d'adaptation [20].

Ensuite, il s'agit, soit de faire entrer les familles dans le parc social, soit de construire de nouveaux foyers pour les célibataires. Dans ce dessein, on dispose, à partir de 1976, de l'outil nouveau : le 0,1 p. 100, partie variable *

* Nous la désignerons conventionnellement par « 0,1 p. 100 ».

(20 p. 100, puis 10 p. 100, puis 6,4 p. 100) de la taxe parafiscale du 1 p. 100 logement. Entre le 1er janvier 1976 et le 31 décembre 1988, pour répondre au souci d'augmenter le nombre de logements de qualité occupés par des immigrés, 10,917 milliards de francs sont consacrés au 0,1 p. 100 logement affecté aux immigrés. Ils vont d'abord financer, en complément du F.A.S., les foyers de célibataires.

Les foyers accueillent à ce moment-là déjà plus de 150 000 étrangers célibataires, en principe provisoirement. La gestion des foyers est assurée par des associations telles que la Sonacotra ou l'A.F.T.A.M., pour ne parler que des plus importantes. Ils sont pour beaucoup vétustes et suroccupés. Il faut donc construire et rénover.

Pour ce faire, l'État dispose encore du pouvoir de préempter des terrains et d'accorder des permis de construire. Le F.A.S. intervient pour compenser la surcharge foncière résultant de l'implantation des foyers à proximité des centres urbains, où les terrains sont rares et chers, et pour rénover les bâtiments les plus délabrés. Il aide au premier équipement mobilier. Le 0,1 p. 100 assure le financement complémentaire. Mais au regard des prévisions (création de 35 000 lits par an et restauration de 5 000 autres) entre 1975 et 1976, seuls 15 725 lits sont créés, 10 000 le sont en 1977.

C'est que la longue et dure grève des redevances des foyers (1975-1980), qui marque un échec relatif sur le plan des revendications, modifie profondément l'affectation des crédits publics aux foyers. Progressivement, tout au long du mouvement, l'augmentation des recettes du F.A.S. (212 millions de francs en 1980) est utilisée à la prise en charge du déficit des organismes gestionnaires, fortement aggravé par le non-paiement des loyers par les grévistes. Le financement des logements de travailleurs célibataires devient alors la part prédominante des dépenses du Fonds d'action sociale pour les travailleurs migrants et le demeure encore aujourd'hui car, après la grève, le souci d'éviter à tout prix de nouveaux conflits provoque de nombreuses initiatives [21].

Le 0,1 p. 100 contribue d'abord à des opérations dites de « desserrement » des chambres d'une superficie inférieure à 4,5 mètres carrés [22]. Elles se traduisent par une augmentation de la surface des logements individuels, en conséquence par une diminution de la capacité officielle d'accueil des foyers, donc des recettes des organismes gestionnaires. En compensation, ils obtiennent du F.A.S. une somme annuelle qui représente 33 millions de francs en 1980.

Les gestionnaires bénéficient également de l'aide personnalisée au logement (A.P.L.), instaurée par la loi du 3 janvier 1977. Elle permet d'accorder au propriétaire, louant un ou plusieurs logements, une aide financière mensuelle, en fonction de la situation familiale et des ressources du locataire, et en échange d'un engagement obligatoire de travaux d'amélioration de l'habitat. Les organismes gestionnaires de foyers d'immigrés signent, à partir de 1979, des conventions de ce type. L'organisme se voit ainsi assuré de percevoir une partie de la redevance due par le résident, et ce dernier obtient en principe une garantie d'amélioration de son logement.

Dans les faits, l'A.P.L. permet surtout d'augmenter de façon sensible les réserves de financement des organismes gestionnaires et d'enchérir le tarif de la résidence [23]. Une aide transitoire au logement (A.T.L.) est en outre créée pour venir en aide aux gestionnaires de foyers dans l'attente du conventionnement de ces derniers à l'A.P.L. (16 millions de francs en 1980). Enfin, les gestionnaires reçoivent du F.A.S., à partir de 1978, une aide à la gestion qui varie en fonction du nombre de lits, de la surface corrigée et du type de foyers.

Les conditions de logement dans les foyers s'améliorent progressivement, mais les coûts financier et social de cette amélioration se révèlent, nous le verrons plus loin, très élevés.

Qu'en est-il du logement des familles ? L'alternative dans ce domaine est la suivante, dès le milieu des années 60 : politique de dispersion de la population immigrée ou politique de concentration [24] ? Les pouvoirs publics choisissent très vite la dispersion, qui implique, sinon l'idée d'un seuil de tolérance, du moins celle d'un seuil d'intégration. Introduit [25] dans une cité à dose homéopathique, l'étranger sera, croit-on, noyé dans la population française, amené à s'adapter, c'est-à-dire à se conformer aux usages majoritaires ; dans tous les cas, il disparaîtra comme étranger culturel. À l'inverse, s'ils sont trop nombreux, sans doute parce que le rapport de force est différent, les étrangers peuvent avoir des comportements ressentis par les Français comme une gêne, voire une agression. Le choix paraît logique : entre les quotas et les ghettos, on choisit très clairement les quotas. Mais ce n'est qu'à partir de 1975, avec le 0,1 p. 100, que l'on mobilise au service de cette option les organismes de construction et de gestion de logements sociaux. La garantie, mais aussi le non-dépassement d'un certain seuil de présence de familles culturellement étrangères dans chaque immeuble, va devenir un des fondements de la politique nationale du logement des immigrés.

Le moyen d'action principal n'est donc pas la construction d'immeubles ou de cités réservés aux familles d'immigrés – que les crédits auraient pu aisément financer – mais la réservation de logements dans des immeubles construits par des organismes H.L.M. En contrepartie d'une contribution financière à des opérations immobilières effectuées par l'organisme, celui-ci s'engage à attribuer durablement à des immigrés un certain nombre de logements de son patrimoine. L'accord peut également prévoir des déconcentrations dans les ensembles immobiliers lorsque s'y trouve déjà une forte densité d'immigrés.

L'État met d'importants moyens financiers au service de cette politique : plus de 500 millions de francs par an, soit, dans les cinq premières années de son fonctionnement, environ 3 milliards de francs [26]. Ils seront détournés de leur objectif. Car, au moment où les crédits sont engagés, l'état du parc H.L.M. des années 60 est déjà dégradé, et les classes moyennes qui l'occupent cherchent à le quitter : la progression rapide de leurs revenus leur permet souvent de s'installer dans des habitations plus spacieuses et plus modernes. Ces deux phénomènes contribuent conjointement à l'obsolescence rapide des grands ensembles.

Pour les organismes chargés de les affecter, les 500 millions annuels du 0,1 p. 100 vont représenter une aubaine. En échange de cet argent, on leur demande de s'engager à respecter des quotas : contrat qu'ils signent sans réserve. Quelques mois plus tard, l'organisme peut présenter aux pouvoirs publics un bilan global positif : il s'était promis de loger en capacité supplémentaire x étrangers ; ils l'ont été. Il s'était engagé à ne pas en loger plus de 10 p. 100 ou 20 p. 100. Globalement, en considération de la totalité de leur parc, l'engagement est tenu. Mais par immeuble, par cité, voire par quartier, ce n'est pas tout à fait le cas. Au contraire du projet initial, on a rempli les appartements vides des grands ensembles les plus dégradés avec des familles immigrées, sans considération de la concentration des étrangers dans les immeubles.

Ainsi, les logements attribués aux immigrés ne sont pas ceux que le 0,1 p. 100 a permis de construire ou d'améliorer. Grâce au financement accordé, des immeubles neufs sont bâtis ou réhabilités et proposés à d'autres candidats à la location. Souvent, le 0,1 p. 100 finance même un « droit de suite », c'est-à-dire le simple remplacement dans un logement de familles immigrées par d'autres familles immigrées ! Car les conventions signées ne permettent pas souvent aux pouvoirs publics de mesurer exactement la capacité de logements supplémentaire. En outre, la durée des réservations n'ayant pas toujours été précisée, le financement de la location d'un logement à la même famille étrangère peut être renouvelé chaque année, le coût de chaque réservation variant de 20 000 à 50 000 francs.

Ces recettes supplémentaires contribuent à réduire les difficultés des organismes H.L.M., mais c'est au prix d'un véritable détournement de fonds publics. Il a pour conséquence le résultat inverse de celui qui était initialement recherché : la concentration des immigrés.

Nous comprenons maintenant comment cette population immigrée relativement mieux logée a été concentrée dans des cités H.L.M. dégradées. Un autre échec est à noter, celui des contrats d'agglomérations. Pour favoriser la dispersion du logement social, les pouvoirs avaient mis en place cette modalité d'action, complémentaire du 0,1 p. 100 : en échange d'un engagement financier de l'État, une ville procédait à des opérations d'amélioration des conditions de vie des populations immigrées.

Marseille bénéficie en 1975 du premier contrat d'agglomération [27]. Le programme de logements sociaux prévu par Marseille est substantiel, et son financement assuré principalement par l'État. On prévoit la mise en service de 3 000 logements familiaux neufs ou réhabilités et de 2 000 lits pour les travailleurs isolés dans des foyers neufs ou des foyers modulaires mobiles.

M. Rastoin, adjoint au maire de Marseille, chargé en 1977 par Gaston Defferre de la mise en œuvre de ce contrat, lance des enquêtes pour déterminer exactement qui habite les derniers grands bidonvilles [28]. « La résorption était souvent totalement impossible sur place, il fallut chercher des terrains susceptibles d'accueillir des cités de promotion familiale ou de petits groupes d'immeubles. » Il repère 103 terrains, appartenant à la ville ou susceptibles d'être acquis. Chacun est ensuite présenté pour approbation aux élus des quartiers concernés, qui sont socialistes. Un seul d'entre eux pourra être débloqué. Dans le rapport de bilan, qu'il remet en 1983 au maire de Marseille, M. Rastoin indique :

> « De multiples réunions, de majorité municipale, de petits groupes d'élus intéressés, n'ont pas permis, sauf une exception, Montgrand-la-Millière, de dégager un seul terrain à cette occasion. Si chacun, en groupe, reconnaissait la nécessité de cette opération, dès qu'un projet concret prenait forme, toutes les raisons ont été bonnes pour l'empêcher d'aboutir. »

L'adjoint au maire réussit néanmoins quelques opérations de déconcentration. Mais, en dépit des ressources financières importantes dont il dispose, malgré les solutions qu'il a su dégager, la mise en œuvre de l'essentiel du contrat d'agglomération demeure bloquée ; seule la Maison des étrangers, centre d'accueil administratif, est construite. La raison principale du blocage des élus est d'ordre politique : la majorité municipale de l'époque s'organise autour d'une alliance entre socialistes et centristes ; la minorité, elle, est communiste. Or les immigrés se situent dans les quartiers nord de la ville, dominés par les communistes. « Cela ne nous concerne pas », disent à l'époque les élus socialistes. Ils ne perçoivent pas la ville comme une entité globale, et la communication entre les différents quartiers n'existe pas et ne les intéresse pas. En 1983, sous l'effet d'un renversement d'alliances, l'accord entre socialistes et communistes change la configuration de l'agglomération, unifiée au moment où, faute de traitement anticipé, le problème du logement des immigrés résidents explose et contribue probablement à installer le Front national comme un acteur important de la vie politique locale.

Entre 1975 et 1981, la concentration des immigrés dans certains quartiers s'est donc développée ; mais notons un paradoxe : la situation du logement des immigrés s'est améliorée. Eu égard à leur situation précédente, les logements libérés par des familles françaises dans des zones éloignées des centres urbains ont permis à de nombreuses familles étrangères de bénéficier d'un meilleur confort de leur habitat.

Cette amélioration ressort parfaitement des informations fournies par l'I.N.S.E.E. [29] à l'occasion du recensement de 1982. D'abord, en région parisienne, où résident la majeure partie des immigrés, 43,4 p. 100 des ménages sont logés en H.L.M. L'I.N.S.E.E. relève : « Le surpeuplement s'est légèrement résorbé pour les ménages étrangers (43 p. 100 en 1982 contre 48,5 p. 100 en 1975). » L'I.N.S.E.E. note l'amélioration importante du confort, parallèle à une amélioration générale. Les logements sans eau ont pratiquement disparu. Les W.-C. intérieurs sont présents dans 76 p. 100 des logements (62,5 p. 100 en 1975), de même les installations sanitaires dans 77 p. 100 des cas (58,5 p. 100 en 1975 et 85,5 p. 100 pour les Français). 59,5 p. 100 d'entre eux sont équipés d'un chauffage central individuel ou collectif (contre 43 p. 100 en 1975 et 68 p. 100 pour les Français en 1982). Le bond le plus spectaculaire a trait à l'installation du téléphone : 50 p. 100 des ménages étrangers en sont pourvus contre 13 p. 100 en 1975 (respectivement 76 p. 100 et 27,5 p. 100 pour les Français).

LA MÉTHODE PLACEBO

En 1981, la population immigrée, de plus en plus familiale, est donc concentrée dans certaines régions et, à l'intérieur de celles-ci, dans des zones urbaines à problèmes, où se produisent des explosions sociales qui mobilisent l'attention publique nationale. La priorité de l'action publique doit se focaliser sur ces lieux d'habitation. A l'arrivée de la gauche au pouvoir, le tournant semble presque programmé : la localisation de l'action de l'État va paraître nécessaire. L'action se situe dans un nouveau contexte : le droit au séjour de l'étranger régulier est dorénavant presque complètement garanti. Mais faut-il insérer ou intégrer ? L'hésitation persiste [30].

LE DROIT AU SÉJOUR

L'un des seuls signes qui subsistent du statut précaire des étrangers en situation régulière est l'expulsion. L'État peut la décider lorsqu'ils représentent une menace pour l'ordre public. Dès 1981, certaines garanties sont offertes aux jeunes étrangers qui ont des liens forts avec la France qui peuvent être considérés comme des « Français sociologiques [31] ». Ils ne peuvent plus être expulsés par la procédure normale. Sont concernés le mineur de moins de dix-huit ans, celui qui réside en France habituellement depuis l'âge de dix ans, celui qui y réside depuis plus de quinze. En outre, l'étranger marié depuis plus de six mois dont le conjoint est de nationalité française ; le père ou la mère d'un ou de plusieurs enfants français ; celui qui est titulaire d'une rente d'accident du travail sont également protégés du risque d'expulsion en procédure normale.

Seule l'atteinte grave à l'ordre public reste un motif de renvoi immédiat, en urgence absolue. Le pouvoir exécutif peut ainsi passer outre, lorsque l'expulsion en procédure normale est rendue difficile par l'exigence d'une condamnation et de l'avis favorable de la commission ad hoc, voire impossible quand certaines catégories d'étrangers en sont exclues. L'expulsion qui concerne toutes les autres catégories est, en effet, souvent reliée à l'existence d'une infraction pénale condamnée par un juge, mais cette condition nécessaire n'est pas suffisante en principe. Dans la pratique, la condamnation pénale reste, malgré l'arrêt Dridi du Conseil d'État, le critère principal pour évaluer la capacité de l'individu concerné de se conformer à des normes sociales de bonne conduite [32].

En fait, les expulsions en procédure normale (article 23) ou en urgence absolue (article 26) demeurent peu nombreuses. Elles représentent surtout une menace dissuasive pour l'étranger. Mises à exécution, elles règlent radicalement le problème posé par la présence de ceux dont il est jugé que le comportement est par trop anormal. Mais au regard des quelques millions d'étrangers en situation régulière, le risque encouru est relativement faible *.

Plus tard, l'adoption de la loi sur le titre unique, en juillet 1984, permet à l'étranger

* Cf. tableau page suivante.

Expulsions

Années	Total
1982	443
1983	1 204
1984	834
1985	709
1986	848
1987	1 746
1988	1 235
1989	565
1990	385
1991	506
1992	577
1993	722
janv./sept. 1994	824

d'obtenir une carte de résident, valable dix ans, renouvelable automatiquement après trois ans de présence régulière en France. Il peut aussi y avoir accès de plein droit et immédiatement, en fonction de liens socialement forts avec la communauté nationale, résultant d'une longue période passée en France ou de liens personnels. Le titre unique est la marque tangible d'une sécurité juridique. Il a été attribué à 2 millions des 2,3 millions d'étrangers concernés, les ressortissants d'Algérie et de la C.E.E. ne l'étant pas.

D'autres droits sont développés : un Conseil national des populations immigrées, comprenant seize représentants des immigrés ainsi que des élus et des fonctionnaires des administrations concernées, est créé. Ce conseil consultatif siège auprès du ministre chargé des immigrés. Pour sa part, le conseil d'administration du Fonds d'action sociale pour les travailleurs immigrés et leur famille comprend dorénavant des représentants des immigrés, de même que les dix commissions régionales pour l'insertion des populations immigrées, qui répartissent les enveloppes de crédits du Fonds dans les régions où les étrangers sont nombreux. C'est que l'égalisation formelle des droits peut s'effectuer par loi ou par décret ; la gestion des problèmes sociaux est une autre affaire.

LE « LOCAL » TOUS AZIMUTS

Les pouvoirs publics de 1981 choisissent pour les régler une méthode originale : on concentre des moyens sur des lieux spécifiques. On agit non pas à la manière américaine, en direction d'une population ciblée, par exemple spécifiquement en direction de la population maghrébine, comme on agit aux États-Unis en direction des Noirs ; on choisit au contraire de traiter les questions concrètes qui se posent [33] sur les sites sélectionnés. On crée donc, pour chaque problème, une institution spécialisée.

Dans le cas des difficultés scolaires, l'action de l'État démarre à l'initiative du Syndicat d'enseignement S.G.E.N.-C.F.D.T. L'idée est la suivante : « Si les enfants de La Courneuve et des Minguettes éprouvent des difficultés au sein de l'école, cette dernière ne saurait en être totalement responsable [34]. » Il s'agit donc de traiter l'échec scolaire avec de nouveaux partenaires, mobilisés en dehors de l'école.

Cette idée est reprise par le ministre de l'Éducation nationale, Alain Savary, qui décide, dès 1981, la création de zones d'éducation prioritaires (Z.E.P.). La présence d'enfants d'origine étrangère – environ 30 p. 100 – se révèle le critère déterminant du classement d'un établissement dans une Z.E.P. Entre 1982 et 1986, le nombre de Z.E.P. atteint 390 pour concerner 8,5 p. 100 des élèves des écoles et 10,3 p. 100 de ceux des collèges [35].

Le dispositif consiste, le plus souvent, à attribuer des moyens supplémentaires en enseignants et en ressources financières sur présentation de projets pédagogiques, dits « projets d'action éducative » (P.A.E.), préparés par des équipes locales regroupant les représentants de différents ministères – le plus souvent les Affaires sociales et la Culture.

Beaucoup des projets présentés sont en fait la reprise synthétisée de projets déjà en place et ne constituent pas un véritable bouleversement des pratiques scolaires. L'élaboration de ces P.A.E. est d'ailleurs souvent ressentie comme un simple moment privilégié et exceptionnel dans la vie de l'établissement. Dans la mise en œuvre du dispositif, les inspections d'académie et les rectorats ne font pas toujours preuve d'une grande ardeur ; contraints à une concertation avec les parents et les enseignants, ils transforment parfois la réflexion collective en un travail fastidieux de vérification de tous les établissements. Ils collaborent parfois à des détournements de procédure, inscrivant des enfants d'origine étrangère dans certains établissements pour atteindre le seuil permettant le classement en Z.E.P. et l'affectation de moyens supplémentaires en crédits, locaux ou maîtres. Mais, au total, 2 800 postes d'enseignants sont officiellement créés : 1 800 dans le 1er degré, 900 en collèges et 100 en L.E.P.

Les incidents qui se produisent dès l'été 1981, dans la banlieue lyonnaise, aux Minguettes à Vénissieux, mobilisent le cabinet du Premier ministre sur un autre enjeu : l'insertion professionnelle et sociale des jeunes [36]. Pierre Mauroy commande un rapport sur ce thème à M. Bertrand Schwartz, qui permet le lancement d'un plan concerté de formation professionnelle des jeunes de seize à dix-huit puis à vingt-cinq ans (ordonnance du 26 mars 1982). Il s'agit de répondre conjoncturellement aux jeunes qui se trouvent dans une situation d'échec et de construire une institution qui puisse ensuite répondre durablement au problème de l'exclusion du système scolaire. Des missions locales pour l'insertion de jeunes en difficulté sont créées. En octobre 1982, 61 missions sont implantées pour prendre en charge la formation, la santé et le logement. Des permanences d'accueil, d'information et d'orientation des jeunes de seize à dix-huit ans sont organisées.

Le gouvernement lance en outre pour 1982 une opération conjoncturelle anti-été chaud dans 11 départements des régions parisienne, lyonnaise, lilloise et marseillaise. Il s'agit de permettre aux jeunes des quartiers concernés de se sentir intégrés dans les activités sociales, et de rassurer l'opinion publique. Environ 10 000 jeunes vont bénéficier de l'opération mise en place en coopération avec les ministères de la Solidarité, de l'Intérieur, de la Justice, de la Jeunesse et de la Défense. Le camp de vacances organisé par le Club Méditerranée pour 360 enfants des cités lyonnaises et marseillaises sert de vitrine publique à l'opération. Alors que la situation, à la veille de l'été, paraît très tendue, la mobilisation des municipalités, des associations sportives et de travailleurs sociaux permettra à ces cités de passer un été calme. Le préfet de police de Lyon estime que la délinquance a diminué, en un an, de 15 p. 100 dans l'agglomération lyonnaise et de 35 p. 100 à Vénissieux.

Pourtant, les autorités publiques restent partagées sur la conduite à tenir de façon plus durable, précisément en matière de sécurité. Au printemps 1983, de nouveaux incidents se produisent dans la banlieue lyonnaise. Le préfet de région et le maire de Vénissieux y voient l'échec des stratégies de prévention. Prenant pour modèle les événements britanniques, ils proposent le recours à la manière forte. Un comité interministériel se tient, le 22 juin 1983, au lendemain de la blessure par balle qui a touché aux Minguettes Toumi Djadja [37], futur leader de la marche d'automne. Le comité décide d'envoyer sur place une mission d'analyse de la situation, composée d'un magistrat, d'un commissaire de police et d'un directeur départemental de l'action sanitaire et sociale [38]. Cette mission rend un diagnostic simple : aucune des institutions traditionnelles ne joue plus localement le rôle social qui lui est attribué. En ce qui concerne la police, deux attitudes coexistent : soit les fonctionnaires ne sont pas présents dans les quartiers et ne font plus leur métier, soit ils emploient des méthodes de contrôle inacceptables, faisant leur ronde accompagnés, par exemple, de chiens muselés. La justice elle-même ne fonctionne plus. Le juge pour enfants est absent, par exemple, depuis plusieurs mois. Quant aux travailleurs sociaux, ils n'assurent plus l'interface, mais ont pris le parti des jeunes. Le gouvernement va donc chercher à rétablir l'activité normale des services en nommant sur place de nouveaux responsables.

Dans le même temps, le choix d'une stratégie générale de prévention s'est confirmé. À la suite du rapport remis par M. Bonnemaison [39], une commission nationale des maires sur la sécurité est installée le 28 mai 1982. Elle vise à réorienter les politiques traditionnellement menées en direction de la petite délinquance ; il s'agit de ne plus séparer répression et prévention, et de coordonner l'action des institutions qui en ont la charge. La méchante répression n'est plus opposée à la bonne prévention. C'est le vécu du loubard que l'on cherche à traiter, fait d'indifférence et de solitude [40].

Le maire, jugé le mieux à même de définir une politique préventive, va devenir le personnage clé de l'affaire. Les services techniques et professionnels réunis au sein des conseils communaux de prévention vont de ce fait être placés sous son contrôle plus ou moins effectif. L'État se décharge dès 1983 de la conduite des opérations. L'attribution des financements souligne bien cette appropriation municipale. En Seine-Saint-Denis, par exemple, 21 municipalités reçoivent une subvention au titre de la lutte pour la prévention de la délinquance, et la plupart des 24 associations financées seront liées à une municipalité.

D'autant que c'est autour du logement que se situent les enjeux principaux et que le maire devient, du fait des lois de décentralisation, un interlocuteur obligé. Dans l'espoir d'améliorer l'environnement des quartiers dégradés, les pouvoirs publics relancent, autour d'une Commission nationale de développement social des quartiers (C.N.D.S.Q.), une procédure mise en place à la fin des années 70 sous la dénomination d'« habitat et vie sociale ». L'objectif était déjà de réhabiliter les logements dégradés dans des zones urbaines sélectionnées, afin d'éviter le développement de ghettos [41]. En 1982, avec la C.N.D.S.Q., l'État cherche, plutôt que d'améliorer le logement lui-même, à revoir son environnement [42]. Il s'agit de faire baisser la tension sur des lieux choisis en bonifiant les conditions de vie dans ces quartiers, en les rénovant et, en cas de surpopulation, en les déconcentrant [43].

Plusieurs dizaines de sites vont bénéficier de l'opération de développement social des quartiers. Les projets peuvent porter sur l'entretien courant des immeubles, les conditions de confort, en particulier l'isolement acoustique et le chauffage, la réfection des parties communes. Ils peuvent aussi concerner l'aménagement des espaces extérieurs : réalisation de chemins piétonniers, d'aires de jeux ou de repos, de parkings. Ils font également une part au développement des services publics : P.et.T., mairie annexe, marchés, amélioration de la desserte du quartier par transports collectifs. En outre, la réanimation sociale d'un quartier pourra s'effectuer au travers de l'implantation d'une école [44]. Parfois, les projets sont plus lourds et proposent la recomposition d'ensemble d'un quartier par la destruction de certains immeubles et la réhabilitation de certains autres.

Ces actions qui portent sur le logement révèlent deux types de comportement [45]. Le premier consiste à chercher le retour des couches sociales qui ont déserté le quartier : l'opération vise alors à susciter un phénomène de réinvestissement social qui passe par la revalorisation du lieu, mais aussi par la dispersion et le relogement de populations à problèmes. Parfois, il s'agit simplement de maintenir sur place les populations, soit en améliorant réellement leur situation, soit en acceptant la constitution d'une « réserve » ; abandonnant le grand ensemble au processus inexorable de concentration des plus pauvres, on lui impartit une vocation définitive d'accueil des ménages les plus insolvables ;

l'opération de rénovation dans ce cas ne vise qu'à réduire les aspects les plus spectaculaires de la dégradation du quartier[46].

Parallèlement à cet investissement peu courant des grandes administrations d'État, le secrétaire d'État en charge des immigrés s'engage dans des actions d'accompagnement, en finançant par contrat des collectivités locales ou des associations. Les accords avec les maires vont prendre à nouveau, à partir de 1982, la forme de contrats d'agglomération. En 1986, 43 contrats d'agglomération représentent 40 millions de francs de financement ; sont intéressés au premier chef l'école et l'insertion dans la vie locale tout autant que l'amélioration des conditions de logement *stricto sensu*.

Lorsque ces contrats concernent le logement, ils cherchent à favoriser, par exemple, l'adaptation des mécanismes d'attribution des logements, ou encore la sensibilisation et la formation de certains personnels chargés de la gestion, par exemple les gardiens d'immeubles[47]. Ils favorisent en outre l'adaptation des services de droit commun aux besoins spécifiques des communautés immigrées et cherchent à augmenter la participation des immigrés à la vie locale. Pour améliorer l'efficience du dispositif scolaire, une centaine de « cycles d'animation éducative périscolaire » sont mis en place, en accord avec les enseignants, afin d'apporter une aide directe à la réalisation des devoirs et des leçons. Souvent, il s'agit aussi de créer un poste d'animateur chargé de veiller à l'assiduité scolaire des enfants en les amenant à l'école et en les reconduisant. L'obligation scolaire n'est en effet pas toujours respectée ; le phénomène de l'absentéisme, s'il reste difficile à évaluer, se développe [48]. Aussi est-ce l'un des problèmes traités le plus souvent par les contrats d'agglomération qui prévoient aussi des permanences de devoirs scolaires permettant aux enfants, comme à Franconville, de bénéficier d'un lieu d'accueil calme, de la présence d'adultes pour le suivi de leur travail sans parler de différents outils faisant défaut dans le cadre familial. En 1985 et 1986, 80 p. 100 des enfants inscrits à ces permanences sont d'origine immigrée.

Les contrats d'agglomération financent également la mise en place de lieux de rencontres et d'échanges, appartements-relais, antennes d'animation... où se développent des activités diversifiées en direction des femmes et des jeunes filles : alphabétisation, économie sociale et familiale, information, notamment sur les problèmes de santé. On s'efforce d'organiser une meilleure articulation entre les activités socio-éducatives et les actions d'insertion professionnelle, la participation aux actions de quartiers, en particulier concernant la santé (mesure favorisant la fréquentation des P.M.I. par les femmes d'origine étrangère).

De véritables contrats sont également passés, même s'ils n'en portent pas le nom, avec des associations. La loi de 1981, qui a libéralisé l'accès des étrangers au droit d'association, aura provoqué un essor de la vie associative.

De ce fait, le F.A.S. aura pu diversifier les associations subventionnées et surtout les sélectionner. En échange de l'attribution d'une subvention qui produit une légitimation par l'État de l'intérêt social ou culturel de l'association, et la différencie ainsi de la simple association loi 1901, le F.A.S. va pouvoir orienter l'activité, lui faire jouer un rôle explicite ou implicite d'intégration. De plus en plus, le F.A.S. a pris le relais de l'Administration dans l'action d'intégration ou d'insertion sociale des étrangers. C'est le cas, par exemple, en ce qui concerne les animations éducatives périscolaires. Celles-ci ont permis, selon Michel Yahiel, ancien directeur du F.A.S., d'aider en 1989 30 000 enfants, grâce à l'activité coordonnée de plusieurs ministères et de quelque 700 associations. En plus de sa force financière, cette activité, devenue essentielle, aura permis au F.A.S. de peser aujourd'hui de tout son poids de principal décideur de la politique française d'intégration.

Quel bilan peut-on tirer de toutes ces actions ?

On ne sait pas si l'affectation d'un établissement en Z.E.P. a permis aux élèves d'obtenir de meilleurs résultats scolaires. Une étude effectuée à Roubaix par Hervé Deguine [49], à partir de trois critères – taux de redoublement, flux d'orientation et évolution de l'âge d'un groupe déterminé d'élèves – montre que l'influence d'une Z.E.P. sur la réussite scolaire semble peu significative. Cette constatation rejoint des analyses effectuées au plan national. Le bilan, établi en juin 1986 par le « groupe administratif pour le pilotage de la politique des zones prioritaires », note : « Le premier effet du classement en zones prioritaires a peut-être été de stopper la détérioration de la situation dans ces zones. » Il semble aussi que le « bien-être » moral et matériel des élèves des Z.E.P. se soit amélioré : il a pu être suivi à travers l'évolution du taux d'absentéisme en classe, du taux de délinquance et de prédélinquance dans le quartier, mais aussi à travers l'amélioration de l'atmosphère générale. L'évaluation se doit de prendre en compte cette dernière : « Une bonne Z.E.P., c'est l'émergence du mouvement social dans le champ scolaire », note Claudine Dannequin [50], qui confirme que les rapports sont unanimes sur cette amélioration et rejoignent les témoignages des acteurs eux-mêmes. Dans le pire des cas, la situation est donc restée la même.

L'expérience menée dans les Z.E.P. semble avoir réussi lorsqu'elle a trouvé un terrain favorable au niveau humain d'abord – inspecteurs départementaux prêts à jouer le jeu, enseignants intéressés par une transformation de leurs pratiques et ouverts au travail avec des partenaires extérieurs, conseillers municipaux entreprenants –, au niveau des infrastructures ensuite – existence d'un secteur loisirs éducatifs municipal, plan de réhabilitation des quartiers. Avec le temps, on aura mis au point des projets de plus en plus élaborés, compris les mécanismes de financements conjoints et drainé d'importantes sommes à gérer (subventions du conseil général, des collectivités, voire des entreprises).

Les cycles d'animation éducative périscolaire ont eu, semble-t-il, un effet plus tangible sur la réussite scolaire. Ceux que la ville de Marseille a organisés dans le cadre d'un nouveau contrat d'agglomération ont fait l'objet, au cours des années 1985-86 et 1986-87, d'une évaluation. On apprend que 84 p. 100 des parents déclarent que les enfants vont plus facilement à l'école depuis qu'ils participent aux cycles. L'amélioration de la réussite scolaire est telle qu'une demande accrue d'achat de livres et de soutien scolaire est formulée par 48 p. 100 d'entre eux.

Les conseils locaux de prévention se sont développés dans plusieurs centaines de communes, actuellement 570 : la plupart du temps, ils permettent aux responsables de la police, de la justice, des travailleurs sociaux et de l'éducation surveillée de se rencontrer régulièrement. Les crédits affectés par la nation à ces conseils sont faibles : un peu plus de 40 millions de francs par an, ce qui correspond à une moyenne d'un peu moins de 10 000 francs par conseil local. Ils permettent de financer le plus souvent le dégagement des tâches administratives de la police locale : celles-ci sont transférées alors aux mairies, en échange d'un transfert d'activité sur l'îlotage, ou de la participation aux opérations de prévention qui se déroulent en été ; des permanences d'aides aux personnes victimes de petits délits sont installées, qui leur permettent d'obtenir une réparation immédiate et gratuite de petits dégâts commis (bris de glace, de serrure, etc.).

Les missions d'insertion des jeunes fonctionnent et semblent toujours jouer un rôle utile, principalement grâce aux stages de formation professionnelle adaptés aux potentialités des jeunes des quartiers. La mobilisation des élus locaux va se révéler déterminante pour la réussite du dispositif : ils ne savaient qu'offrir à leurs jeunes, et se voient proposer par l'État la possibilité d'agir et de se mettre en valeur. Ils favorisent donc la fondation des missions locales et des permanences d'accueil, et cherchent à les contrôler[51].

Ces actions reçurent politiquement un accueil favorable. De ce point de vue, elles apportent de telles satisfactions que, presque dix ans après leur mise en place, les dispositifs continuent dans l'ensemble de fonctionner et mobilisent un nombre croissant de collectivités locales. Ces actions ont cependant subi une évolution : on transfère l'aide d'un quartier à la commune tout entière. La concentration d'une opération sur un quartier avait pu avoir des effets pervers : comme l'a noté Jean-Claude Toubon, l'entrée du quartier dans une liste nationale de quartiers à réhabiliter ne manque pas d'en augmenter la triste notoriété. Parfois, elle stigmatise l'espace ainsi défini, le marquage étant produit par l'extérieur. La création d'une subdivision proprement sociale et affichée met alors en cause l'unicité et l'égalité fictive de la commune, redoublant paradoxalement le processus censé abolir les classifications discriminatoires [52]. Les opérations de développement social des quartiers, de même que la mission « banlieues 1989 » ont été intégrées dans l'activité de la « délégation à la ville » créée en 1988. Le nombre de sites sélectionnés est actuellement de plus de six cents.

Pour les fonctionnaires chargés de ces actions, l'expérience est souvent positive : auparavant cloisonnés dans leurs activités, ils apprennent à travailler avec d'autres institutions. Mais ces activités enrichissantes ne peuvent souvent perdurer que par la volonté d'équipes bénévoles, surchargées de travail et de responsabilité [53], peu reconnues au niveau des administrations centrales ou par les syndicats. L'innovation pédagogique, par exemple, n'est pas encore suffisamment récompensée. En outre, les institutions n'ont pas toujours assoupli leur mode de gestion des personnels : on affiche d'un côté une priorité politique à des actions, mais de l'autre, on mute, ou même on supprime, le personnel mis à disposition des équipes d'animation depuis plusieurs années...

Pourtant la satisfaction du travail accompli est aujourd'hui mêlée d'inquiétude : les incidents continuent de se multiplier. On a tendance, à tort, à les mettre sur le dos de comportements individuels minoritaires. Ils ont, sans aucun doute, une explication socio-économique plus fondamentale, que les pouvoirs publics ont eu tendance à négliger.

L'AGGRAVATION DU MAL

Des situations locales se sont peut-être améliorées, mais les conditions générales du logement et de l'emploi se sont dégradées. La montée des tensions sociales paraît logique à la lecture de certains indicateurs.

LE LOGEMENT SINISTRÉ

En premier lieu, la réhabilitation de certains quartiers a eu des effets imprévus et certainement non désirés : lorsqu'on les a réhabilités en cherchant à y faire revenir des Français des classes moyennes, cela a parfois eu pour conséquence de provoquer le départ d'étrangers qui jusqu'à présent y résidaient. Bachmann, Herrou et Le Guennec [54] notent que certains enfants continuent de fréquenter la même école alors que leurs familles ont été déplacées à la suite d'opérations de desserrement de cités : les parents sont allés habiter des logements de quartiers voisins non réhabilités. Ainsi assiste-t-on à un phénomène assez courant de transfert de populations exclues de leurs quartiers, de communes réhabilitées à d'autres communes en voie de réhabilitation.

Mais telle n'est pas la cause principale de la dégradation de la situation générale. Celle-ci tient à des raisons macro-économiques ou démographiques qu'il était possible de prévoir dès 1981. Lors du recensement de 1982, les mal-logés étaient encore en nombre important : 11,9 p. 100 des étrangers, contre 1,8 p. 100 de Français, vivaient alors dans des logements en état de surpeuplement accentué ; 30,9 p. 100 contre 12,2 p. 100 de Français en état de surpeuplement modéré. Dans la seule région parisienne, où la proportion d'étrangers s'était accrue entre 1975 et 1982, 20 à 22 p. 100 des ménages logeaient dans le parc ancien, très vétuste (sans W.-C. intérieurs, par exemple). Or une diminution de la construction de logements sociaux s'est produite dans les années 80 au moment où, la seconde génération arrivant à l'âge de se marier, les besoins de logement augmentaient automatiquement. La localisation de l'action publique, au lieu de venir en complément d'une action nationale, s'y est substituée : l'État s'est déchargé sur les communes de sa responsabilité financière et de la nécessité de définir une orientation générale à l'action. Le développement des difficultés des communes s'explique ainsi, et le nombre de communes concernées par des problèmes d'immigration ne peut, en l'état actuel des politiques suivies, qu'augmenter. La concentration de l'action sur les points chauds des quartiers dégradés, qui avaient fait la une de l'actualité et que les médias suivaient avec attention, n'aurait pas dû faire oublier que le problème global du logement des immigrés continuait de se poser.

Il est posé avec encore plus de gravité du fait que le comportement socio-politique des maires a évolué. Entre 1975 et 1980, les offices d'H.L.M. avaient eu la liberté d'affecter aux familles immigrées ces logements dégradés qui mobilisent, à partir de 1981, l'opinion et les financements publics. Les maires veulent bien depuis les réhabiliter, mais ils veillent à ce que ces situations de concentration ne se reproduisent plus. Les lois de décentralisation leur permettent dorénavant, par la maîtrise du permis de construire, de s'opposer à la construction de logements sociaux où pourraient s'installer des familles étrangères. Cette attitude n'est pas spécifique aux élus de droite : à Dreux, par exemple, le changement de municipalité aboutit en 1983 à l'envoi d'une lettre du nouveau maire aux bailleurs de sa ville, les informant des risques encourus en cas de logement d'étrangers illégaux ; mais ailleurs, des élus de gauche [55], dont l'objectif est de « changer l'image de la ville », ne veulent pas continuer à « accueillir tous les défavorisés ». Le maire passe alors un accord avec l'O.P.H.L.M. pour que des quotas soient pratiqués. Appliquée dans une période de progression de la construction de logements sociaux, cette règle eût peut-être favorisé l'intégration... Mais parce que la construction de logements sociaux régresse depuis 1982, cette « loi des quotas » ne permet plus du tout de répondre aux besoins des familles immigrées. Celles-ci se concentrent alors dans des logements sociaux de plus en plus suroccupés ou déménagent dans les logements vétustes d'autres communes, qui en appellent bientôt à l'aide de l'État.

Lorsque aujourd'hui, une entreprise employant des travailleurs immigrés tente de leur trouver un logement en intervenant auprès du C.I.L. à qui elle verse le 1 p. 100 logement, elle se voit opposer un refus. Le collecteur a beau verser de l'argent, les immigrés sont refusés par tout le monde. Certains constructeurs gèrent les immigrés comme des « pièces détachées » : pas plus de 10 p. 100. Le système du quota par immeuble et par quartier est devenu la règle. La règle informelle est de ne pas dépasser 20 à 25 p. 100 d'immigrés par groupe d'habitation et de remplacer une famille étrangère par une autre. Cette règle est de plus étendue aux Français de couleur, par exemple originaires des D.O.M-T.O.M.

Les maires confrontés aux réactions négatives de leur électorat, et à la montée du Front national, réservent souvent, dans le cadre de ces quotas, les quelques logements qui leur restent aux étrangers déjà logés sur la commune. Le comportement général est : « Je garde les miens, mais je n'en veux plus d'autres ». Enfin, priorité est souvent donnée aux jeunes demandeurs dont les parents habitent la commune depuis longtemps [56]. Seuls quelques cas d'urgence aboutissent lorsque le préfet les prend personnellement en main. Au reste, les communes ne notent même plus les demandes de logements sociaux lorsqu'elles émanent d'un étranger ou bien exigent une résidence antérieure dans la commune [57].

De ce fait, puisque le 0,1 p. 100 n'a pu depuis 1982 aider au logement des immigrés ou de leurs enfants, les sommes dégagées par cette taxe ont été affectées au financement des opérations visant les quartiers dégradés. En 1985, dans le Nord-Pas-de-Calais, par exemple, 61,5 p. 100 des sommes représentées par le 0,1 p. 100 ont été affectées aux opérations de réhabilitation du parc social alors que 7,5 p. 100 seulement des opérations financées avaient trait à des constructions neuves ou à des acquisitions de logements familiaux [58]. Dans l'agglomération marseillaise, le 0,1 p. 100 logement a permis, en 1985, de loger 30 familles supplémentaires par an ! Dans le Nord-Pas-de-Calais, encore, parmi les opérations de réhabilitation du parc social, les financements ont principalement débouché sur des maintiens dans les lieux pour 4 381 familles étrangères.

Même sur le dossier de la disparition des cités de transit, ouvert en 1970, l'État s'est assoupi. Il ne s'est réactivé que lorsque des incidents dramatiques ont attiré l'attention des autorités publiques nationales et préfectorales, réveillé l'opinion publique et contraint à agir. Ainsi, l'incendie survenu dans la cité de Nanterre en 1984 provoque sa résorption en quelques mois. Mais celle-ci ne peut être menée à bien que parce que le préfet procède à l'achat de pavillons privés, sur les fonds du 0,1 p. 100

logement. Le blocage des maires et des offices de H.L.M. est tel qu'il empêche le relogement en logements sociaux. Dans les Hauts-de-Seine, en 1986, les statistiques enregistrent que la capacité supplémentaire de logements familiaux affectés aux familles étrangères a représenté 92 logements [59] : il s'agit de ceux achetés pour les familles de la cité de transit de Nanterre.

Comparés à la faiblesse des moyens dégagés pour le logement des familles, les moyens affectés aux foyers apparaissent encore considérables. Plus du tiers des fonds du 0,1 p. 100, certaines années la moitié, sont allés aux foyers alors que seul un immigré sur cinq vit en célibataire. Les organismes gestionnaires ont su tirer parti de l'abondance de la ressource, du relatif désintérêt des organismes H.L.M. à l'égard du 0,1 p. 100 après 1982 et de leurs liens étroits avec les pouvoirs publics.

Ces fonds, ne servant plus à la construction de nouveaux foyers – celle-ci est bloquée par les maires qui ne délivrent plus de permis de construire –, ils sont souvent destinés à des travaux d'entretien ou de réparation [60]. Selon un rapport de la préfecture régionale d'Ile-de-France, la plupart des crédits sont utilisés pour les travaux de réparation des foyers puisque plus aucune demande n'est faite pour la construction de foyers neufs. Les travaux sont divers : ils vont des petites réparations de second ordre au décloisonnement des chambres. Les associations gestionnaires de foyers continuent de bénéficier d'une aide à la gestion calculée forfaitairement et représentant 400 millions de francs annuels [61].

En réaction à une augmentation des impayés, due en partie à une relative paupérisation des résidents, les organismes gestionnaires, et notamment la Sonacotra, ont poursuivi la politique de conventionnement à l'Aide personnalisée au logement. Sur 140 000 personnes vivant en foyers, 55 p. 100 habitent dans des foyers conventionnés par l'A.P.L. et 20 p. 100 à 25 p. 100 des foyers conventionnés à l'Aide transitoire au logement (A.T.L.) versée par le F.A.S. aux gestionnaires de foyers pour le compte des bénéficiaires. Cette aide « transitoire » est en augmentation constante depuis 1978 et représente 120,5 millions de francs en 1988. Alors qu'elle était censée permettre d'assurer le même type de prestation que l'A.P.L. avant que les foyers concernés ne s'y conventionnent, elle représente actuellement pour certaines grandes associations gestionnaires un tiers de leurs recettes. Le conventionnement de l'A.P.L. exigeant un plan d'amélioration du logement, certains organismes ont préféré maintenir le statu quo. Il convient de noter cependant que dans la période récente, les principaux organismes ont amélioré leur gestion : la Sonacotra, qui gère la moitié des lits en foyers (70 000), l'A.F.T.A.M.

ou l'A.D.E.F., qui fait maintenant des bénéfices...

Cependant, il n'existe aujourd'hui que 170 000 lits répartis dans 740 foyers pour des travailleurs célibataires dont le nombre est estimé approximativement à 800 000. Cela laisse présager qu'un très grand nombre de travailleurs isolés vivent encore en habitat insalubre et que quelques-uns d'entre eux, de 25 000 à 40 000, séjournent dans des logements de chantiers. Le foyer reste cependant un pôle d'attraction très important du fait des tarifs pratiqués, de la pénurie de logements, des difficultés financières provoquées par le chômage, du mode de vie communautaire des résidents d'origine africaine par exemple, et parfois de l'irrégularité des séjours de certains membres de famille. Bien que les pouvoirs publics aient plus que jamais le souci d'éviter des incidents, une surpopulation des foyers se développe. Elle est désormais admise par les statistiques officielles, même si elle reste vraisemblablement minorée. Ainsi, dans la région parisienne, l'étude précédemment citée fait état, pour l'année 1984, de 70 000 résidents officiellement déclarés, pour 62 000 places.

Le mécanisme spécifique du 0,1 p. 100 était devenu si inutile en tant que tel, que son autonomie a été supprimée en décembre 1987, et sa gestion intégrée dans une Agence nationale pour la participation des employeurs à l'effort de construction.

La conséquence de cette absence d'action nationale, c'est la suroccupation des logements sociaux et l'installation de populations immigrées dans des zones dégradées ou insalubres. En 1988, 39 p. 100 des logements occupés par des étrangers (55,7 p. 100 de ceux occupés par des Maghrébins) sont surpeuplés contre 9,7 p. 100 de ceux occupés par des Français [62].

Les mal-logés étrangers au 1/2/1987

Année 1987	% de mal-logés	% des prioritaires	Évolution
Paris	28	43	
Seine-et-Marne	19	36	
Yvelines	21	40	
Essonne	20	*	
Hauts-de-Seine	25	40	augmentation
Seine-Saint-Denis	24	35	
Val-de-Marne	21,5	34,5	augmentation
Val-d'Oise	23	26	

Chiffres collectés à la fin de 1986.

* Chiffre non disponible.

Sur 2 500 étrangers reçus, au cours de l'année 1986, dans une préfecture de la région parisienne, 32 seulement ont obtenu satisfaction, grâce au 0,1 p. 100 du contingent préfectoral. Actuellement, à Paris et en Seine-Saint-Denis, la proportion d'étrangers dans le fichier départemental des personnes prioritaires pour leur logement est de l'ordre de 30 p. 100 à 40 p. 100 [63]. De nombreuses demandes de regroupement familial (20 p. 100 à 30 p. 100) effectuées par des étrangers, souvent en France depuis plus de dix ans, ne peuvent aboutir.

La population logée dans les foyers s'y installe faute de trouver une autre solution : 38 p. 100 des personnes logées dans les foyers de la région parisienne y vivent depuis plus de cinq ans [64]. Un grand nombre de ces foyers se dégrade et devrait être totalement reconstruit.

Jusqu'à une période récente, les impayés restaient en nombre négligeable dans les familles étrangères alors que, principalement ouvrières, elles subissaient le poids de la crise économique. Mais les travailleurs immigrés, souvent dans l'incertitude quant à leurs droits, ne se permettaient aucun écart. En effet, la quittance de loyer était souvent une condition sine qua non de l'obtention ou du renouvellement des cartes de séjour. Depuis peu, chômage et problèmes de logement se mêlent : en conséquence, les impayés se multiplient dans les zones et les familles particulièrement touchées par la crise.

Les comportements tendent à s'inverser, même si le nombre d'impayés par les ménages étrangers reste moins élevé que pour les ménages français.

Enfin, de plus en plus d'immigrés logent dans des hôtels meublés, des logements anciens en voie de démolition ou de réhabilitation et sans possibilité d'être relogés. À Paris, dans le XIe arrondissement, 24 p. 100 des hôtels meublés sont en péril, 30 p. 100 à Paris XVIIIe. Dans le Var ou les Alpes-Maritimes, il existe encore des bidonvilles [65].

L'EMPLOI RARÉFIÉ, L'ÉCOLE INCOHÉRENTE

La situation de l'emploi demeure très difficile à évaluer. Beaucoup des jeunes nés en France sont français et sont comptabilisés à part dans les statistiques, car un grand nombre d'entre eux effectue des stages et n'est pas comptabilisé dans les chiffres du chômage. Les statistiques qui ne comptabilisent que les étrangers montrent que leur situation s'est plutôt dégradée depuis 1981. En avril 1990, les étrangers hors C.E.E. résidant en France représentaient 10,7 p. 100 des demandeurs d'emploi en fin de mois, soit 259 312 sur 2 430 933. Ce chiffre marquait une augmentation inquiétante de 7,3 p. 100 du nombre de demandeurs d'emploi en un an, alors que, dans le même temps, le nombre total des demandeurs d'emploi, français et étrangers, diminuait de 2,2 p. 100. L'emploi étranger s'est, de plus, tertiairisé : les activités de services employaient 20,5 p. 100 des étrangers salariés, elles en emploient maintenant 37,5 p. 100. Le tertiaire devient pour les immigrés, comme pour l'ensemble des salariés, le premier secteur d'emploi, même s'ils y restent sous-représentés. Cependant, ils demeurent très représentés dans le bâtiment et dans les travaux publics (26,4 d'emplois étrangers ; 10,2 d'emplois en général) et dans l'industrie, particulièrement dans les secteurs où les conditions de travail sont plus pénibles et plus dangereuses que la moyenne : 17,9 p. 100 des accidents du travail en 1981 pour 6,1 p. 100 de l'emploi global [66]. Parallèlement, la féminisation de l'emploi étranger se poursuit : 20 p. 100 des salariés étrangers sont des femmes, contre 17,4 p. 100 en 1982 et 15,1 p. 100 en 1979 [67]. Mais la part de la main-d'œuvre étrangère employée dans les établissements de plus de dix salariés a diminué. En décembre 1988, 703 000 salariés y étaient employés, contre 788 000 en décembre 1985 : 11,3 p. 100 des salariés de ce secteur en 1973, 7,3 p. 100 en 1988. Pour l'accès au marché du travail, les jeunes de la seconde génération ont le double handicap de leur jeunesse et de leur peau bronzée [68]. S'ils sont de nationalité étrangère, les emplois publics ne leur sont toujours pas proposés. Pour remédier à cela, le F.A.S. signe des conventions avec l'A.N.P.E., la délégation à l'emploi, le ministère du Travail.

À l'école, où la place des enfants étrangers progresse tandis que baisse le nombre d'élèves français [69], il n'existe pas de politique cohérente. Les structures spécialisées mises en place, à la fois dans la perspective d'un retour éventuel des familles et pour satisfaire les États d'origine, perdurent : les cours de langues d'origine ont été maintenus. Ils sont de plus en plus le cadre d'un enseignement religieux du coran, auquel de jeunes enfants sont parfois contraints. Le rapport Berque, qui proposait d'échanger leur suppression contre la création de lycées franco-algérien et franco-portugais, et l'ouverture de l'enseignement général aux cultures méditerranéennes, n'a pas été repris. Bien que 1 p. 100 seulement des enfants étrangers en bénéficient, les Cl. In. aussi ont été maintenues dans le système. Les enfants inadaptés scolairement, et qui sont parfois de nationalité française, y ont remplacé les enfants d'immigrés. Il s'est donc produit une sorte de sédimentation des procédures et des structures qui perdurent sans que l'on perçoive bien dans quelle logique d'ensemble elles fonctionnent.

Les carences de l'action sociale de l'État ne sont sans doute pas pour rien dans la progression des antagonismes qui font régulièrement la une de l'actualité. Les mesures prises récemment pour développer le logement social le sont bien tardivement, et leurs effets ne pourront être rapides. Entre-temps, les pouvoirs publics locaux et nationaux doivent gérer des relations avec les immigrés résidents et leurs enfants. Ils le font à travers la vie associative, la police, la gestion des droits culturels et religieux.

Parfois, en effet, dans une situation de sédentarisation aléatoire [70], certains immigrés de la première ou de la seconde génération se tournent vers leur communauté religieuse, qui donne un sentiment d'appartenance et fournit faute de mieux une identité, souvent instrumentale. L'État français a contribué à promouvoir ce que Gilles Kepel appelle une offre d'islam fragmentée [71] venant des États d'origine, d'associations, ou d'individus – et organisée en marge de la tradition républicaine. Il est difficile de mesurer jusqu'à quel point le développement de l'islam sur les lieux de travail, censé favoriser le lien avec le pays d'origine, et l'éloignement de l'engagement syndical ont freiné l'intégration. Mais les choix effectués au cours des trois derniers septennats ont abouti dans ce domaine à des effets indésirables cumulatifs : d'abord, on a légitimé la pratique religieuse de l'islam en dehors des lieux de culte réservés par la tradition républicaine française au religieux ; puis, la liberté d'association a favorisé le développement d'associations religieuses et le transfert de la pratique religieuse de l'entreprise et du foyer au cadre local – le F.A.S. ou des offices d'H.L.M. continuant de financer des locaux pour l'exercice du culte musulman.

Parallèlement, l'État français a maintenu une cogestion officielle des lieux de culte avec certains États d'origine : l'État algérien choisit en 1982 et en 1988 le nouveau recteur de la mosquée de Paris et un certain nombre de pays d'origine de l'immigration entretiennent une communauté d'imams répartis dans plusieurs mosquées, qu'ils rémunèrent en partie. Ce qui a pour conséquence de désavantager les interlocuteurs qui voudraient construire une structure religieuse indépendante des États d'origine et dans le cadre républicain.

Sur le plan national comme sur le plan local, on note dans l'interaction avec les familles des résidents étrangers des pratiques qui parfois favorisent non pas l'intégration, dans le cadre de l'État républicain, mais, au nom du maintien de la paix sociale, des pratiques communautaires.

La faiblesse des moyens accordés, et le manque de cohésion des logiques d'intervention ont abouti à ce que l'on relie désormais tous les problèmes de ces villes et de ces quartiers à l'immigration : l'école, le logement, l'emploi ou l'identité nationale, alors que l'objectif des pouvoirs publics était en 1981 exactement inverse.

Alors devant l'échec et faute de mieux, on se tourne encore vers la seule solution qui paraît être encore du domaine de la politique de l'immigration, que l'on imagine simple et pratique : le changement des règles de la nationalité et de la citoyenneté.

X

CITOYENNETÉ ET NATIONALITÉ

Dans le domaine de la nationalité-citoyenneté, il paraît subsister des marges de changement internes à la politique de l'immigration. Il est vrai que l'étranger résident rencontre, passé la barrière de l'entrée et de l'installation durable en territoire national, une autre barrière : celle de l'accès à la nationalité de l'État d'accueil [1]. Mais la politique de la nationalité est le produit complexe d'une Histoire où l'immigration contemporaine a une faible part. Dans un monde d'États-nations, la nationalité définit en effet le lien juridique entre un État et la population qui lui est liée. Des règles relatives à la nationalité existaient en France sous l'Ancien Régime.

Les règles contemporaines ont été regroupées depuis la loi du 22 juillet 1993 dans le Code civil. Après l'édiction de l'ordonnance du 18 octobre 1945, celles-ci n'ont subi qu'une modification importante, en 1973 : il s'est agi d'une adaptation à l'évolution des mœurs civiles – égalisation des droits de l'homme et de la femme – et aux conséquences de la décolonisation. Le Code ne définit pas simplement la manière d'accéder à la nationalité française ; il définit aussi le Français d'origine, celui auquel l'État impose son identité juridique nationale. Il prévoit une attribution large de la nationalité française à toute personne qui peut prouver des liens sociaux précis avec la France : un ou deux parents français, naissance sur le territoire français, ou mariage. L'accès à la nationalité française est plus difficile lorsque le seul lien avec la France est l'existence d'une résidence durable sur le territoire : la naturalisation n'est accordée qu'à la suite d'une autorisation donnée au préalable par l'État. Elle ne peut être demandée que par des personnes résidant sur le territoire français depuis cinq ans au moins. Subsidiairement, comme dans la plupart des États démocratiques, la nationalité est reliée à l'exercice des droits politiques pléniers, que l'on perçoit comme ceux du citoyen.

Ce système est depuis quelques années contesté. Certains considèrent qu'il est trop restrictif et que la nationalité est accordée trop difficilement : ils mettent alors en cause les procédures de naturalisation, ou bien le lien trop étroit entre nationalité et citoyenneté. La citoyenneté au moins locale devrait, disent-ils, être accordée en fonction d'une durée de résidence, et conférer des droits pléniers, nonobstant la nationalité étrangère des résidents. Pour d'autres, en revanche, la nationalité française s'acquiert trop facilement par le mariage ou en vertu du simple *jus soli.* Par là on entend soit trouver une solution au défaut d'intégration, soit au contraire empêcher l'accès à la nationalité française d'étrangers non intégrés ou non intégrables.

Deux enjeux apparaissent donc : la procédure de naturalisation trop lourde ou trop aisée, les règles actuelles de la nationalité et la liaison nationalité-citoyenneté.

LA NATURALISATION : FILTRE OU PASSOIRE ?

Les naturalisations et les réintégrations dans la nationalité française sont le seul domaine de la politique de la nationalité où les interprétations de l'action de l'État et les propositions de réforme sont contradictoires, et représentent un enjeu entre forces politiques : ce n'est pas le cas, par exemple, des mariages blancs, où le consensus existe pour lutter contre cette pratique, au demeurant fort peu développée.

Dans le domaine de la naturalisation, les pouvoirs publics sont censés disposer d'une liberté d'action très large, d'un pouvoir régalien. Les décisions dans cette matière semblent pouvoir être prises en opportunité. Si l'on ajoute à cela le long délai de traitement des dossiers, la possibilité pour l'Administration de les ajourner, la multiplication des interventions auprès du ministre chargé des naturalisations, le sentiment de la toute-puissance administrative est sans aucun doute conforté [2].

Pour les uns, cette toute-puissance est utilisée pour freiner les naturalisations ; pour les autres, le système est au contraire trop laxiste. La vérité est plus complexe : le nombre de demandes de naturalisation est faible comparé aux ayants droit potentiels, mais leur très grande majorité reçoit une réponse positive.

Plusieurs millions d'étrangers – tous ceux qui résident en France depuis cinq ans (deux ans pour les diplômés de l'enseignement supérieur) quelle que soit la régularité de leur séjour ; tous ceux qui ont été français et qui sont des réintégrables potentiels – ont le droit de faire une demande de naturalisation. Celle-ci devrait être facilitée par le fait que la France n'exige pas du candidat à la naturalisation la répudiation de sa nationalité d'origine et que la demande de naturalisation est obligatoirement enregistrée, quelle que soit l'impression de l'administration préfectorale sur la recevabilité du dossier. Les demandes sont déposées individuellement aux guichets des préfectures, des sous-préfectures, parfois dans les mairies, voire pour certains cas dans les commissariats de police. Pourtant, le pourcentage des demandes par rapport aux seuls étrangers régulièrement résidents est très faible.

Comment l'expliquer... ? Officiellement, la naturalisation est d'abord le résultat d'une démarche volontaire de l'individu qui n'est pas, en France, particulièrement encouragée. L'Administration fait peu de propagande pour la naturalisation, sauf cas particuliers – réfugiés du Sud-Est asiatique, Marocains ou Tunisiens de confession israélite ; ces derniers furent, semble-t-il, contraints entre 1978 et 1982 d'effectuer, en même temps que leur demande de titre de séjour et de travail, une demande de naturalisation, en vertu d'une convention secrète dénommée accords Stoléru [3]. En règle générale, ce n'est que lorsque l'étranger cherche à s'informer que les renseignements nécessaires lui sont fournis. L'Administration hésite à faire de la propagande, car elle craint que l'encombrement des services ne puisse, sans que les délais de traitement des dossiers ne soient encore allongés, lui permettre de faire face à une augmentation trop importante des demandes.

Lors du dépôt de la demande, le postulant doit fournir différents renseignements : état civil, preuve de la durée de résidence en France. Mais la plupart des informations sont recueillies sur l'intéressé par des enquêtes de gendarmerie, de police et auprès des mairies. Éventuellement, la D.D.A.S.S. est consultée si la situation familiale l'exige. Un médecin établit un certificat de santé. L'instruction doit également révéler la nature exacte de l'activité professionnelle. Enfin un procès-verbal d'assimilation est établi. À ce dernier est joint un rapport du préfet qui constitue la synthèse du dossier et doit proposer sa recevabilité ou non. La constitution du dossier prend ainsi plusieurs mois. Constitué et complet, le dossier est transmis au niveau central et examiné jusqu'à la fin du processus par les services compétents de la sous-direction des naturalisations du ministère des Affaires sociales qui a charge de traiter l'ensemble des demandes.

C'est donc au niveau central que toutes les décisions sont prises, selon des critères imposés par l'Ordonnance de 1945, par l'orientation de diverses circulaires ministérielles et par la jurisprudence du Conseil d'État et de la Cour de cassation. Le dossier du postulant doit d'abord être déclaré « recevable », puis sa naturalisation jugée « opportune ».

La décision d'irrecevabilité ne peut être prise que pour non-conformité aux exigences inscrites dans le Code de la nationalité. Certains des motifs d'irrecevabilité inclus dans le Code, à savoir le mauvais comportement et le défaut d'assimilation (articles 21-24 et 21-27 du Code civil), ne sont cependant invoqués que rarement.

Pour être naturalisé, l'intéressé doit être « de bonne vie et mœurs » et ne doit pas avoir subi de condamnations importantes (articles 21-23 du Code civil). Il doit aussi justifier « de son assimilation à la communauté française, notamment par une connaissance suffisante, selon sa condition, de la langue française ». L'esquive du service national est un motif très souvent invoqué pour un rejet ou plutôt un ajournement [4]. Mais le premier critère de recevabilité est la résidence. Pour être naturalisé, le postulant doit avoir en France sa résidence habituelle depuis au moins cinq ans au moment de la demande et demeurer en France au moment de la parution du décret de naturalisation. Cette condition vise un enracinement véritable et effectif. La Cour de cassation a précisé que la résidence doit :

– être effective et habituelle (arrêt du 10 décembre 1955) ;

– s'appliquer à l'intéressé lui-même (arrêt du 9 janvier 1957) ;

– être stable et permanente, et coïncider avec le centre des attaches familiales et des préoccupations professionnelles (arrêt du 12 novembre 1957).

Cette jurisprudence fut appliquée très strictement par l'Administration qui exigeait le cumul des deux dernières conditions. Confirmée dans les principes par le Conseil d'État, elle a cependant, sous l'impulsion de ce dernier, évolué récemment dans un sens libéral.

C'est au cas par cas que le Conseil d'État tient maintenant compte aussi bien des liens familiaux que des intérêts professionnels. Il accorde une importance à la durée du séjour du demandeur, à sa situation financière, aux raisons familiales, professionnelles, politiques, qui pourraient l'amener à retourner dans son pays ou qui, au contraire, y feraient obstacle. L'exigence de ressources propres en France même amenait l'Administration à déclarer irrecevable la grande majorité des demandes émanant d'étudiants. Une circulaire de 1983 prévoyait :

> « [...] les demandes de naturalisation des jeunes gens venus uniquement faire leurs études en France doivent être accueillies avec réserve. Il n'est pas du reste conforme à la politique suivie à l'égard du tiers-monde, de priver celui-ci de ses élites par la voie de la naturalisation. »

Le Conseil d'État a fait évoluer de façon sensible la pratique administrative dans ce domaine en refusant la thèse ministérielle qui considérait qu'un étudiant n'est jamais un résident. Il a considéré par exemple comme recevable une demande effectuée par une jeune fille, arrivée en France en 1972 comme étudiante et travaillant à mi-temps au moment du dépôt de sa demande, même si une partie de ses ressources provenait de ses parents (arrêt Mlle Perahia, 1982). La même décision avait été prise pour une étudiante travaillant comme hôtesse et percevant trois mille francs par mois de salaire (arrêt Mlle Gamska, 11 juillet 1986). Dans un autre arrêt du même jour, le Conseil d'État a admis qu'un médecin exerçant des fonctions d'internat en qualité de docteur en médecine, tout en suivant un enseignement, détenait des ressources lui permettant de pourvoir à l'entretien de sa famille. Cette évolution est importante, même si elle ne règle pas tous les problèmes. L'accès à certaines professions est souvent protégé par l'obligation pour l'exercer d'avoir la nationalité française : enseignant du secondaire, médecin, chercheur, pharmacien, kinésithérapeute, avocat. Pour les étrangers ayant acquis une formation dans ces domaines, c'est logiquement l'exercice de la profession choisie qui leur permettrait de disposer des ressources suffisantes pour obtenir leur naturalisation. Sans leur naturalisation, ils ne peuvent exercer leur profession. Ils se trouvent alors pris dans un cercle vicieux.

Cette restriction donne satisfaction aux États d'origine, tout en renforçant le protectionnisme dont bénéficiaient les professions libérales et intellectuelles, par rapport aux professions salariées, contre la concurrence des diplômes de nationalité étrangère. En fait, loin de permettre aux États du tiers-monde de conserver leurs cadres, ces restrictions incitent leurs élites à rechercher, sur le marché international du *brain drain*, des offres d'emploi en Allemagne, en Grande-Bretagne, aux États-Unis ou au Japon. L'évolution de la jurisprudence du Conseil d'État, sans briser la logique que nous venons de décrire, ne permet qu'aux étudiants particulièrement tenaces dans leur désir de s'installer en France et de devenir Français d'en obtenir le droit dès lors que l'Administration les aura autorisés à occuper un emploi à mi-temps.

La réalisation des conditions de recevabilité ne confère pas pour autant un droit à la naturalisation [5]. Pour chaque cas d'espèce, il est apprécié si la requête satisfait à un certain nombre de critères d'opportunité qui sont censés être l'expression de la volonté politique arrêtée par le gouvernement.

Le rejet en opportunité concerne souvent des cas où la recevabilité est contestable. Mais ils ont diminué là encore sous l'effet d'une certaine libéralisation. Jusqu'en 1981, par exemple, les demandes émanant de personnes âgées étaient repoussées sous le prétexte que, naturalisées, elles pèseraient financièrement sur la collectivité nationale d'un poids supérieur à leur situation précédente, du fait qu'elles acquéreraient le droit de percevoir le minimum vieillesse. À compter de 1982, l'examen des cas individuels et des analyses sociologiques des données ont entraîné une remise en cause de cette politique. Ce n'est que si le motif évident de la demande est la perception du minimum vieillesse, sans que la durée du travail en France le justifie, qu'elle doit être rejetée. En revanche, dans le cas où la personne a, par exemple, travaillé et résidé en France suffisamment de temps pour y percevoir, en tout état de cause, une retraite, sa demande sera reçue favorablement.

Dès 1976, l'engagement syndical n'a plus constitué un élément négatif du dossier. Ce n'est qu'en 1982 qu'on ne tient plus compte des opinions politiques comme élément d'appréciation de l'assimilation.

La gauche s'était en revanche montrée plus restrictive que la droite sur le problème de l'unité de la famille : si une demande n'émanait que d'un membre de la famille, elle faisait l'objet d'une appréciation négative. Mais le Conseil d'État a récemment jugé cette restriction injustifiée.

Lorsque l'autorité publique a des doutes sur le loyalisme d'un demandeur, il peut demander des renseignements ou des avis supplémentaires. Respectivement 21 p. 100 et 15 p. 100 des 900 dossiers étudiés par une équipe du C.N.R.S. dirigée par Jacqueline Costa-Lascoux ont fait l'objet d'une demande de renseignements auprès des renseignements généraux et de la Direction de la surveillance du territoire

(D.S.T.) [6]. Mais le ministère des Affaires sociales a cherché à diminuer l'opacité des critères utilisés par la D.S.T., la Direction générale de la sécurité extérieure (D.G.S.E.), ou par la Direction générale des impôts (D.G.I.) et à augmenter la clarté de leurs réponses [7].

Ainsi, les services de la sous-direction des naturalisations ont reçu le 19 juillet 1982 une instruction sur le traitement à réserver aux dossiers sur lesquels la Direction générale des impôts avait émis un avis réservé : l'instruction indique que les hypothèses « avis réservé » et « comportement fiscal du postulant ayant fait l'objet de certaines critiques qui ne permettent pas de donner un avis favorable » ne doivent pas constituer des causes obligatoires d'ajournement. Si tous les autres éléments sont positifs, il est demandé aux services de réserver une suite favorable aux demandes pour lesquelles la D.G.I. émet un avis de type précité. En revanche, l'ajournement est décidé pour les dossiers faisant l'objet de « critiques graves ».

La gestion du dossier en administration centrale est assez rapide, même s'il arrive souvent que certains d'entre eux, mal instruits au niveau local ou difficiles à juger (33 p. 100 des dossiers étudiés par l'équipe du C.N.R.S.), fassent l'objet de demandes de renseignements complémentaires à la préfecture. La centralisation des décisions à la sous-direction des naturalisations a un énorme avantage : l'unité de traitement des dossiers similaires. L'évolution de la jurisprudence complexe du Conseil d'État y est suivie avec une grande attention. La gestion des dossiers est organisée de telle façon qu'une décision négative ne peut être prise que par un chef de bureau. Après recours gracieux de l'assujetti, c'est le sous-directeur qui prend la décision ; pour les dossiers délicats, le sous-directeur, le directeur de la Population et des Migrations, le cabinet du ministre prennent les premières décisions.

Enfin, de plus en plus pour chaque dossier, un « pouvoir d'évocation » se manifeste à la suite d'interventions qui deviennent une quasi-procédure de recours : 10 p. 100 des dossiers font l'objet d'une intervention. Le ministre responsable, les membres de son cabinet saisis par le président de la République, un ministre, des membres des cabinets, un élu (parlementaire, municipal, etc.) ou par le demandeur lui-même, réexaminent alors le dossier.

Les interventions se développent parce que le pouvoir de décision étant réputé, en matière de naturalisation, régalien, leur poids politique peut paraître déterminant ; le secret de la procédure, la non-motivation des décisions prises en opportunité, la lenteur de l'Administration accentuent l'idée de leur utilité. De plus, l'intervenant y a quelque intérêt – 85 p. 100 à 88 p. 100 des demandes reçoivent une réponse positive –, puisqu'il a, dans une large majorité de cas, l'occasion de valoriser son action auprès de l'administré qui l'a sollicité. Cette apparente efficacité de l'intervention est trompeuse : dans le cas où le dossier du demandeur ne pose pas de problèmes, l'intervention en a souvent retardé la conclusion positive. Elle peut cependant avoir eu un rôle réel : sur 5 000 interventions de 1985, 50 décisions ont été réformées dans un sens favorable [8].

Cependant, l'existence de cette « voie de recours implicite » par l'intervention auprès de l'autorité publique pose une question de principe : elle donne évidemment un avantage au demandeur actif, à celui qui dispose d'un réseau de relations. Une instance de recours calquée sur le modèle de la commission de recours des réfugiés ne pourrait-elle pas plus équitablement remplacer le pouvoir politique ?

Au total, on a remarqué que les contraintes qui pèsent sur l'autorité publique sont de plus en plus nombreuses. Sur son échantillon de 900 dossiers, l'équipe de J. Costa-Lascoux n'a relevé que 7 p. 100 de décisions négatives. L'enquête du C.N.R.S. permet aussi de dégager un profil type du naturalisé : il est jeune (62 p. 100 des demandeurs ont moins de quarante ans et 23 p. 100 ont entre dix-huit et vingt-quatre ans), chargé de famille nombreuse (31 p. 100 des postulants ont de 3 à 5 enfants), relativement peu éduqué (14 p. 100 sont de formation supérieure – principalement les réfugiés politiques –, 9 p. 100 sont sans formation, 51 p. 100 ont un niveau d'études primaires) et il a peu de ressources (60 p. 100 ont en 1985 des revenus inférieurs à 3 000 francs) ; enfin, il séjourne en France depuis longtemps (65 p. 100 ont une durée de séjour supérieure à dix ans) [9].

Juridiquement encore régalien, le pouvoir de l'Administration dans le domaine des naturalisations est devenu, sociologiquement, plus un pouvoir d'accorder que de refuser. Les personnes n'entrant pas tout à fait dans les normes fixées pour accéder à la nationalité française peuvent voir l'État les y autoriser souverainement.

LE PARADIGME DE LA NATIONALITÉ FRANÇAISE

La naturalisation n'est donc pas particulièrement sollicitée, mais elle est accordée de façon libérale. Elle est donc facilement accessible au demandeur entreprenant et patient. Mais les naturalisations ne représentent qu'entre 25 p. 100 et 35 p. 100 des 100 000 personnes qui acquièrent ou se voient attribuer la nationalité française, par exemple par le mariage ou par la naissance en France *. Pour répondre à la question : le Code de la nationalité est-il trop libéral ou trop restrictif ? il nous faut analyser sa construction.

L'intégration dans la nationalité repose historiquement sur une logique de souveraineté et de puissance. L'accès à la qualité de Français était déjà codifié sous l'Ancien Régime : avoir sous son allégeance une population nombreuse, posséder des territoires de plus en plus importants représentait, dans la concurrence avec les autres puissances européennes, un atout qu'aucun roi de France n'a jamais négligé. Ce souci se reflète directement ou indirectement dans les règles relatives à la nationalité. Cependant, dans la détermination des critères d'attribution de la nationalité, l'exigence d'un lien social avec la France, qui garantisse sous l'Ancien Régime l'allégeance au roi, était requise. C'est dans cette tension entre intérêts de souveraineté et nécessité de l'allégeance – donc du lien social – que les règles relatives à la nationalité ont évolué.

Différents critères sont utilisés par les États pour déterminer la nationalité. Le lieu de la naissance : le fait d'être né sur le territoire sur lequel s'exerce, s'est exercé ou parfois même souhaiterait s'exercer la légitimité de l'État ; le

* *Cf.* annexe VIII, les statistiques d'accès à la nationalité française.

lien du sang : c'est-à-dire la nationalité d'un ou des deux parents ; la résidence, passée, présente ou future, considérée à un instant donné ou sur une durée plus ou moins longue sur le territoire national actuel, parfois passé ou prétendument futur ; enfin, la situation matrimoniale, car être marié(e) avec un(e) ressortissant(e) de la nationalité de l'État concerné peut, comme nous l'avons vu, valoir des liens avec cet État.

Chaque État utilise ces critères pour déterminer si un individu est automatiquement de la nationalité de l'État concerné, ou s'il peut l'être, et comment ; il le devient en fonction de techniques diverses (déclaration de l'individu, décision administrative), où la volonté de l'individu ou/et de l'autorité publique peuvent se manifester. Tout au long de l'Histoire de France, l'autorité publique a donc composé différentes palettes, mêlant critères et techniques d'accès pour définir qui est national et qui peut le devenir ou ne plus l'être.

Les critères d'accès automatique à la nationalité française sont fort peu différents aujourd'hui de ce qu'ils étaient à la veille de la Révolution française : lien du sang, lien du sol ou lien du mariage permettent aujourd'hui comme hier d'acquérir ou de transmettre la nationalité française, indépendamment les uns des autres. Mais il faut noter trois grandes évolutions : l'exigence de l'allégeance au roi a été remplacée successivement par celle de l'adhésion aux valeurs de la Révolution française, puis par la simple socialisation dans une famille ou dans la société françaises ; en second lieu, la laïcité de l'État s'est imposée : le statut préférentiel accordé au catholique a disparu ; enfin, le national majeur est devenu citoyen et fait donc partie du corps souverain.

Ce maintien apparent des traditions et ces évolutions importantes ne se sont pas faits linéairement. C'est par des expérimentations que, progressivement, le système a trouvé une relative stabilité.

L'ANCIEN RÉGIME

Les juristes qui étudient l'Ancien Régime ne s'intéressent le plus souvent à la nationalité [10] qu'à l'occasion des effets qu'elle produit.

> « C'est le plus souvent en étudiant les droits respectifs du roi et du seigneur local à percevoir le droit d'aubaine ou, plus généralement, lorsqu'ils recherchent qui doit hériter de tel aubain décédé en France, qu'ils sont incidemment amenés à envisager cette question [11]. »

Et l'évolution se produit soit du fait des parlements qui, sous la pression de plaignants soumis au droit d'aubaine, vont faire prévaloir certaines valeurs sur d'autres, soit sous l'effet de considérations politiques dont les autorités royales auront été conduites à tenir compte.

Dans la première moitié du XVIe siècle, trois conditions doivent encore être réunies pour être considéré comme Français : il faut être né en France, de deux parents français, et être régnicole, c'est-à-dire demeurer dans le royaume. Mais le champ d'attribution de la nationalité va s'élargir.

Le « desserrement » des conditions exigées commence par la reconnaissance de la nationalité française aux enfants issus de mariages mixtes reconnus légaux : l'arrêt Jehan de Proisy du parlement de Paris, en date du 23 juillet 1540, fait prévaloir l'importance de la validité du mariage entre un Français et une étrangère, sur l'origine étrangère de l'un des parents. Cette jurisprudence est par la suite étendue aux enfants nés de mère française et de père étranger. Puis les liens du sang et du sol vont peu à peu suffire de façon indépendante pour l'attribution de la qualité de Français.

C'est un arrêt du parlement de Paris du 23 février 1515 qui introduit le *jus soli* autonome, dans le droit français [12], en décidant qu'un enfant né en France de parents étrangers et demeurant en France a le droit de succéder. La condition de résidence présente et future sur le sol du royaume, signe de l'allégeance au roi, est fondamentale et va rester déterminante dans les évolutions postérieures. Cette jurisprudence nouvelle ne triomphe cependant que très lentement au cours du siècle. Elle suscite longtemps l'opposition et la résistance des juges et des avocats. Un arrêt du parlement de Paris de 1518 exige encore, par exemple, que la mère soit française.

Les revendications de souveraineté jouent également un rôle dans l'augmentation du nombre des ayants droit à la nationalité française. La pratique royale fut en effet d'appliquer le *jus soli* aux ressortissants des terres proches des frontières du royaume que le roi, selon le hasard des guerres, pouvait revendiquer (Milanais, Flandres, Navarre) : il fut considéré que, nés dans un territoire revendiqué par la France, ils pouvaient devenir Français par la simple résidence sur le territoire français (tel qu'il existait en ses frontières à la date de l'installation). L'enjeu était là d'ordre politique : si l'État avait perçu sur eux le droit d'aubaine, il aurait reconnu implicitement qu'il n'avait pas de droit sur le pays considéré et aurait donné des armes, réelles ou symboliques, au souverain étranger dont il contestait les prétentions. Ainsi, un habitant né en Flandres ou dans le Milanais et venu demeurer en France recevait une lettre de déclaration – déclaration d'État. Le bénéficiaire était considéré comme ayant toujours été Français [13].

Le *jus sanguinis* autonome apparaît au XVIe siècle également, lorsque les rois décident d'accorder à des membres de leurs familles, mariés avec des princes ou des souverains étrangers, la faveur de considérer leur descendance, voire celle des suites qui les accompagnent à l'étranger, comme française. Ils créent ainsi un précédent, et ces décisions exceptionnelles vont faciliter l'évolution de la jurisprudence. Le 7 septembre 1576, le parlement de Paris rend un arrêt connu sous le nom de l'Anglese [14]. Il reconnaît à la petite-fille d'une Française récemment décédée la qualité de Française et le droit à la succession, alors qu'installée récemment en France, elle était née et avait vécu en Angleterre. La Cour introduit de ce fait le *jus sanguinis* comme critère de détermination de la qualité de Français. Mais cette introduction se fait là encore à une condition explicitement indiquée, celle de la résidence : la requérante consent, au cas où elle quitterait le royaume, à être privée de tous les biens lui venant de son aïeule [15].

Cette évolution juridique libérale s'inscrit cependant dans le cadre strict de la catholicité d'État. Elle souffre des mesures politiques prises à l'encontre des Français ayant émigré pour motif d'ordre religieux. À l'égard des descendants des Français nés à l'étranger, il convient ainsi de distinguer trois périodes [16] :

– avant 1669 et après 1698, les règles du *jus*

sanguinis s'appliquent, même si après 1698 un certificat de catholicité est en principe exigé ;

– entre 1669 et 1698, il faudra distinguer selon que l'étranger aura quitté le territoire national avec ou sans l'autorisation royale puisque, par un édit royal qui visait les protestants pris en 1669 puis rapporté en 1698, Louis XIV avait interdit à ses sujets de s'établir définitivement en pays étranger sans son consentement.

À la veille de la Révolution, la condition de naissance sur le sol ou la condition de naissance de sang suffisent donc pour que l'enfant puisse se dire Français, mais à une condition importante : que sa résidence présente et surtout future soit fixée dans le royaume.

LA CÉSURE RÉVOLUTIONNAIRE

La Révolution française supprime toute exclusion sur fondement religieux. Surtout, elle voit émerger la notion moderne de « citoyenneté » : la participation à la souveraineté nationale.

Entre 1789 et 1804, sous l'effet de cette émergence, les critères d'appartenance à la nationalité française vont être profondément bouleversés et souvent modifiés.

La Constitution de 1791 distingue les citoyens passifs ou nationaux des citoyens actifs, membres du corps politique souverain. Pour définir le Français, citoyen « passif », elle reprend la définition du national donné par les anciens parlements les plus libéraux, en l'étendant à tout le territoire. La résidence, et donc l'allégeance au roi, est cependant remplacée par l'exigence d'adhésion à la Révolution française. L'article 2 de la Constitution indique par ailleurs que sont citoyens français ceux qui sont nés en France d'un père français ; ceux qui, nés en France d'un père étranger, ont fixé leur résidence dans le royaume ; ceux qui, nés en pays étranger d'un père français, sont venus s'établir en France et ont prêté le serment civique ; enfin, ceux qui, nés en pays étranger et descendants à quelque degré que ce soit d'un Français ou d'une Française expatriés pour cause de religion, viennent demeurer en France et prêtent le serment civique [17].

Le citoyen actif, lui, membre du corps politique souverain, doit remplir des conditions supplémentaires : être français de sexe masculin et être âgé d'au moins vingt-cinq ans, payer une contribution directe au moins égale à la valeur de trois journées de travail, enfin avoir prêté le serment civique.

La Constitution de 1793 innove en ne définissant, contre l'avis de certains constituants (Lanjuinais, notamment), que le citoyen actif [18] : tout homme né et résidant en France, âgé de vingt et un ans accomplis, est admis à l'exercice des droits de citoyen actif. L'étranger y est également admis si, âgé de vingt et un ans et domicilié en France depuis un an, il y vit de son travail, ou acquiert une propriété, ou épouse une Française, ou adopte un enfant, ou nourrit un vieillard, c'est-à-dire remplit des conditions sociales ou politiques.

Mais cette Constitution est adoptée au moment où, confrontée aux menaces extérieures, la Convention prend des mesures restrictives à l'égard des étrangers. Très peu de temps plus tard, les décrets des 26 février et 21 mars 1793 soumettent les étrangers à la déclaration obligatoire. Le décret du 26 germinal an II interdit aux étrangers natifs des pays avec lesquels la France est en guerre d'habiter certaines villes, notamment Paris. Le 5 nivôse, les étrangers sont exclus du droit de représenter le peuple français. Par décret du 26 nivôse an II (26 décembre 1793), les étrangers et les Français nés à l'étranger sont exclus de la représentation nationale ; les citoyens nés à l'étranger, alors membres de la Convention, en sont exclus. Ne sont donc autorisés à participer à la vie publique que ceux qui sont nés sur le territoire national. En 1795, puis dans la Constitution de l'an VIII, l'inscription sur un registre unique sera ajoutée.

De ces moments en apparence très contradictoires qui se succèdent en un laps de temps très court, l'on peut dégager paradoxalement deux fortes continuités :

– Dans ces brusques revirements, ce sont les conditions de l'adhésion aux idées nouvelles qui furent en permanence recherchées : la Constitution généreuse de 1793 avait considéré qu'un lien, fût-il ténu, avec la société française, suffisait à garantir cette fidélité. La Convention en guerre considère quelques semaines plus tard que l'origine étrangère préjuge au contraire d'un danger pour la patrie ; toutefois, lorsque cette fidélité aura pu être socialement préjugée, l'étranger, par exception, échappera aux mesures d'exclusion décidées : ce sera le cas, selon les mesures en cause, des ouvriers employés à la fabrication des armes, ou vivant du travail de leurs mains, ou encore des femmes d'Américains, de Belges ou de Liégeois exerçant avec honneur des fonctions publiques.

– La liaison entre citoyenneté et qualité de Français, qu'il a fallu inventer et définir, n'a jamais été rompue : tout citoyen est de nationalité française. Dans la Constitution de 1791, l'étranger accédait à la citoyenneté active par la citoyenneté passive, tandis que dans celle de 1793, la citoyenneté active lui permettait d'acquérir la qualité de Français. Si cette Constitution avait duré, un code eût plus tard, sans aucun doute, fixé les règles d'accès à cette qualité des enfants, des femmes, etc.

LES LEÇONS DU CODE CIVIL

Les travaux préparatoires du Code civil de 1804 voient réapparaître la notion juridique de Français d'origine. Le texte final s'éloigne de la position libérale du Conseil d'État qui, sous l'influence de Bonaparte, propose à l'approbation du Tribunat que tout individu né en France soit français.

Ce sont à nouveau les conditions et les preuves de l'allégeance qui sont recherchées. Et arguant du danger que pouvait courir la patrie si elle imposait aux enfants d'étrangers nés en France de pouvoir se dire français contre leur volonté, le Tribunat rejette le simple *jus soli*. Le compromis adopté fait donc la part belle au *jus sanguinis* car les rédacteurs, soucieux des sentiments de l'individu à l'égard de sa patrie, considèrent à cet égard le *jus sanguinis* comme le plus fiable. Seul, l'enfant né d'un Français sera reconnu français.

Dès ce moment, à compter de 1804, se produit une évolution progressive mais fondamentale : la volonté de l'individu va s'effacer comme mode d'accès à la nationalité française.

Un *jus soli* restreint avait en effet été maintenu par le Code civil, qui préservait le droit de l'individu né en France de parents étrangers à réclamer la nationalité française dans l'année suivant sa majorité, à la condition expresse que l'on retrouve encore de fixer son domicile en France [19]. Par ailleurs la Révolution avait posé, avec plus ou moins de facilités, le principe d'une acquisition de plein droit, sur simple demande de l'intéressé, de la nationalité française. Certes, par un avis du 18-20 prairial an XI, le Conseil d'État avait décidé que l'étranger qui voudrait devenir français serait tenu d'avoir obtenu du gouvernement la permission de s'établir en France [20], mais le Code civil était resté muet sur la naturalisation proprement dite [21] : elle pouvait s'obtenir sur simple demande dès lors que l'on était admis à domicile.

La restriction de la volonté individuelle va se concrétiser dans deux directions :

– tout d'abord, l'étranger socialisé en France pourra de moins en moins échapper à la qualité de Français ;

– ensuite, la naturalisation ne pourra être accordée qu'après accord de l'État.

Sur la naturalisation, le tournant se produit dès 1809. Un décret du 17 mars 1809 prévoit que lorsque l'étranger a fait sa demande et accompli un stage, il n'a pas encore acquis la qualité de Français : sa naturalisation doit être prononcée par un décret spécial, selon les périodes, par le chef de l'État ou le ministre de la Justice. La durée de stage exigée sera à plusieurs reprises modifiée selon la volonté conjoncturelle des pouvoirs publics de faciliter ou, au contraire, de freiner les naturalisations : elle variera de trois à dix ans, selon que l'étranger aura ou non obtenu une admission à domicile.

Le naturalisé va même, à certaines périodes, perdre son droit à une pleine citoyenneté [22]. Dès 1814, la naturalisation simple est distinguée de la grande naturalisation. Par ordonnance du 14 juin de la même année, le roi décide :

> « Conformément aux anciennes constitutions françaises, aucun étranger ne pourrait siéger, ni dans la Chambre des pairs, ni dans celle des députés, à moins que, par d'importants services rendus à l'État, il n'eût obtenu des lettres de naturalisation vérifiées par les deux Chambres. »

La distinction entre la naturalisation simple et la grande naturalisation est provisoirement abolie en 1848 ; elle est rétablie en 1849 et supprimée à nouveau en 1867.

La loi du 19 juillet 1934 réintroduit une naturalisation à étapes :

> « L'étranger naturalisé ne peut pendant dix ans à dater de son décret de naturalisation être investi de fonctions ou mandats électifs à moins qu'il n'ait accompli les obligations militaires du service actif dans

l'armée française [et] ne peut être nommé à des fonctions publiques rétribuées par l'État, inscrit à un barreau ou nommé titulaire d'un office ministériel [23]. »

Surtout, le décret du 12 novembre 1938 rend utilisable pour la première fois une procédure de déchéance de la nationalité française pour défaut de loyalisme des Français de fraîche date. Ensuite, durant l'Occupation, la loi du 7 octobre 1940 abroge le décret Crémieux du 24 octobre 1870 qui avait déclaré citoyens français les Juifs indigènes des départements français d'Algérie. Les naturalisations effectuées dans les années 30 en application de la loi de 1927 sont remises en cause.

Les règles d'attribution automatique de la nationalité ne subissent pas autant de variations. Cependant, depuis 1804 jusqu'à la période contemporaine, l'autonomie de la volonté perd progressivement du terrain, et la nationalité s'impose sur le critère du *jus soli,* pour deux motifs principaux et complémentaires.

La crainte de l'infidélité individuelle, du « Français traître » qui avait en 1804 fait prévaloir les liens du sang, est remplacée par la peur d'un irrédentisme collectif. Elle pousse à intégrer dans la nationalité française les étrangers élevés sur le sol et dans la société française ; les Français sociologiques se voient imposer de devenir des Français juridiques.

En effet, après la promulgation du Code civil

de 1804, nombreux étaient les étrangers nés en France dont on disait qu'ils profitaient des avantages de la situation de résidents, et échappaient aux charges publiques en alléguant leur nationalité étrangère. Aussi, dès 1851, l'Assemblée législative décide de contraindre une partie de ces individus à être français, nonobstant leur volonté individuelle. La loi du 7 février 1851 considère l'individu né en France d'un étranger qui lui-même y était né comme français dès sa naissance. Il peut encore échapper à cette règle en réclamant la qualité d'étranger dans l'année de sa majorité. Beaucoup de ceux qui sont concernés semblent profiter de cette option pour échapper aux obligations de service national ; elle est donc définitivement supprimée par la loi de 1889. L'adoption de ce texte réduit les facultés de choix. Les individus nés en France d'un père étranger lui-même né en France ne sont plus autorisés à refuser la nationalité française. Elle élargit également la possibilité de devenir français ou de le rester : les individus nés en France, d'étrangers qui n'y sont pas nés, deviennent français de plein droit, à leur majorité, lorsqu'ils sont domiciliés en France, de même que les enfants mineurs de naturalisés. Ces évolutions sont confirmées en 1927. La Française qui épouse un étranger garde sa nationalité, et les enfants légitimes d'une Française nés en France sont français. Certes, la dénatalité et les besoins de l'armée républicaine justifient cette évolution, et l'ombre du bureau de recrutement plane sur les nouveaux textes [24], mais ces considérations ne les expliquent pas complètement.

Qu'y a-t-il de plus éclairant sur les intentions des pouvoirs publics que leurs propres déclarations ?

> « Le législateur a entendu, en présence d'un mouvement important d'immigration, protéger le pays contre la cristallisation de noyaux étrangers dans certaines régions de France qui seraient susceptibles de constituer un véritable péril pour la Nation à certaines heures de son existence. [Il] a voulu incorporer de droit et d'office dans la Nation tous les éléments d'origine étrangère vraiment assimilables et susceptibles de s'y fondre rapidement à la deuxième génération tant en raison de la naissance et de l'éducation en France que d'une consanguinité fréquente de race et des alliances avec des familles françaises [25]. »

Cette intégration automatique dans la nationalité française illustre que l'ordre public, les exigences de la souveraineté, bref la coercition et la contrainte sont aussi, comme le dit E. Gellner [26], facteurs de constitution de la communauté nationale. Si la sécurité publique semble le moteur de cette contrainte, il s'agit aussi d'un pari sur l'assimilation par les institutions républicaines, la vie dans la société française, ou par le mariage avec un Français, et cela quelle que soit l'origine de l'étranger [27].

LE MODÈLE FRANÇAIS

Au-delà des apparences, la nationalité française est donc plus une obligation juridique produit d'une constatation sociologique qu'un choix individuel. Cette constatation historique ne répond cependant pas à une question que se pose chaque individu : Qui suis-je ? À cette interrogation sur l'identité, un Français ne peut pas toujours répondre : Je suis français car de sang français, le Français étant le produit de plusieurs moules sociologiques. La République française répond à l'exigence d'identité commune à ses membres par les valeurs républicaines : Tu es français parce que tu es celui qui adhère – sous-entendu : qui peut sociologiquement adhérer – aux valeurs républicaines ; celles justement qui permettent aux citoyens français d'avoir ce désir de vivre ensemble. Cette identité politique ne se traduit pas par des plébiscites quotidiens mais occasionnels : ils se manifestent, par exemple, au moment de la cérémonie du vote [28].

D'où cette hypothèse que nous émettons : le vote, rite républicain de confirmation d'appartenance à la nation, est devenu un moyen d'identifier les membres de la communauté nationale. Celui qui vote est français et citoyen.

C'est probablement parce qu'il n'y a pas de dissociation, dans l'imaginaire social des Français, entre identité, vote, citoyenneté et nationalité, entre citoyenneté locale et nationale, que la création d'un droit de vote pour tous les étrangers au plan local, d'une citoyenneté de seconde zone, qui aurait rompu ce lien tissé par l'histoire a été si violemment discutée.

Elle risque de produire, d'une part, des citoyens au rabais, nouveaux « métèques », regroupés en communautés ghettoïsées, éventuels groupes de pression à l'américaine ; d'autre part, une nationalité de « Français de souche ». Le droit de vote des étrangers résidents aux élections municipales risquerait en outre de favoriser encore plus le transfert au plan local de la gestion des problèmes identitaires sans en donner véritablement les moyens aux maires : il risquerait même de favoriser le développement des ghettos – par exemple, si des leaders de communautés négociaient des votes collectifs en échange de la constitution de villes dans la ville –, sans faciliter l'intégration des étrangers [29]. La conséquence logique du droit de vote aux élections locales pourrait être l'instauration d'un droit d'entrée et de sortie sur la commune, la constitution de la commune en cité et la création d'un droit de résidence déterminé souverainement par elle : il ne serait pas toujours favorable à l'étranger.

Une dissociation entre une citoyenneté locale – largement attribuée sur le fondement de la résidence – et la citoyenneté nationale justifierait enfin un retrait sur une conception ethnico-culturelle de la nation. Puisque le Français ne pourrait plus s'identifier au citoyen votant, il rechercherait sans doute une identité dans ses origines, son sang, sa race ou sa culture. Le traité de Maastricht, en ouvrant la citoyenneté locale aux seuls ressortissants de l'union européenne, a clos le débat.

Pourtant, l'alternative n'est sans doute pas avec un modèle plus démocratique, mais avec un modèle plus ethnique. Paradoxalement, là où la référence de la nation est ethno-culturelle, là où, pour devenir national et membre de la communauté politique, le lien du sang reste exigé, le droit de vote aux élections locales est plus facile à accorder : il ne risque aucunement de briser le référentiel républicain de constitution de la nation.

Tous les pays qui ont accordé le droit de vote aux étrangers – soit par la nationalité, comme en Grande-Bretagne, soit par un droit de vote spécifique aux élections locales, comme aux Pays-Bas – sans attendre l'effet du processus de socialisation ont une conception communautaire de l'insertion. Mais l'exemple des Pays-Bas montre que le droit de vote lié à l'action d'un statut de minorité n'a pas toujours facilité cette insertion, bien au contraire [30].

L'accès à la nationalité française est ouvert à un point d'équilibre construit après expérimentation, qui est devenu signe de l'identité de la nation. L'étranger inclu est censé être à même d'appartenir à une nation constituée non sur un fondement ethnique ou contractuel, mais sur un fondement de citoyenneté sociologique [31]. Entre le contrat et l'ethnie, le mot de nationalité qui ne fut introduit dans la législation française qu'à partir de 1889 [32] symbolise cette socialisation. Il évoque à la fois l'origine, la tradition de la nature mais aussi la naturalité. Grâce à la lettre de naturalité on pouvait, sous l'Ancien Régime, accéder et ainsi entrer dans la nation si nés en dehors d'elle, on en était devenu « naturel ».

Est immédiatement français l'enfant né d'au moins un parent français en France ou à l'étranger, ainsi que l'enfant né en France d'un parent né en France (article 19-3 du Code civil). Par exemple, sont français l'enfant né en Colombie d'un couple franco-chinois (article 18) et, en règle générale, l'enfant né en France d'un parent algérien né en Algérie avant 1962.

L'acquisition de la nationalité française est presque automatique lorsque l'enfant est né en France de parents étrangers, mais elle n'intervient alors qu'aux alentours de sa majorité [33].

Lorsqu'un étranger, sans lien de naissance

avec la France, souhaite acquérir la nationalité française, il faut qu'il la demande. Encore faut-il qu'ait existé ou que se soit créé un lien avec la France, soit par le mariage, soit par une durée suffisante de résidence sur le territoire.

Si le lien avec la France est le mariage avec un(e) Français(e), l'État exerce sur la demande d'acquisition de la nationalité française un contrôle faible et *a posteriori* (article 21-2). La demande s'effectue par une déclaration, qui constitue, pour celui qui se trouve remplir les conditions fixées par la loi, un droit. Il suffit donc qu'il exprime sa volonté de réclamer la nationalité française pour l'obtenir. L'Administration doit se contenter de contrôler que les conditions légales sont remplies et de procéder à l'enregistrement de la déclaration dans le délai prévu.

Lorsque le lien n'est que la résidence, la naturalisation est alors accordée facilement à la demande de l'intéressé ; il ne faut pas cependant oublier que des conditions de socialisation strictes sont alors exigées : connaissance de la langue, ressources stables, résidence en France.

Au total, le Code actuel conduit le Français sociologique à l'être aisément juridiquement. Quand l'appartenance sociale n'est pas présumée par le lien de filiation, elle l'est presque automatiquement par la naissance puis la résidence sur le territoire où le jeune est censé apprendre les codes de la sociabilité et de la citoyenneté. La loi de 1993 a considéré que, pour les jeunes nés en France de parents étrangers, ce travail d'intégration par la société pouvait être insuffisant. L'État exige dorénavant dans ce cas une adhésion individuelle. Mais cette réforme ne remet pas en cause la structure d'ensemble de la législation de la nationalité française telle qu'elle s'est stabilisée depuis 1889.

CONCLUSION

Nos investigations nous conduisent à un constat paradoxal : les principes de la politique française de l'immigration ont été dégagés malgré la politisation du débat ; mais l'application, d'ailleurs défaillante, de ces principes ne progresse souvent que grâce à cette même politisation.

La France garantit de façon permanente le droit d'asile aux réfugiés politiques et le droit au regroupement des familles. Lorsqu'il accueille des travailleurs immigrés, l'*État de droit* les autorise à un séjour de plus en plus long et durable, indépendamment de leur origine nationale ou ethnico-culturelle. Cela n'empêche pas l'*État acteur* de favoriser la venue de telle ou telle catégorie d'étranger en fonction de leur origine. Cette distinction importante entre l'*État de droit* égalitaire et l'*État acteur* qui effectue des choix est confirmée par l'examen des pratiques administratives : malgré l'arrêt de l'immigration de travailleurs, des facilités d'accès au séjour et au travail sont ou ont été par exemple accordées aux ressortissants cambodgiens, laotiens, libanais, polonais ou vietnamiens, qui ne sont pas ainsi dans l'obligation de passer par la procédure de la demande d'asile pour rester en France. La politique des visas est différenciée selon qu'elle est pratiquée à l'égard des ressortissants américains ou maghrébins. Cette synthèse républicaine complexe s'est imposée contre la politisation de la question immigrée qui s'est développée au cours des vingt dernières années.

Mais force est aussi de constater qu'en l'absence de priorité accordée à la mise en œuvre des objectifs d'action sociale que ces règles républicaines déterminent implicitement, la politisation a souvent servi de moteur pour l'action.

L'incendie dans la cité de transit de Nanterre en 1984 a forcé les pouvoirs publics à en achever la résorption. L'élection de Mme Stirbois au siège de député de Dreux en 1989 a fortement contribué à l'attribution des crédits budgétaires nécessaires à la modernisation de l'O.F.P.R.A. ; d'autres exemples abondent pour illustrer ce phénomène.

Ce défaut de priorité s'illustre dans les décisions budgétaires et dans les choix politiques : la modernisation des services de l'O.F.P.R.A. et l'amélioration de la qualité des personnels recrutés permettent aujourd'hui de gérer rapidement et dans le respect du droit les dossiers des demandeurs ; en revanche, l'absence de moyens supplémentaires accordés pour la reconduite aux frontières ou le peu d'efficacité des pressions diplomatiques effectuées en direction des pays de départ rendent cette amélioration presque inutile. Cette situation influe sur l'organisation des administrations et des personnels. Pour traiter les demandes de naturalisation, de regroupement familial ou les cartes de séjour des étudiants, les moyens manquent. La gestion d'un problème est parfois confiée à des personnels dont ce n'est pas la seule tâche, par exemple la lutte contre le travail irrégulier. D'autres agents sont spécialisés contre leur gré, pour la gestion des titres de séjour par exemple : ils sont alors peu nombreux, peu motivés et peu qualifiés.

Le domaine des conditions de vie des étrangers résidents aura, plus encore que celui du contrôle des flux, souffert d'une grande dépendance à l'égard des politiques sectorielles de l'État, de l'absence de priorité, par rapport aux autres politiques publiques, mais aussi à l'intérieur même de la politique de l'immigration. Dans ces secteurs, les impulsions de l'État ont moins de chance d'être suivies, car la relation entre l'État et les populations concernées demeure indirecte. L'intervention importante d'autres acteurs sociaux – collectivités locales, organismes de logement, institutions religieuses –, qui ont des intérêts et des priorités divers et divergents, favorise les effets pervers. Dans le domaine du logement, par exemple, les quelques moyens dégagés entre 1974 et 1981 grâce au 0,1 p. 100 pour favoriser l'intégration des familles ont été détournés des objectifs initiaux. Les fonds alloués pour disperser les familles immigrées sont allés aux organismes de H.L.M. et ont servi à regrouper ces familles dans des habitations dégradées. Ces effets pervers justifient alors, à partir de 1981, une stratégie de localisation de l'action publique. L'État ne gère cependant pas directement ce problème ; il en charge, par contrat, les communes. Les lois de décentralisation vont alors permettre aux maires, qui craignent les progrès du Front national ou le développement d'incidents sociaux, de freiner l'attribution des logements sociaux indispensables à l'intégration des immigrés et de leurs enfants. Il convient là encore de noter l'absence de priorité dans les arbitrages. L'État n'a pas tenu compte, dans la détermination de la politique sectorielle du logement et des lois de décentralisation, des besoins de la politique d'intégration. Il s'est en outre dégagé de la construction de l'habitat social. Ainsi, au lieu de venir en complément d'une activité intense de l'État, les politiques locales ont servi à camoufler son désengagement. On a transféré aux collectivités locales tensions et responsabilités sans leur fournir en contrepartie les moyens de les assumer. Il s'agissait au départ de ne plus traiter les immigrés en tant que tels, mais de traiter leurs problèmes dans un cadre général et ciblé, afin de les intégrer. L'action publique a, là encore, abouti à l'inversion de la logique initiale : au lieu de voir chacun des problèmes de l'immigré rattaché au secteur d'activité concerné de l'État, ce sont dorénavant les grands secteurs de l'État qui paraissent en crise à cause de l'immigration.

Pourtant, le temps où certains discours ou statistiques officiels refusaient volontairement ou involontairement de considérer que l'immigration restait légalement autorisée pour de nombreuses catégories, et du même coup mélangeait travailleurs réguliers ou irréguliers, saisonniers et permanents, semble révolu. Récemment encore, certains spécialistes des problèmes migratoires insinuaient pourtant qu'« une politique inavouée de préférence, de quasi-exclusivisme [était pratiquée] en faveur de l'Afrique, au nom d'impératifs de politique étrangère, sur lesquels l'establishment politique s'entend à merveille [et cela] au détriment [*sic*] des pays d'Amérique du Sud, d'Asie ou d'Europe, qui comptent un important vivier d'immigrants potentiels épris de nos valeurs [1] ». Jean-Claude Barreau, alors président de l'Office des migrations internationales, annonçait en

1989 l'arrivée de 100 000 nouveaux immigrés [2]. Il mélangeait alors immigration irrégulière et immigration autorisée : familles, réfugiés politiques, étudiants. Plus récemment encore le ministère du Travail et l'O.M.I. annonçaient 80 000 ou 110 000 nouveaux travailleurs immigrés pour 1990 ; or une majorité d'entre eux étaient des saisonniers dont 90 p. 100 avec un contrat d'un mois.

Le temps de la rationalisation n'est pourtant pas encore celui des responsables politiques. Grâce aux vertus de l'amalgame, on érige l'immigration en une totalité fictive, dont la construction suppose de négliger ou de refuser les différenciations introduites par l'État de droit, lequel inclut certaines catégories en en rejetant d'autres. Au nom de la défense de l'identité française ou sous la bannière de l'antiracisme, on institue les immigrés en une totalité homogène. La globalisation apparaît ainsi parfois comme le geste commun, involontaire et imprévu d'une extrême droite qui veut rejeter tous les immigrés d'origine non européenne et d'une partie des mouvements antiracistes qui, non sans bonne conscience, veut n'exclure personne [3].

Le Front national trouve avec l'immigration un terrain favorable pour rassembler toutes les insatisfactions provoquées par les défauts de l'action publique, pour dégager des solutions magiques aux problèmes rencontrés par une large part de la population, et pour exploiter volontairement les passions politiques, promptes à s'enflammer sur ce sujet.

L'utilisation politico-symbolique de l'immigration peut être aussi le fait de la gauche. L'immigration a pu apparaître comme un terrain de recrutement, chez les jeunes Français de la première génération, de nouveaux électeurs [4], mais surtout comme un terrain aisé de différenciation politique avec la droite. Celle-ci n'ayant pu s'effectuer dans la période actuelle sur d'autres secteurs de l'action de l'État, dans lesquelles les divergences avec la droite sont trop faibles. Le parti socialiste et le président de la République n'ont-ils pas fait entre 1984 et 1990 de l'antiracisme un terrain privilégié d'intervention politique ? L'immigration fut alors exploitée, à travers l'antiracisme immodéré, comme un moyen d'accentuer les divisions de la droite, face à l'irruption et à la stabilisation politique du Front national.

Or il faut souligner la fragilité de la règle du jeu républicaine qui a été élaborée en 1945 et confirmée en 1984, spécifique des démocraties occidentales soumises aux mêmes contraintes de valeurs. Lorsque les coûts en « valeurs » sont faibles – ce qui est le cas dans les États non démocratiques – ou que les coûts externes le sont également ou le deviennent – lorsque l'image internationale ou les relations bilatérales ne sont plus à ménager, dans le cas d'un conflit armé par exemple –, la règle du jeu de la politique d'immigration peut apparaître différente. En janvier 1983, par exemple, à un moment où la situation économique du Nigeria semblait critique, le gouvernement nigérian de Sheku Shagui avait accordé un délai de quinze jours à tous les étrangers en situation irrégulière – près de deux millions au total –, pour quitter le territoire national. Le 15 avril 1985, le gouvernement nigérian renouvela son opération. La Libye, de son côté, a renvoyé en 1984 la plupart de ses travailleurs tunisiens. Dans ces deux cas, le coût international ou interne de la décision prise fut si léger qu'il permit à ces expulsions d'être menées à bien.

Le fait qu'en France le Conseil d'État ait été amené à intervenir systématiquement sur les « grands principes » en jeu comme sur les modalités concrètes d'application de la politique française de l'immigration ne laisse pas d'inquiéter. Certes, son autorité est respectée, et ses décisions encore suivies. Mais cela manifeste bien la difficulté qu'ont les hommes politiques à dégager eux-mêmes les règles républicaines de l'action dans ce domaine. L'usage répété de l'arbitre qu'est le Conseil d'État n'est pas un signe de bonne santé des valeurs qu'il contribue à réaffirmer. Or, tant que l'immigration reste un enjeu politique saillant, les risques d'explosion politique perdurent, d'autant que l'option d'une politique ethnico-culturelle garde ses partisans. Elle se renforce tout à la fois des pressions xénophobes et des pratiques communautaires qui contreviennent aux valeurs républicaines. Que par l'effet de ces pratiques et de ces pressions, par l'effet sur celles-ci de stratégies internationales, la stabilité de la communauté politique en vienne à être perçue comme plus menacée qu'elle ne l'est déjà par cette fraction du public qui, par exemple, vote pour le Front national, et le coût interne ou international d'un changement de la règle du jeu républicaine sur les flux pourrait diminuer. Alors, des politiques, illégales ou illégitimes aujourd'hui, pourraient demain devenir légitimes et plus tard légales. L'intégration, la stabilisation de l'actuelle immigration, est souhaitable, possible et même probable. Mais elle n'est pas encore de l'ordre du constat sociologique ou historique.

Les tensions pourraient se réduire, si l'on différenciait ce qui, dans l'immigration, relève du domaine de l'action publique, donc des politiques publiques, et ce qui ressortit à l'utilisation de la question à des fins politico-symboliques. Pour éviter cette utilisation à des fins politiques, il conviendrait de dissocier l'immigration des problèmes avec lesquels on l'a amalgamée. Cela implique ainsi d'affronter sans fard ni détour la question sociale, les problèmes de l'école ou les rapports entre État, religion et citoyenneté dans le cadre national mais aussi européen. Tout cela est loin de ne concerner que l'immigration. Pour éviter d'affronter ces questions, à droite comme à gauche, on les a transposés symboliquement en problèmes posés par l'immigration. Le débat ainsi perverti et déplacé a coûté cher aux immigrés et a freiné le processus d'intégration.

Surtout, il conviendrait de changer la façon dont on parle de l'immigration. Notons d'abord que le vocabulaire communément utilisé ne facilite guère une catégorisation satisfaisante, qui se garderait de procéder par amalgame. Dans le concept d'« immigration », on mêle, sans les différencier, les deux types de populations que la règle du jeu sur les flux a progressivement séparés. Peut-être faudrait-il réserver le terme même d'« immigration » à la catégorie d'étrangers qui arrivent, et appeler celle qui est installée d'un autre nom : celui de « pérégrin franc » avait été, par exemple, proposé par Alfred Sauvy dans la phase d'élaboration de l'ordonnance de 1945. On pourrait penser aux termes de « résident » ou d'« étranger résident » que nous avons utilisés tout au long de cet ouvrage.

De même pourrait-on éviter de désigner les étrangers en situation irrégulière par l'appellation symbolique et négative de « clandestins ».

Ce terme criminalisant est d'autant plus surprenant qu'il ne sagit là, en l'occurrence, que d'étrangers en infraction avec la réglementation du séjour (étrangers qui, dans les pays anglo-saxons, sont dénommés « illégaux ») : la notion de travail clandestin se réfère, dans le droit du travail, au travail illégal d'une entreprise et non pas à la situation ou à l'activité illégale du travailleur.

Cette dénomination de « clandestin » comporte de surcroît une connotation particulièrement péjorative. Elle instaure une frontière entre, d'une part le public et l'ouvert, et, d'autre part l'occulte, le secret, l'obscur. Au Moyen Âge, par exemple, le mot est employé par les clercs « lorsqu'ils ont conscience qu'une partie de la vie des fidèles leur échappe [5] » (mariage clandestin ou hérésie) : ces pratiques portent atteinte, par leur développement, à l'ordre religieux et, par voie de conséquence, à l'ordre social. Le terme même de clandestin renvoie aujourd'hui à l'idée d'un danger pour la communauté politique, à l'image de termites dévorant les charpentes de la France : les étrangers dits « clandestins » deviennent ainsi les boucs émissaires, réels ou symboliques, d'un ordre social imaginé en danger ou perçu comme fragile.

Ces différenciations effectuées, peut-être les pouvoirs publics pourraient-ils afficher publiquement la réalité de la politique suivie, expliquer la logique de la synthèse républicaine en cessant, par exemple, de camoufler l'existence de flux qui se produisent toujours dans la légalité ou d'en exagérer l'importance.

Il convient aussi d'accorder une priorité plus importante, intellectuelle et budgétaire, à la politique de l'immigration. Dans les décisions où la logique de cette politique s'affronte à d'autres logiques sectorielles, la première devrait plus souvent l'emporter. Si la politique des flux était prioritaire, une législation plus restrictive concernant le travail irrégulier des Français (le travail au noir) aurait été adoptée. Des négociations pourraient être engagées avec des États étrangers d'où proviennent de nombreux demandeurs d'asile. Le respect des droits de l'homme pourrait être exigé avec plus de vigueur lorsque, comme en Afrique, ils peuvent être en cause ; ou un meilleur contrôle des frontières réclamé lorsque l'État suspect favorise les flux migratoires irréguliers. Les ministres des Finances ou des Affaires étrangères pourraient aussi exiger, en contrepartie de certaines aides financières accordées à des pays amis, la délivrance par leurs consulats de sauf-conduits à leurs ressortissants faisant l'objet d'une mesure de reconduite à la frontière.

Une politique d'intégration suppose qu'une priorité soit accordée au traitement des problèmes spécifiques des résidents étrangers. Mais elle nécessite également une plus grande attention générale aux secteurs les plus en relation avec ces problèmes : logement, école, formation professionnelle.

Mais, ne nous cachons pas cependant la réalité : plusieurs facteurs se sont conjugués dans le passé pour favoriser l'intégration : a) un séjour durable pour la première génération et un accès progressif à la nationalité principalement pour la seconde génération, b) une croissance économique permettant un accès aisé au marché de l'emploi pour la première génération et une promotion sociale favorisée par l'école pour la seconde, c) l'accès égalitaire aux prestations sociales de l'État-Providence, d) l'inculquation notamment à l'école d'une culture laïque qui implique la gestion dans la sphère privée des identités culturelles ou religieuses, e) enfin la participation voire l'engagement associatif, syndical ou politique.

Si l'on compare la situation d'aujourd'hui à celle des années trente plusieurs facteurs semblent jouer plus favorablement : la stabilité du séjour des résidents étrangers est, par exemple, mieux garanti ; en outre, leurs enfants fréquentent plus et plus longtemps l'école publique que leurs prédécesseurs des années 20 ou 30 qui parfois fréquentaient peu de temps des écoles privées financées par les États d'origine : de ce fait et du fait de la télévision leur assimilation culturelle est plus forte que celle des enfants de l'entre-deux-guerres. En revanche, la progression continue pendant vingt ans du chômage, sans précédent depuis plus d'un siècle, contribue à freiner l'intégration. Dans les processus d'intégration du passé le marché du travail en expansion jouait un rôle premier. En son absence, l'école joue de plus en plus difficilement son rôle de promotion sociale et souffre d'une crise de légitimité.

Ce sont donc sur les facteurs culturels et politiques qu'il faut compter dans les années prochaines pour favoriser l'intégration.

Celle-ci passe donc plus encore que par le passé par la réaffirmation d'une culture civique. Le choix n'est pas toujours simple entre la paix sociale que produit la médiation d'un leader de communauté et la pédagogie pas toujours comprise au départ qu'exige la tradition républicaine.

En échange d'un traitement égalitaire, on peut demander le respect des normes républicaines. On peut même contribuer à l'apprentissage de ces normes. Il s'agit souvent d'appliquer des principes républicains aux situations spécifiques. Citons l'anecdote rapportée par un maire de la région parisienne pour illustrer ce propos. Un fonctionnaire de police se rend chez un habitant d'une cité H.L.M., appelé sur les lieux. Du sang coule le long du mur de la salle à manger. Le policier rendu à l'étage supérieur constate que l'occupant de l'appartement est un musulman qui a procédé au sacrifice d'un mouton le jour de la fête de l'Aït. La première attitude à éviter, nous dit le maire, c'est l'attitude raciste : dire au musulman : « Espèce de sale bougnoule, rentre chez toi ; en France, on n'accepte pas les pratiques barbares. » Cette attitude est la moins répandue. Beaucoup plus développée est celle qui consiste à aller voir le plaignant pour lui dire : « Ce n'est rien ; c'est un musulman qui a égorgé son mouton. On ne peut rien faire ; il faut d'abord prévenir le maire pour qu'il consulte l'imam de la ville. Si on intervient on risque d'avoir des émeutes, des problèmes avec tous les musulmans de la ville ; ne bougez pas. » Cette réponse aboutit à porter un jugement de supériorité de la culture musulmane, d'extériorité aux contraintes de la loi et risque de transformer le plaignant en électeur du Front national.

La réponse la plus adaptée comporte trois volets : a) d'abord aller voir le musulman pour lui dire : « Monsieur, le Code de la santé publique interdit l'abattage d'animaux dans des lieux privés, cela pour des motifs sanitaires. » Il ne s'agit pas d'un jugement porté sur l'identité culturelle ou religieuse du contrevenant, mais l'application d'une règle générale et impersonnelle ; b) ensuite il faut favoriser la construction d'un lieu d'abattage rituel, ce qu'a fait le maire de la commune en question ; c) enfin, il faut probablement rénover le H.L.M. dont la qualité s'est, à l'évidence, dégradée. La séparation entre la sphère publique et la sphère privée doit se faire dans le respect de l'identité culturelle des individus, par ailleurs respectueux des lois. Une action comme la construction d'abattoirs rituels municipaux pour musulmans ou juifs pratiquants favorise leur sentiment de se voir reconnus comme tels ; et elle contribue à supprimer l'agressivité sociale dont ils font l'objet dans leur environnement quand ils pratiquent chez eux ces rituels.

Ce type d'action sera-t-il suffisant pour susciter l'adhésion et organiser une nouvelle identité républicaine ?

Le système français a toujours pour spécificité de rechercher, à travers un équilibre juridique qui jusqu'aujourd'hui perdure, la production de citoyens intégrés qui, une fois nationaux, ne sont plus repérés par leur origine mais par le droit formel et réel qu'ils ont de participer aux affaires publiques.

N'oublions pas que le modèle d'intégration français, si souvent invoqué, n'existe que dans la convergence entre les orientations d'une politique publique républicaine et un contexte conjoncturel bien particulier. À la veille de la Seconde Guerre mondiale, les Polonais ou les Italiens subissaient une xénophobie très virulente qui ne se souciait pas des convergences ethnico-culturelles entre ces immigrés et les Français « de souche ». Janine Ponty conclut ainsi son ouvrage remarquable sur l'histoire des travailleurs immigrés polonais pendant l'entre-deux-guerres :

> « En 1939, le bilan de l'intégration est mince. L'idée n'effleure guère les immigrés que des mariages mixtes fassent entrer dans leur famille des Français de souche et que leurs enfants puissent, un jour, ne plus parler polonais. Et pourtant [6] ! »

Et pourtant, en modifiant les lignes de clivage politique qui traversaient la société française, la Seconde Guerre mondiale permit l'intégration politique des immigrés italiens ou polonais. L'affrontement légitime qui, avant la guerre, se définissait par le conflit entre Français et étrangers, était remplacé en 1945 par l'opposition entre collaborateurs et résistants. Dès lors, l'engagement réel ou fictif dans la Résistance de nombreux immigrés conforta politiquement la stratégie libérale que les autorités publiques choisirent d'adopter sur les problèmes de l'immigration. Le front uni des Français et des étrangers face à l'occupant allemand fut d'ailleurs présenté alors officiellement comme le signe d'une assimilation qui justifiait ce statut [7] ; la croissance économique a fait le reste. Il fut alors offert aux immigrés une chance réelle d'appartenir à une nation qui se reconstruisait économiquement et moralement.

Comme le dit Rémy Leveau, la gestion de la situation « nécessite sans doute autant d'habileté que celle qui fut déployée par la bourgeoisie pour maintenir dans la légalité un parti communiste qui installait la classe ouvrière dans la société française tout en tenant un langage d'exclusion [8] ». Ce qui demeure pourtant de la logique républicaine française, par-delà les ambiguïtés idéologiques qui alimentent et verrouillent nos débats publics, c'est le souci d'accorder l'égalité des droits en fonction de situations individuelles réellement semblables. Cette logique semble mise en cause par la construction politique européenne. Pourtant si, dans de nombreux domaines, la France a à apprendre de ses voisins européens, dans le domaine de l'immigration et de l'intégration, son expérience peut intéresser des partenaires qui ont souvent adopté trop vite un modèle pluriculturel importé des États-Unis, et qui s'y trouve aujourd'hui en crise.

Un combat est à mener sur le plan européen : celui d'un troisième degré de citoyenneté qui se situerait non sur le plan local mais supranational. Encore faut-il avoir le courage d'en définir des critères équitables. Il conviendrait donc, avant toute chose, d'harmoniser les codes de la nationalité pour que l'enfant d'étranger né en Allemagne, aux Pays-Bas, en Italie ou en France, ait les mêmes droits au plan européen. Cela paraît urgent. Faute de quoi l'Europe politique risquerait, comme le pense Jean Leca [9], de n'être qu'un « empire dirigé par des technocrates ».

NOTES

INTRODUCTION

1. L'action publique a cette particularité par rapport aux autres actions sociales de disposer du bénéfice de la contrainte légitime qui rend les décisions publiques légalement applicables à des assujettis.

2. L'opinion publique n'est pas en elle-même une réalité ; mais son existence est perçue par les acteurs et influence leur action. Elle peut être perçue comme une totalité ou de façon fragmentée.

3. Le secteur, c'est selon B. Jobert et P. Muller – *L'État en action*, P.U.F., 1987, p. 55-58 – un assemblage de rôles sociaux structurés par une logique de fonctionnement professionnelle. L'État, par ses interventions, contribue à les structurer. Tout au long de l'ouvrage nous utiliserons couramment le mot État pour désigner plus aisément une ou plusieurs autorités étatiques sans croire bien sûr au caractère homogène de ces autorités ; notre démonstration est au contraire tout entière inverse.

4. La politique au sens de *politics* traite de ce que M. Weber – *Le Savant et le politique*, éd. U.G.E. 10/18, 1986, p. 101 – appelle les efforts que l'on fait pour participer ou influencer la répartition du pouvoir dans l'État. Tout au long de l'ouvrage, nous emploierons le mot « politique » au sens de politique publique *(policy)* (*cf.* note 5) lorsque celui-ci sera nom féminin : par exemple, la politique de l'immigration, et au sens de *politics* lorsque celui-ci sera adjectif, par exemple : combat politique.

5. Les décideurs publics produisent dans le cadre d'une politique publique *(policy)* des réponses plus ou moins institutionnalisées, des décisions qui modifient de façon plus ou moins autoritaire la réalité sociale. *Cf.* J.-Cl. Thoenig, « L'analyse des politiques publiques », in *Traité de science politique,* sous la direction de M. Grawitz et J. Leca, P.U.F., 1985, tome 4, p. 1-53.

6. Pour une synthèse des dispositifs publics existants, on se reportera à J. Costa-Lascoux : *De l'immigré au citoyen,* La Documentation française, 1989 ; sur la dimension juridique des problèmes, voir Ch. Nguyen Van Yen, *Droit de l'immigration,* P.U.F., 1986. Sur l'état de la recherche, voir F. Dubet : *Immigrations, qu'en savons-nous ?* La Documentation française, 1989, 144 p.

7. Sur la définition donnée actuellement par l'État français, voir chapitre I p. 62.

8. Il s'agira d'interaction entre ressources et production des actions publiques d'une part, entre acteurs d'autre part. *Cf.* M. Dobry, *Sociologie des crises politiques,* Presses de la F.N.S.P., 1986, p. 114-115.

9. Voir G. Mauco, *Les Étrangers en France, leur rôle dans l'activité économique,* Armand Colin, 1932, p. 1-14. C'est le territoire national tel qu'il est en 1792 qui est pris comme point de repère pour ces évaluations démographiques.

10. La France n'est alors pas seulement un pays d'immigration : sous l'Ancien Régime se développe en effet une émigration, parfois forcée, pour des raisons religieuses par exemple, comme celle des protestants.

11. *Cf.* chap. X, p. 291-294.

12. D. Lochak, *Étrangers, de quel droit ?* P.U.F., 1985, p. 80.

13. Il y a problème(s), au sens où l'on perçoit, peut-être parfois où l'on « invente », un écart entre ce qui est, ce qui pourrait être et ce qui devrait être. Le terme « invention » est ici pris à son double sens de production réelle ou imaginaire. *Cf.* la définition de J.G. Padioleau dans *L'État au concret,* P.U.F., 1982, p. 25, qui, en n'intégrant pas l'invention, n'analyse que la demande de problèmes et néglige ainsi l' « offre ».

14. *Cf.* G. Noiriel, *Le Creuset français,* Le Seuil, 1988, p. 78-80. C'est historiquement au moment où la révolution industrielle provoque une immigration de masse que les mots d' « immigration » et d' « immigré » apparaissent.

15. Ch. Mercier, *Les Déracinés du capital,* Presses universitaires de Lyon, 1977, p. 153-159. Jusqu'à la Seconde Guerre

mondiale, sous l'effet déterminant d'un affaiblissement démographique, la France connaîtra trois vagues de ce type : 1801-1836, 1851-1886 et 1901-1931. Après la guerre, et surtout à partir de 1956, se produira un nouveau mouvement qui durera jusqu'en 1974.

16. *Cf.* G. Noiriel, *Le Creuset français, op. cit.*, p. 21.

17. Cette activité revêt un caractère particulièrement lucratif : le capital de la S.G.I. passe de 2 à 3 millions de francs en 1924-25 ; à 20 millions en 1930. Les sommes à répartir entre les actionnaires étant : 1925, 1 678 299 francs ; 1926, 4 280 473 francs ; 1927, 1 475 645 francs ; 1928, 3 341 123 francs ; 1929, 11 193 883 francs ; 1930, 7 404 091 francs. *Cf.* J.-Ch. Bonnet, *Les Pouvoirs publics français et l'immigration dans l'entre-deux-guerres*, Éd. de l'Université de Lyon II, 1976, p. 91.

18. Le service des travailleurs coloniaux, créé au ministère de l'Armement, avait procédé au recrutement de 78 000 Algériens, 35 000 Marocains et 18 000 Tunisiens, 49 000 Indochinois et 37 000 Chinois qui, pendant trois ans, ont été affectés à ces travaux. *Cf.* A. Prost, « L'Immigration en France depuis cent ans », in *Esprit*, avril 1966, p. 537. Selon G. Mauco, (*ibid.*, p. 71-72) seuls les Marocains et les Indochinois avaient donné satisfaction.

19. Voir G. Noiriel, *ibid.*, p. 111, et M. Lachaze, *Les Étrangers dans le droit public français*, Librairie Dalloz, 1928, p. 191-192.

20. M. Lachaze, *ibid.*, p. 193. Pour un avis différent sur ces textes, voir G. Noiriel, *ibid.*, p. 111.

21. J.-Ch. Bonnet, *ibid.*, p. 145-150. Il s'agit alors de combattre un comportement de plus en plus courant des entreprises industrielles qui, désireuses d'éviter le passage obligatoire par la S.G.I., débauchent des salariés étrangers déjà employés dans l'agriculture.

22. L'immigration algérienne apparaît en métropole à la fin du XIXe siècle. À la veille de la Première Guerre mondiale, une enquête administrative révèle la présence de 4 000 à 5 000 Algériens (recensés pour la plupart à Marseille, dans le Pas-de-Calais et à Paris). Voir sur ces points P. Laroque et F. Ollive, *Le Problème de l'émigration des travailleurs nord-africains en France*, Rapport du Haut Comité méditerranéen et d'Afrique du Nord, document ronéoté, mars 1938.

23. R. Schor, *L'Opinion française et les étrangers*, publications de la Sorbonne, 1985, p. 601-602.

24. R. Schor, *ibid.*, p. 592-593.

25. Il faut dire que la loi de 1932 avait eu parfois des effets non désirés : celui d'inciter les ouvriers étrangers licenciés au titre de cette loi à s'installer à leur propre compte et à concurrencer ainsi leur ancien patron... Archives nationales, cote MI 34 342.

26. R. Schor, *ibid.*, p. 284.

27. Sur ce dernier point, voir P. Milza, « L'Immigration italienne en France d'une guerre à l'autre » in *Les Italiens en France de 1914 à 1940,* sous la direction de P. Milza, École française de Rome, 1986, p. 34 et p. 38-40.

28. Voir M. Livian, *Le Régime juridique des étrangers en France,* L.G.D.J. 1931, p. 69-88.

29. J. Ponty, « Une intégration difficile : les Polonais en France dans le xxe siècle », in revue *Vingtième Siècle,* juillet-septembre 1985, p. 51-70.

30. J.-Ch. Bonnet, *ibid.*, p. 150-165.

31. *Cf.* R. Schor, *ibid.*, p. 643-645.

32. L'ethnie se différencie de la race (distinction organique) en ce qu'il s'agit d'un groupement d'individus de même culture.

I. L'ACCOUCHEMENT DOULOUREUX DU MODÈLE RÉPUBLICAIN

1. *Cf.* R. Schor, *ibid.*, p. 643-645 et 653-658.

2. *Conférence permanente des Hautes Études internationales,* X[e] session, Paris, juin-juillet 1937, texte de la mission française, n° 3, portant sur l'assimilation des étrangers en France. Institut international de coopération intellectuelle, édité par la Société des Nations, 2, rue Montpensier, 75001 Paris ; avril 1937, 115 p.

3. P.-A. Taguieff, *La Force du préjugé,* La Découverte, 1988, p. 314.

4. P.-A. Taguieff, *ibid.*, p. 323 et 324.

5. P.-A. Taguieff, *ibid.*, p. 318.

6. *Cf.* S. Beaud et G. Noiriel, « Penser l'intégration des immigrés », *in* P.-A. Taguieff, *Face au racisme,* t. II, La Découverte, p. 271-274.

7. Les objectifs de cette politique sont précisément décrits dans : P. Racine, « Une expérience à reprendre : le sous-secrétariat d'État à l'Immigration, et les projets de Philippe

Serre », in *Esprit*, juillet 1939, n° 82, p. 609-619, et, sur ce point précis, p. 610-611.

8. Le projet d'implantation aurait, selon G. Mauco – *Vécu*, Émile-Paul, 1982, p. 97 et p. 219 –, recueilli l'assentiment des dirigeants de la communauté juive.

9. Cf. *Esprit*, juillet 1939, n° 82, « Sous la protection de la loi », p. 497.

10. A. Kœstler, *La Lie de la terre*, Éditions Calmann-Lévy, 1947, 435 p.

11. L. Stein, *Par-delà l'exil et la mort, les républicains espagnols en France*, Mazarine, 1981, p. 119.

12. *Cf.*, par exemple, la déclaration de Sarraut, ministre de l'Intérieur, le 14 mars 1939 à l'Assemblée nationale.

13. Pour les conditions de l'accueil de réfugiés espagnols, voir R. Schor, *ibid.*, p. 682-698.

14. J.-Ch. Bonnet, *ibid.*, p. 342.

15. *Cf.* J.-Ch. Bonnet, *ibid.*, p. 344-345.

16. J. Desmarest, *La Politique de la main-d'œuvre en France*, P.U.F., 1946, p. 109-120.

17. Au 1er janvier 1939, selon le ministère de l'Intérieur, 2 673 000 étrangers vivent en France, dont 918 000 Italiens, 510 000 Polonais, 421 000 Espagnols et 205 000 Belges. Ces statistiques paraissent, au regard du recensement de 1936 (*cf.* annexe VI) surévaluer la présence étrangère en France.

18. Décret-loi du 20 janvier 1939. Les administrations publiques furent alors également autorisées, sauf quelques restrictions concernant la défense nationale, à employer la main-d'œuvre de nationalité étrangère.

19. J. Desmarest, *ibid.*, p. 104.

20. *Cf.* J.-L. Crémieux-Brilhac, *Les Français de l'an 40*, I, Gallimard, 1990, p. 487-489.

21. J. Desmarest, *ibid.*, p. 121. Le traité avec le Portugal signé le 30 avril 1940 n'entra jamais en vigueur, faute de ratification (Archives du ministère des Affaires étrangères).

22. J. Desmarest, *ibid.*, p. 122.

23. Il y eut au total 15 000 dénaturalisations, selon B. Laguerre, « Les Dénaturalisés de Vichy, 1940-1944 », revue *Vingtième Siècle*, oct.-déc. 1988, n° 20, p. 3-15.

24. Archives nationales, n° 770 623-68. *Cf.* également annexe IV.

25. *Cf.* Archives nationales, n° 770 623-68.

26. *Cf.* J. Desmarest, *ibid.*, p. 138-158.

27. Note du 22 avril 1942 au directeur du Travail au sujet des introductions de main-d'œuvre belge à destination de la France. Archives du ministère des Affaires sociales.

28. *Cf.* Archives nationales, cote MI 34 378.

29. Selon J. Desmarest – *ibid.*, p. 153 –, les effectifs incorporés dans les groupes de main-d'œuvre étrangère avaient atteint près de 48 000 personnes en janvier 1941. Ils devaient se réduire progressivement à 39 000 vers la fin de l'année par suite du prélèvement par l'organisation Todt.

30. *Cf.* J. Desmarest, *ibid.*, p. 152 et le témoignage de Mme Maux-Robert.

31. Témoignage de Mme Maux-Robert.

32. Archives nationales, n° 770 623-68.

33. *Cf.* M. R. Marrus et R. O. Paxton, *Vichy et les Juifs,* Le Livre de Poche, 1990, p. 416-417.

34. AN 2W 66.

35. Georges Mauco s'est très tôt intéressé à la psychanalyse, et a été le disciple de René Laforgue. Dans *La Bataille de cent ans, Histoire de la psychanalyse en France,* t. II, Le Seuil, 1986, p. 275, Elisabeth Roudinesco évoque des « manifestations inconscientes de judéophobie et d'anti-internationalisme, notamment chez Bergé, Mauco ou Les Favez, qui incarnent l'esprit le plus français de la Société française de psychanalyse, mais [qui] n'a pas grand-chose à voir avec les conflits d'avant-guerre qui avaient l'antisémitisme et l'inégalitarisme pour enjeux véritables, sous la catégorie d'une opposition entre psychanalyse dite française et une psychanalyse dite allemande ».

36. L. Stein, *ibid.*, p. 174. Une liste des 800 « délinquants » réfugiés politiques est livrée dès l'armistice aux autorités vichyssoises.

37. *Le premier statut des Juifs* du même jour donne la définition suivante du juif : « Est regardée comme juif toute personne issue de trois grands-parents de race juive ou de deux grands-parents de la même race si son conjoint lui-même est juif. » Le statut prévoit un certain nombre d'exclusions de la fonction publique, de la presse, du cinéma, de la radio, du théâtre.

38. Témoignage de H. Maux, Archives privées.

39. Archives nationales, cote MI 34 344.

40. Archives nationales, cote MI 34 355.

41. Charles de Gaulle, *Discours et messages,* Plon, 1970, p. 530.

42. Trois structures sont plus ou moins en charge à ce

moment-là des problèmes d'immigration : 1° le secrétariat général à la Famille et à la Population a été créé par une ordonnance du 4 avril 1945 et est rattaché au ministère de la Santé publique ; sa direction a été confiée à Alfred Sauvy ; il semble alors coordonner l'activité des ministères concernés ; 2° le comité interministériel de la Population et de la Famille, créé par un décret du 12 avril 1945, réunit sous la présidence du chef du gouvernement les ministres intéressés ; il est chargé d'orienter la politique de l'immigration ; 3° enfin, le haut comité consultatif de la Population et de la Famille, créé par le même décret est rattaché au secrétariat général du gouvernement et est consulté notamment sur le problème de « l'établissement des étrangers sur le territoire et leur intégration dans la population française » ; son secrétaire général est Georges Mauco. Archives nationales, cote MI 34 154.

43. Le débat économistes-démographes et l'ensemble de la politique menée entre 1946 et 1973 sont fort bien décrits et analysés par G. Tapinos, « L'Immigration étrangère en France », in *Cahier* n° 71, I.N.E.D., Presses universitaires de France, 1975.

44. Archives nationales, n° 770 623-68 projet d'instruction en date du 6 juin 1945 et instructions complémentaires destinées au ministère de la Justice en date du 18 juillet 1945. Le statut de ces textes n'est pas défini. Il apparaît que l'un d'entre eux au moins a été soumis à l'avis des autorités ministérielles compétentes. L'instruction générale est un document ronéoté qui pourrait donc avoir été largement diffusé. A. Sauvy et R. Debré ont écrit ensemble *Des Français pour la France*, Gallimard, 1946.

45. Au cours de la réunion du 18 avril 1945, le général de Gaulle précise les attributions du Haut Comité : « Il est appelé à fournir des conseils et des initiatives. Il pourra émettre des avis et des conseils sur les textes qui lui seront soumis par les ministres ou par le secrétariat général du gouvernement. Ces initiatives pourront s'exprimer sous forme de vœux ou de projets de textes. Chacun des membres peut suggérer l'étude de mesures d'intérêt démographique ou présenter des projets concrets. »

46. Archives nationales, n° 770 623-68.

47. Selon la formule employée dans une note adressée par Pierre Chatenet, conseiller technique au cabinet du ministre du Travail et de la Sécurité sociale, à son ministre, et reprise par celui-ci dans sa note au président du gouvernement, le texte initial ressemble à un « texte de police ».

48. C'est Pierre Tissier, directeur de cabinet d'Adrien Tixier, qui rédige la note adressée au secrétariat général du gouvernement. Maître des requêtes au Conseil d'État, Pierre Tissier est membre de l'état-major du général de Gaulle dès juin 1940 (*cf.* Ch. de Gaulle, *Lettres, notes et carnets,* Plon, 1983, p. 26).

49. Les pouvoirs publics se plaindront de l'activité des délégués syndicaux C.G.T. auprès de la mission de l'Office national d'immigration en Italie, qui se livrèrent à une propagande anti-immigration « relativement efficace » à l'égard des candidats italiens provenant des régions du nord de l'Italie prospectées par l'O.N.I. La C.G.T., appuyée par la C.G.I.L., prévenait les candidats sélectionnés qu'ils seraient mal payés, mal nourris, maltraités, appuyant leurs déclarations sur des témoignages d'ouvriers déclarant avoir travaillé en France... (Archives nationales, cote MI 34 154.)

50. Compte rendu de la réunion interministérielle du 10 avril 1945. Archives nationales, cote MI 34 347.

51. *Cf.* G. Tapinos, *ibid.*, p. 126.

52. G. Tapinos, *ibid.*, p. 50. Le tournant se situe au moment de la signature de l'accord germano-hispanique de 1959. À partir de cette date, selon Georges Tapinos, la part de l'Espagne dans l'immigration vers la France reste conditionnée par les besoins du marché allemand.

53. Archives du ministère des Affaires étrangères.

54. Accord du 18 décembre 1968. Il se produit sur un modèle de tiers-payant décrit par F. Dupuy et J.-Cl. Thoenig, *L'Administration en miettes,* Fayard, 1985, p. 219-228.

55. Archives du ministère des Affaires étrangères.

56. *Cf.* Archives du ministère des Affaires étrangères, et R. Leveau, « Immigration et société civile », texte non publié, écrit pour la conférence *Retreating States and Expanding Societies, Social Science Research Council,* Aix-en-Provence, 25-27 mars 1987.

57. *Cf.* P. Peirot, « Le Décret du 21 novembre 1975 et le droit du travail des étrangers », in *Droit social,* n° 5, mai 1976.

58. Sur l'analyse de l'histoire de la politique du logement des immigrés, voir J. Barou, « Immigration et enjeux urbains », in revue *Pluriel,* n° 24, 1980, p. 3-20.

59. *Cf.* J.-Cl. Toubon, « Politiques urbaines et logement des immigrés », au colloque Gestion municipale, immigration et formation des personnels communaux, organisé les 10-11 décembre 1987 à Marseille par la ville de Marseille et l'A.D.R.I.

60. Il le fait au cours d'une réunion du Haut Comité de la population et de la famille (séance du 5 octobre 1967) dont le procès-verbal est publié par G. Mauco dans *Vécu, ibid.*, p. 238.

61. Archives du ministère des Affaires étrangères.

62. Voir sur cette mobilisation, l'analyse très pertinente de Juliette Minces, « Les soutiers entrent dans la Bastille », dans *Politique Hebdo,* 25 octobre 1973. La mobilisation d'associations de soutien avait débuté dans le milieu des années 60. La Fédération des associations de soutien aux travailleurs immigrés (F.A.S.T.I.), qui regroupe 156 associations, avait par exemple été créée en 1966.

63. Cette analyse est reprise d'une note élaborée par J.-M. Belorgey pour une conférence de méthode de l'I.E.P. de Grenoble dispensée au cours de l'année 1974-1975.

64. *Cf.* J. Benoît, *E comme esclaves en France,* Éd. Alain Moreau, 1980, p. 223-224.

65. Marguerite Duras, *Rouge,* n° 48, 19 janvier 1970. J.-F. Kahn, « Des négriers dans la ville », *L'Express,* n° 966, 12-18 janvier 1970, p. 50. J.-F. Rey, « Les Parias », *Combat,* n° 7 932, 16 janvier 1970, p. 1.

66. Archives du ministère du Travail, TR.20.161 : 22 janvier 1970, 30 janvier 1970, 6 et 12 mai 1970, 19 novembre 1970, 26 novembre 1970, sur les problèmes généraux de l'immigration, le statut social de l'immigré, le statut de l'immigration africaine, le logement et le statut social de l'étranger.

67. *Cf.* M.-Cl. Henneresse, *Le Patronat et la politique française d'immigration 1945-1975,* Institut d'études politiques de Paris, thèse de 3e cycle, 1979, à qui j'emprunte toutes les informations sur l'attitude du patronat dans les années 60-70.

68. Circulaires du 24 janvier et du 23 juin 1972. La compensation est nationale : l'Agence pour l'emploi doit assurer la compensation, non seulement à l'intérieur de ses bureaux, mais aux niveaux régional et national.

69. *Le Monde* du 27 février 1973.

70. À l'issue de cette opération, la circulaire du 26 septembre 1973 fixe de nouvelles conditions à l'embauche de travailleurs étrangers plus rigoureuses encore que celles de la circulaire Fontanet. Les possibilités de régularisation sont désormais supprimées, sauf pour quelques catégories de travailleurs dont les Portugais, les cadres hautement qualifiés, les personnes ayant combattu pour la France, celles qui ont le statut de réfugié politique, les étrangers qui ont épousé un Fran-

çais ou une Française, les israélites nord-africains. Les Portugais entrés en fraude bénéficieront encore d'un régime de régularisations très libéral, en vertu d'instructions officieuses mais très fermes du gouvernement.

II. LE TEST DE LA CRISE

1. *Le Monde* du 21 septembre 1973 dresse un bilan détaillé des événements de l'été.
2. Nous faisons référence à l'évolution des préjugés racistes décrite par P.-A. Taguieff dans *La Force du préjugé*, La Découverte, 1988.
3. Interview du président Boumediene, *Le Monde* du 5 septembre 1973.
4. « Peut-on se passer d'Ahmed », in *L'Expansion*, juin 1975, p. 78, cité dans M.-Cl. Henneresse, *ibid.*, p. 271.
5. Interview d'André Postel-Vinay.
6. *Id., ibid.*
7. *Cf.* le témoignage de M. Long, vice-président du Conseil d'État, à l'époque secrétaire général du gouvernement, dans *Libération* du 22 mai 1990 (interview accordée à J. Quatremer).
8. Sur la définition et la fonction du médiateur, voir B. Jobert et P. Muller, *ibid.*, p. 71-74. C'est, sollicité par Georges Gorse, qu'André Postel-Vinay s'est porté volontaire pour prendre cette responsabilité.
9. J.-M. Oury, *Économie de la vigilance*, Calmann-Lévy, p. 28-29.
10. Interview au *Monde* du 24 septembre 1974.
11. Selon le relevé de décisions de ce Conseil des ministres.
12. *Cf.* P. Anderson, « *Decision Making by Objection and the Cuba Missile Crisis* », in *Administrative Science Quarterly nº 28*, 1983, p. 211.
13. M. Bonnechère, *Le Droit ouvrier*, janvier 1979.
14. Cette décision sera effectivement annulée par le Conseil d'État le 24 novembre 1978, sur la requête du G.I.S.T.I.

III. ENTRE INSERTION ET RÉPRESSION

1. *Cf.* annexe I. Ce sont, en effet, les crédits du Fonds d'action sociale pour les travailleurs migrants, établissement public dont le budget est de deux cent quinze millions de francs en 1974 sur lequel l'État n'exerce qu'une tutelle administrative, qui sont les plus importants.

2. C'est à l'occasion de l'accueil de ces réfugiés que fut expérimenté pour la première fois le certificat d'hébergement, délivré par le maire de la commune. Par la suite, il fut utilisé pour le contrôle des visites familiales des étrangers. Il s'agissait de mieux contrôler les déclarations des compatriotes des réfugiés installés en France, qui s'étaient engagés à assurer leur logement, alors qu'ils ne disposaient souvent pas de capacités d'accueil suffisantes.

3. Archives publiques privées.

4. A. Le Pors, *Immigration et développement économique et social,* mai 1976, La Documentation française, et rapport n° 2685 de l'Assemblée nationale, mentionné au procès-verbal de la réunion du 10 décembre 1976.

5. *Cf.* sur ce point, G. Kepel, *Les Banlieues de l'Islam,* Le Seuil, 1987, chapitre III.

6. N° 75-1088 ; il entre en application à compter du 29 février 1976.

7. Une note interne d'analyse des pratiques de l'administration permet de conclure en ce sens.

8. Interview de l'ancien ministre du Travail, Michel Durafour.

9. C'est, au vu des dossiers préparatoires au Conseil des ministres, la perception qu'en a le gouvernement français.

10. Le décret 75-1269 du 27 décembre 1975 d'application de la loi de finances pour 1975 fixe les modalités de l'affectation du 0,2 % au logement des immigrés.

11. Le directeur de la Population et des Migrations perd de ce fait ses attributions particulières dans le domaine du logement, ce qu'il perçoit comme une perte importante de pouvoir. Cette perte ne paraît pas compensée par la valorisation produite au cours de la période étudiée, du fait de la mise sur agenda politique et décisionnel de la politique d'immigration.

12. Le contrat concerne aussi l'action sociale et culturelle,

l'accueil, l'adaptation linguistique et la formation, l'aide aux nomades pour 27,5 millions de francs ; surtout l'aide au logement (foyer et H.L.M.) va représenter 295 millions de francs pour le logement. Neuf contrats d'agglomération de moindre ampleur vont être conclus entre le 20 novembre 1975 et le 23 juillet 1976 : outre la ville de Marseille, le Syndicat communautaire d'aménagement de l'agglomération nouvelle de Saint-Quentin-en-Yvelines (1976), la ville de Grenoble, le département des Alpes-Maritimes, le district urbain de Mantes, le Syndicat intercommunal à vocation multiple de l'agglomération d'Orléans, la ville de Bourgoin-Jallieu, le département de la Moselle furent concernés. *Cf.* « Les Contrats d'agglomération », in *Revue française d'administration publique,* n° 47, 1988, p. 45.

13. *Cf.* R. Dhoquois, *Figures de l'exclusion de la désignation au rejet : étude sur le fonctionnement des normes sociales,* thèse de doctorat d'État, université Paris V, p. 145-146.

14. *Cf.* J. Benoît, *E comme esclaves en France,* éditions Alain Moreau, 1980, p. 284-286.

15. *Cf.* J. Benoît, *ibid.*, p. 334.

16. *Le Monde* du 20 avril 1976.

IV. LES LOIS DU RETOUR

1. *Le Monde,* 31 mars et 1er avril 1978, « Le Redéploiement industriel ».

2. O. Duhamel et J. Jaffré, « L'Opinion publique et le chômage, réflexions sur trois courbes », in *Les Temps modernes,* décembre 1987, p. 305-318.

3. *Cf.* chap. VIII et annexe VIII.

4. Voir sur ce point, J. Franceschi, Assemblée nationale, avis n° 3148, présenté au nom de la commission des affaires culturelles, familiales sur le projet de loi de finances pour 1978.

5. La conduite de cette liquidation mériterait d'être analysée plus précisément. Selon les responsables C.F.D.T. qui ont conduit la négociation, devant la volonté de reprise en main par l'autorité publique, c'est leur propre attitude, une mauvaise évaluation des concessions possibles qui a abouti à la dissolution de l'association ; au cours de la réunion de la dernière chance, la C.F.D.T. a refusé un compromis final proposé par la D.P.M., espérant ainsi obtenir des concessions supplémentaires qui ne vinrent pas.

6. L. Stoléru, *La France à deux vitesses,* Flammarion, 1982, p. 278-279.

7. Ainsi que l'écrit T.C. Schelling dans *Stratégie du conflit,* P.U.F., 1986, p. 38 : « Il y a un paradoxe suivant lequel la faculté de contraindre l'adversaire est liée au pouvoir de se contraindre soi-même. Brûler ses vaisseaux peut servir pour dominer l'adversaire, et en matière de négociation la faiblesse peut constituer une façon, et la liberté se réduire à la liberté de capituler. »

8. Archives publiques privées.

9. Archives publiques privées.

10. Archives du ministère des Affaires étrangères.

11. Voir sur ce point, par exemple, A. Gillette et A. Sayad, *L'Immigration algérienne en France,* Éditions Entente, 1984, chapitre I : « Colonisation, dépression et immigration ».

12. Sur l'ensemble des processus d'élaboration et sur les projets législatifs de la période, voir J. Costa-Lascoux, « Une législation pour une nouvelle politique d'immigration ? » in revue *Pluriel,* n° 21, 1980. La description qui suit vient des archives privées publiques ; la préparation des textes donne souvent lieu dans l'Administration à deux présentations : l'une « en clair » ; l'autre en « formulation juridique ».

13. La direction de la Population et des Migrations avait retrouvé depuis le changement de secrétaire d'État une organisation administrative plus traditionnelle.

14. J. Mayer et A. Lebon, *Mesure de la présence étrangère en France,* La Documentation française, septembre 1979, 24 p.

15. Archives publiques privées pour les informations des pages suivantes.

16. *Cf.* A. Hirschmann, *Vers une économie politique élargie,* Éditions de Minuit, 1986, chapitre III, p. 57-87.

17. Le 8 décembre 1978, le Conseil d'État avait annulé le décret du 10 novembre 1977 sur l'immigration familiale. Dans quatre arrêts rendus les 7 juillet et 24 novembre 1978, le Conseil d'État avait annulé plusieurs dispositions prises par circulaires, notamment la note d'information sur l'aide au retour.

18. Témoignages fondés sur le compte rendu de cette assemblée générale.

19. Selon cette variante, pouvaient obtenir la délivrance d'une autorisation de séjour valable dix ans, après trois ans de séjour régulier en France, les étrangers appartenant à l'une des catégories suivantes :

– étranger justifiant de la qualité de réfugié ou d'apatride ;

– conjoint étranger d'un ressortissant de nationalité française ;

– étranger père ou mère d'un enfant français ;

– conjoint étranger d'un ressortissant d'un État membre de la Communauté économique européenne exerçant en France une activité professionnelle et titulaire de la carte de séjour de résident de la C.E.E. ;

– jeune étranger dont l'un des parents au moins est titulaire d'une carte de séjour de résident privilégié ;

– étranger dont la famille en France comprend au moins trois enfants ou justifiant de vingt ans de séjour en France (archives publiques privées).

20. Témoignage de l'intéressé.

21. *Syndicalisme,* 29 mars 1979. L'opinion publique se montre, en effet, alors favorable dans les sondages à des mesures restrictives.

22. M. H. Bayard, rapport n° 1410 au nom de la commission des affaires culturelles familiales et sociales sur le projet de loi n° 1130 relatif aux conditions de séjour et de travail des étrangers en France. Annexé au procès-verbal de la séance du 21 novembre 1979.

23. *La Lettre de la nation,* 3 décembre 1979.

24. Archives du ministère des Affaires étrangères.

25. Archives du ministère des Affaires étrangères. Plus qu'à la situation familiale, les autorités publiques semblent alors attacher une grande importance à la durée de validité des titres. Le détenteur d'un titre de cinq ans aura plus à craindre un non-renouvellement que le titulaire d'un titre valable dix ans. La note adressée par le ministère du Travail au Quai d'Orsay, que nous avons évoquée plus haut, indique sur ce sujet : « Il est important de noter à cet égard que le chiffre de 35 000 retours par an n'inclut que les adultes dont les titres ne sont pas renouvelés et que, par ailleurs, le projet de loi présenté par le ministère de l'Intérieur étant adopté, les pouvoirs publics auront la possibilité d'assurer le retour effectif des personnes auxquelles le renouvellement aura été refusé. »

26. *Cf.* l'éditorial du *Monde* daté du 22 janvier 1980.

27. Note du 24 janvier 1980, archives privées publiques.

28. Voir sur ce point J. Costa-Lascoux, « Le Projet de traitement automatisé des titres de séjour d'étrangers », in *G.R.E.C.O. 13,* recherches sur les migrations internationales, année 1980, p. 1-17.

29. F. Lefort, *La Vie passionnément, entretiens avec Marie-Christine Ray,* Desclée de Brouwer, 1985.

30. Ils ont pratiqué l'inverse de ce que Ch. Lindblom dénomme « la science du *muddling-through* » in *Public Administration Review,* 19, printemps 1959, p. 79-88 ; au lieu d'adapter les objectifs choisis aux problèmes posés par la mise en œuvre, donc de les redéfinir, ils se sont fixé un objectif ayant, au regard de la théorie économique, un semblant de rationalité absolue, puis s'y sont obstinément tenus sans considération de la situation empirique.

31. Interview recueillie le 8 juillet 1987.

V. LE CONTRE-PIED

1. Discours de Nicole Questiaux à l'assemblée générale des S.S.A.E., 17 juin 1981, *Bulletin du S.S.A.E.*, n° 81, juillet-août 1981.

2. Chapitre III des 110 propositions. La liberté : des femmes et des hommes responsables. Par ailleurs, une nouvelle approche politique en direction des pays en voie de développement est préconisée qui ferait de l'Algérie un interlocuteur privilégié du gouvernement français.

3. Proposition de loi garantissant les droits des travailleurs immigrés, *Assemblée nationale n° 885,* 20 décembre 1978.

4. Message au Parlement, séance du 8 juillet 1981. « *Débats parlementaires* », in *J.O.* du 9 juillet 1981, p. 46.

5. Témoignages recueillis auprès de plusieurs responsables ministériels.

6. Cette antenne comprenait des hauts fonctionnaires socialistes et était chargée de sélectionner les problèmes prioritaires, de préparer, en quelque sorte, le futur agenda décisionnel.

7. Circulaire du 25 novembre 1981. *J.O.* du 9 décembre 1981.

8. Cette guérilla prend des formes subtiles : le ministre de la Solidarité nationale donnera, dans le débat parlementaire, à la tribune de l'Assemblée nationale, à l'intention des jurisconsultes du Conseil d'État, une interprétation très restrictive du texte afin de les obliger à un contrôle sévère des décisions prises, plus tard, par le ministre de l'Intérieur.

9. *Le Monde,* 29 août 1981.

10. Ce développement est le fruit de plusieurs entretiens avec des responsables C.F.D.T. et de la consultation d'archives privées publiques.

11. Un représentant de la Confédération, un représentant de la Fédération habillement, cuir, textiles (Hacuitex), un représentant de l'Union régionale et un représentant de l'Union départementale de Paris.

12. *Cf.* P. Laroque et F. Ollive, *ibid.*, p. 11.

13. Une solution est proposée par certaines personnalités ou associations : régulariser les titulaires des autorisations provisoires de séjour délivrées par G. Defferre. L'inconvénient : contrevenir par l'injustice du critère, trop large par certains aspects – certains touristes présents en France, depuis quelques jours pourraient être régularisés – trop injuste par d'autres – certains étrangers travaillant depuis longtemps en France qui auraient craint ou négligé de se présenter aux guichets des préfectures pourraient ne pas l'être –, à l'objectif de rétablissement d'un État de droit juste et légitime.

14. Circulaire du 11 août 1981 et circulaires complémentaires. La date est choisie plus pour des raisons de clarté et de simplicité que par calcul d'un délai particulier.

15. Sur le rôle des *Gate keeper*, voir W. Cobb et Ch. Elder, *Participation in American Politics, The Dynamics of Agenda Building*, Johns Hopkins University Press, 1983, p. 89-92. Ils traduisent des demandes en revendications recevables par l'autorité publique.

16. *Cf.* selon Cl.-V. Marie, rapport du commissariat général au Plan, septembre 1988, « Le devoir d'insertion ».

17. Les déclarations citées ci-après sont tirées de *Presse et immigrés en France*, juillet-août 1981.

18. Il s'agit là d'une terminologie interne à l'Administration, pour représenter le courrier adressé spontanément par des citoyens au ministre ou au ministère.

19. Enquête B.V.A. réalisée les 12 et 13 août auprès d'un échantillon national de mille quarante-quatre personnes représentatif de la population française âgée de dix-huit ans et plus, selon les critères habituels, publiée par *Paris-Match*, n° 1863.

20. Extraits de la lettre du secrétaire d'État au Premier ministre, 13 août 1981 (archives publiques privées).

21. Archives publiques privées.

22. Cette réforme a été ralentie pendant plusieurs semaines par le refus obstiné du ministre du Budget de parapher le

décret tant que l'État y apparaîtrait comme à même de subvenir aux besoins financiers du F.A.S. L'arbitrage du Premier ministre imposera sa signature, moyennant une concession symbolique : l'État n'apparaît comme source de financement qu'en dernière position, après la Caisse nationale des allocations familiales notamment.

23. Loi n° 82-526 du 22 juin 1982.
24. G. Kepel, *ibid.*, p. 253-254.
25. Archives publiques privées.

VI. LE RECENTRAGE

1. D. Lochak, *ibid.*, p. 202.
2. P. Balta, « *French Policy in North Africa* », in *Middle East Journal*, vol. 40, 1986, p. 238-251.
3. *Le Monde* du 17 septembre 1983.
4. *Cf. Le Monde* des 19 et 25 novembre 1983.
5. Note adressée par le directeur de la Population et des Migrations au ministre.
6. Article R 341-4 du Code du travail.
7. *Cf.*, sur ce point, les observations sur l'arrêt G.I.S.T.I. du Conseil d'État, 8 décembre 1978, M. Long, P. Weil et G. Braibant, *Les Grands Arrêts de la jurisprudence administrative*, Dalloz, 8e édition, p. 588-596.
8. Archives publiques privées. La non-conformité des logements était le premier motif de refus ; en second lieu venait l'absence de ressources, souvent liée au chômage, alors en augmentation.
9. Déclaration de François Autain au Sénat le 9 décembre 1982.
10. Archives publiques privées.
11. Sur l'activité du F.A.S. *cf.* M. Yahiel, « Questions de principe », in *Revue européenne des migrations internationales*, vol. 4, n° 1 et 2. Des commissions régionales pour l'insertion des populations immigrées sont également créées. Elles sont actuellement au nombre de dix.
12. Archives publiques privées.
13. En seraient en effet exclus les ressortissants algériens et de la C.E.E.
14. I.G.A. et I.G.A.S., *Rapport sur les procédures de délivrance des titres de travail et de séjour des étrangers*, 1984, ronéoté, non publié.

15. Cette interprétation des faits est confirmée par des entretiens réalisés, et par le compte rendu qu'en font A. Boubeker et N. Beau, dans *Chroniques métissées*, Alain Moreau, 1986, p. 85.
16. Entretien avec des témoins de la scène.
17. Collectif regroupant plusieurs dizaines d'associations de soutien aux travailleurs immigrés.
18. Archives publiques privées.
19. Entretien avec Pierre Bérégovoy.
20. Entretiens avec des décideurs.

VII. LA NOUVELLE SYNTHÈSE RÉPUBLICAINE

1. Le Front national ne s'intéresse à l'immigration qu'à la fin des années 70. Il met jusque-là sur son agenda prioritaire la lutte contre le communisme. *Cf.* sur ce point P.A. Taguieff, « L'identité française et ses ennemis, le traitement de l'immigration dans le national-racisme français », in *L'Homme et la société*, n° 77-78, juillet-décembre 1985, p. 167-200.
2. Le Seuil, Paris, 1985.
3. A. Griotteray, *Les Immigrés : le choc*, Plon, 1984. B. Stasi, *L'Immigration, une chance pour la France*, Laffont, 1984.
4. *Cf.* H. Désir, *Touche pas à mon pote*, Grasset, 1985, et entretiens.
5. *Cf.* J. Costa-Lascoux, « Nationaux seulement, ou vraiment citoyens », in *Projet* n° 204, 1987, p. 51.
6. *Cf.* B. Genevois, *La Jurisprudence du Conseil constitutionnel*, éditions S.T.H., p. 248-249.
7. *Cf.* J.-L. Missika et D. Bregmann, « La Campagne : la sélection des controverses », in *La Drôle de défaite de la gauche*, sous la direction d'E. Dupoirier et de G. Grunberg, P.U.F., p. 97-116.
8. Sur ce projet de loi, le contexte politique et social du débat, et le texte finalement adopté, voir la synthèse très complète de P. Farine, « La Loi Pasqua-Pandraud », in *Presse et immigrés en France*, octobre 1986, p. 1-22.
9. Nouvel article 15 de l'ordonnance de 1945.
10. Projet de loi n° 444, Assemblée nationale, le 12 novembre 1986.
11. E. Renan, « Qu'est-ce qu'une nation ? », in *Œuvres complètes*, Calmann-Lévy, 1947, t. 1, p. 887-907.
12. *Cf.* déclaration d'A. Finkielkraut, devant la commission, rapport de la commission, *Être français aujourd'hui*, éd. U.G.E., 1988.

13. L'histoire de cette tentative de réforme du Code de la nationalité est fort bien contée et analysée par W. R. Brubaker dans *Citizenship and Nationhood in France and Germany*, Harvard University Press, Cambridge, London, 1992, p. 138-164 et par Sarah V. Wayland, dans « *Mobilising to defend nationality law in France* », *New Community*, 20 (1), octobre 1993, p. 93-110.

14. Rapport de la commission : *Être français aujourd'hui*, *op. cit.*

15. Pour une claire explication du « type idéal » tel que l'entend Max Weber, voir J. Lagroye, *Sociologie politique*, Presses de la F.N.S.P. et Dalloz, 1991, p. 95-96.

16. *Cf.* A. Sayad, *L'Immigration ou les paradoxes de l'altérité*, Ed. De Boeck, Bruxelles, 1991.

17. *Cf.* F.G. Bailey, *Les Règles du jeu politique*, P.U.F., 1971, p. 149-159.

VIII. QUI ENTRE, QUI SORT ?

1. Pour ce dernier point de vue, voir J.-Cl. Chesnais, « Les Trois Revanches », in *Le Débat*, n° 60, 1990, p. 113.

2. Environ 240 000 Franco-Algériens avaient été déclarés algériens au cours du recensement de 1982. Cela ramène le chiffre de la population étrangère à environ 3 475 000. *Cf.* A. Lebon, *Immigrés et étrangers en France, tendances 1988-1989*, La Documentation française, 1990, p. 41-42.

3. En 1990, le nombre de dérogations est en légère augmentation.

4. *Cf.* J. Costa-Lascoux, *De l'immigré au citoyen*, La Documentation française, 1989, p. 134.

5. *Revue européenne des migrations internationales*, vol. 1, n° 1, septembre 1985, p. 67-80.

6. Elle s'explique par la diminution des entrées, qui a entraîné automatiquement une diminution des sorties rapides (1 100 000 entrées entre 1968 et 1975, moins de 280 000 entre 1975 et 1981).

7. Francs et marks de 1984.

8. Archives publiques privées.

9. Cette politique s'est trouvée censurée par une jurisprudence du 4 novembre 1982 de la Cour de cassation au terme de laquelle les dispositions du Code du travail relatives au licenciement économique ont, *a posteriori*, un caractère d'ordre public, et, par conséquent, les parties ne sauraient y

déroger en qualifiant de leur initiative la rupture des contrats de travail résultant de la conjoncture économique. Lorsque ces opérations furent stoppées à l'arrivée de la gauche au pouvoir, une dizaine d'autres étaient encore envisagées.

10. Celle-ci pouvait concerner des nationalités ibériques exclues de l'aide macro-économique. Lettre circulaire du 23 décembre 1980.

11. Interviews.

12. Complété par un arrêté du 17 décembre 1987 et la circulaire du 19 novembre 1987.

13. *Cf.* Cl.-V. Marie, « L'immigration clandestine et l'emploi des travailleurs étrangers en situation irrégulière », in commissariat général du Plan, *Le Devoir d'insertion*, 1988, t. 3, p. 29.

14. *Id., ibid.*, p. 47.

15. Archives du ministère des Affaires étrangères.

16. *Cf.* chapitre II, p. 66-67.

17. Les attestations d'accueil sont réservées aux ressortissants de l'Algérie, du Maroc et de la Tunisie. L'attestation est simplement *visée* par le maire, alors que le certificat d'hébergement est *délivré* par lui.

18. L'accord du Maroc, difficile à obtenir, l'est finalement par le ministre de l'Économie et des Finances, J. Delors, à l'occasion de la visite du Premier ministre marocain venu négocier un prêt financier pour son pays.

19. Archives publiques privées.

20. Voir sur ce point la théorie de la décision par M.D. Cohen, J.G. March et J.P. Olsen, « *Garbage Can Model of Organizational Choice* », in *Administrative Science Quarterly*, vol. 17, n° 1, mars 1972, p. 1-25.

21. La mise en œuvre de ce dispositif met d'ailleurs en valeur le rôle des ambassades et, en leur sein, celui des consuls, jusque-là souvent diminué.

22. N. Herpin, *L'Application de la loi, deux poids, deux mesures*, Le Seuil, 1977, 174 p., p. 20-21.

23. La règle, obligeant l'étranger à être en mesure de présenter, à toute réquisition des autorités de police, les titres justifiant son droit de résidence, n'a en revanche jamais été remise en cause.

24. Articles L 341-6 et 364-2-1 du Code du travail.

25. Article 21 de l'ordonnance de 1945 et articles L 341-9 et L 314-3 du Code du travail.

26. Ch. Nguyen Van Yen, *ibid.*, p. 219.

27. Décret du 8 novembre 1990.

28. *Cf.* Ch. Nguyen Van Yen, *ibid.*, p. 215-230.

29. J.-J. Dupeyroux, *Note sur les activités professionnelles occultes*, document ronéoté non publié.

30. Rapport d'activité 1989 du S.S.A.E., extraits publiés dans *Actualités migrations*, n° 334, juillet 1990, p. 7.

31. Archives publiques privées.

32. Rapport d'activité du S.S.A.E., *ibid.*, p. 8.

33. Ces développements statistiques sont repris pour l'essentiel par A. Baron, « Les étudiants étrangers en France », in *Hommes et migrations*, n° 1108, novembre-décembre 1987. La catégorie statistique d'étudiants étrangers est floue. Elle regroupe en effet des étrangers venus en France pour effectuer des études et des enfants étrangers souvent de la seconde génération d'immigrés en France.

34. Sur cette question, voir J. Barou, « Les Étudiants d'Afrique noire dans les pays de la Communauté », in *Hommes et migrations*, n° 1108, novembre-décembre 1987.

35. Sur le statut juridique du réfugié en France, voir F. Tiberghien, *La Protection des réfugiés en France*, éd. Economica, Presses universitaires d'Aix-Marseille, et J. Costa-Lascoux, « Réfugiés et demandeurs d'asile en Europe, chronique législative », in *Revue européenne des migrations internationales*, 1987, vol. 3, n° 1, 2 et 3.

36. Il peut l'être vers un autre pays après autorisation de la commission des recours.

37. Catégorie importante quantitativement selon les témoignages recueillis, dont celui de Mme H. Taviani, ancienne représentante en France du H.C.R. et présidente de France Terre d'Asile.

38. Statistiques du ministère de l'Intérieur, 1990.

IX. INSERTION ET INTÉGRATION : LE NAUFRAGE

1. À l'exclusion des droits politiques pléniers, c'est-à-dire la participation aux activités conduisant à la désignation formelle des représentants et à la formulation des lois, élections et référendums, *cf.* J. Leca, « Réflexions sur la participation politique des citoyens », in *Idéologies, partis politiques et groupes sociaux*, études réunies par Y. Mény pour Georges Lavau, Presses de la F.N.S.P., 1989, p. 54.

2. Ce n'est qu'à partir de seize ans que les élèves scolarisés doivent posséder une carte de séjour.

3. Ces professions restent encore dans leur grande majorité interdites aux étrangers.

4. La plupart des informations et données statistiques sur l'école ont pour origine S. Boulot et D. Boyzon-Fradet, *Les Immigrés et l'École : une course d'obstacles, lectures de chiffres (1973-1987)*, Éditions L'Harmattan-Ciemi, 1988.

5. Elle permet d'incriminer les propos, les écrits racistes et les actes discriminatoires commis en raison de la race, couleur, religion, ascendance ou origine nationale ou ethnique, *cf.* J. Costa-Lascoux, *De l'immigré au citoyen*, La Documentation française, 1989, p. 102.

6. *Cf.* P.-A. Taguieff et P. Weil, « Immigration, fait national et citoyenneté », *Esprit*, mai 1990, p. 87-102. S. Body-Gendot et M. Schain montrent fort justement (dans « Politiques nationales, politiques locales : analyse comparative du développement des politiques d'immigration aux États-Unis et en France », in Actes du colloque de Royaumont, G. Noiriel éd., à paraître aux Presses de l'E.N.S.) que, à la différence de la politique nationale d'immigration qui distingue d'ordinaire citoyens français et étrangers, l'action locale distingue souvent en matière de politique locale les groupes « selon la race, la culture, la religion, quelle que soit leur citoyenneté ».

7. G. Kepel, *Les Banlieues de l'Islam*, p. 281-282. *Cf.* également le premier rapport du Haut Conseil à l'intégration : *Pour un modèle d'intégration*, La Documentation française, 1991.

8. J. Costa-Lascoux, *De l'immigré au citoyen, op. cit.*, p. 10-11.

9. G. Kepel, *ibid.*, p. 281-282.

10. *Cf.* S. Courtois et G. Kepel, « Musulmans et prolétaires », in *Les Musulmans dans la société française*, sous la direction de R. Leveau, et G. Kepel, Presses de la F.N.S.P., 1988, p. 27-38.

11. *Cf.* Ch. Nguyen Van Yen, *ibid.*, p. 240-241.

12. Par une circulaire ministérielle datée du 29 décembre 1976, *cf.* G. Kepel, *ibid.*, p. 100, chap. III.

13. Malgré le changement de priorité – l'action à dominante linguistique est réduite au profit de l'intégration des étrangers dans les actions de formation de droit commun – malgré l'importance des moyens financiers consacrés par le F.A.S. à la formation – en 1984, 247 897 600 francs, soit un quart de son budget. Un rapport de l'E.N.A. évaluait à 935 millions de francs les dépenses au total effectuées en 1984 pour la formation des immigrés.

14. A. Lebon, « La main-d'œuvre en France à la fin de 1985 », in *Actualités migrations,* n° 219. L'augmentation du chômage s'explique par deux autres facteurs annexes : 1. les travailleurs étrangers n'ont pas accès à la fonction publique ; 2. leur ancienneté dans l'entreprise et leur charge de famille sont moindres que celles des travailleurs français et ils sont, de ce fait, plus souvent les victimes de licenciements.

15. H. Burin des Roziers, « L'Hébergement collectif, les mots et les faits. Un exemple de loi sociale non appliquée : la loi du 27 juin 1973 relative à l'hébergement collectif », in *Économie et humanisme,* janvier-février 1979, et revue *Actes,* n° 22, 1979.

16. Loi du 14 décembre 1964.

17. *Cf.* J.-P. Tricart, « Genèse d'un dispositif d'assistance : les cités de transit », in *Revue française de sociologie,* n° 18, 1977, p. 601-624.

18. *Cf.* les deux circulaires du ministère de l'Aménagement du Territoire, de l'Équipement, du Logement et des Transports qui vont concerner les immigrés, l'une, du 26 août 1971, relative au relogement des personnes en provenance d'habitations insalubres ; l'autre, du 19 avril 1972, relative aux cités de transit.

19. F. Zitouni, « Le mal-habiter : exclusion et précarisation par l'habitat », *Projet,* n° 182, février 1984, p. 203-213.

20. F. Zitouni, *ibid.*

21. Témoignages de décideurs.

22. Extraits d'une étude de la Direction régionale de l'équipement de l'Ile-de-France, in *Actualités migrations,* n° 72, p. 2.

23. Interview de décideurs publics.

24. Cette alternative est relevée par A. Sayad dans « Le Logement des familles immigrées », in *Le Groupe familial,* n° 114, janvier 1987, p. 61. Elle peut être induite à partir des orientations différentes menées par les autorités publiques des différents pays. Georges Mauco y faisait déjà référence... En France, l'idée de seuil apparaît sous forme de seuil de « tolérabilité », en 1964, dans une étude conduite sur une cité H.L.M. de Nanterre. Surtout, la notion est explicitement évoquée dans le rapport officiel de M. Doublet remis au président de la République en décembre 1967. « La libre circulation sécrète ses propres limites : c'est l'existence des seuils dans les pays d'accueil (exemple de la Grande-Bretagne et de la Confédération helvétique) », rapport remis au président de la République, La Documentation française, 1968.

25. V. de Rudder, « La Tolérance s'arrête au seuil », in *Pluriel*, n° 21, 1980, p. 3-13.

26. P. Consigny, J. de Rango et M.-Th. Join-Lambert, *Mission sur l'intervention publique dans le domaine du logement des populations immigrées,* rapport de l'inspection générale des finances, de l'inspection générale de l'équipement et de l'inspection générale des affaires sociales, 1989, document ronéoté.

27. *Cf.* chapitre III.

28. Dans un compte rendu d'activité confidentiel envoyé au maire en décembre 1983.

29. I.N.S.E.E. et ministère des Affaires sociales et de la Solidarité nationale, *Recensement général de la population,* La Documentation française, 1982.

30. Ch. Bachmann, M. Herrou, N. Le Guennec, *Les Sursauts de l'équité,* rapport pour le plan urbain, document ronéoté, 1990, p. 48.

31. Décret n° 84-640 du 17 juillet 1984 et décret n° 83-28 du 18 janvier 1983.

32. Dans l'arrêt du ministre de l'Intérieur c/Dridi, 21 janvier 1977, le Conseil d'État a jugé qu'une condamnation pénale n'entraînait pas l'obligation d'une expulsion systématique. Sur les pratiques des commissions d'expulsion, voir F. Ocqueteau, « Délinquance étrangère et ordre public », thèse ronéotée, Bordeaux, 1982, reprise par Régine Dhoquois, *ibid.*, p. 145-146.

33. C. Bachmann *et alii, ibid.*, p. 128.

34. « L'École dans une dynamique de changement », présentation par C. Bachmann et N. Le Guennec, les zones d'éducation prioritaire, in *Actes de l'université d'été,* 4 au 20 juillet 1983, Publication de l'université de Paris Nord.

35. *Cf.* H. Deguine : « Un exemple d'élargissement des politiques sociales, les zones d'éducation prioritaire de 1981 à 1986. Réflexion technique et application pratique », mémoire de l'I.E.P. de Paris, janvier-février 1987, Paris.

36. La Documentation française, 1982.

37. F. Dubet, *La Galère*, Fayard, 1987, p. 340.

38. Entretien avec des témoins.

39. *Face à la délinquance : prévention, répression, solidarité* ; rapport au Premier ministre, Paris, La Documentation française, 1982.

40. F. Dubet, A. Jazouli, D. Lapeyronnie, *L'État et les jeunes,* Éd. Ouvrières, 1985, p. 175.

41. Selon J.-Cl. Toubon, « Les Opérations H.V.S. Véritable dynamique sociale ou nouvel interventionnisme administratif ? », in *Actions et recherches sociales*, « L'habitat social », n° 1, 1980, p. 34.

42. Le terme de ghetto est impropre. Le ghetto américain est homogène du point de vue ethnique, et la langue de communication est souvent la langue d'origine. Dans le ghetto français, la langue de communication est en général le français, du fait de l'hétérogénéité des nationalités ; *cf.* R. Kastoryano, « Relations interethniques et formes d'intégration », in P.-A. Taguieff, *Face au racisme, op. cit.*, p. 166-167.

43. *Cf.* J.-Cl. Toubon, « Les politiques urbaines et logement des immigrés », décembre 1987, au colloque Gestion municipale, immigration et formation des personnels communaux, organisé les 10-11 décembre 1987 à Marseille par la ville de Marseille et l'A.D.R.I., p. 9-16.

44. École en H.L.M., *H.L.M., aujourd'hui,* 1987, n° 7, p. 98-105.

45. J.-Cl. Toubon, *ibid.*, p. 54-68.

46. Ce que des sociologues américains ont dénommé « *to gild the ghetto* », c'est-à-dire recouvrir de « dorures » le ghetto. J.-Cl. Toubon, *ibid.*, p. 54-58.

47. Sources : *Actualités migrations,* n° 221, du 28 mars au 1er avril 1988.

48. J. Costa-Lascoux a indiqué, devant la commission de la nationalité (audition du 16 septembre 1987), que dans une ville comme Trappes mille cinq cents enfants d'origine ou de nationalité étrangère disparaissaient selon les statistiques entre le primaire et le secondaire. *Être français aujourd'hui et demain,* rapport de la commission de la nationalité présenté par M. Long, Premier ministre, UGE 10/18, t. 1, Paris, 1988.

49. H. Deguine, *op. cit.*

50. Claudine Dannequin, « Les difficultés de décloisonnement des Z.E.P. », *Intervention,* n° 18, novembre 1986, p. 23-38.

51. F. Dubet, A. Jazouli, D. Lapeyronnie, *ibid.*, p. 125.

52. J.-Cl. Toubon, « Politiques urbaines locales et logement des immigrés ».

53. *Les Politiques scolaires dans les quartiers sensibles,* G. Chauveau et E. Rogavas-Chauveau, C.R.S.A.S./I.N.R.P., C.I.S., université de Paris XIII.

54. C. Bachmann *et alii*, *ibid.*, p. 31.

55. Exemple cité par S. Micaire, mémoire de D.E.A., cycle

supérieur de sociologie, I.E.P. de Paris, octobre 1984, « Démolir ou pas, analyse d'un processus décisionnel », 63 p., p. 39-40.

56. Mémoire de D.E.A. de sociologie, C. Bourgeois, *Le Système d'attribution des logements sociaux,* 139 p., Paris, octobre 1986, p. 20.

57. P. Consigny *et alii, ibid.*, p. 62-63.

58. J.-P. Tricart, *Le 0,1 % dans le Nord-Pas-de-Calais,* Ominor, 1984, p. 27.

59. Rapport Ile-de-France, *ibid.*, p. 41.

60. P. Consigny, *ibid.*, p. 25.

61. P. Consigny, *ibid.*, p. 28.

62. Source : I.N.S.E.E., enquête sur le logement, 1988.

63. P. Consigny, *ibid.*, p. 18-19.

64. « Étude sur la cause des impayés des loyers en H.L.M. L'état actuel de la connaissance des impayés par les organismes loueurs », A.C.T., 16, rue Mollien, 92100 Boulogne.

65. P. Consigny, *ibid.*, p. 22.

66. E.N.A., séminaire Immigration, rapport du groupe 6, « L'évolution vers l'insertion sur le marché du travail des jeunes issus de l'immigration », Paris, 1984, document ronéoté.

67. F. Mussert et B. Michel, « La main-d'œuvre étrangère au 31 décembre 1985 », in *Dossiers statistiques du travail et de l'emploi,* n° 41, février 1988, S.E.S.S. ministère des Affaires sociales et de l'Emploi.

68. Rapport *Immigration et démocratie*, Fondation nationale des sciences politiques, ministère des Affaires sociales et de la Solidarité nationale, 1987.

69. Ainsi, entre les années scolaires 1974-75 et 1986-87, le nombre d'enfants étrangers scolarisés dans le secteur public augmentait de 336 347, tandis que le nombre d'enfants français diminuait de 492 043. S. Boulot et Boyzon-Fradet, *ibid.*, p. 49.

70. G. Kepel, *ibid.*, p. 149.

71. *Cf.* G. Kepel, *ibid.*, p. 61.

X. CITOYENNETÉ ET NATIONALITÉ

1. *Cf.* l'introduction de W.R. Brubaker, *Immigration and the Politics of Citizenship in Europe and North America,* University Press of America, 1989, p. 14. Voir pour l'ensemble de ce chapitre : *Être français aujourd'hui*, rapport de la commission de la nationalité, présenté par M. Long au Premier ministre, éditions U.G.E., 1988, 2 t.

2. *Cf.* W. Oualid, « Pour une politique de l'immigration », in *Esprit,* n° 82, 1er juillet 1939, p. 559. « Les candidats à l'acquisition de notre nationalité ressentent l'impression que l'arbitraire et presque le hasard président aux décrets. » Voir également « La Procédure et les critères de naturalisation », laboratoire de sociologie juridique, université de Paris II, C.N.R.S., J. Costa-Lascoux, J. Charlemagne et B. Geminet, 1986, rapport ronéoté.

3. Archives publiques privées.

4. L'esquive du service national explique 20 p. 100 des décisions d'ajournement à deux ans ou à un an étudiées par J. Costa-Lascoux *et alii, ibid.*, p. 190.

5. Circulaire n° 4174 du 12 février 1974.

6. J. Costa-Lascoux *et alii, ibid.*, p. 190.

7. Archives publiques privées.

8. Interview du sous-directeur des naturalisations (D.P.M.). À l'occasion des recours devant la juridiction administrative, l'administration est également amenée à réexaminer les dossiers ; parfois, elle renonce à défendre sa position lorsque le réexamen l'a conduite à réviser sa première décision.

9. J. Costa-Lascoux *et alii, ibid.*, p. 190.

10. Nous nous inspirerons, en grande partie, pour traiter de cette période, de l'ouvrage de M. Vanel, *Histoire de la nationalité française d'origine,* Paris, 1945, Ancienne Imprimerie de la cour d'appel.

11. C'est d'ailleurs à partir du XVIe siècle que le roi, ayant affermi sa puissance sur les seigneurs, accorde ou refuse seul aux étrangers la qualité de Français et perçoit seul sur les étrangers non naturalisés le droit d'aubaine.

12. M. Vanel, *ibid.*, p. 38.

13. *Cf.* M. Vanel, *ibid.*, p. 42-45. Cette règle est l'ancêtre de l'acquisition de la nationalité française par déclaration, ou de la règle (article 64-5) qui permet aux ressortissants d'anciens territoires sous autorité française de ne pas être astreints aux conditions de stage. Actuellement encore, un étranger originaire de l'ancienne Louisiane française, par exemple, n'est pas assujetti, en vertu de l'article 64-5, aux conditions de stage de même qu'un originaire de Malte, du Milanais, etc.

14. *Cf.* M. Vanel, *ibid.*, p. 50.

15. *Cf.* M. Vanel, *ibid.*, p. 52.

16. *Cf.* M. Vanel, *ibid.*, p. 59-61.

17. Le 6 août 1790 avait été supprimé le droit d'aubaine.

L'article 3 du texte qui facilite l'accès à la nationalité française des résidents de plus de cinq ans (remplissant par ailleurs d'autres conditions) est la reprise d'un décret adopté le 30 avril 1790. L'article 3 précise que ceux qui, nés en dehors du royaume de parents étrangers, résidant en France, deviennent citoyens français après cinq ans de domicile continu dans le royaume, s'ils ont en outre acquis des immeubles ou épousé une Française, ou formé un établissement d'agriculture ou de commerce, et s'ils ont prêté le serment civique. Quant au dernier alinéa de l'article 2 qui visait les descendants de protestants, il était la reprise d'un décret du 9 décembre 1790. Quelques semaines après l'élaboration de la Constitution le cas des Juifs est étudié dans la séance du 21 septembre 1791.

18. Certains auteurs considèrent que le premier membre de phrase considéré isolément définit la nationalité *stricto sensu* et révèle l'adoption d'un *jus soli* strict et autonome. L'article 2 de la Constitution de l'an VIII qui reprend la même définition du national n'ayant pas été modifié lors de l'élaboration du Code civil, Marguerite Vanel en conclut, de façon convaincante, que si ce dernier définissait le national français sans toucher à la définition du citoyen, c'est que les textes constituants ne définissaient que le citoyen.

19. *Cf. Être français aujourd'hui et demain, op. cit.*, t. 2, p. 21.

20. L'article 13 portait sur l'admission à domicile.

21. J. Marangé, « Les Critères de naturalisation », avant-projet de rapport, texte ronéoté, p. 5.

22. La plupart des informations de la période du Code civil à 1889 sont reprises d'E. Rouard de Card, *La Nationalité française*, Éd. Pedone, 2e édition, 1922, 296 p.

23. En août 1936, le texte de 1934 est légèrement corrigé, les naturalisés ayant accompli cinq ans au moins de service militaire sont exemptés de ces incapacités.

24. J. Niboyet, *Traité de droit international privé*, éditions Sirey, 1947, t. 1, p. 129.

25. Rapport *Être français aujourd'hui et demain, ibid.*, p. 22, et notamment l'extrait de l'intervention du rapporteur de la loi.

26. E. Gellner, *Nations et nationalisme*, Payot, 1990, p. 83.

27. *Cf.* S. Beaud et G. Noiriel, « Penser l'intégration des immigrés », in P.-A. Taguieff, *op. cit.*

28. E. Renan, « Qu'est-ce qu'une nation ? », conférence faite à la Sorbonne le 11 mars 1882, in *Œuvres complètes*, Calmann-Lévy, p. 888-905.

29. *Cf.* P.-A. Taguieff et P. Weil, « Immigration, fait national et citoyenneté », *Esprit,* mai 1990, p. 87-102.

30. L'expérience néerlandaise est intéressante : suite au rapport du Netherlands Scientific Council for Government Policy, effectué en 1979, fut adopté le principe du droit de vote aux élections locales pour les immigrés résidents aux Pays-Bas, selon la logique du droit des minorités ethniques. En 1990, le même conseil tire un bilan négatif de l'expérience : devant la faible participation des immigrés aux élections locales et le chômage croissant, il prône une politique d'assimilation. Jan Rath (dans *Hommes et Migrations,* n° 1139, 1991, p. 17-23) précise que « le processus de minorisation ethnique a engendré un effet contraire à celui qui était recherché : les minorités ethniques se sont retrouvées exclues et en marge de la scène politique hollandaise. [...] Ils apparaissent comme d'éternels assistés des Pays-Bas ».

31. J. Leca, *Nationalité et citoyenneté dans l'Europe des immigrations, cf.* référence en bibliographie. Comme le dit J. Leca, *ibid.* : le système est un croisement entre une *logique de la civilité* « indéfiniment inclusionnaire puisque la reconnaissance de l'individu en est le programme central et indéfiniment ouverte et conflictuelle puisqu'elle inclut des parties opposées et égales ne pouvant être réduites *a priori* en une unité englobante » et une « vision des communautés sociales comme des organismes naturels constituant les hommes par tradition et par culture » qui, elle, exclut en fonction de l'origine.

32. *Cf.* G. Noiriel, « Le mirage des mots », *Le Monde des Débats,* juillet-août 1993.

33. À condition qu'il soit à ce moment-là résident en France depuis cinq ans, le jeune peut obtenir la nationalité française sur une simple déclaration effectuée entre seize et vingt et un ans (art. 21-7 à 21-11 du Code civil).

CONCLUSION

1. *Cf.* J.-Cl. Chesnais, « Les Trois Revanches », *Le Débat,* n° 60, 1990, p. 113–114.

2. J.-Cl. Barreau, « Entretien avec Robert Solé », in *Le Monde,* 10 octobre 1989. *Le Monde,* 5 septembre 1990, p. 23.

3. *Cf.* P.-A. Taguieff et P. Weil, « Immigration, fait national et citoyenneté », in *Esprit,* mai 1990, p. 87-102.

4. R. Leveau, « Les partis et l'intégration des beurs », in *Idéologies, partis politiques et groupes sociaux,* études réunies par Y. Mény pour Georges Lavau, *ibid.,* p. 247-261.

5. *Cf.* D. Barthélemy et J. Chiffoleau, « Les sources cléricales de la notion de clandestinité au Moyen Âge (France, VIe et XIXe siècles), in *Histoire et clandestinité du Moyen Âge à la Première Guerre mondiale,* colloque de Privas, mai 1977, 1979, p. 19-39.

6. J. Ponty, *Polonais méconnus,* Publications de la Sorbonne, 1988, p. 392.

7. S. Anstett, « 1946-1986 : quarante ans de politique d'immigration vus au travers des articles parus dans la *Revue des affaires sociales* », in *Revue française des affaires sociales,* 4-1986, p. 117.

8. R. Leveau, *ibid.*

9. J. Leca, « Nationalité et citoyenneté dans l'Europe des immigrations, in *Logiques d'États et Immigrations,* Costa-Lascoux J. et Weil P. (Dir.), Ed. Kimé, 1992, p. 13-57.

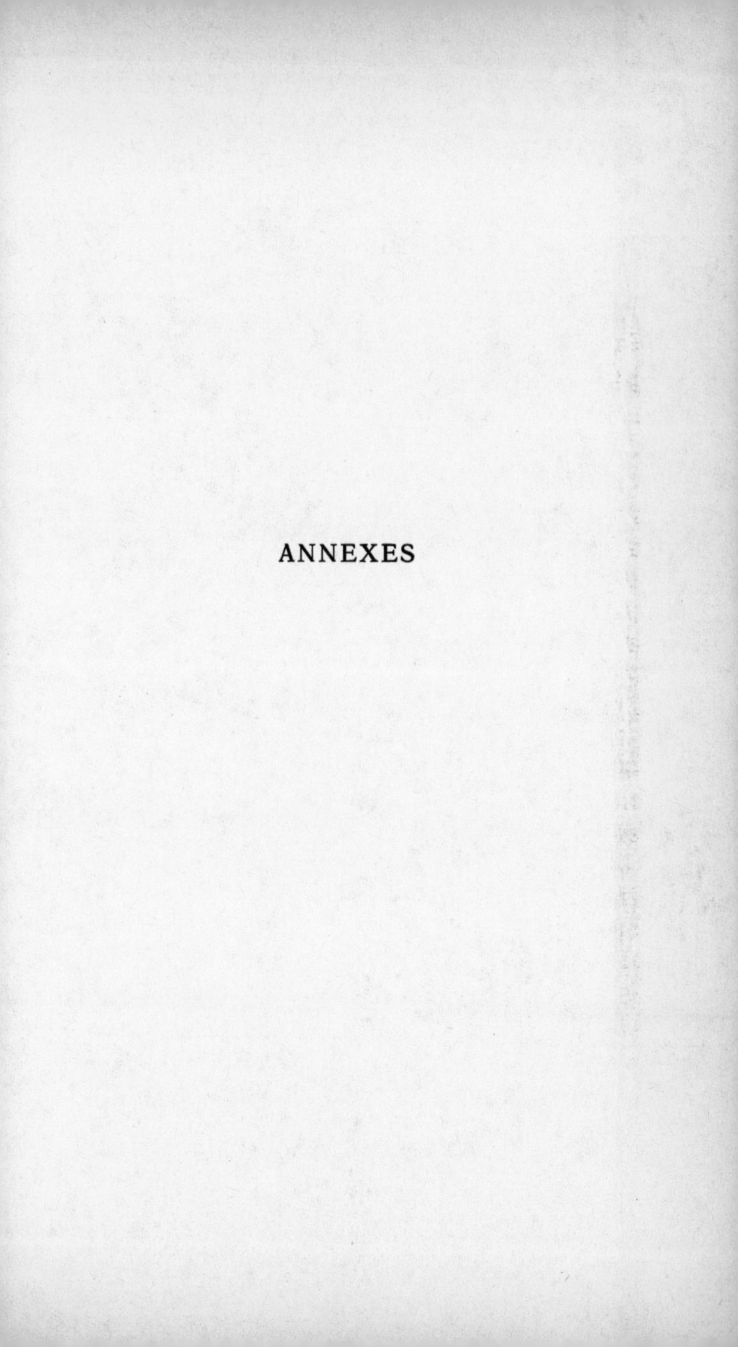

ANNEXES

I

MÉTHODOLOGIE
ET RÉSULTATS DE LA RECHERCHE

Cet ouvrage est donc issu d'une recherche qui, pour être menée à bien, a présenté des difficultés particulières. L'objet même de la recherche, l'analyse d'une politique publique, la politique française de l'immigration, impliquait – ce que nous avons fait dans la première partie de l'ouvrage – la reconstitution des décisions prises à la tête de l'État, la détermination des objectifs réels des pouvoirs publics. Analyser et évaluer l'action de ces décideurs impliquait en effet le dépassement de deux *a priori* couramment partagés : celui qui consiste à négliger le rôle de l'État dans le développement des comportements sociaux et, au contraire, celui qui consiste à le surestimer, souvent en le diabolisant.

Pour reconstituer sous forme narrative * l'action de l'État dans le domaine de l'immigration, il nous a fallu trouver l'information, prouver que telle ou telle décision avait été envisagée ou prise. La période d'investigation choisie, celle du temps présent, rendait l'accès aux archives publiques particulièrement difficile. En outre, mon engagement dans l'action publique, comme chef du cabinet du secrétaire d'État chargé des immigrés, entre juin 1981 et octobre 1982, compliquait paradoxalement mon entreprise : il me fallait me dégager de la vision que j'avais du problème en tant qu'acteur pour devenir un chercheur aux méthodes scienti-

* Sur l'importance de la reconstitution historique de l'action publique pour son évaluation, *cf.* D.T. Campbell, article cité en bibliographie.

fiques ; il me fallait recueillir des informations sur toutes les périodes objet de mon étude, et mon engagement dans l'action au cours d'un moment très spécifique de l'histoire de la politique de l'immigration ne m'a pas toujours facilité la tâche.

Ces obstacles ont été levés grâce à l'aide inestimable que m'ont apportée de hauts fonctionnaires, des responsables ou des militants de syndicats ou d'associations, des responsables politiques. Je leur suis redevable de cet ouvrage et je les remercie de la confiance qu'ils ont bien voulu m'accorder. Ils ont non seulement accepté de me recevoir et de me communiquer les informations les plus précieuses, mais ils m'ont aussi aidé à obtenir les documents sans lesquels cette recherche n'aurait pas pu être menée à bien.

Pour éviter en effet la contestation des informations qui fondent ce travail, j'ai choisi de privilégier les sources écrites (archives) par rapport aux sources orales (entretiens).

Les archives

L'accès aux archives publiques est strictement réglementé ; j'ai cependant pu obtenir la consultation de différents types d'archives qui implique le non-respect des règles légales. Le travail du chercheur en science politique s'est alors apparenté à celui d'un détective collectant méthodiquement des preuves, en principe inaccessibles, les recoupant jusqu'à pouvoir reconstituer le cours de l'action.

Au total, les archives consultées peuvent être réparties en plusieurs catégories.

En premier lieu, les archives consultables et publiables, et notamment celles du ministère du Travail et du Haut Comité de la population sur la période 1932-1956.

Ensuite, des archives consultables et non publiables. Il s'agit des archives du ministère du Travail ayant trait à la période 1956-1974, donc non couverte par le délai de trente ans ; l'accord des directeurs concernés m'a permis de consulter ces archives. Il s'agit également des archives du ministère des Affaires étrangères, sous-direction des étrangers en France. Une autorisation ministérielle spéciale m'a permis d'avoir accès aux données de la période 1962-1985.

Enfin, les archives en principe non consultables et non publiables. Il s'agit là d'archives que nous dénommons

« archives publiques privées » dans les notes. *Publiques,* parce que ce sont des documents publics, soit originaux, soit reproduits, le plus souvent emportés et déposés chez des particuliers, à l'occasion, par exemple, d'un changement de gouvernement. *Privées,* car elles sont disponibles et consultables chez des particuliers, le plus souvent anciens décideurs de la politique publique. Ces derniers documents ont été particulièrement utiles pour reconstituer l'activité gouvernementale entre 1974 et 1988.

Les entretiens

Plus de cent vingt entretiens avec des décideurs publics, des acteurs, des organisateurs de la politique publique d'immigration ont en outre eu lieu entre 1985 et 1988. La liste des entretiens a été communiquée aux membres du jury de thèse et d'habilitation à diriger des recherches. Elle n'est pas publiée pour des raisons de confidentialité exigée par les interlocuteurs.

Le plus souvent, l'entretien s'est déroulé sans magnétophone. Lorsque mon interlocuteur m'a autorisé à faire part du contenu de l'entretien, son nom figure dans la note en bas de page.

En tout état de cause, les informations obtenues au cours des entretiens ont précisé des documents d'archives déjà consultés, ou bien m'ont poussé à rechercher des preuves écrites. Exceptionnellement, des informations ont été utilisées sans preuve écrite après avoir été recoupées une ou deux fois.

Pour analyser les décisions prises au niveau central, il nous a enfin fallu prendre en compte des modèles d'interprétation de la décision qui, quoique antagoniques, doivent être utilisés de façon complémentaire pour représenter l'action dans chacune des phases d'un processus de longue durée : par exemple, le modèle de la décision par objection d'Anderson * et le modèle incrémentaliste de Lindblom *, pour la phase 1974-1977 ; celui de la rationalité absolue (1978-1980) ou relative (1981-1983). Cette recherche menée à son terme démontre que l'on trouve de tout dans le milieu

* Référence de l'article en bibliographie.

des décideurs * : rationalistes, pragmatiques ou « anarchistes organisés décrits par Cohen, March et Olsen ** ».

Le travail d'analyse des actions éclatées – dont les résultats constituent les trois derniers chapitres de l'ouvrage – n'a pu être conduit de la même manière : l'ampleur de la tâche nous a souvent contraints à ne rechercher au travers d'entretiens que la confirmation ou l'infirmation d'informations utiles à la problématique choisie, contenues dans des travaux de recherche ou des rapports d'inspections ministérielles. Mais la synthèse de ces travaux produit des découvertes souvent fort originales.

Du point de vue de l'analyse des politiques publiques en général, nous avons pu montrer le caractère trop flou du concept d'environnement parfois utilisé dans l'analyse des politiques publiques. Il nous aurait été difficile d'analyser la politique d'immigration sans mesurer l'effet précis de la politique économique sur l'émergence de la crise sectorielle en 1974, du combat politique sur les stratégies choisies, enfin des valeurs de la communauté politique sur la détermination des politiques faisables.

En travaillant sur les rapports entre champ politique et politiques publiques, en distinguant à l'intérieur du champ politique ce qui ressort au combat politique et l'activité politico-administrative des organismes d'arbitrage, en mettant en valeur le rôle du Conseil d'État dans l'élaboration des règles d'action de la politique d'immigration, nous n'avons pas voulu dire qu'un *deus ex machina* existait pour instituer des règles stables en elles-mêmes, comme par essence. Déjà, le simple fait que l'arbitre institué pour préserver une arène libérale-démocratique intervienne souvent, certes avec efficience, n'est pas que le signe de sa force symbolique et de sa légitimité ; c'est aussi le signe de la fragilité de la règle du jeu dans l'arène : des interventions répétées de l'arbitre signifient aussi que les joueurs n'intériorisent plus cette règle. Simplement, nous avons noté que cette institution « travaille » différemment du reste du champ politique : ses membres n'ont pas les mêmes enjeux professionnels ; surtout, elle agit en instituant de grands événements, de grandes

* Ces modèles sont décrits par Y. Mény et J.-Cl. Thoenig dans *Politiques publiques,* P.U.F., 1990.

** Référence de l'article en bibliographie.

décisions, comme déterminants de l'identité de la communauté politique et comme « référents » de son action sur la longue durée.

Nous avons pu noter également des différences entre plusieurs types d' « agenda » ou de décision. En adaptant légèrement les définitions de J.W. Kingdon *, nous avons par exemple distingué les agendas gouvernemental-administratif, décisionnel et politique.

* J.W. Kingdon, *Agendas Alternative and Public Policies*, Scott, Foresman and Company, Londres, 1984, particulièrement p. 173-204.

II

LISTE DES ADMINISTRATIONS CONCERNÉES

I. ADMINISTRATIONS CENTRALES

Les administrations spécialisées

Au sein des administrations des ministères des Affaires sociales et du travail, toutes les directions sont concernées par la politique d'immigration : certaines sont sectorielles, d'autres spécialisées.

La direction du travail a sur agenda gouvernemental * les relations du travail entre salariés étrangers et employeurs dans les entreprises : par exemple, élections aux comités d'entreprise ou conflits sociaux auxquels ils peuvent avoir une part déterminante. La direction de l'action sociale, outre les problèmes généraux d'action sociale, a sur agenda une part des crédits pour l'aide sociale aux réfugiés. La direction de la Sécurité sociale suit les conventions de sécurité sociale passées entre les autorités publiques françaises et les autorités publiques des États d'origine. Elle a la tutelle de l'organisation chargée de gérer les mécanismes de reversement des allocations familiales aux familles étrangères. La délégation à l'emploi a sur agenda les problèmes d'emploi et des opérations spécifiques en direction des demandeurs d'emploi étrangers.

La direction de la santé suit la politique de prise en charge des soins donnés aux malades de nationalité étrangère, qu'ils soient résidents ou non résidents.

* Tout au long de cette annexe nous parlerons d'agenda au sens d'agenda gouvernemental.

La direction de la population et des migrations est la seule administration décideur et metteur en œuvre général spécialisé. Elle joue un rôle moteur dans l'ensemble de la politique d'immigration. La D.P.M. a été créée en 1966, elle assure une fonction de suivi global, d'observatoire de l'ensemble des politiques menées en direction des assujettis à la politique d'immigration, soit en gérant directement la délivrance des titres de résident aujourd'hui conjointement avec le ministère de l'Intérieur, ou l'instruction des demandes de naturalisation. Elle exerce la tutelle sur des organismes ayant pour mission la mise en place de certaines politiques :

– le F.A.S., qui finance le logement, l'action sociale et culturelle et la formation des immigrés ;

– l'O.M.I. (anciennement O.N.I.) qui gère les flux d'introduction, de régularisation et de retour, assure des missions d'information ;

– le S.S.A.E., qui a charge de l'accueil des immigrés et en particulier des réfugiés ;

– la C.N.L.I., qui a eu, jusqu'en 1987, la mission de gérer le 0,1 p. 100 logement ;

– l'A.D.R.I., qui exerce une mission d'ordre culturel ;

– la mission interministérielle de lutte contre le travail clandestin.

Dans les autres domaines, la D.P.M. assure la gestion conjointe avec d'autres directions des autres problèmes.

Au ministère de l'Intérieur

C'est essentiellement la sous-direction des étrangers et de la circulation transfrontière, décideur sectoriel spécialisé au sein de la direction des libertés publiques et de la réglementation au ministère de l'Intérieur, qui joue un rôle dans la conduite de la politique d'immigration.

Elle a en charge, pour l'ensemble des étrangers, la délivrance des titres de séjour et des certificats de résidence pour les Algériens ; le suivi de la circulation transfrontière. Cependant, certains problèmes sont également sur l'agenda du service central de la police de l'air et des frontières (P.A.F.), décideur sectoriel spécialisé pour le contrôle des étrangers en France, et de la direction de la surveillance du territoire, pour la surveillance des activités des étrangers en France (l'avis de la D.S.T., décideur sectoriel, peut être demandé lors de l'instruction d'une partie des demandes de naturalisation).

Au ministère des Affaires étrangères

C'est la direction des Français à l'étranger, décideur sectoriel spécialisé, et particulièrement la sous-direction des étrangers en France, qui coordonnent les relations avec les États, la politique de circulation des visas, les accords de main-d'œuvre. Mais les directions politiques sectorielles chargées de suivre les rapports bilatéraux, notamment celle de l'Afrique du Nord, interviennent largement.

II. LES ADMINISTRATIONS SECTORIELLES

Dans tous les autres ministères, il y a des décideurs sectoriels qui consacrent une partie de leur agenda à certains aspects de la politique d'immigration.

Rôle du Premier ministre

Au cabinet du Premier ministre, centre traditionnel de coordination de l'activité gouvernementale, le Comité interministériel pour les questions de coopération économique européenne joue un rôle lorsqu'il s'agit de l'harmonisation de la réglementation française et par rapport à la réglementation européenne.

Par ailleurs, de 1984 à 1986, a existé, dépendant directement du Premier ministre, une délégation interministérielle aux réfugiés, chargée de coordonner la politique des différents services de l'État en direction des réfugiés.

Au ministère de l'Urbanisme et du Logement

La direction de la construction exerce la tutelle, conjointement avec le ministère chargé des immigrés, sur la commission nationale pour le logement des immigrés.

Au ministère de l'Agriculture

La direction des affaires sociales est un décideur sectoriel ; plus précisément la sous-direction du travail et de l'emploi a en charge, avec le ministère des Affaires sociales, des problèmes de main-d'œuvre étrangère agricole, en particulier les saisonniers, et de l'Inspection de la main-d'œuvre agricole, en charge notamment de la lutte contre la main-d'œuvre clandestine agricole.

Au ministère du Commerce et de l'Artisanat

La direction du commerce intérieur est aussi direction sectorielle ; plus particulièrement la sous-direction des activités commerciales – bureau de la législation commerciale et réglementation commerciale – prend en charge les problèmes des commerçants étrangers.

Au ministère de la Culture

Un service sectoriel s'occupe de l'action culturelle en direction des populations à culture minoritaire, notamment immigrées.

Au ministère de l'Éducation nationale

Ce sont des décideurs sectoriels qui suivent les problèmes spécifiques de la population étrangère. La délégation aux affaires internationales a en charge la gestion des étudiants étrangers.

La direction des lycées et des collèges suit la politique à l'égard des jeunes étrangers scolarisés dans les établissements français.

Au ministère de la Défense

Il s'agit d'un décideur sectoriel ayant vocation à intervenir par l'intermédiaire de la direction de la gendarmerie et de la justice militaire qui peuvent jouer un rôle dans la lutte contre le travail et le séjour irréguliers.

La direction du service national (armée de terre) gère le service national des jeunes binationaux.

Au ministère de l'Économie et des Finances

La direction du Trésor est un décideur sectoriel qui gère notamment la réglementation sur les transferts de fonds des travailleurs immigrés, a en charge la politique de réglementation des changes.

La direction du Budget contribue à déterminer les crédits publics affectés à la politique de l'immigration.

Au ministère des Postes et Télécommunications

La direction générale des Postes gère les envois de fonds par la poste.

Au ministère de la Justice

Au ministère de la Justice, plusieurs directions jouent un rôle dans certains problèmes de la politique de l'immigration.

À la direction des affaires civiles, le bureau a en charge les problèmes de nationalité.

La direction des affaires criminelles et des grâces traite des problèmes de l'action publique contre le travail ou le séjour clandestin.

Les directions de l'Administration pénitentiaire et de l'Éducation surveillée traitent des problèmes de délinquance étrangère.

Au ministère de la Santé et de la Sécurité sociale

Diverses directions sectorielles traitent de certains problèmes de l'immigration à la direction de la santé.

À la direction des hôpitaux, le problème de l'hospitalisation peut être traité. Le Centre de Sécurité sociale pour les travailleurs migrants traite et applique les accords pris entre la France et les États d'origine en matière de Sécurité sociale.

Au ministère de la Coopération

La direction suit particulièrement l'ensemble des problèmes : flux d'arrivées et de retours, et l'insertion des travailleurs étrangers originaires des pays d'Afrique du sud du Sahara.

Au ministère de l'Industrie

Le service des relations sociales a pu être amené à être un décideur sectoriel dans des directions sectorielles équipées au sein de la direction générale de l'industrie.

Au ministère de la Formation professionnelle

La délégation à la formation professionnelle participe à la mise en place des politiques spécialisées de formation conduite à tous les étrangers.

Au ministère des Anciens Combattants

Ce ministère joue un rôle pour certifier la qualité d'ancien combattant lorsque cette qualité peut avoir pour effet de faciliter l'accession à certains droits.

Au ministère de la Jeunesse et des Sports

La direction sectorielle des sports intervient dans la réglementation de l'accès des sportifs étrangers à l'exercice des sports en France.

CHRONOLOGIE DES GOUVERNEMENTS

Années	*Président de la République française*	*Premier ministre*	*secrétariat d'État aux Immigrés*	*Ministre de tutelle du S.E.I., min. du Travail ou des Affaires sociales*	*Ministre Intérieur*	*Ministre Affaires étrangères*
1972	Georges Pompidou (19 juin 1969-2 avril 1974)	Jacques Chaban-Delmas 5 juil. 1972 Pierre Messmer				
1974	Valéry Giscard-d'Estaing 24 mai 1974	Jacques Chirac 27 mai 1974	André Postel-Vinay 8 juin 1974 Paul Dijoud 22 juil. 1974	Michel Durafour 27 mai 1974	Michel Poniatowski 27 mai 1974	Jean Sauvagnargues 27 mai 1974
1976		Raymond Barre 25 juil. 1976		Christian Beullac ministre du Travail 25 août 1976		
1977			Lionel Stoléru 29 mars 77		Christian Bonnet 29 mars 77	
1978				Robert Boulin 3 avril 78		Jean François-Poncet 29 nov. 78

1979				Jean Matteoli 8 nov. 1979		
1981	François Mitterrand 21 mai 1981	Pierre Mauroy 21 mai 1981	François Autain 23 juin 1981	Nicole Questiaux 21 mai 1981	Gaston Defferre 21 mai 1981	Claude Cheysson 21 mai 1981
1982				Pierre Bérégovoy 29 juin 1982		
1983			Georgina Dufoix 22 mars 83			
1984		Laurent Fabius 17 juil. 1984		Georgina Dufoix 17 juil. 84	Pierre Joxe 17 juil. 84	Roland Dumas 17 juil. 84
1986		Jacques Chirac 20 mars 1986		Philippe Seguin 20 mars 1986	Charles Pasqua 20 mars 86	Jean-Bernard Raimond 20 mars 1986
1988	François Mitterrand 21 mai 1988	Michel Rocard 10 mai 1988		Claude Evin 12 mai 1988	Pierre Joxe 12 mai 1988	Roland Dumas 12 mai 1988
1991		Édith Cresson 15 mai 1991	Kofi Yamgnane 17 mai 1991	Jean-Louis Bianco 16 mai 1991	Philippe Marchand 16 mai 1991	Roland Dumas 16 mai 1991
1992		Pierre Bérégovoy 2 avril 1992		René Teulade 2 avril 1992	Paul Quilès 2 avril 1992	Roland Dumas 2 avril 1992
1993		Édouard Balladur 29 mars 1993		Simone Veil 30 mars 1993	Charles Pasqua 30 mars 1993	Alain Juppé 30 mars 1993

ADMINISTRATIONS CENTRALES

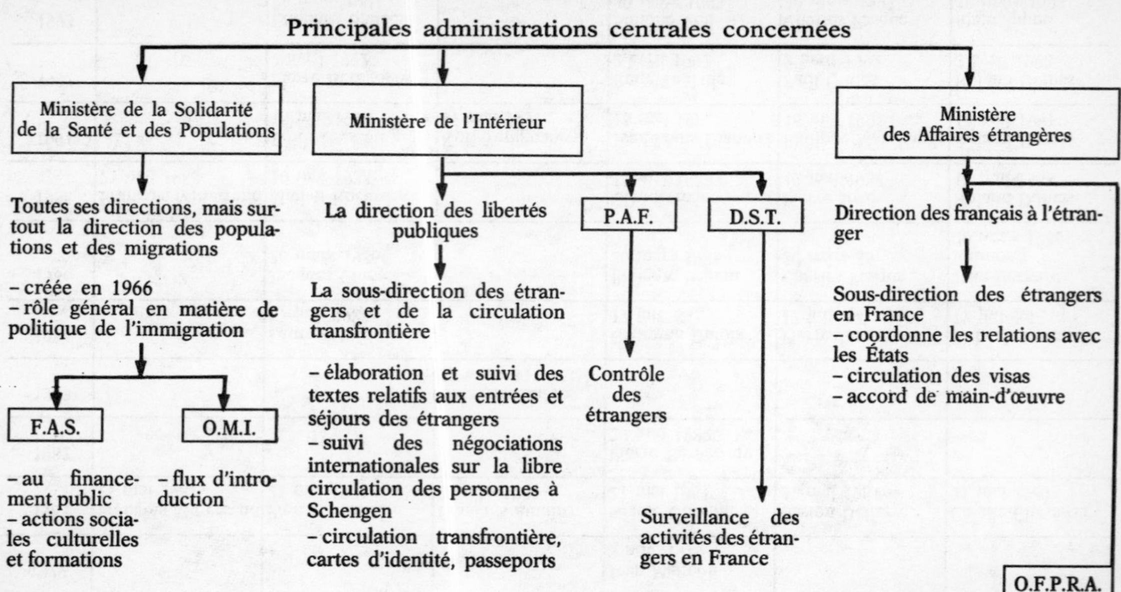

III

CLASSEMENT DES ÉTRANGERS PAR LES ENTREPRISES SELON GEORGES MAUCO (1937) *

« Le tableau ci-après dressé par une importante maison de construction automobile, qui employait 17 000 travailleurs, dont 5 075 étrangers, donne une idée de ces différences suivant les nationalités. Une dizaine de chefs de service furent appelés à noter les aptitudes de chaque nationalité. La notation étant faite sur 10, le maximum s'appliquant aux très bons ouvriers français. »

* Extrait de Georges Mauco, *Mémoires sur l'assimilation des étrangers en France,* avril 1937, Société des Nations. Institut international de coopération intellectuelle, p. 49.

VALEUR DES OUVRIERS ÉTRANGERS D'APRÈS LEUR NATIONALITÉ *

Nationalités classées par ordre de valeur	*Nombre d'étrangers*	*Aspect physique*	*Régularité au travail*	*Production à la journée*	*Production aux pièces*	*Mentalité, discipline*	*Est-on satisfait de cette main-d'œuvre?*	*Facilité de compréhension de la langue française*	*Classement moyen*	
									Total des points	*Note générale*
Belges et Luxembourgeois	297	10	8,1	8,1	10	6,8	10	10	63	9
Suisses	109	10	7,5	8,1	9,2	8,1	8,5	8,1	59,5	8,5
Italiens	427	7,5	7,5	6,2	7,8	5,3	8,5	8,7	51,5	7,3
Tchèques et Yougoslaves	162	8,1	6,2	6,8	7,1	6,2	8,5	4,3	47,2	6,7
Russes	994	8,7	7,5	4,3	7,8	6,8	8,5	3,1	46,7	6,6
Espagnols et Portugais	296	5,7	7,5	4,2	6,6	5,7	9,1	7,1	45,9	6,5
Polonais	295	8,7	6,8	6,2	8,5	6,5	5	3,1	44,8	6,4
Arméniens	411	6,2	6,8	2,8	6,6	7,8	8	5,6	43,8	6,3
Chinois	212	4,3	7,1	5	8	8	8	2,1	42,5	6,1
Grecs	141	5,6	5	3,7	5,8	6,4	5,7	4,3	36,5	5,2
Arabes	1 730	1,2	4,3	1,2	3,2	2,8	4,2	3,7	20,6	2,9
Total :	5 074									

* « Naturellement, nous citons ces appréciations parce qu'elles sont conformes à la plupart de celles enregistrées dans de nombreux autres établissements, et dans toutes les régions et dans toutes les professions. »

IV

LETTRES D'ALEXANDRE PARODI DIRECTEUR GÉNÉRAL DE LA MAIN-D'ŒUVRE *

(1940)

1

Le Directeur Général du Travail et de la Main-d'Œuvre

À Monsieur le Secrétaire Général du Travail et des Assurances Sociales
(non daté)

Vous avez bien voulu me demander de faire traduire en allemand, en vue de leur communication aux autorités occupantes, deux circulaires relatives au régime des salariés étrangers.

Je vous demande de bien vouloir examiner à nouveau l'opportunité de cette communication. S'il me paraît admissible que l'on fasse connaître aux autorités allemandes les textes de lois, de décrets ou d'arrêtés qui posent des règles et donnent lieu à publication, il n'en est pas de même en ce qui concerne les circulaires qui sont des actes d'ordre intérieur à l'administration ; leur communication aux autorités allemandes fera pénétrer celles-ci à l'intérieur même du fonctionnement des services publics.

D'autre part, la communication de règles intérieures est particulièrement délicate lorsqu'il s'agit du régime des salariés étrangers. Vous savez, en effet, que les autorités allemandes prétendent être tenues au courant des mouvements de chômeurs

* Source : Archives nationales, n° 770 623-68.

étrangers en vue, vraisemblablement, d'envoyer ceux-ci en Allemagne. Or, il se trouve parmi eux, en dehors des éléments en voie d'assimilation, de nombreux réfugiés politiques à l'égard desquels nous avons toujours considéré que nous avions des devoirs particuliers.

A. PARODI.

2

NOTE

pour Monsieur le Directeur du Cabinet du ministre

20 septembre 1940

J'ai l'honneur de vous faire connaître que mon attention a été appelée par des Inspecteurs du Travail sur l'attitude observée par certaines Feldkommandanturs qui imposent aux Offices Départementaux de Placement et aux Inspections du Travail des décisions d'ordre essentiellement administratif et prennent des mesures qui ne paraissent pas entrer dans le cadre des droits conférés à une puissance occupante.

Les mesures ainsi imposées sont nettement en contradiction avec la réglementation en vigueur. C'est ainsi que les autorités allemandes ont fait connaître à M. le Préfet du Doubs qu'elles exigeaient, pour les différents travaux à ouvrir, la priorité d'emploi pour les travailleurs italiens, en violation formelle de la législation en vigueur en ce qui concerne le travail des étrangers et en méconnaissance absolue des accords conclus par le gouvernement français avec d'autres États.

D'autre part, les mêmes autorités allemandes imposent, pour ces travailleurs italiens, une durée hebdomadaire de travail de 48 heures, alors que la législation française a fixé, en principe, cette durée à 40 heures.

Il est bien évident qu'un sort spécial ne peut pas être fait à une catégorie de travailleurs et qu'il appartient au gouvernement français de fixer lui-même la réglementation applicable en la matière.

D'autre part, M. le Directeur de l'Office Départemental de Placement de la Seine m'a informé que les autorités allemandes lui avaient demandé de convoquer des travailleurs étrangers en chômage appartenant aux nationalités ci-après :

Slovaques
Polonais
Ukrainiens
Yougoslaves

et de les diriger sur leurs services.

D'après les renseignements qu'il a pu recueillir à cet égard, les autorités allemandes se proposeraient de procéder, parmi ces travailleurs, à une sélection, en vue de l'envoi en Allemagne d'un certain nombre d'entre eux appartenant notamment aux professions du bâtiment et du travail des métaux ; les familles resteraient en France.

Une mesure analogue a d'ailleurs été prise dans le département de l'Yonne où un train transportant 300 travailleurs étrangers en Allemagne a été formé récemment. En outre, la Préfecture de Police aurait été invitée à fournir une liste des Russes blancs réfugiés en France.

De telles mesures, décidées sans accord préalable avec le gouvernement français, paraissent contraires aux clauses de l'Armistice ; en effet, si un chômage intense sévit actuellement en France du fait des circonstances, il est certain que ce chômage ira en s'atténuant au fur et à mesure de la reprise économique ; il importe donc que nous soyons à même de retenir sur notre territoire les étrangers appartenant à des professions habituellement déficitaires.

Il n'est pas certain, en effet, que ces étrangers, dont l'introduction en France a entraîné des dépenses très importantes à la charge des employeurs, reviendront dans notre pays quand la reprise économique s'amorcera.

En outre, exception faite pour les Slovaques et les Polonais, les travailleurs étrangers ainsi sélectionnés ne sont pas des ressortissants allemands.

J'estime, dans ces conditions, que l'attention du Général Streccius devrait être appelée sans délai sur l'ingérence des autorités locales allemandes dans le fonctionnement des services administratifs français, afin qu'il soit mis fin d'urgence aux agissements signalés qui portent un très grave préjudice à notre économie.

Le Directeur Général du Travail
et de la Main-d'Œuvre
A. PARODI.

V

EXTRAITS DE LA LETTRE DE DÉMISSION D'ANDRÉ POSTEL-VINAY SECRÉTAIRE D'ÉTAT AU PREMIER MINISTRE M. JACQUES CHIRAC

(en date du 22 juillet 1974)

Monsieur le Premier ministre,

J'ai l'honneur de vous confirmer que je démissionne de mon poste de secrétaire d'État. Cette démission m'est imposée par les décisions que vous avez prises, à l'occasion de « l'arbitrage budgétaire » du 12 juillet.

Non seulement cet arbitrage réduit fortement le programme complémentaire de logement et d'action sociale que j'ai présenté en faveur des immigrés, mais il le rend très aléatoire, en le subordonnant au vote incertain d'une taxe de 0,2 %, qui s'ajouterait au « 0,9 % – logement », préalablement ramené à 0,8...

Pour apprécier le système – un peu surprenant – que vous avez conçu, il faut remarquer que le 0,9 % actuel sert non seulement à loger des salariés français, mais, aussi, des salariés étrangers. Le montant prélevé, l'an dernier, sur ce 0,9 et affecté au logement d'immigrés peut être évalué à une somme de l'ordre de 200 millions. Ce prélèvement volontaire d'environ 200 millions cessera nécessairement si le 0,9 est effectivement réduit à 0,8 et complété par une taxe de 0,2 qui, elle, sera spécialement perçue en faveur des étrangers. Le nouveau 0,8 % sera forcément réservé aux Français.

En 1974, le produit de la future taxe de 0,2 % aurait été d'environ 440 millions. Le complément de ressources que la création de cette taxe aurait permis d'affecter au logement des immigrés se serait donc élevé à une somme de l'ordre de 240 millions (440 – 200). Ce chiffre de 240 millions n'atteint pas la moitié des crédits de paiement qui seraient nécessaires, l'an prochain, pour le programme complémentaire de logement et d'action sociale que j'ai présenté.

D'autre part, le système que vous avez prévu fonctionnerait hors budget, ce qui paraît exclure toute idée d'autorisation de programme. Or, les autorisations de programme que je demandais, pour 1975, atteignaient environ 900 millions. Cela revient à dire qu'avec les modalités que vous avez envisagées, le programme complémentaire, que je considère comme le minimum indispensable, se serait trouvé réduit de plus des deux tiers (approximativement de 900 à 240 millions) à supposer, bien entendu, que ces modalités reçoivent, à la fin de l'année, l'accord du Parlement, ce qui ne paraît pas sûr.

Cette réduction du 0,9 à 0,8, suivie de la création d'une taxe de 0,2, ne procurera donc que des ressources sans rapport avec mes demandes, en admettant qu'elle soit votée. En outre, ce système est mauvais, dans son principe même. Il est mauvais, parce qu'il risque de faire croire que le Gouvernement veut réduire l'effort destiné au logement des salariés français, pour mieux aider le logement des étrangers. Ce qui est surtout grave, c'est que ce système prétend subordonner un effort – qui est essentiel – au rendement incertain d'une taxe dont la création reste elle-même douteuse.

Ainsi que je l'ai demandé, il faudrait, au contraire, que l'État assume clairement et pleinement cet effort indispensable destiné au logement des immigrés, c'est-à-dire au logement des plus pauvres. Ce programme complémentaire que je réclame devrait être financé dans le cadre de la procédure H.L.M., avec des crédits budgétaires qu'implique cette procédure, de la même façon que le programme général de H.L.M. présenté par le ministère de l'Équipement.

Je vous rappelle que le programme complémentaire dont je demande le lancement, en 1975, pour les immigrés, comprendrait, au total, 15 000 logements sociaux locatifs. Ces 15 000 logements s'ajouteraient au programme général de 125 000 logements sociaux locatifs que le ministère de l'Équipe-*

* Logements ou « équivalents-logements », représentant environ 11 000 appartements H.L.M. et 15 000 « lits » de foyers, ce qui permettrait de porter l'effort annuel destiné aux immigrés, d'environ 14 000, à 25 000 appartements H.L.M. et de 25 000 à 40 000 lits de foyers. Il faudrait d'ailleurs admettre des possibilités de virements d'un secteur à l'autre (par exemple, du secteur « foyers » au secteur « appartements H.L.M. ») si cela s'avérait nécessaire, d'ici la fin de 1975.

ment a présenté pour 1975, en reprenant simplement, pour l'an prochain, les chiffres de 1974. Suivant ma proposition, le programme de logements sociaux locatifs se trouverait donc porté, en 1975, de 125 000 à 140 000 logements. Il augmenterait ainsi de 12 %. Cette augmentation constitue le strict minimum nécessaire, même dans l'hypothèse d'une immigration très faible, si l'on veut éviter que les taudis continuent de se peupler.

Vous avez dit, au « Comité restreint » du 12 juillet, que « la question du logement social n'avait aucune importance à vos yeux ». Vous avez dit aussi que « vous ne donneriez pas un sou de plus pour le G.I.P. », c'est-à-dire pour la lutte contre l'habitat insalubre. Je sais bien que vous vouliez affirmer ainsi que le redressement de notre situation monétaire vous paraît tellement capital qu'il prime, selon vous, toute autre préoccupation.

Ce que vous avez dit n'en reste pas moins grave. C'est grave, parce que cela montre une tendance vraiment étonnante à sous-estimer les problèmes humains et sociaux de notre pays. Cela ne paraît d'ailleurs pas défendable, même sur le plan financier, car il n'est évidemment pas exact que les dépenses complémentaires que je réclame, dans un secteur essentiel, ne pourraient pas être compensées par la réduction de crédits bien moins urgents, par l'arrêt de quelques gaspillages ou par des mesures fiscales. [...]

Les positions que vous avez adoptées, au Comité restreint du 12 juillet, me paraissent d'ailleurs en pleine contradiction avec les assurances données par le président de la République pendant la campagne présidentielle, au sujet de la disparition des taudis. Si l'on veut que les taudis aient disparu en 1980, comme le président de la République l'a promis, il faut, certes, changer l'ordre de grandeur de nos efforts, dès 1975. Je vous rappelle que le VIe Plan évalue à plus de 650 000 le nombre des étrangers vivant dans des taudis et à plus d'un million le nombre total des personnes logées dans un habitat insalubre. Or, depuis la rédaction du VIe Plan, la situation n'a pas cessé d'empirer, malgré la disparition de quelques grands bidonvilles. Nos efforts sont restés gravement insuffisants. D'autre part, le solde migratoire net annuel a été, en moyenne, de l'ordre de 150 000 personnes, travailleurs étrangers et membres de leurs familles, pauvres ou très pauvres. [...]

L'un des aspects les plus inquiétants de cet « arbitrage » du 12 juillet, c'est qu'il paraît s'expliquer par une méconnaissance des problèmes de la société – instable et troublée – dans laquelle nous vivons. Le Gouvernement ne doit pas seulement tâcher de redresser la situation monétaire, il doit également s'efforcer de transformer la situation sociale. S'il se borne à suivre dans ce domaine les usages de ses prédécesseurs, s'il ne montre pas qu'il change résolument d'esprit et de méthode, s'il ne manifeste pas, d'une manière évidente, sa volonté de justice sociale, il manquera un objectif qui paraît essentiel. Les conséquences d'un tel échec pourraient être très graves. Lors du premier Conseil des ministres auquel j'ai assisté, le président de la République a dit à peu près : « Le " changement " est nécessaire. Les Français le veulent. Si nous ne parvenons pas à le réaliser, il se réalisera sans nous et l'on peut craindre alors qu'il se fasse dans de très mauvaises conditions. » Cela me paraît remarquablement juste, mais je me demande si c'est également votre avis.

J'ai cru devoir, dans cette lettre, vous dire très nettement ce que je pense, sans atténuation d'aucune sorte. C'est le dernier service que je puisse vous rendre, dans mes fonctions de secrétaire d'État.

J'adresse une copie de cette lettre au président de la République, ainsi qu'aux membres du Gouvernement qu'elle intéresse directement.

Je vous prie de bien vouloir agréer, Monsieur le Premier ministre, l'assurance de ma haute considération.

ANDRÉ POSTEL-VINAY.

VI

STATISTIQUES DES ÉTRANGERS EN FRANCE

1. ÉVOLUTION DE LA POPULATION DE 1975 À 1990

en milliers

	1975	*1982*	*1990*	*Variation de 1982 à 1990*
Ensemble des étrangers	3 440	3 680	3 580	− 100 *
Nés en France	670	830	740	− 90 *
Nés hors de France	2 770	2 850	2 840	− 10
hommes	1 710	1 670	1 590	− 80
femmes	1 060	1 180	1 250	+ 70
femmes/hommes (en %)	62	71	79	
Étrangers de la CEE à douze	1 870	1 580	1 300	− 280 *
Nés en France	340	310	210	− 100 *
Nés hors de France	1 530	1 270	1 090	− 180
hommes	840	690	580	− 110
femmes	690	580	510	− 70
femmes/hommes (en %)	82	84	88	
Étrangers des pays hors CEE	1 570	2 100	2 280	+ 180 *
Nés en France	330	520	530	+ 10 *
Nés hors de France	1 240	1 580	1 750	+ 170
hommes	870	980	1 010	+ 30
femmes	370	600	740	+ 140
femmes/hommes (en %)	43	61	73	

* Variation apparente

Source : Recensement de population, INSEE.

2. PART DES ÉTRANGERS DANS LA POPULATION TOTALE EN 1990 EN %

France métropolitaine	6,3	Midi-Pyrénées	4,3
Ile-de-France	12,9	Aquitaine	4,1
Corse	9,9	Auvergne	4,0
Rhône-Alpes	7,9	Haute-Normandie	3,3
Alsace	7,8	Limousin	2,9
Provence-Alpes-Côte d'Azur	7,0	Basse-Normandie	1,6
Lorraine	6,6	Poitou-Charentes	1,6
Franche-Comté	6,3	Pays de la Loire	1,4
Languedoc-Roussillon	6,3	Bretagne	0,9
Bourgogne	5,1	Agglomération de Paris	13,7
Centre	5,0	Unités urbaines de :	
Champagne-Ardenne	4,8	20 000 à 1 999 999 habitants	6,8
Nord-Pas-de-Calais	4,2	moins de 20 000 habitants	4,6
Picardie	4,2	Communes rurales	2,0

Source : Recensement de la population de 1990, INSEE.

RECENSEMENTS DE 1851 À 1936

Année	Total (en milliers)	Français		Étrangers									
		de naissance	*par acquis.*	*Total*	*Allemand* [b]	*Belge*	*Espagnol*	*Italien*	*Polonais* [c]	*Portugais* [c]	*Suisse*	*Nat. Afrique*	*Autres nat.* [b] [c]
								Territoire de 1815					
1851	35 783	35 389	13	381	–	128	30	63	–	–	25	–	135
								Territoire de 1860					
1861	37 386	36 865	15	506	–	205	35	77	–	–	35	–	154
1866	38 067	37 396	16	655	–	276	33	100	–	–	42	–	204
								Territoire de 1871					
1872	36 103	35 412 [d]	15	676 [d]	39	348	53	113	–	–	43	–	80
1876	36 906	36 069	35	802	59	374	62	165	–	–	50	–	92
1881	37 405	36 327	77	1 001	82	432	74	241	–	–	66	–	106
1886	37 931	36 700	104	1 127	100	482	80	265	–	–	79	–	121
1891	38 133	36 832	171	1 130	83	466	78	286	–	–	83	–	134
1896	38 269	37 014	203	1 052	91	395	77	292	–	–	75	–	122
1901	38 451	37 195	222	1 034	90	323	80	330	–	–	72	–	139

							Territoire actuel						
1906	38 845	37 576	222	1 047	88	310[e]	81	378	–	–	69	–	121
1911	39 192	37 779	253	1 160	102	287	106	419	–	–	73	–	173
1921	38 797	37 011	254	1 532	76	349	255	451	46	11	90	38	216
1926	40 228	37 570	249	2 409	69	327	323	760	309	29	123	72	397
1931	41 228	38 152	361	2 715	72	254	352	808	508	49	98	105	469
1936	41 183	36 468	517	2 198	58	195	254	721	423	28	79	87	353

Sources : Annuaire statistique de France, résumé rétrospectif, 1966.

a. De 1851 à 1876 : population résidant en France au moment du recensement. De 1881 à 1936 : population présente en France au moment du recensement.

b. Avant 1872, les Allemands étant classés avec les Autrichiens et les Hongrois, ils ont été inclus dans la rubrique « Autres nationalités ».

c. Avant 1921, le nombre de Polonais, Portugais et Africains étant négligeable, ils ont été inclus dans la rubrique « Autres nationalités ».

d. 65 000 Alsaciens-Lorrains n'ayant pas encore opté pour la France à la suite du traité de Francfort (1871) sont comptés avec les Français de naissance.

e. Dont 20 000 Luxembourgeois environ qui n'ont pas été décomptés séparément.

RECENSEMENTS DE 1946 À 1990

Nationalité	*1946*[a]		*1954*[b]		*1962*[b]		*1968*	
	Nombre	*%*	*Nombre*	*%*	*Nombre*	*%*	*Nombre*	*%*
Population totale	39 848 182		42 781 370		46 458 956		49 654 556	
Ensemble des étrangers	1 743 619	100,0 %	1 765 298	100,0 %	2 169 665	100,0 %	2 621 088	100,0 %
Total nat. Europe	1 547 286	88,7 %	1 396 718	79,1 %	1 566 205	72,2 %	1 875 648	71,6 %
Allemands	24 947	1,4 %	53 760	3,0 %	46 606	2,1 %	43 724	1,7 %
Belges	153 299	8,8 %	106 828	6,1 %	79 069	3,6 %	65 224	2,5 %
Espagnols	302 201	17,3 %	288 923	16,4 %	441 658	20,4 %	607 184	23,2 %
Italiens	450 764	25,9 %	507 602	28,7 %	628 956	29,0 %	571 684	21,8 %
Polonais	423 470	24,3 %	269 269	15,2 %	177 181	8,2 %	131 668	5,0 %
Portugais	22 261	1,3 %	20 085	1,1 %	50 010	2,3 %	296 448	11,3 %
Yougoslaves	20 858	1,2 %	17 159	1,0 %	21 314	1,0 %	47 544	1,8 %
Autres nat. Europe	149 486	8,5 %	133 092	7,6 %	121 411	5,6 %	112 172	4,3 %
Soviétiques, Russes	50 934	2,9 %	34 501	2,0 %	26 429	1,2 %	19 188	0,7 %
Total nat. Afrique	54 005	3,1 %	229 505	13,0 %	428 160	19,7 %	652 096	24,8 %
Algériens	22 114	1,3 %	211 675	12,0 %	350 484	16,2 %	473 812	18,1 %
Marocains	16 458	0,9 %	10 734	0,6 %	33 320	1,5 %	84 236	3,2 %
Tunisiens	1 916	0,1 %	4 800	0,3 %	26 569	1,2 %	61 028	2,3 %
Autres nat. Afrique	13 517	0,8 %	2 296	0,1 %	17 787	0,8 %	33 020	1,2 %
Total nat. Amérique	8 267	0,5 %	49 129	2,8 %	88 377	4,1 %	28 436	1,1 %
Total nat. Asie	69 741	4,0 %	40 687	2,3 %	36 921	1,7 %	44 708	1,7 %
Turcs	7 770	0,4 %	5 273	0,3 %	[c]	[c]	7 628	0,3 %
Autres nat. Asie	61 971	3,6 %	35 414	2,0 %	36 921	1,7 %	37 080	1,4 %
Nat. Océanie, nat. non précisées	13 386	0,8 %	14 758	0,8 %	23 573	1,1 %	1 012	0,1 %

Nationalité	*1975*		*1982*		*1990*	
	Nombre	*%*	*Nombre*	*%*	*Nombre*	*%*
Population totale	52 599 430		54 295 612		56 634 299	
Ensemble des étrangers	3 442 415	100,0 %	3 714 200	100,0 %	3 607 590	100,0 %
Total nat. Europe	2 090 235	60,7 %	1 768 176	47,6 %	1 453 369	40,3 %
dont CEE	1 963 590	57,0 %	1 659 580	44,7 %	1 308 888	36,3 %
Allemands	42 955	1,3 %	44 000	1,2 %	51 483	1,4 %
Belges	55 945	1,6 %	52 636	1,4 %	59 705	1,7 %
Espagnols	497 480	14,5 %	327 156	8,8 %	216 015	6,0 %
Italiens	462 940	13,4 %	340 308	9,2 %	253 679	7,0 %
Polonais	93 655	2,7 %	64 804	1,7 %	46 283	1,3 %
Portugais	758 925	22,0 %	767 304	20,7 %	645 578	17,9 %
Yougoslaves	70 280	2,1 %	62 472	1,7 %	51 697	1,4 %
Autres nat. Europe (sauf URSS)	108 055	3,1 %	109 496	2,9 %	128 929	3,6 %
Soviétiques, Russes	12 450	0,4 %	7 452	0,2 %	4 309	0,1 %
Total nat. Afrique	1 192 300	34,6 %	1 594 772	43,0 %	1 652 870	45,8 %
Algériens	710 690	20,6 %	805 116	21,7 %	619 923	17,2 %
Marocains	260 025	7,6 %	441 308	11,9 %	584 708	16,2 %
Tunisiens	139 735	4,1 %	190 800	5,2 %	207 496	5,8 %
Nat. Afrique noire francophone	70 320	2,0 %	127 332	3,4 %	178 133	4,9 %
Autres nat. Afrique	11 530	0,3 %	30 216	0,8 %	62 610	1,7 %
Total nat. Amérique	41 560	1,2 %	52 840	1,4 %	77 554	2,1 %

RECENSEMENTS DE 1946 À 1990 (SUITE)

Nationalité	*1975*		*1982*		*1990*	
	Nombre	*%*	*Nombre*	*%*	*Nombre*	*%*
Total nat. Asie	104 465	3,0 %	289 560	7,8 %	417 020	11,6 %
Cambodgiens, Laotiens, Vietnamiens	17 505	0,5 %	104 188	2,8 %	106 843	3,0 %
Libanais	3 870	0,1 %	11 316	0,3 %	19 165	0,5 %
Turcs	50 860	1,5 %	122 260	3,3 %	201 480	5,6 %
Autres nat. Asie	32 230	0,9 %	51 796	1,4 %	89 532	2,5 %
Nat. Océanie, nat. non précisées	1 405	0,1 %	1 400	E	2 468	0,1 %

a. Pour 1946 : population présente au moment du recensement. Depuis, population résidant en France au moment du recensement.

b. Les Français musulmans d'Algérie, bien que juridiquement de nationalité française, sont comptés avec les étrangers. Cependant, et pour 1954 seulement, les ressortissants de l'Union française sont comptés avec les Français de naissance, à la différence des autres recensements où ils sont comptés avec les étrangers.

c. Cette nationalité n'a pas été isolée au recensement de 1962.

d. Les étrangers de nationalité grecque ont été inclus dans les résultats de la Communauté économique européenne en 1975, bien que n'en faisant pas encore partie.

Source : Pour 1946, 1954, 1962, résultats du dépouillement exhaustif.
Pour 1968, résultats du sondage au 1/4.
Pour 1975, résultats du sondage au 1/5.
Pour 1982, résultats du sondage au 1/4.
Pour 1990, résultats du sondage au 1/20.

VII

STATISTIQUES DES FLUX ANNUELS RÉCENTS

FLUX D'IMMIGRATION D'ÉTRANGERS EN 1993 (RAPPELS DE 1992, 1991 ET 1990)

	Travailleurs permanents	*Regroupement familial*[1]	*Conjoints de Français*	*Parents d'enfants français*	*Réfugiés*	*Familles de réfugié ou apatride*	*Actifs non salariés*[2]	*Autres bénéficiaires de plein droit de la carte de résident*	*Total 1993*	*Total (Rappel 1992)*	*Total (Rappel 1991)*	*Total (Rappel 1990)*
Total Européens	15 796	7 483	2 732	142	3 040	545[4]	101	163	30 002	35 902	26 972	24 231
Dont												
Union européenne	14 361	27	–	–	–	–	–	–	14 388	24 194	9 333	9 514
Dont												
Portugais	7 512	24	–	–	–	–	–	–	7 536	15 241	1 091	1 152
Europe de l'Est et CEI[3]	608	1 000	1 286	50	312	93	15	77	3 441	3 613	5 516	4 964
Turcs	371	4 591	525	44	783	413	3	31	6 761	9 306	9 423	7 285
Ex Yougoslavie	123	1 431	273	18	1 977	33	4	51	3 910	1 151	1 094	1 155
Total Asiatiques	1 911	2 633	2 013	102	4 747	255	59	219	11 938	14 795	20 822	21 455
Dont												
Libanais	637	453	151	14	12	2	8	54	1 331	1 625	3 504	4 579
Sri-Lankais	79	182	36	4	2 141	62	0	1	2 505	–	–	–
Cambodge Laos Viêt-nam	136	82	236	15	2 073	98	1	39	2 680	2 862	5 263	6 975

Total Africains	3 226	20 334	13 165	2 198	1 487	292	1 020	989	42 711	48 675	46 858	44 705
Dont												
Maghreb	1 208	17 318	9 525	269	47	18	997	536	29 918	31 304	33 631	34 329
Algériens	517	5 331	5 151		13	4	974	263	12 253	11 362	11 776	12 703
Marocains	523	9 932	3 291	204	10	9	17	232	14 218	16 108	17 778	17 761
Tunisiens	168	2 055	1 083	65	24	5	6	41	3 447	3 834	4 077	3 865
Afrique hors Maghreb	2 018	3 016	3 640	1 929	1 440	274	23	453	12 793	17 371	13 227	10 466
Total Américains	3 392	1 928	2 031	386	537	119	596	118	9 107	7 554	7 392	6 095

FLUX D'IMMIGRATION D'ÉTRANGERS EN 1993 (RAPPELS DE 1992, 1991 ET 1990) (SUITE)

	Travailleurs permanents	*Regroupement familial* [1]	*Conjoints de Français*	*Parents d'enfants français*	*Réfugiés*	*Familles de réfugié ou apatride*	*Actifs non salariés* [2]	*Autres bénéficiaires de plein droit de la carte de résident*	*Total 1993*	*Total (Rappel 1992)*	*Total (Rappel 1991)*	*Total (Rappel 1990)*
Toutes nationalités 1993	24 388	32 435	20 080	2 835	9 914	1 223	1 780	1 497	94 152			
Toutes nationalités (Rappel 1992)	42 255	32 665	19 045	2 986	10 819	1 065	1 282	1 105		111 222		
Toutes nationalités (Rappel 1991)	25 607	35 625	18 763	3 146	15 467	1 246	1 442	1 187			102 483	
Toutes nationalités (Rappel 1990)	22 393	36 949	15 254	3 080	13 486	3 200	1 439	1 196				96 997

1. Ne comprend pas toutes les familles de ressortissants de la CEE, mais seulement celles qui adressent une demande de regroupement familial à l'O.M.I., procédure qui n'est pas obligatoire.
2. Les actifs non salariés de la CEE ne font pas l'objet d'un enregistrement.
3. CEI, Albanie, Bulgarie, Hongrie, Pologne, Roumanie, Tchèquie et Slovaquie.
6. Estimation qui surévalue probablement le nombre d'entrées au titre de famille de réfugié.

Source : **O.M.I. tableau confectionné par l'INED pour le Haut Conseil à l'intégration.**

ÉVOLUTION, DEPUIS 1981, DES DEMANDES D'ASILE DÉPOSÉES ET DES DÉCISIONS RENDUES

	1981	*1982*	*1983*	*1984*	*1985*	*1986*	*1987*	*1988*	*1989*	*1990*	*1991*	*1992*	*1993*
Demandes d'asile	19 770	22 471	22 285	21 624	28 809	26 196	27 568	34 253	61 372	54 707	46 784	28 873	27 564
Europe	2 660	3 628	3 195	2 866	3 579	4 636	6 909	8 915	20 614	17 542	14 622	7 159	7 524
Asie	11 842	13 857	12 816	13 197	14 136	9 795	8 934	8 377	13 950	13 335	14 663	11 092	7 960
Afrique	3 582	3 734	4 590	4 043	9 984	10 708	10 478	14 725	23 456	22 119	16 172	9 392	11 145
Amérique	1 685	1 252	1 684	1 518	1 110	1 057	1 247	2 236	3 352	1 711	1 088	923	679
Décisions	18 670	21 154	20 816	21 243	26 614	27 185	26 559	25 363	30 199	85 369	81 926	37 202	35 489
Europe	2 386	3 583	3 074	2 829	2 806	3 592	4 559	6 548	8 263	29 490	24 879	8 685	9 771
Asie	11 718	13 514	12 514	14 142	16 316	13 752	11 400	8 729	10 341	16 952	19 234	13 450	10 264
Afrique	2 974	2 811	3 880	3 085	5 781	8 173	9 332	8 450	10 174	35 526	35 485	12 268	13 208
Amérique	1 592	1 246	1 348	1 187	1 711	1 668	1 268	1 636	1 421	3 401	2 198	2 701	1 754
Acceptations	14 489	15 614	14 564	13 629	11 491	10 556	8 635	8 732	8 711	13 443	16 112	10 819	9 914
Europe	1 913	3 204	2 508	2 084	1 662	1 716	1 671	2 166	1 999	2 944	3 787	2 071	3 040
Asie	10 294	10 545	10 241	10 352	8 062	7 206	5 545	5 037	5 466	8 396	9 389	6 111	4 747
Afrique	1 063	783	860	841	957	837	877	887	819	1 516	2 258	1 820	1 487
Amérique	1 219	1 082	955	352	810	797	542	642	427	587	550	740	537

Source : O.F.P.R.A.

PERSONNES ENTRÉES EN FRANCE AU TITRE DU REGROUPEMENT FAMILIAL DE 1970 À 1992 PAR PRINCIPALES NATIONALITÉS

Année d'immigration	*Allemands*	*Espagnols*	*Italiens*	*Marocains*	*Portugais*	*Tunisiens*	*Algériens*	*Turcs*	*Yougoslaves*	*Autres nationalités*	*Total*
1970	378	10 644	4 073	5 925	47 033	3 731	3 123	359	2 703	6 106	84 075
1971	393	9 636	3 360	6 939	46 492	3 962	4 052	763	2 617	7 334	85 548
1972	405	8 385	3 221	9 041	38 217	4 223	4 054	1 169	2 374	7 920	79 009
1973	285	6 255	2 788	12 075	31 861	4 763	5 421	2 732	2 523	9 365	78 068
1974	451	4 709	2 798	13 798	23 398	4 347	5 663	5 551	2 395	10 591	73 701
1975	1	2 842	–	10 801	18 490	3 871	4 249	6 991	1 571	7 257	56 073
1976	–	1 602	–	17 969	13 703	4 194	5 832	8 927	1 253	9 729	63 209
1977	–	1 064	–	16 521	11 048	4 101	6 365	7 303	1 078	11 203	58 683
1978	–	778	–	12 218	7 038	3 837	5 565	5 697	658	9 897	45 688
1979	–	659	1	12 007	5 775	3 449	6 619	6 267	434	10 728	45 919
1980	–	604	1	13 602	4 864	3 380	7 902	7 084	362	12 123	49 922
1981	–	657	–	14 225	4 548	3 526	7 166	7 385	409	10 839	48 755
1982	3	944	1	16 847	5 839	4 108	9 094	5 897	368	13 389	56 490
1983	4	1 131	3	14 319	5 891	4 079	8 058	6 620	500	13 220	53 825
1984	1	849	3	10 816	4 506	3 155	7 305	5 418	454	14 419	46 926
1985	–	620	–	8 613	3 866	2 339	6 104	4 327	359	12 421	38 649
1986	–	186	–	7 720	1 631	2 233	5 219	4 267	361	5 499	27 116
1987	–	23	–	7 999	172	2 413	5 206	4 608	444	5 881	26 746
1988	–	20	–	10 069	169	2 653	4 666	4 657	472	6 626	29 332
1989	–	24	–	12 777	102	2 753	5 811	5 191	584	7 206	34 448
1990				13 667		2 780	6 641	4 713	651	8 497	36 949
1991				12 557		2 942	5 666	5 106		9 354	35 625
1992				11 343		2 557	5 039	4 661	494	8 571	32 665
1993				9 932		2 055	5 331	4 591	1 431	9 081	32 421

Source : ONI.

VIII

L'ACCÈS À LA NATIONALITÉ FRANÇAISE

ACQUISITIONS DE LA NATIONALITÉ FRANÇAISE PAR DÉCRET ET PAR DÉCLARATION DE 1975 À 1992

Acquisitions par décret

Modes d'acquisition	*1975*	*1980*	*1981*	*1982*	*1983*	*1984*	*1985*	*1986*	*1987*	*1988*	*1989*	*1990*	*1991*	*1992*	*1993*
	26 674	31 504	34 400	28 459	19 990	20 056	41 588	33 402	25 702	26 961	33 040	34 899	39 445	39 346	40 739
Naturalisation	18 006	20 203	21 541	18 073	13 213	13 635	26 902	21 072	16 205	16 762	19 901	20 827	23 177	22 792	23 283
Réintégration	1 021	1 977	2 811	2 349	1 577	1 599	2 708	1 986	1 649	2 251	2 961	3 462	3 710	4 205	4 299
Effet collectif	7 647	9 324	10 048	8 037	5 220	4 822	11 978	10 344	7 848	7 948	10 178	10 610	12 558	12 349	13 157

Déclarations de nationalité

Titre	*1975*	*1980*	*1981*	*1982*	*1983*	*1984*	*1985*	*1986*	*1987*	*1988*	*1989*	*1990*	*1991*	*1992*	*1993*
	14 663	20 599	19 611	20 368	19 705	15 517	19 089	22 566	16 052	27 338	26 468	30 077	32 768	32 249	32 425
Par mariage	8 394	13 767	13 209	14 227	13 213	10 279	12 634	15 190	9 788	16 592	15 489	15 627	16 333	15 601	15 246
Durant la minorité	5 348	4 836	4 600	4 473	4 793	4 201	5 088	6 312	5 486	9 937	9 711	12 041	13 551	14 383	15 476
Autres causes	921	1 996	1 801	1 668	1 699	1 037	1 367	1 064	778	809	1 268	2 409	2 884	2 265	1 703
Total général des acquisitions	41 338	52 103	54 011	48 827	39 695	35 573	60 677	55 968	41 754	54 299	59 508	64 976	72 213	71 595	73 164

Source : D.P.M.

BIBLIOGRAPHIE

Cette bibliographie est une sélection des ouvrages, revues et articles les plus importants sur la politique française de l'immigration. Elle n'a donc pas de prétention à l'exhaustivité.

Ouvrages

AMAR Marianne et MILZA Pierre, *L'Immigration en France au XXe siècle*, Armand Colin, Paris, 1990, 331 p.

ANDRÉANI Alphonse, *La Condition des étrangers en France et la législation sur la nationalité française*, F. Alcan, Paris, 1907, 340 p.

BAILEY F.-G. , *Les Règles du jeu politique*, P.U.F., Paris, 1967, 252 p.

BENOÎT Jean, *Dossier E comme esclaves*, Alain Moreau, Paris, 1980, 380 p.

BODY-GENDROT Sophie, *Ville et violence*, P.U.F., Paris, 1993, 256 p.

BONNAFOUS Simone, *L'Immigration prise aux mots*, éd. Kimé, Paris, 1991, 299 p.

BONNET Jean-Charles, *Les Pouvoirs publics français et l'immigration dans l'entre-deux-guerres*, Presses de l'université de Lyon II, 1976, 414 p.

BOUBEKER Ahmed et BEAU Nicolas, *Chroniques métissées*, Alain Moreau, Paris, 1986, 213 p.

BOULOT Serge et BOYZON-FRADET Danielle, *Les Immigrés et l'école : une course d'obstacles*, L'Harmattan-C.I.E.M.I., Paris, 1988, 192 p.

BOURDIEU Pierre et SAYAD Abdelmalek, *Le Déracinement. La crise de l'agriculture traditionnelle en Algérie*, Minuit, Paris, 1964, 228 p.

BRUBAKER William Rogers, *Immigration and the Politics of Citizenship in Europe and America*, University Press of America and German Marshall Found of the United States, New York, London, 1989, 188 p.

–, *Citizenship and Nationhood in France and Germany*, Harvard University Press, Cambridge, London, 1992, 272 p.

CALVEZ Corentin, *Les Problèmes des travailleurs étrangers*, Rapport présenté au nom du Conseil économique et social, Paris, 1969, 63 p.

CORDEIRO Albano, *L'Immigration*, La Découverte, Paris, 1984, 125 p.

COSTA-LASCOUX Jacqueline, *De l'immigré au citoyen*, La Documentation française, Paris, 1989, 160 p.

COSTA-LASCOUX Jacqueline et TEMINE Émile, *Les Algériens en France, genèse et devenir d'une migration*, Publisud, Paris, 1985, 371 p.

COSTA-LASCOUX Jacqueline, WEIL Patrick (Direction), *Logiques d'États et immigrations*, Kimé, 1992, 300 p.

CROZIER Michel et FRIEDBERG Ehrard, *L'acteur et le système*, Le Seuil, Paris, 1985, 243 p.

DÉSIR Harlem, *Touche pas à mon pote*, Grasset, Paris, 1985, 148 p.

DESMAREST Jacques, *La Politique de la main-d'œuvre en France*, P.U.F., Paris, 1946, 267 p.

DUBEDOUT Hubert, *Rapport de la commission nationale pour le développement social des quartiers*, La Documentation française, Paris, 1982.

DUBET François, *La Galère : jeunes en survie*, Fayard, Paris, 1987, 503 p.

–, *Immigrations, qu'en savons-nous ?*, La Documentation française, Paris, 1989, 144 p.

DUPUY François et THOENIG Jean-Claude, *L'Administration en miettes*, Fayard, Paris, 1985, 316 p.

FOURNIER Jacques, *Le Travail gouvernemental*, Dalloz/F.N.S.P., Paris, 1987, 285 p.

GARNOT Xavier, *Condition de l'étranger*, éd. Arthur Rousseau, Paris, 1886, 170 p.

GARSON Jean-Pierre, TAPINOS Georges (sous la direction de), « L'Argent des immigrés. Transferts de fonds de huit nationa-

lités immigrées en France », Travaux et documents, in *Cahier*, n° 94, I.N.E.D., Paris, 1981, 352 p.
GARSON Jean-Pierre, SILBERMAN Roxane et MOULIER-BOUTANG Yan, *Économie politique des migrations clandestines de main-d'œuvre*, Publisud, Paris, 1986, 276 p.
GELLNER Ernest, *Nations et nationalisme*, Payot, Paris, 1990, 208 p.
GEORGE Pierre, *Les Migrations internationales*, P.U.F., Paris, 1976, 230 p.
GILLETTE Alain et SAYAD Abdelmalek, *L'Immigration algérienne en France*, éd. Entente, Paris, 1985, 185 p.
GOFFMAN Erwing, *La Mise en scène de la vie quotidienne*, Minuit, Paris, 1973, 2 t., 251 et 272 p.
–, *Les Rites d'interaction*, Minuit, Paris, 1974, 234 p.
GRANOTIER Bernard, *Les Travailleurs immigrés en France*, Maspero, Paris, 1976, 291 p.
GRIOTTERAY Alain, *Les Immigrés : le choc*, Plon, Paris, 1984, 176 p.
GROSS Gary, *Immigrant Workers in Industrial France*, Temple University Press, Philadelphie, 1983.
Haut Conseil à l'Intégration, *Pour un modèle français d'intégration*, La Documentation française, Paris, 1991, 185 p.
HENNERESSE Marie-Claude, *Le Patronat et la politique française d'immigration 1945-1975*, Institut d'études politiques de Paris, thèse de 3e cycle, science politique, 1979, 609 p.
HIRSCHMAN Albert O., *Face au déclin des entreprises et des institutions*, Éditions ouvrières, coll. « économie et humanisme », Paris, 1972, 142 p.
HOLLIFIELD James F., *Immigrants Markets and States. The Political Economy of Postwar Europe*, Harvard University Press, Cambridge, 1992, 306 p.
HOROWITZ Donald L. et NOIRIEL Gérard (Éd.), *Immigrants in Two Democracies : French and American Experiences*, New York University Press, New York & London, 1992, 496 p.
I.N.S.E.E. et ministère des Affaires sociales et de la Solidarité nationale, *Recensement général de la population en 1982 : les étrangers*, La Documentation française, Paris, 1982, 152 p.
JOBERT Bruno et MULLER Pierre, *L'État en action*, P.U.F., 1987, Paris, 242 p.
KEPEL Gilles, *Les Banlieues de l'Islam*, Le Seuil, Paris, 1987, 423 p.
KEPEL Gilles et LEVEAU Rémy, *Les Musulmans dans la société française*, Presses de la F.N.S.P., Paris, 1988, 202 p.

KINGDON John W., *Agendas, Alternatives and Public Policies*, Scott, Eoresman and Company, Glenniew, Illinois, 1984, 240 p.

LACHAZE Marcel, *Les Étrangers dans le droit public français*, librairie Dalloz, Paris, 1928, 206 p.

LAGARDE Paul, *La Nationalité française*, librairie Dalloz, Paris, 1989, 2e éd., 363 p.

LAROQUE Pierre et OLLIVE François, *Le Problème de l'émigration des travailleurs nord-africains en France*, rapport du Haut Comité méditerranéen et d'Afrique du Nord, Paris, mars 1938, 3 t., 341 p.

LEBON André, ministère des Affaires sociales et de l'Emploi et direction de la population et des migrations, *Le Point sur l'immigration et la présence étrangère en France*, La Documentation française, Paris, 1986-87, 91 p.

LECA Jean et PAPINO Roberto, *Les Démocraties sont-elles gouvernables ?*, Economica, Paris, 196 p.

LEFORT François, *Commission publique anti-expulsion Alger 80 principales interventions*, Ciem, Paris, 40 p.

LE GALLOU Jean-Yves et JALKH Jean-François, *Être français, cela se mérite*, Albatros, Paris, 1987, 162 p.

LE MASNE Henri, *Le Retour des émigrés algériens. Projets et contradictions*, Alger, Office des publications universitaires ; Paris, Centre d'information et d'étude sur les migrations, 1982, 216 p.

LE PORS Anicet, *Immigration et développement économique et social*, La Documentation française, Paris, 1977, 364 p.

LEQUIN Yves (dir.), *Histoire des étrangers et de l'immigration en France*, Larousse, 1992, Paris, 494 p.

LINHART Robert, *L'Établi*, Minuit, Paris, 1977, 179 p.

LIVIAN Marcel, *Le Parti socialiste et l'immigration, 1920-1940*, Anthropos, Paris, 1981, 264 p.

–, *Le Régime juridique des étrangers en France*, L.G.D.J., Paris, 1931, 234 p.

LOCHAK Danièle, *Étrangers de quel droit ?*, P.U.F., coll. « Politique d'aujourd'hui », Paris, 1985, 256 p.

LONG Marceau, *Les Services du Premier ministre*, conférences, Presses universitaires d'Aix-Marseille, Aix-en-Provence, 1981, 279 p.

MANGIN Stanislas, *Travailleurs immigrés : contribution au bilan de la situation de la France en mai 1981*, extrait du rapport Bloch-Lainé, Ciemi, Paris, 1981, 64 p.

MARANGÉ James et LEBON André, *L'Insertion des jeunes d'origine étrangère dans la société française*, rapport au ministre du Travail, La Documentation française, Paris, 1982, 270 p.

MARCH James, *Decisions and Organizations*, Oxford, Basil Blackwell, 1988, 458 p.

MARRUS Michaël R. et PAXTON Robert O., *Vichy et les Juifs*, Calmann-Lévy, Paris, 1981, 432 p.

MAUCO Georges, *Les Étrangers en France. Leur rôle dans l'activité économique*, Armand Colin, Paris, 1932, 600 p.

–, *L'Assimilation des étrangers en France*, Société des Nations, Paris, 1937, 115 p.

–, *Les Étrangers en France et le problème du racisme*, La Pensée universelle, Paris, 1977, 254 p.

–, *Vécu, 1899-1982*, Éditions Émile-Paul, Paris, 1982, 350 p.

MAYER Jacques et LEBON André, *Mesure de la présence étrangère en France*, mai 1979, La Documentation française, Paris, 29 p.

MÉNY Yves et THOENIG Jean-Claude, *Politiques publiques*, P.U.F., Paris, 1990, 391 p.

MERCIER Christian, *Les Déracinés du capital*, Presses universitaires de Lyon, 1977, 321 p.

MILLER Mark J. , *The Problem of Foreign Worker Participation and Representation*, University Microfilms International Ann Arbor, Michigan ; London, 1978, vol. 1 et 2, 695 p.

MILZA Olivier, *Les Français devant l'immigration*, Éditions Complexe, Bruxelles, 1988, 218 p.

MILZA Pierre, *Français et Italiens à la fin du XIX*[e] *siècle*, École française de Rome, palais Farnèse, 1981, 2 t., 1 114 p.

MINCES Juliette, *Les Travailleurs étrangers en France*, Le Seuil, coll. « Combats », Paris, 1973, 475 p.

MONNIER Éric, *Évaluations de l'action des pouvoirs publics : du projet au bilan*, Economica, Paris, 1987, 169 p.

N'GUYEN VAN YEN Christian (en collaboration avec WEIL Patrick), *Droit de l'immigration*, P.U.F., Paris, 1986, 352 p.

NOIRIEL Gérard, *Longwy. Immigrés et prolétaires, 1880-1980*, P.U.F., Paris, 1984, 396 p.

–, *Le Creuset français, histoire de l'immigration XIX*[e], *XX*[e] *siècle*, Le Seuil, Paris, 1988, 350 p.

–, *La Tyrannie du national*, Calmann-Lévy, Paris, 1991, 360 p.

NOREK Claude et DOUMIC-DOUBLET Frédérique, *Le Droit d'asile en France*, P.U.F., Paris, 1989, 128 p.

Ominor, *Le Logement des immigrés en France*, Actes des journées d'études des 13 et 14 mai 1982, Lille, 1982, 386 p.

ORIOL Paul, *Les Immigrés : métèques ou citoyens ?*, Syros, Paris, 1985, 158 p.

OURY Jean-Marc, *Économie politique de la vigilance*, Calmann-Lévy, Paris, 187 p.

PADIOLEAU Jean-Gustave, *L'État au concret*, P.U.F., Paris, 1982, 222 p.

PEROTTI Antonio, *L'Immigration en France. Éléments pour une analyse*, Ciem, Paris, 1980, 40 p.

POINARD Michel, *Le Retour des travailleurs portugais*, La Documentation française, Paris, 1980, 141 p.

PONTY Janine, *Polonais méconnus, histoire des travailleurs immigrés en France dans l'entre-deux-guerres*, Publication de la Sorbonne, Paris, 1988, 474 p.

ROSANVALLON Pierre, *L'État en France de 1789 à nos jours*, Le Seuil, Paris, 1989, 375 p.

ROUARD DE CARD Edgard, *La Nationalité française*, A. Pedone et J. Gamber, Paris, 1922, 296 p.

SAHLINS Peter, *Boundaries. The making of France and Spain in the Pyrenees*, California University Press, Berkeley (CA), 1989, 354 p.

SAYAD Abdelmalek, *L'Immigration et les paradoxes de l'altérité*, éditions De Boeck, Bruxelles, 1991, 331 p.

SCHNAPPER Dominique, *La France de l'intégration*, Gallimard, 1991, 374 p.

SCHOR Ralph, *L'Opinion publique et les étrangers en France 1919-1939*, Publications de la Sorbonne, 1985, Paris, 761 p.

SCHWARTZ Bertrand, *L'Insertion professionnelle et sociale des jeunes*, La Documentation française, Paris, 1981.

Secrétariat d'État chargé de la famille, de la population et des travailleurs immigrés, *La Nouvelle Politique de l'immigration*, La Documentation française, Paris, 1977, 165 p.

SHELLING Thomas, *Stratégie du conflit*, P.U.F., Paris, 1986, 313 p.

SILVERMAN Maxim, *Deconstructing the Nation, Immigration, Racism and Citizenship in Modern France*, Routledge, London & New York, 1992.

Société française de droit international, *Les Travailleurs étrangers et le droit international*, éd. Pedore, Paris, colloque Clermont-Ferrand, 25-26-27 mai 1978, 1979.

STASI Bernard, *L'Immigration, une chance pour la France*, Robert Laffont, Paris, 1984.

STEIN Louis, *Par-delà l'exil et la mort, les républicains espagnols en France*, Paris, 1981, 386 p.

TAGUIEFF Pierre-André, *La Force du préjugé*, La Découverte, Paris, 1988, 645 p.
TAGUIEFF Pierre-André (sous la direction de), *Face au racisme*, La Découverte, Paris, 1991, 2 vol., 336 et 245 p.
TAPINOS Georges, *L'Économie des migrations internationales*, Presses de la F.N.S.P., Paris, 1974, 251 p.
–, *L'Immigration étrangère en France 1946-1973*, P.U.F., Paris, 1975, 110 p.
TIBERGHIEN Frédéric, *La Protection des réfugiés en France*, Economica-Presses universitaires d'Aix-en-Provence, 1988, 592 p.
TRIBALAT Michèle (dir.), *Cent ans d'immigration, étrangers d'hier, Français d'aujourd'hui*, I.N.E.D.-P.U.F., 1993, 320 p.
TRICART Jean-Paul, *Pauvreté et précarité : l'évolution des ensembles H.L.M. dans un contexte de crise*, Ominor, Lille, 1981.
TRIPIER Maryse, *L'Immigration dans la classe ouvrière en France*, C.I.E.M.I.-L'Harmattan, Paris, 1990, 336 p.
VANEL Marguerite, *Histoire de la nationalité française d'origine*, Paris, ancienne imprimerie de la cour d'appel, 1945, 156 p.
VERHAEREN Raphaël et CORDEIRO Albano, *Les Travailleurs immigrés et la Sécurité sociale*, P.U.G., Grenoble, 1977, 108 p.
VOISARD Jacques et DUCASTELLE Christiane, *La Question immigrée en France*, fondation Saint-Simon, Calmann-Lévy, Paris, 1988, 151 p.
WIEVIORKA Michel, *La France raciste*, Paris, 1992, 394 p.
WIHTOL DE WENDEN Catherine (sous la direction de), *La Citoyenneté*, fondation Diderot, Edilig, Paris, 1988, 364 p.
–, *Les Immigrés et la politique*, Presses de la F.N.S.P., Paris, 1988, 346 p.

Revues spécialisées

Actualités migrations, revue de l'O.M.I., Office des migrations internationales, 44, rue Bargue. 75732 Paris cedex 15.
Revue européenne des migrations internationales, UA 1145, département de géographie, 95, av. du Recteur-Pineau. 86022 Poitiers cedex, France.
Hommes et migrations, 10, rue de la Duée. 75020 Paris.

O.C.D.E., *Rapports annuels du système d'observation des migrations* (Sopemi), années 1974-1985, Paris.

Plein Droit (revue du Gisti, 46, rue de Montreuil, 75011 Paris).

Presse et Immigrés en France, *Revue du C.I.E.M.I. (Centre d'information et d'études : les migrations internationales)*, 44, rue de Montreuil. 75011 Paris.

Numéros spéciaux de revues

Correspondance municipale, « Les Immigrés dans la commune », n° 204, janvier 1980, 51 p.

Numéro spécial de la revue *Droit social*, « Droit social et travailleurs immigrés », mai 1976, 213 p.

Échange et projets, « Pour un statut des étrangers », supplément au n° 1 de la revue, Paris, 1974, p. 41-70.

Esprit, n° 6, « Français-Immigrés », juin 1985.

Les Temps modernes, « L'Immigration maghrébine en France, les faits et les mythes », numéro spécial, mars-avril 1984.

Pluriel, n° 21, 1980.

Politix, 1990, n° 12, « Issu(e)s de l'immigration ».

Population, Chronique de l'immigration, n° 1 de chaque année.

Pouvoirs, 1988, n° 47, « L'immigration ».

Problèmes économiques. Les étrangers en France, La Documentation française, n° 1355, 1974.

Projet, « Ces étrangers qui font aussi la France », numéro spécial, 171-172, janvier-février 1983.

Relations internationales, « Migrations et relations internationales », n° 54, été 1988.

Revue de droit sanitaire et social, n° 2, avril-juin 1987, « Immigration et protection sociale ».

Revue française d'administration publique, « L'Immigration », juillet-septembre 1988.

Revue Plein Droit, n° spécial 22-23, oct. 1993-mars 1994.

Vingtième Siècle, « Étrangers, immigrés, Français », numéro spécial, juillet-septembre 1985, 229 p.

Articles

ALLISON Graham T., « Conceptual Models and the Cuban Missile Crisis », *The American Political Science Review*, sept. 1969, vol. 63, n°3, 720 p.

ANDERSON Paul, « Decision Making by Objection and the Cuba Missile Crisis », *Administrative Science Quarterly*, n° 28, juin 1983, p. 201-202.

ANSTETT Suzel, « Quarante ans de politique d'immigration vus au travers des articles parus dans la *Revue française des affaires sociales* », *Revue française des affaires sociales*, n° 4, 1986, p. 115-132.

BACHRACH P. et BARATZ S., « Decisions and Non-Decisions : an Analytical Framework », *American Political Science Review*, 1963, p. 632-647.

BALTA Paul, « French Policy in North Africa », *Middle East Review*, vol. 40, printemps 1986, p. 238-251.

BEAUGE Albert et ORIOL Michel, « La crise de 1974 et la remise en question des migrations tournantes », in *Greco 13*, recherche sur les migrations internationales, C.N.R.S., 1980, p. 29-42.

BELORGEY Jean-Michel, « La Part des immigrés dans le budget de l'État », *Hommes et migrations*, n° 1022, Paris, p. 3-33.

BODY-GENDROT Sophie, D'HELLENCOURT Bernard, RANCOULE Michel, « Entrée interdite : la législation sur l'immigration en France, au Royaume-Uni et aux États-Unis », *Revue française de Science politique*, février 1989, p. 50-74.

BONNECHÈRE Michèle, « La Politique actuelle de l'immigration condamnée dans ses modalités et ses principes par le Conseil d'État », *Droit ouvrier*, Paris, janvier 1979, p. 1-6.

CASTELLS Manuel, « Travailleurs immigrés et luttes de classe », *Politique aujourd'hui*, mars-avril 1975, p. 5-27.

CAMPBELL Donald T., « Assessing the Impact of Planned Social Change », in *Social Change and Policy Process*, Trustees of Dortmuth College, p. 3-45.

CHAUVEAU Gérard, « L'insuccès scolaire : le rôle des rapports sociaux et culturels », université Paris Nord, ronéoté, non publié.

CHAUVEAU Gérard et ROGOVAS CHAUVEAU Éliane, « Les Z.E.P. mode d'emploi », *Cahiers du Gresas*, Paris, 1986.

COHEN Michaël D., MARCH James G. et OLSEN Johan P., « A Garbage Can Model of Organizational Choice », *Administrative Science Quarterly*, vol. 17 (1), mars 1972.

COSTA-LASCOUX Jacqueline, « Les Aspects juridiques de la politique française de l'immigration », in *Recherches sur les migrations*, n° 1, janvier-mars 1976, C.N.R.S., Paris, p. 1-11.

–, « Le projet de traitement automatisé des titres de séjour d'étrangers », in *Greco 13*, recherches sur les migrations internationales, n° 2, 1980, p. 1-15.

DEGUINE Hervé, « Un exemple d'élargissement des politiques sociales : les zones d'éducation prioritaires de 1981 à 1986 », mémoire I.E.P. de Paris, Paris, janvier-février 1987.

DUBOST Jean-François, « Significations de la lettre de naturalité dans la France des XVIe et XVIIe siècles », *Working Paper H.E.C. n° 90/3*, october 1990, European University Institute, San Domenico, Italie.

DUHAMEL Olivier et JAFFRÉ Jérôme, « L'opinion publique et le chômage : réflexions sur trois courbes », *Les Temps modernes*, décembre 1987, p. 305-318.

E.N.A., *Séminaire consacré à l'immigration*, promotion Léonard de Vinci, juillet 1984.

HOLLIFIELD James F., *Migrants et citoyens : la politique d'immigration en France et aux États-Unis*, R.E.M.I., 1990, n° 1, p. 159-184.

LAGUERRE Bernard, « Les Dénaturalisés de Vichy 1940-1944 », in *Vingtième Siècle*, n° 20, Paris, octobre-décembre 1988, p. 3-15.

LECA Jean, « Question sur la citoyenneté », in *Projet*, Paris, 1983, p. 113-125.

–, *L'économie contre la culture dans l'explication des dynamiques politiques*, bulletin du Cedej, n° 23, Le Caire, 1988, p. 15-59.

–, « Nationalité et citoyenneté dans l'Europe des immigrations », in *Logiques d'États et Immigrations*, COSTA-LASCOUX J. et WEIL P. (dir.), Ed. Kimé, p. 13-57.

–, « Réflexion sur la participation politique des citoyens en France », in *Idéologie, partis politiques et principes sociaux*, études réunies par Yves Mény pour Georges Lavau, Paris, Presses de la F.N.S.P., 1990, p. 43-69.

LECA Jean et JOBERT Bruno, « Le Dépérissement de l'État : à propos de " L'acteur et le système " de Michel Crozier », *Revue française de science politique*, Paris, décembre 1980, p. 1125-1170.

LEVEAU Rémy, « Les Partis politiques et l'intégration des beurs », in *Idéologie, partis politiques et principes sociaux*, études réunies par Yves Mény pour Georges Lavau, Paris, Presses de la F.N.S.P., 1990, p. 247-261.

LINDBLOM Ch. E., « The Science of Muddling Through », in *Public Administration Review*, printemps 1959, n° 19, p. 79-88.

LYON-CAEN Gérard, « Les Travailleurs étrangers, étude comparative », in *Droit social*, n° 1, Paris, janvier, 1975, p. 1-16.

MARIE Claude-Valentin, « L'immigration clandestine et le travail clandestin des étrangers en France à travers la régularisation des " sans-papiers " de 1981-1982 » (résultats d'une enquête sur échantillon), rapport remis à M. Pierre Bérégovoy, ministre des Affaires sociales et de la Solidarité nationale, septembre 1983, 103 p.

MARIE Claude-Valentin et LACROIX Thierry, « 130 000 " sans-papiers " régularisés », *Bulletin mensuel de statistiques du travail*; supplément n° 104, numéro spécial, 1983, 87 p.

MÉNY Yves, « La Légitimation des groupes d'intérêts par l'Administration française », in *Revue française d'administration publique*, 1985, p. 483-494.

NOIRIEL Gérard, « L'Histoire de l'immigration en France, note sur un enjeu », in *Actes de la recherche en sciences sociales*, 1988.

PEROTTI Antonio, « Immigration ; un vocabulaire à revoir », *Presse et immigrés en France*, n° 142, Paris, juin 1986.

PROST Antoine, « L'Immigration en France depuis cent ans », in *Esprit*, n° 348, Paris, avril 1966, p. 529-545.

RACINE Pierre, « Une expérience à reprendre : le sous-secrétariat d'État à l'Immigration et les projets de Philippe Serre », in *Esprit*, n° 82, Paris, juillet 1939, p. 609-619.

RENAN Ernest, « Qu'est-ce qu'une nation ? », conférence faite à la Sorbonne le 11 mars 1882, in *Œuvres complètes*, Calmann-Lévy, Paris, 1946, p. 888-905.

SAYAD Abdelmalek, « La Naturalisation, ses conditions sociales et sa signification chez les immigrés algériens », in *Greco 13*, recherche sur les migrations internationales ; C.N.R.S., n° 3, p. 23-47.

– « Les Trois " Âges" de l'émigration algérienne en France », in *Actes de la recherche en sciences sociales*, 1975, p. 59-79.

SCHUMANN Maurice, « La Politique française d'immigration », in *Revue de Défense nationale*, juin 1969, p. 933-935.

TRIBALAT Michèle, « Les immigrés et les populations liées à leur installation en France au recensement de 1990 », *Population*, 6, 1993, p. 1911-1946.

WAYLAND Sarah V., « Mobilising to defend nationality law in France », *New Community*, 20 (1), octobre 1993, p. 93-110.

INDEX

DU MÊME AUTEUR

LOGIQUES D'ÉTATS ET IMMIGRATIONS (éd., avec Jacqueline Costa-Lascoux), Éditions Kimé, 1992.

Composé et achevé d'imprimer
par la Société Nouvelle Firmin-Didot
à Mesnil-sur-l'Estrée, le 3 mars 1995.
Dépôt légal : mars 1995.
Numéro d'imprimeur : 29598.
ISBN 2-07-032882-1/Imprimé en France

Composé et achevé d'imprimer [illegible]
par la Société Nouvelle Firmin-Didot
à Mesnil-sur-l'Estrée, le 3 mars 1995.
Dépôt légal : mars 1995.
Numéro d'imprimeur : [illegible]
ISBN [illegible] / Imprimé en France.

71198

COLLECTION
FOLIO/ACTUEL